민만식 · 서준혁 지음

파이썬을 이용한 확률과 통계

실습 위주로 배우는 코딩 학습

자유아카데미

머리말

확률과 통계학은 다양한 분야에서 수집된 데이터를 알기 쉽게 정리 및 요약하고 불확실한 미래를 예측하거나 관심 대상 집단의 특성을 추론하는 학문으로, 다양한 데이터를 분석하는 도구로 활용되면서 과학, 공학, 인문학, 사회과학의 학문 분야는 물론이고 이들과 관련된 산업에서 그 중요성이 날로 증대되고 있다. 4차 산업 시대는 데이터 시대라고 해도 과언이 아닌데, 그 핵심 분야인 빅데이터와 인공지능에서도 확률과 통계학은 매우 중요한 역할을 하고 있다. 이에 맞춰 각 분야의 다양한 데이터를 분석하고자 하는 학생들에게 확률과 통계학의 이론을 학습하고 이를 응용할 수 있도록 그 개념과 풍부한 실습 예제를 담아 대학에서 통계학의 교과서 또는 참고서가 되도록 이 책을 집필하게 되었다.

이 책은 데이터 분석의 주요 개념을 소개하고 이후 데이터를 효율적으로 분석할 수 있도록 파이썬 프로그램을 활용한 것이 특징으로, 이를 통해 전공자뿐만 아니라 비전공자들도 데이터 분석을 쉽게 이해할 수 있으며 차후 빅데이터와 인공지능의 알고리즘을 이해하는 데도 큰 도움이 될 것이다.

파이썬 프로그램은 데이터 분석, 시각화, 수치해법 기법 등을 지원하여 통계 데이터를 분석하는 데 특화되어 있을 뿐만 아니라 오픈소스이고 무료 소프트웨어인 것이 큰 장점이라고 할 수 있다. 이에 맞춰 각 절에는 예제와 이를 해결하는 파이썬 프로그램을 수록하여 데이터 분석 과정을 설명하였고, 연습문제에 있는 객관식 문제, 주관식 문제, 파이썬 프로그램 실습 문제를 해결하도록 하여 학습자 스스로가 자기 실력을 측정하는 데 도움이 되게 하였다.

이 책의 1~2장은 수집된 데이터를 정리하고 요약하는 기술통계를 설명하였으며, 3~6장은 확률과 통계학의 개념을 이해하는 데 필수적인 확률과 확률분포 이론 및 표본분포 이론을 다루었다. 7~8장은 추측통계학 분야인 추정과 통계적 가설검정을 다루었고, 9장은 범주형 자료 분석, 마지막 10장은 두 개의 변수를 갖는 데이터 분석을 다루었다.

좋은 책을 위해 최선을 다하였지만 부족한 부분이 있을 수 있다. 이 점은 양해를 바라며 출간 후 나올 수 있는 수정사항 및 연습문제 해설, 파이썬 프로그램 등의 자료는 자유아카데미 홈페이지(www.freeaca.com) 자료실에 제공할 예정이니 참고하기를 바란다. 끝으로, 이 책이 출간되기까지 많은 도움을 주신 자유아카데미 관계자 여러분께 감사드리며, 이 책이 데이터 분석의 기초개념을 이해하고 이를 파이썬 프로그램으로 해결하기를 바라는 독자들에게 조금이나마 도움이 되었으면 한다.

2025년 1월

저자 **민만식**

차례

9장 범주형 자료분석

10장 두 개의 변수를 갖는 자료 탐구

1장

기술통계

자료를 구성하고 요약하는 방법은 아주 다양하다. 많은 정보들은 표로 나타낼 수 있지만, 사실 그대로의 표현은 큰 의미가 없다. 어떤 그래픽 표현은 패턴이나 모양을 통해 자료 전체의 분포를 나타내는 데 좋다. 자료의 시각적 표현 방법 중 가장 일반적인 것은 점도표, 막대그래프, 히스토그램, 그리고 줄기 도표다. 모든 그래픽 표현에서는 그래프가 나타내는 것이 무엇인가를 확실하게 해주기 위해 변수를 정확히 표기하는 것이 중요하다.

우리는 종종 원래 그대로의 자료가 주어졌을 때 전체적인 패턴을 파악하기 어려울 수 있다. 특정 값이 자주 나타나거나 이상치가 포함되어 있고, 값들의 범위가 눈에 띄기도 한다. 이러한 데이터를 요약하고 설명하는 것, 평균값과 분포를 측정하고 다양한 값들의 위치와 분포 형태를 파악하는 것은 모두 기술 통계학이라는 넓은 주제에 속한다.

1.1 그래프를 이용한 범주형 자료 요약

범주형 자료를 어떻게 정리하고 표현하는 방법에 대해 알아보고 자료집합을 표로 정리하고 그래프로 표현하고자 한다. 범주형 자료는 관측 결과가 몇 개의 범주(category) 또는 항목의 형태로 나타나는 자료를 말한다. 예를 들어, 성별, 혈액형, 선호도, 지역 등이다.

1.1.1 도수분포

데이터가 하나의 변수에 대해서 도수분포표(frequency table)를 작성할 수 있다. 이때 각 범주에 해당하는 관측치의 개수를 세어 범주의 도수(빈도)로 놓는다.

도수분포표에는 흔히 상대도수나 누적상대도수가 같이 쓰고, 상대도수는 각 구간의 도수를 자료의 총수로 나눈 값이고, 누적상대도수는 이의 누계이다. 장점으로 각 범주의 도수와 상대적인 비율을 쉽게 비교할 수 있다.

예제 1.1

다음 자료는 어느 신도시의 스마트폰의 종류(A, B, C)표본 조사 결과이다. 문자 A, B, C는 세 가지 범주를 나타낸다. 이때 도수분포표를 작성하시오.

A B B A C B C C C A

C B C A C C B C C A

A B C C B C B A C A

풀이

표 1.1 스마트폰의 종류(A, B, C)의 도수분포표

범주	빈도	상대도수	백분율
A	8	8/30 = .267	26.7
B	8	8/30 = .267	26.7
C	14	14/30 = .467	46.7

예제 1.2

35명의 학생이 있는 반에서, 가장 좋아하는 운동으로 10명이 농구를 꼽았고, 7명이 야구, 6명이 미식축구, 5명이 축구, 5명이 테니스, 그리고 2명이 하키를 꼽았다고 한다. 이때 도수분포표를 작성하시오.

풀이

표 1.2 운동 종목에 대한 도수분포표

범주	도수	상대도수(%)
야구	7	20
농구	10	29
미식축구	6	17
하키	2	6
축구	5	14
테니스	5	14

1.1.2 범주형 자료의 그래프 표현

그래프 표현은 자료의 주요 특성을 쉽게 알 수 있게 한다. 막대그래프와 원그래프는 범주형 자료를 표현하는 데 주로 사용된다.

– 막대그래프

막대그래프(bar graph)를 그리려면 [그림 1.1]과 같이 수평축에 범주를 표시한다. 모든 범주는 같은 폭의 구간으로 나타낸다. 수직축에는 도수를 표시한다. 그런 다음에 막대의

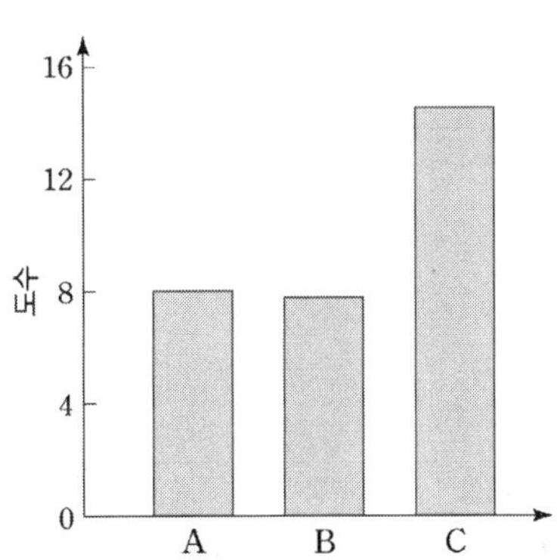

그림 1.1 스마트폰 종류에 대한 막대그래프

높이가 해당 범주의 도수를 나타내도록 각 범주에 대해 막대를 그린다. [그림 1.1]은 [표 1.1]의 도수분포표에 대한 막대그래프이다.

예제 1.3

어느 화장지 회사에서 생산된 미용용 화장지 50장을 임의로 뽑아 불량품을 조사하여 불량의 종류를 알아보았더니, 구멍 뚫림이 15개, 잘못 접힘이 5개, 찢어짐이 22개, 그리고 기타 불량이 8개씩 있었다. 불량의 종류에 대한 막대그래프를 나타내시오.

풀이

불량이 1개씩 있는 4가지의 불량을 기타의 항목으로 묶은 후 불량의 종류를 도수의 크기 순서로 배열하면 찢어짐, 구멍 뚫림, 기타, 잘못 접힘, 크기 불량, 두께 불량이 있다. 크기 순서대로 배열하고 도수분포표를 만들어 4번째 열에 누적상대도수를 배치하면 다음과 같다.

표 1.3 화장지 불량품에 대한 도수분포표

불량의 종류	도수	상대도수	누적상대도수
찢어짐	22	0.44	0.44
구멍 뚫림	15	0.30	0.74
기타	8	0.16	0.90
잘못 접힘	5	0.10	1
합	50	1.00	

[표 1.3]의 도수분포표를 이용하여 히스토그램을 만들면 다음과 같이 주어진다. 그림을 보면 찢어짐, 구멍 뚫림이 전체 불량품 중에서 74% 차지하고 있고, 그 이외의 불량은 소수를 차지하고 있다는 것을 알 수 있다. 따라서, 불량품을 줄이려면 먼저 앞의 2가지의 불량에 대한 원인을 찾아 해결해야 할 것이다.

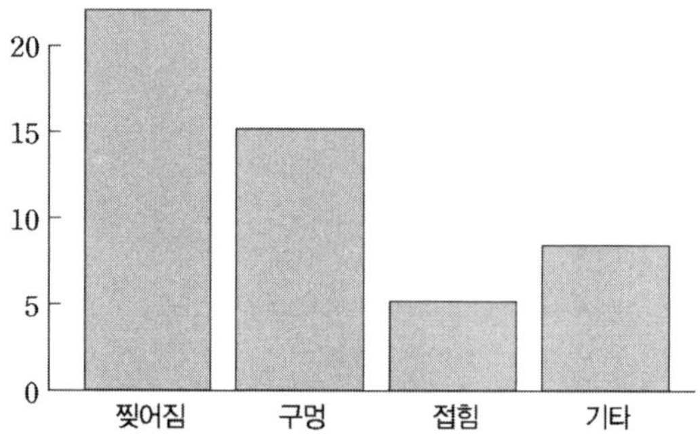

그림 1.2 화장지 불량품에 대한 막대그래프

상대도수와 백분율 분포의 막대그래프는 수직축에 계급도수 대신에 상대도수 또는 백분율을 표시하면 된다. 또한, 수평축과 수직축을 바꿔서 그리는 경우도 있다.

파이썬 프로그래밍

```
# 막대 그래프
import matplotlib.pyplot as plt
import numpy as np
# 패키지 선언

plt.rc('font', family='Malgun Gothic')
# 한글 폰트 설정

x = np.arange(4) # values 개수만큼 필요

desc = ['찢어짐', '구멍', '접힘', '기타']
values = [22, 15, 5, 8]
# 설명과 변수 입력

plt.bar(x, values)
# 기본 막대그래프 생성

plt.bar(x, values, color=['red', 'orange', 'yellow', 'green'])
# 색상이 있는 막대그래프 생성

plt.xticks(x, desc)
plt.show()

# 원 그래프
import matplotlib.pyplot as plt
import numpy as np
# 패키지 선언

plt.rc('font', family='Malgun Gothic')
# 한글 폰트 설정

desc = ['찢어짐', '구멍', '접힘', '기타']
values = [22, 15, 5, 8]
color=['red', 'orange', 'yellow', 'green']
# 설명과 변수 입력

plt.pie(values, labels=desc, autopct='%d%%', colors=color)
# 원 그래프 생성, 정수로만 표시, 색상 지정

plt.show()
```

- 원그래프

원그래프(pie chart)는 백분율을 나타내기 위해 사용되지만, 도수나 상대도수도 나타낼 수 있다. 전체 원이 전체 표본이나 모집단을 나타내며, 이는 원을 범주를 나타내는 비율로 나누면 된다. 원은 360°이다. 원그래프를 그리기 위해 대응하는 범주의 각의 크기는 각 범주의 상대도수에 360을 곱하면 된다. [그림 1.3]은 [표 1.1]의 범주에 대한 각의 크기를 계산하여 그린 원그래프를 보여준다.

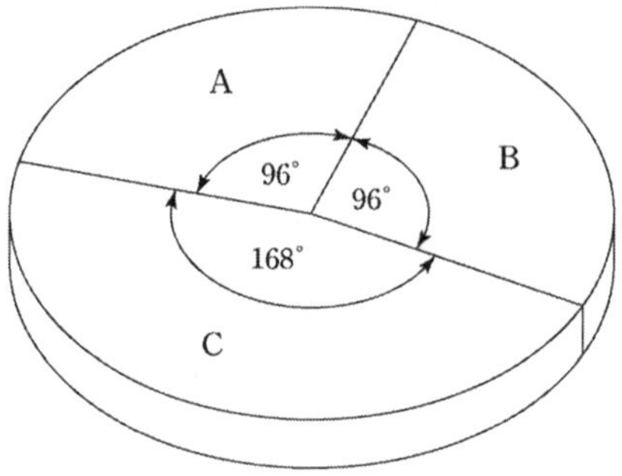

그림 1.3 스마트폰 종류 대한 원그래프

표 1.4 원그래프를 위한 각의 크기

범주	상대도수	각의 크기
A	.267	360 × .267 = 96°
B	.267	360 × .267 = 96°
C	.467	360 × .467 = 168°
합계 = 1.000		합계 = 360

[그림 1.3]은 문자자료의 백분율 분포에 대한 원그래프이다.

1.2 그래프를 이용한 수치자료 요약

범주형 변수의 분포를 그래프로 표현하기 위해 막대그래프와 원그래프를 사용하였다. 양적자료의 분포는 어떻게 표현할까? 양적자료는 여러 그래프를 표현할 수 있으며 몇 개의 수치값으로도 나타낼 수 있다. 양적(수치)자료는 관측된 값이 수치로 측정되는 자료를 말한다. 키, 몸무게, 시험성적, 자동차사고 수 등이다. 수치자료는 관측되는 값의 성질에 따라 다시 두 가지로 구분된다. 키나 몸무게와 같이 관측 가능한 값이 연속적이면 그 자료를 연속형 자료(continuous data)라고 하고, 어느 공장의 불량품의 수와 같이 관측 가능한 값이 셀 수 있으면 이산형 자료(discrete data)라 한다.

1.2.1 점도표

양적자료를 표현하는 단순한 방법 중 하나는 점도표이다. 점도표는 자료집합에서 이상점을 찾는 데 도움이 된다. 이상점이란 다른 자료값에 비해 아주 크거나 작은 값을 의미한다.

예제 1.4

다음 자료는 30명의 은행 계좌 보유 고객이 지난 60일 동안 자동입출력기(ATM)를 사용한 시간이다. 이때 점도표를 작성하고 적절한 설명을 하시오.

3 2 3 2 2 5 0 4 1 3
2 3 3 5 9 0 3 2 2 15
1 3 2 7 9 3 0 4 2 2

풀이

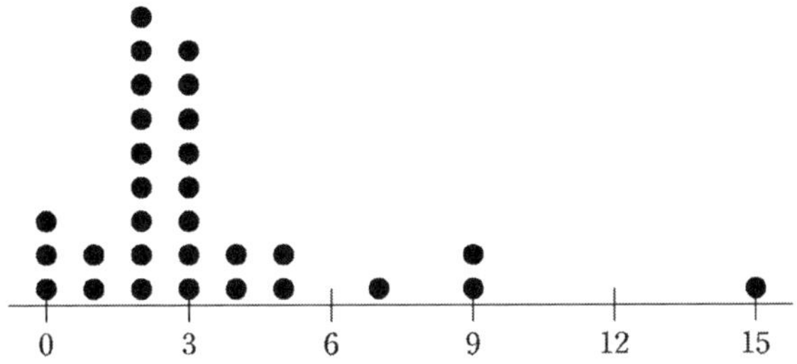

그림 1.4 ATM 사용기간

[그림 1.4]를 보면 집락을 이루고 있으며 이상치는 15이다.

예제 1.5

[예제 1.2]의 자료를 점도표로 나타내어라.

풀이

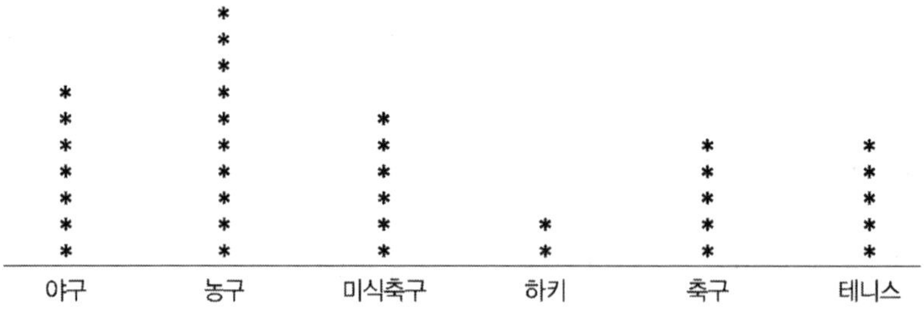

그림 1.5 운동 종목에 대한 점도표

[그림 1.5]에서 도표의 점들의 수는 각 결과의 횟수를 나타낸다.

1.2.2 줄기-잎 그림

양적자료를 표현하는 다른 방법은 줄기-잎 그림이다. 도수분포에 대한 줄기-잎 그림의 장점은 개별 관측값에 대한 정보를 잃지 않는다는 것이다. 줄기-잎 그림은 양적인 자료에만 사용된다.

줄기-잎 작성 방법

① 자료를 직관적으로 관찰하여 줄기를 정한다. 변동이 작은 부분을 줄기, 변동이 큰 부분을 잎으로 지정한다.

② 줄기 부분을 작은 수부터 순차적으로 나열하고, 잎 부분을 원자료의 관찰 순서대로 나열한다.

③ 각 잎에 있는 숫자들은 오름차순으로 재정렬한다.

예제 1.6

다음 자료는 20명의 학생이 서점에서 교재를 사고 계산하는 데 걸린 시간에 관한 자료이다. 이때 줄기-잎 그림을 그리시오.

15 8 23 21 5 17 31 22 34 6

5 10 14 17 16 25 30 3 31 19

풀이

0	8 5 6 5 3
1	5 7 0 4 7 6 9
2	3 1 2 5
3	1 4 0 1

0	3 5 5 6 8
1	0 4 5 6 7 7 9
2	1 2 3 5
3	0 1 1 4

그림 1.6 교재를 계산하는 데 걸린 시간

예제 1.7

어느 집단에서 광고된 25채의 집의 가격 집단이 다음과 같이 주어졌다고 가정하자. 이 자료들로 가능한 줄기-잎 그림을 나타내시오.

{56, 89, 165, 73, 83, 145, 90, 189, 127, 77, 110, 112, 132, 120, 94, 130, 84, 65, 99, 154, 86, 120, 122, 103, 130}

풀이

줄기	잎
50~74	56 65 73
75~99	77 83 84 86 89 90 94 99
100~124	03 10 12 20 20 22
125~149	27 30 30 32 45
175~200	89

그림 1.7 집 가격에 대한 줄기-잎 그림

[그림 1.7]에서 줄기는 25의 간격으로 선택되었고, 잎에서 세로로 정렬하기 위해 100에서 1은 빠져있다는 것을 유의하자.

파이썬 프로그래밍

```
import stemgraphic
import matplotlib.pyplot as plt

value = [56, 89, 165, 73, 83, 145, 90, 189, 127, 77, 110, 112, 132, 120, 94,
130, 84, 65, 99, 154, 86, 120, 122, 103, 130]
```

```
# 데이터 입력

stemgraphic.stem_graphic(value, scale=10)
plt.show()
```

1.2.3 히스토그램

히스토그램은 도수분포, 상대도수분포 또는 백분율 분포를 표현할 수 있다. 히스토그램을 그리려면 수평축에 계급을 표시하고, 수직축에 도수(상대도수, 백분율)를 표시한다. 다음으로 높이가 그 계급의 도수를 나타내도록 막대를 붙여서 그린다. 히스토그램에서 막대끼리는 붙여서 그린다. 히스토그램은 수직축에 따라 도수 히스토그램(frequency histogram), 상대도수 히스토그램(relative frequency histogram) 또는 백분율 히스토그램(percentage histogram)이라 부른다.

- 계급(class): 적당한 간격으로 집단화하여 나타낸 범주들
- 계급간격(class width): 이웃하는 두 계급의 위쪽 경계에서 아래쪽 경계를 뺀 값
- 계급값(class mark): 각 계급의 중앙에 위치한 값, $\frac{\text{위쪽 경계} + \text{아래쪽 경계}}{2}$

도수분포를 이용하여 히스토그램을 만드는 일반적인 순서는 다음과 같다.

① 표본자료의 최댓값과 최솟값을 찾아 (범위) = (최댓값) − (최솟값)을 구한다.

② 자료의 크기가 5~20 정도인 계급의 개수를 정하고, 계급의 폭은

$$(\text{범위}) \div (\text{계급의 개수})$$

를 계산하여 자료값의 최소 단위까지 끊어 올려 정한다.

③ 첫 번째 계급의 시작점은

$$(\text{최솟값}) - \frac{1}{2}(\text{자료값의 최소 단위})$$

로 정하며, ②에서 구한 계급의 폭에 따라 그다음 계급을 정한다.

④ 각 계급의 상대도수(또는 도수)를 구한다.

⑤ 막대는 서로 붙여서 그린다.

예제 1.8

다음의 자료는 미국 대통령 취임 나이를 기록한 것이다.

표 1.5 미국 대통령 취임 나이

대통령	나이	대통령	나이	대통령	나이
Washington	57세	Lincoln	52세	Hoover	54세
J. Adams	61세	A. Johnson	56세	F. D. Roosevelt	51세
Jefferson	57세	Grant	46세	Truman	60세
Madison	57세	Hayes	54세	Eisenhower	62세
Monroe	58세	Garfield	49세	Kennedy	43세
J. Q. Adams	57세	Arthur	51세	L. B. Johnson	55세
Jackson	61세	Cleveland	47세	Nixon	56세
Van Buren	54세	B. Harrison	55세	Ford	61세
W. H. Harrison	68세	Cleveland	55세	Carter	52세
Tyler	51세	McKinley	54세	Reagan	69세
Polk	49세	T. Roosevelt	42세	G. Bush	64세
Taylor	64세	Taft	51세	Clinton	46세
Fillmore	50세	Wilson	56세	G. W. Bush	54세
Pierce	48세	Harding	55세		
Buchanan	65세	Coolidge	51세		

(1) 대통령 취임 나이에 대한 도수분포표와 히스토그램으로 나타내시오.

(2) 분포의 형태와 대푯값, 범위를 적으시오.

(3) 나이가 가장 젊은 대통령과 나이가 가장 많은 대통령은 누구인가?

풀이

(1) **표 1.6** 나이에 대한 도수분포

계급	도수	구간 경계선	상대도수	누적도수	상대도수
40~44	2	39.5	2/43=0.047, 4.7%	2	2/43=0.047, 4.7%
45~49	6	44.5	6/43=0.140, 14%	8	8/43=0.186, 18.6%
50~54	13	49.5	13/43=0.302, 30.2%	21	21/43=0.488, 48.8%
55~59	12	54.5	12/43=0.279, 27.9%	33	33/43=0.767, 76.7%
60~64	7	59.5	7/43=0.163, 16.3%	40	40/43=0.930, 93.0%
65~69	3	64.5	3/43=0.070, 7,0%	43	43/43=1.000 100%
합	43	69.5			

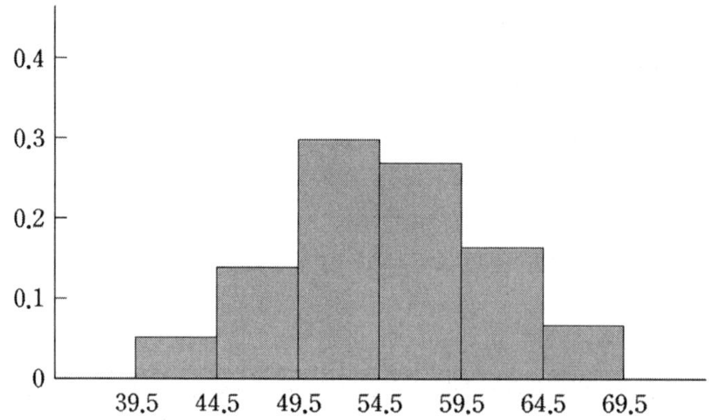

그림 1.8 대통령 취임나이에 대한 히스토그램

(2) 분포 형태는 55세를 중심으로 대칭 형태이며, 범위는 27이다.

(3) 가장 젊은 대통령은 루즈벨트로 42세이고, 가장 나이가 많은 대통령은 레이건으로 69세이다.

예제 1.9

금융기관 초임직원들의 연봉이 어느 정도인가를 알아보기 위해 임의로 선택된 초임직원 20명의 연봉을 조사해 본 결과 다음과 같다고 하자. 이때 금융기관 초임직원들 연봉의 도수분포표와 상대도수, 누적상대도수 및 히스토그램을 그리시오.

33 36 37 38 39 27 30 35 26 48
40 41 41 42 45 35 24 30 40 42

풀이

계급의 수를 임의로 5개로 하자. 이 자료에서 최댓값이 48, 최솟값이 24이므로 계급의 크기는 다음에 의해

$$\begin{aligned}\text{계급의 크기} &= \frac{\text{최댓값} - \text{최솟값}}{\text{계급의 개수}}\\ &= \frac{45-24}{5}\\ &= 4.8 \approx 5\end{aligned}$$

가 된다. 계급의 크기가 5이므로 계급의 경계를 24~29, 29~34, 34~39, 39~44, 44~49로 정할 수 있지만 어떤 자료도 계급 간의 경계에 놓이지 않도록 하기 위해서는 자료의 최솟값보다 조금 작은 값을 경계로 선택한다. 이를 위해 보통 자료의 최솟값으로부터 최소 단위의 반을 뺀 값을 많이 사용하는데, 이 예에서는 자료의 최솟값이 24이므로

$$24 - \frac{1}{2} \times 1 = 23.5$$

가 초깃값이 된다. 따라서 계급의 크기가 5이므로 계급의 경계는 23.5~28.5, 28.5~33.5, 33.5~38.5, 38.5~43.5, 43.5~48.5가 되고, 어떤 자료도 계급의 경계에 놓이지 않게 된다

각 계급에 따른 도수를 구하여 도수분포표를 작성하면 [표 1.10]과 같다.

표 1.7 도수분포표

계급		도수
23.5~28.5		3
28.5~33.5		3
33.5~38.5		5
38.5~43.5		7
43.5~48.5		2
합계		20

각 계급에 속하는 도수들의 비율인 상대도수와 상대도수의 누적값인 누적상대도수를 계산하면 [표 1.8]과 같다.

표 1.8 상대도수와 누적상대도수

계급	도수	상대도수	누적상대도수
23.5~28.5	3	0.15	0.15
28.5~33.5	3	0.15	0.30
33.5~38.5	5	0.25	0.55
38.5~43.5	7	0.35	0.90
43.5~48.5	2	0.10	1.00
합계	20	1.00	

위 표에서 상대도수를 그래프로 나타낸 것이 [그림 1.9]의 히스토그램이다. 히스토그램을 표현할 때 유의할 점은 다음과 같다.

첫째, 자료들은 계급의 경계에 놓이지 않도록 해야 한다. 그러기 위해서는 계급의 경계를 자료의 최솟값보다 최소 단위의 반만큼 적은 값으로 잡는 것이 좋다.

둘째, 일반적으로 모든 계급의 크기는 같아야 한다. 그러나 많은 관측값이 좁은 구간에 들어가고 다른 관측값들은 넓게 퍼져 있다면 계급간격을 다르게 할 수도 있다. 이런 경우, 히스토그램을 효과적으로 나타내기 위해서는 계급구간의 크기를 조정해야 할 것이다.

셋째, 계급의 수는 보통 5~20개로 정하지만, 관측값의 수가 많고 퍼진 정도가 심할수록 수를 늘리는 것이 타당하다.

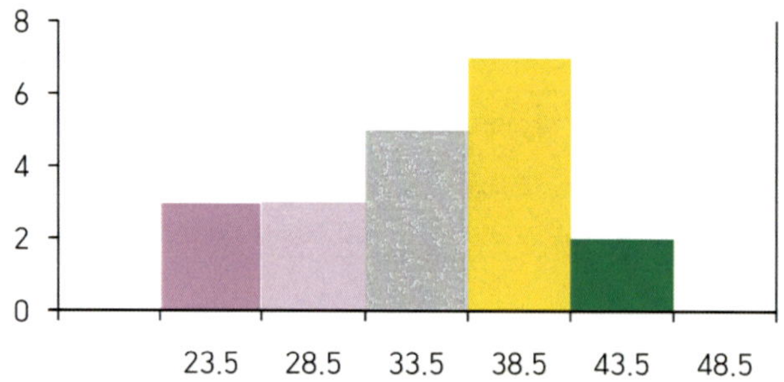

그림 1.9 연봉에 대한 히스토그램

파이썬 프로그래밍

```
import matplotlib.pyplot as plt
import numpy as np

degree = [33, 36, 37, 38, 39, 27, 30, 35, 26, 48, 40, 41, 41, 42, 45, 35, 24,
30, 40, 42]

# 도수분포 계산
counts, bin_edges = np.histogram(degree, bins=5)

# 상대도수 계산
relative_frequency = counts / sum(counts)

# 누적상대도수 계산
cumulative_relative_frequency = np.cumsum(relative_frequency)

# 도수분포표 출력
print("도수분포표:")
for i in range(len(bin_edges)-1):
    print(f"{bin_edges[i]} - {bin_edges[i+1]}: {counts[i]}")

# 상대도수표 출력
print("\n상대도수표:")
for i in range(len(bin_edges)-1):
    print(f"{bin_edges[i]} - {bin_edges[i+1]}: {relative_frequency[i]}")
```

```
# 누적상대도수 출력
print("\n누적상대도수:")
for i in range(len(bin_edges)-1):
    print(f"{bin_edges[i]}-{bin_edges[i+1]}: {cumulative_relative_frequency[i]}")

# 히스토그램 출력
plt.hist(degree, bins=5, color='pink', alpha=0.9, edgecolor='black')
plt.title('Histogram')
plt.show()
```

1.3 수치자료 요약

그래프는 자료 요약의 중요한 요소 중 하나이지만 자료의 주요 특징을 숫자로 설명하는 것 또한 중요하다. 분포의 중심과 산포를 나타내는 숫자로 된 측도는 많은 중요한 정보를 알려준다.

1.3.1 평균

중심의 위치를 나타내는 데 가장 보편적으로 사용하는 위치척도를 나타낸다. 확률변수 X의 기댓값 E(X)가 확률분포의 중심을 나타내는 것과 동일한 의미를 갖는다.

평균은 모집단 또는 표본에서 관찰된 모든 측정값을 더하여 전체 도수로 나눈 수치를 의미한다. 전체 모집단의 평균값은 자주 그리스 문자 μ(mu)로 표기되고, 표본의 평균값은 $\overline{x}$로 자주 표기된다.

① 모평균(population mean)

$$\text{모집단의 평균: } \mu = \frac{1}{N}\sum_{i=1}^{N} x_i$$

② 표본평균(sample mean)

$$\text{표본의 평균: } \overline{x} = \frac{1}{n}\sum_{i=1}^{n} x_i$$

예를 들어, 미국에 있는 모든 가구들의 집합의 평균값은 μ = \$52,100이고, 무작위로 뽑은 100가구의 평균값은 아마 $\overline{x}$ = \$52,100 또는 어쩌면 $\overline{x}$ = \$63,000 또는 $\overline{x}$ = \$124,000일 것이다.

표본평균의 특성은 다음과 같다.

- 장점
  ① 계산하기 쉽다.
  ② 모든 측정값을 반영한 정보를 제공한다.
  ③ 각 자료와 평균과의 편차의 제곱을 모두 더한 잔차제곱합(residual sum of squares; RSS)이 다른 유형의 위치척도에 비해 작다.
- 단점: 이상점에 큰 영향을 받는다.

예제 1.10

13개의 야구장에서 필드의 중심까지의 홈런 거리의 집합을 살펴보자. {387, 400, 400, 410, 410, 410, 414, 415, 420, 420, 421, 457, 461} 평균값은 얼마인가? (단위: feet)

풀이

평균값은 $\frac{387+400+400+410+\ldots+457+461}{13} = 417.3$ feet이다.

1.3.2 중앙값

중앙값(Me)이라는 단어는 "중간"이라는 뜻을 가진 라틴어 medius에서 유래된 것이다. 수집된 자료값들은 오름차순 또는 내림차순으로 정리할 수 있다. 자료값들의 수가 홀수라면, 한가운데 위치한 값이 중앙값이다. 그 수가 짝수라면 중앙값은 중간에 있는 두 개의 값을 더해 2로 나눈 값이 된다. 중앙값은 자료의 중심 부분에서 현저하게 벗어난 매우 큰 자료값 또는 매우 작은 값에 영향을 받지 않는다. 따라서 중앙값은 이상치라 불리는 극단적인 값들이 조금 의심스럽거나 이상치의 영향을 줄이길 원할 때 특히 유용한 척도이다. 자료값들의 개수를 n이라 하면 중앙값은 다음과 같다.

순서통계량을 $x_{(1)} \le x_{(2)} \le x_{(3)} \cdots \le x_{(n)}$이라고 하면,

① n이 홀수일 때: $Me = x_{(\frac{n+1}{2})}$

② n이 짝수일 때: $Me = \dfrac{x_{(\frac{n}{2})} + x_{(\frac{n}{2}+1)}}{2}$ (단, $x_{(i)}$는 순서통계량)

- **장점**
  ① 어느 한쪽으로 치우친 분포를 갖는 자료에 대하여 평균보다 좋은 중심의 위치를 나타낸다.
  ② 표본평균이 갖는 이상점에 대한 영향을 제거할 수 있는 중심위치의 척도를 나타낸다.
- **단점**
  ① 전체 자료를 크기순으로 나열하여 중앙에 놓이는 자료를 찾아야 한다는 점에서 자료의 수가 많은 경우에 부적절하다.
  ② 수리적으로 다루기 매우 힘들다는 이유로 추측통계학에서 별로 사용하지 않는다.

중앙값이 기술통계학에서 유용하나 평균값은 통계학 추론과 분석에서 가장 중요하다.

예제 1.11

한 달 동안 다섯 명의 의사가 불필요한 수술을 제안한 수의 집합이 {2, 2, 8, 20, 33}으로 주어졌다고 가정해 보자.

(1) 중앙값과 평균을 구하시오.

(2) 다섯 번째 의사 불필요한 수술을 추가로 25번 제안했다면, 중앙값과 평균값은 어떻게 영향을 받는지 설명하시오.

풀이

(1) 중앙값은 8이고, 평균값은 $\dfrac{2+2+8+20+33}{5}=13$이다.

(2) 집합은 이제 {2, 2, 8, 20, 58}이고, 중앙값은 여전히 8이다.

평균값은 $\dfrac{2+2+8+20+58}{4}=18$로 바뀐다.

파이썬 프로그래밍

```
from statistics import *
unnecessary_surgery = [2, 2, 8, 20, 33]

# q1, 중앙값과 평균을 구하여라
print(f"q1 중앙값 : {median(unnecessary_surgery)}")
print(f"q1 평균 : {mean(unnecessary_surgery)}\n")

# q2, 만약 5번째 의사가 수술을 추가 제안한다면,
unnecessary_surgery[4] = 58
print(f"q2 중앙값 : {median(unnecessary_surgery)}")
print(f"q2 평균 : {mean(unnecessary_surgery)}")
```

1.3.3 범위

가장 간단하고 쉽게 변이성을 계산하는 척도는 범위(Range)이다. 가장 큰 값과 가장 작은 값의 차이를 빨리 알 수 있고, 범위는 분산에 대한 의미를 준다. 이것은 완전히 두 이상치에 의존하고 있고 중간값들에 예민하지 않다. 범위(R)의 한 용도로는 아주 적은 항목들을 가진 표본에서 분포로 계산할 때 유용하다.

예제 1.12

[표 1.9]는 미국의 서부 4개 주의 면적(단위, 제곱마일)에 관한 것이다. 범위를 구하시오.

표 1.9 서부 4개 주 면적

주	전체면적
알칸사스	53,182
루이지애나	49,651
오클라호마	69,903
텍사스	267,277

풀이

자료에서 최댓값은 267,277이고, 최솟값은 49,651이다. 즉, 다음과 같다.

범위 = 최댓값 − 최솟값 = 267,277 − 49,651 = 217,626

1.3.4 백분위수

중심위치의 측도와 산포의 측도는 자료의 형태를 이해하는 데 대체로 유용한 정보를 제공했다. 그러나 자료 안에서 어떤 특정한 값의 상대적인 위치에 관심이 있는 경우, 위의 두 측도는 크게 도움을 주지 못한다. 예를 들어, 한 정유회사는 그들의 연간 매출액이 모두 정유 산업체에서 어느 정도 위치에 해당하는지를 알고 싶은 경우 평균이나 분산으로는 그 정확한 위치를 볼 수가 없다. 이를 위해서는 백분위수(percentile)와 같은 상대적 위치의 측도(measure of relative standing)가 필요하다.

- **제100 × p 백분위수를 구하는 방법**
  - ① 관측값을 큰 순으로 배열한다.
  - ② 관측값의 개수(n)에 p를 곱한다.
    - 만약 $n \times p$가 정수이면, $n \times p$번째 관측값과 $n \times p+1$번째 관측값의 평균을 제$100 \times p$ 백분위수로 한다.
    - 만약 $n \times p$가 정수가 아니면, $n \times p$에서 정수부분에서 1을 더한 값 m을 구한 후, m번째 큰 관측값을 제 $n \times p$ 백분위수로 한다.

예제 1.13

서울의 한 전철역에서 수원의 한 전철역까지 소요되는 시간을 기록한 자료가 다음과 같다. (단위 : 분)

42 40 38 37 43 39 78 38 45 44 40 38 41 35 31 44

제50 백분위수인 중앙값과 제30 백분위수를 구하시오.

풀이

위의 자료를 크기 순서로 재배열하면 다음과 같다.

31 35 37 38 38 38 39 40 40 41 42 43 44 44 45 78

관측값의 개수가 16이고 16×0.05=8이므로 제50 백분위수는 8번째 값과 9번째 값의 평균이 40이므로 제50 백분위수인 중앙값은 40이다. 제30 백분위수의 경우는 16 × 0.3 = 4.8이므로 제30 백분위수의 값은 5번째 값인 38이다.

1.3.5 사분위수

사분위수(quartiles)는 순서화된 자료를 4등분하는 요약측도이다. 세 개의 측도가 자료를 4등분한다. 이 세 측도를 각각 제1 사분위수(Q_1), 제2 사분위수(Q_2)와 제3 사분위수(Q_3)라 한다. 사분위수를 구하려면 우선 자료를 오름차순으로 정렬해야 한다. 사분위는 다음과 같이 정의한다. 사분위수(quartiles)는 순서화된 자료를 4등분하는 세 가지 요약 측도이다. 제2 사분위수는 중앙값과 같다. 제1 사분위수를 중앙값보다 작은 관측값들의 중간값이고, 제3 사분위수는 중앙값보다 큰 관측값들의 중간값이다. 사분위수 범위(IQR)를 찾는 것은 범위에서 극값들의 영향을 받지 않기 위한 하나의 방법이다. 그것은 중간 50%값들의 범위이다. 즉, $IQR = Q_3 - Q_1$로 계산한다. 이상치를 구하는 데 사용되는 수적 규칙으로, 만약 이상치가 $Q_1 - IQR \times 1.5$보다 작거나 $Q_3 + IQR \times 1.5$보다 클 때 이상치라 부른다.

예제 1.14

한 작은 마을의 농장 크기가 다음과 같은 성질을 가지고 있다고 가정해 보자. 가장 작은 값은 16.6에이커이고, 값의 10%는 23.5에이커보다 작고, 값의 25%는 41.1에이커보다 작으며 중앙값은 57.6에이커, 75%는 101.9에이커보다 작고, 90%는 124.0에이커보다 작다. 가장 큰 값은 201.7에이커이다.

(1) 범위를 구하시오.

(2) 사분위수 범위를 구하시오.

(3) 수적 규칙은 이상치에 적용했을 때, 가장 작은 값 또는 가장 큰 값을 이상치라 할 수 있는지 설명하시오.

풀이

(1) 범위는 201.7 − 16.6 = 185.1에이커

(2) 값들의 가장 높은 분기와 가장 낮은 분기를 제외한 사분위수 범위는 101.9 − 41.1 = 60.7에이커이다. 따라서 가장 큰 농장이 가장 작은 농장보다 185에이커 크지만, 농장 크기의 중간 50%는 60.8에이커의 간격으로 늘어져 있다.

(3) 1.5 × IQR = 1.5 × 60.8 = 91.2. 만약 한 숫자가 제1 사분위수에서 91.2만큼 작고, 제3 사분위수에서 91.2보다 크다면 이상치이다. 가장 큰 값인 201.7은 101.9 + 91.2 = 193.1보다 크기 때문에, 이는 수적 규칙에서 이상치라고 여긴다.

1.3.6 상자그림

줄기-잎 그림이나 히스토그램 등의 그림은 자료가 모여있는 위치나 자료의 범위 등에 관한 대략적인 정보를 한눈에 볼 수 있게 하는 장점이 있으나 이상점에 대한 정보를 완전하게 제공하지 못한나는 난점이 있다. 상자그림(box plot)은 표본 사분위수 범위를 이용하고 이런 단점은 보완하면서 자료의 흩어진 모양을 쉽게 알 수 있도록 자료를 요약한 그림을 말한다. 상자그림은 주로 사분위수가 중심이 되어 작성된다. 제1 사분위수에서 제3 사분위수까지를 상자로 그리고 좌우에 선을 그어 최솟값, 최댓값을 나타낸다. 상자그림을 작성하는 자세한 과정은 다음과 같다. [그림 1.10]은 이해를 돕기 위해 구성요소를 표시한 상자그림이다.

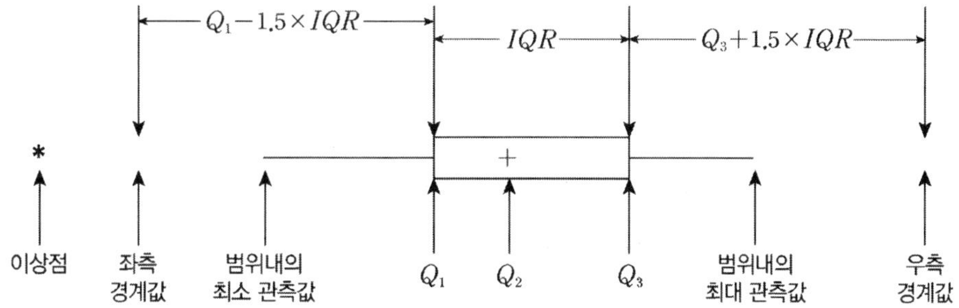

그림 1.10 상자그림

이제 다음 순서에 따라 상자그림을 그린다.

① 자료를 크기순으로 나열하여 사분위수(Q_1, Q_2, Q_3)를 결정한다.

② Q_1과 Q_3을 네모난 상자로 연결하고, 중앙값(Q_2)의 위치에 수직선을 긋는다.

③ $IQR = Q_3 - Q_1$을 계산한다.

④ 상자의 양 끝에서 $1.5 \times IQR$ 크기의 범위를 경계로 하여, 이 범위에 포함되는 최솟값과 최댓값을 Q_1과 Q_3으로부터 각각 선으로 연결한다. 양 경계를 벗어나는 자료값들을 * 로 표시하고, 이 점들을 이상점이라고 한다.

[그림 1.10]을 보면 상자그림은 상자와 상자에 붙은 선으로 이루어져 있으므로 때로는 상자–수염 그림(box–whisker plot)이라고도 한다.

예제 1.15

다음 자료는 표본 12가구의 수입(단위: 천 달러)을 나타낸다. 이때 상자그림을 작성하시오.

35 29 44 72 34 64 41 50 54 104 39 58

풀이

상자그림을 그리기 위해 다음을 수행한다.

자료를 크기순으로 정렬하여 중앙값과 사분위수, 사분위수 범위를 구한다. 자료를 정렬하면 다음과 같다.

29 34 35 39 41 44 50 54 58 64 72 104

따라서

$$Q_1 = (35+39)/2 = 37, \quad Q_2 = (44+55)/2 = 47, \quad Q_3 = (58+64)/2 = 61$$

$$IQR = Q_3 - Q_1 = 61 - 37 = 24$$

Q_1 아래쪽 $1.5 \times IQR$인 점과 Q_3 위쪽 $1.5 \times IQR$인 점을 찾는다. 이 두 점을 아래쪽과 위쪽 안 울타리라 부른다.

$$1.5 \times IQR = 1.5 \times 24 = 36$$

아래쪽 안 울타리 $= Q_1 - 36 = 37 - 36 = 1$, 바깥 울타리$= Q_3 + 36 = 61 + 36 = 97$

두 안 울타리 사이에 있는 자료값 중에서 최댓값과 최솟값을 찾는다.

$$최솟값 = 29,\ 최댓값 = 72$$

수평선을 그리고 눈금을 표시한다. 수평선 위에 상자의 왼쪽 면이 제1 사분위수가 되고, 오른쪽 면이 제3 사분위수가 되도록 상자를 그린다. 상자 안쪽에 중앙값 위치에 수직선을 그린다. 최댓값과 최솟값을 상자와 연결한다. 이 두 직선을 수염(whisker)이라 한다. 두 안 울타리 바깥에 놓이는 자료를 별표로 표시하고 이상점이라 부른다. [그림 1.11]이 그 결과이다.

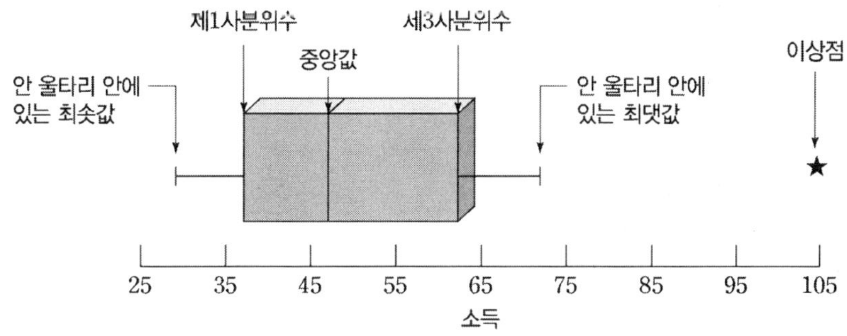

그림 1.11 [예제 1.15]의 상자그림

예제 1.16

어떤 교차로에서 교통소음 정도를 측정한 값이 아래와 같다. 측정자료를 이용하여 상자그림을 그리시오.

55.9 63.8 57.2 59.8 65.7 62.7 60.8 51.3 61.8 56.0
66.9 56.8 66.2 64.6 59.5 63.1 60.6 62.0 59.4 67.2
63.6 60.5 66.8 61.8 64.8 55.8 55.7 77.1 62.1 61.0
58.9 60.0 66.9 61.7 60.3 51.5 67.0 60.2 56.2 59.4
67.9 64.9 55.7 61.4 62.6 56.4 56.4 69.4 57.6 63.8

풀이

이 자료를 크기 순서로 재배열하여 사분위수를 구한다. $Q_1 = x_{(13)} = 57.6$, $Q_2 = (x_{(25)} + x_{(26)})/2 = 61.2$, $Q_3 = x_{(38)} = 64.6$이 된다. 제1, 제3 사분위수로부터 상자의 아래와 위의 경계치는 각각 $Q_1 - 1.5 \times IQR = 57.6 - 10.5 = 47.1$, $Q_3 + 1.5 \times IQR$

$= 64.6 + 10.5 = 75.1$, 최솟값 51.3, 최댓값 77.1이 된다. 관측값 77.1은 이 경계를 초과하기 때문에 해당 위치에 *로 표시하고, 이상점이라 판정한다. 이렇게 작성된 상자그림은 [그림1.12]와 같다.

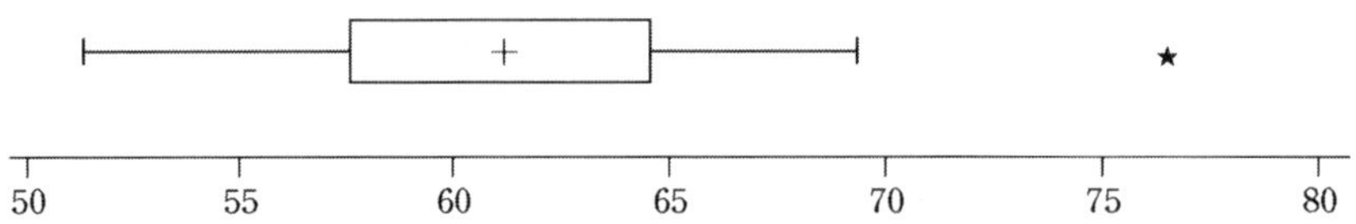

그림 1.12 [예제 1.16]의 교통소음에 대한 상자그림

파이썬 프로그래밍

```
import matplotlib.pyplot as plt
import numpy as np

# 기본 스타일 설정
plt.style.use('default')
plt.rcParams['figure.figsize'] = (4, 3)
plt.rcParams['font.size'] = 12

# 데이터 준비
values = [55.9, 63.8, 57.2, 59.8, 65.7, 62.7, 60.8, 51.3, 61.8, 56.0, 66.9,
56.8, 66.2, 64.6, 59.5, 63.1, 60.6, 62.0, 59.4, 67.2, 63.6, 60.5, 66.8, 61.8,
64.8, 55.8, 55.7, 77.1, 62.1, 61.0, 58.9, 60.0, 66.9, 61.7, 60.3, 51.5, 67.0,
60.2, 56.2, 59.4, 67.9, 64.9, 55.7, 61.4, 62.6, 56.4, 56.4, 69.4, 57.6, 63.8]

# 그래프 그리기
fig, ax = plt.subplots()

box = ax.boxplot([values], notch=False, whis=1, vert=False)
# vert : True(수직), False(수평), whis : 이상치 경계값,
# notch : 데이터의 모양을 홈 모양으로 표시

plt.show()
```

1.3.7 분산

자료의 평균값으로부터 자료들의 퍼짐 정도를 나타내는 대표적인 측도는 분산이다. 이는 편차의 제곱들의 평균이다.

$$\sigma^2 = \frac{\sum_{i=1}^{n}(x_i - \mu)^2}{n}$$

s^2으로 표기되는 표본의 분산은 다음과 같이 계산된다.

$$s^2 = \frac{\sum_{i=1}^{n}(x_i - \overline{x})^2}{n-1}$$

예제 1.17

생산직의 직원들 일주일 평균 일하는 시간은 각각 45, 43, 41, 39, 39, 35, 37, 40, 39, 36, 37이었다. 분산은 얼마인지 구하시오.

풀이

$$\mu = \frac{45+43+41+39+35+37+40+39+36+37}{11} = 39.2$$

$$\sigma^2 = \frac{(45-39.2)^2 + (43-39.2)^2 + \ldots(37-39,2)^2}{11} = 8.1$$

파이썬 프로그래밍

```
from statistics import *

work_time = [45, 43, 41, 39, 39, 35, 37, 40, 39, 36, 37]

print(f"평균 : {round(mean(work_time),1)}")
print(f"분산 : {variance(work_time)}")
print(f"표준편차 : {stdev(work_time)}")
# 평균은 round 함수 이용 소수점 첫째 자리까지 표시
# 반올림, 분산, 표준편차는 전부 표시
```

1.3.8 표준편차

특정 모집단의 변이성을 대표하는 값을 구하려고 한다. 따라서 분산의 제곱근을 고려해야 한다. 이 값은 표준편차라고 하며, 다음과 같이 표기한다.

$$\sigma = \sqrt{\frac{\sum_{i=1}^{n}(x_i-\mu)^2}{n}} = \sqrt{\frac{\sum_{i=1}^{n}x_i^2}{n} - \mu^2}$$

표본의 표준편차는 s로 표기되고 다음과 같이 계산할 수 있다.

$$s = \sqrt{\frac{\sum_{i=1}^{n}(x_i-\overline{x})^2}{n-1}}$$

분산이 자료의 제곱 단위로 측정되는 반면, 표준편차는 자료와 같은 단위로 측정된다.

예제 1.18

다음 자료는 어느 백화점에서 지난 8주 동안 체포된 좀도둑 수이다.

7 10 8 3 15 12 6 11

(1) 평균을 구하시오.

(2) 편차를 구하여 편차의 합을 구하시오.

(3) 범위, 분산, 표준편차를 구하시오.

풀이

(1) $\mu = (7+10+\cdots+11)/8 = 9$

(2) $(7-9)+910-9)+\cdots\ (11-9)=0$

(3) 범위 = 15−3 = 12, $\sigma^2 = ((7-9)^2+(10-9)^2+\cdots+(11-9)^2)/8 = 14.29$

표준편차 = 3.78

예제 1.19

어느 대학에서 통계학 과목을 수강하는 학생 중 20명을 뽑아서 다음의 설문조사를 하였다.

1. 성별 : ① 남자 ② 여자
2. 학년 : ① 1학년 ② 2학년 ③ 3학년 ④ 4학년
3. 졸업 후 진로에 대한 희망 : 1. 취직 2. 대학원 3. 군입대 4. 해외 유학
4. 중간고사 시험성적 : ( )점
5. 이 과목을 수강한 후 기대하는 학점 : 1. A, 2. B, 3. C, 4. D, 5. F
6. 한 달 평균 용돈 : ( )원

그 결과 다음의 자료를 얻었다.

Data :

번호	성별	학년	진로	시험성적	기대 학점	용돈
1	1	4	1	52	2	35
2	1	1	2	95	1	33
3	2	2	4	95	1	28
4	1	1	3	88.5	1	30
5	2	1	1	80	1	40
6	2	1	1	90	1	50
7	2	3	4	68	3	45
8	1	1	2	88	1	40
9	1	1	2	87	1	38
10	1	1	3	76	2	20
11	1	1	2	92.5	1	35
12	1	1	2	44	4	46
13	1	1	1	68	2	36
14	1	1	3	88	1	55
15	1	2	4	91	1	65
16	1	1	1	84.5	1	50
17	1	1	3	68	3	45
18	1	2	2	83	1	52
19	2	1	1	74	2	40
20	1	3	1	68	3	18

(1) 졸업 후 진로에 대한 빈도분석과 막대그래프, 원그래프를 그리시오.

(2) 시험성적에 대한 상자그림과 히스토그램을 작성하시오.

(3) 시험성적과 용돈에 대한 기술통계량을 구하고 성별에 따라 기술통계량을 구하시오.

(4) 중간고사 점수는 마지막 학점을 평가하는 데 40%만큼 기여한다. 새로 변수를 생성하시오.

(5) 시험성적에 대해 순위변수(석차)를 생성하시오.

풀이

파이썬 프로그래밍

```
import pandas as pd
import matplotlib.pyplot as plt
import seaborn as sns

plt.rc('font', family='Malgun Gothic')

# 데이터 생성
data = {
    '성별': [1, 1, 2, 1, 2, 2, 2, 1, 1, 1, 1, 1, 1, 1, 1, 1, 1, 1, 2, 1],
    '학년': [4, 1, 2, 1, 1, 1, 3, 1, 1, 1, 1, 1, 1, 1, 2, 1, 1, 2, 1, 3],
    '진로': [1, 2, 4, 3, 1, 1, 4, 2, 2, 3, 2, 2, 1, 3, 4, 1, 3, 2, 1, 1],
    '시험성적': [52, 95, 95, 88.5, 80, 90, 68, 88, 87, 76, 92.5, 44, 68, 88,
91, 84.5, 68, 83, 74, 68],
    '기대 학점': [2, 1, 1, 1, 1, 1, 3, 1, 1, 2, 1, 4, 2, 1, 1, 1, 3, 1, 2, 3],
    '용돈': [35, 33, 28, 30, 40, 50, 45, 40, 38, 20, 35, 46, 36, 55, 65, 50,
45, 52, 40, 18]
}
df = pd.DataFrame(data)

# (1) 졸업 후 진로에 대한 빈도분석과 막대그래프, 원그래프
career_counts = df['진로'].value_counts()
print(career_counts)

plt.figure(figsize=(12, 6))
plt.subplot(121)
career_counts.plot(kind='bar')
plt.title('진로 빈도 막대그래프')
plt.subplot(122)
career_counts.plot(kind='pie', autopct='%1.1f%%')
plt.title('진로 빈도 원그래프')
plt.show()
```

```
# (2) 시험성적에 대한 상자그림과 히스토그램
plt.figure(figsize=(12, 6))
plt.subplot(121)
sns.boxplot(y=df['시험성적'])
plt.title('시험성적 상자그림')
plt.subplot(122)
df['시험성적'].hist(bins=10)
plt.title('시험성적 히스토그램')
plt.show()

# (3) 시험성적과 용돈에 대한 기술통계량, 성별에 따른 기술통계량
print(df[['시험성적', '용돈']].describe())
print(df.groupby('성별')[['시험성적', '용돈']].describe())

# (4) 중간고사 점수는 마지막 학점을 평가하는 데 40%만큼 기여한다. 새로 변수를
생성
val = df['중간고사_기여도'] = df['시험성적'] * 0.4
print(val)

# (5) 시험성적에 대해 순위변수(석차) 생성
rank = df['시험성적_석차'] = df['시험성적'].rank(ascending=False)
print(rank)
```

실행 결과

(1)

```
진로
1    7
2    6
3    4
4    3
Name: count, dtype: int64
```

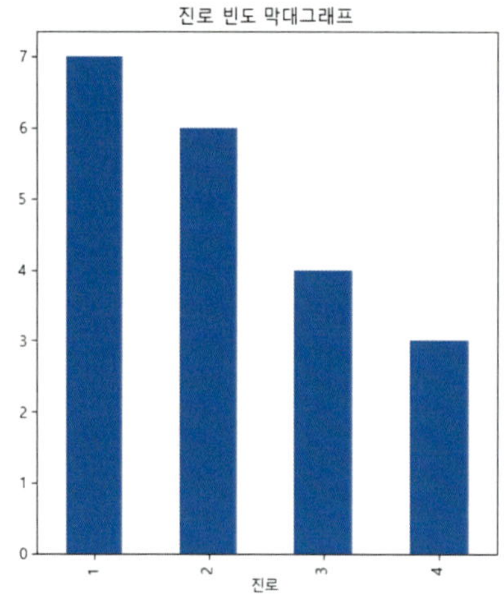

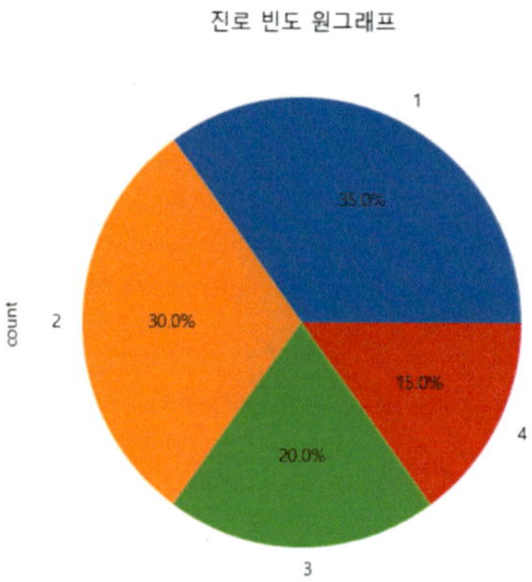

(2)

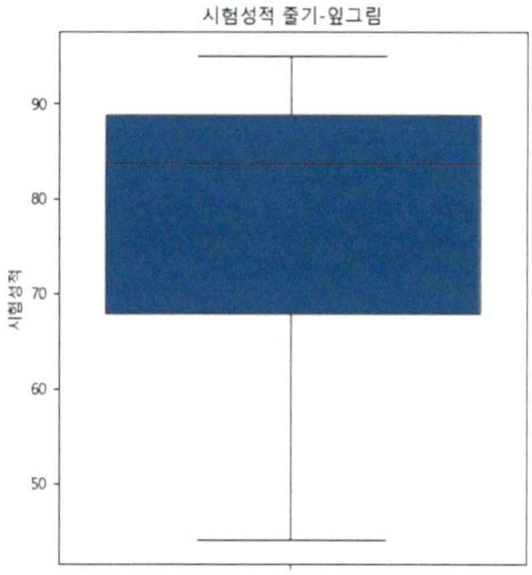

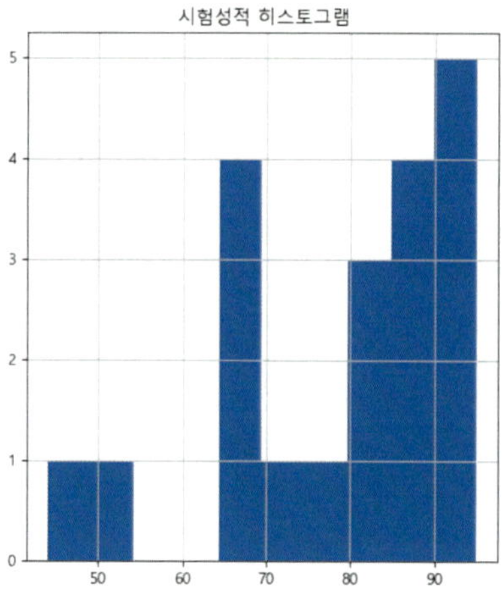

(3)

	시험성적	용돈
count	20.00000	20.000000
mean	79.02500	40.050000
std	14.13234	11.532449
min	44.00000	18.000000
25%	68.00000	34.500000
50%	83.75000	40.000000
75%	88.87500	47.000000
max	95.00000	65.000000

시험성적

	count	mean	std	min	25%	50%	75%	max
성별								
1	15.0	78.233333	15.264182	44.0	68.0	84.5	88.25	95.0
2	5.0	81.400000	11.126545	68.0	74.0	80.0	90.00	95.0

용돈

	count	mean	std	min	25%	50%	75%	max
성별								
1	15.0	39.866667	12.699081	18.0	34.0	38.0	48.0	65.0
2	5.0	40.600000	8.173127	28.0	40.0	40.0	45.0	50.0

(4)

	성별	학년	진로	시험성적	기대	학점	용돈	중간고사_기여도
0	1	4	1	52.0	2		35	20.8
1	1	1	2	95.0	1		33	38.0
2	2	2	4	95.0	1		28	38.0
3	1	1	3	88.5	1		30	35.4
...								
16	1	1	3	68.0	3		45	27.2
17	1	2	2	83.0	1		52	33.2
18	2	1	1	74.0	2		40	29.6
19	1	3	1	68.0	3		18	27.2

연습문제

주관식 문제

01 파이썬 프로그래밍 다음 자료는 헌혈자 40명의 혈액형을 나타낸 것이다. 도수분포표를 만드시오.

O O A B A O A A A O B O B O
O A O O A A A A AB A B A A
O O A O O A A A O A O O
AB

02 파이썬 프로그래밍 한 사람이 자동차를 운전하여 집 앞에 있는 신호등을 통과하는 데까지 걸린 시간을 42일 동안 측정한 결과가 다음과 같다. (단위: 분)

5.9 5.3 1.6 7.4 9.8 1.7 8.9 1.2
2.1 4.0 6.5 7.2 7.3 8.4 8.9 6.7
9.2 2.8 4.5 6.3 7.6 9.7 9.4 8.8
3.5 1.1 4.3 3.3 3.1 1.3 8.4 1.6
8.2 6.5 4.1 3.1 1.1 5.0 9.4 6.4
7.7 2.7

(1) 도수분포표를 구하시오.

(2) (1)의 도수분포표를 이용하여 막대그림표를 그리시오.

(3) 신호등을 통과하는 데 5분 이상 소요된 경우는 몇 %인지 구하시오.

03 파이썬 프로그래밍 다음은 미국에 사는 도마뱀들의 속도를 측정한 결과이다. (단위: m/s)

```
1.28 1.36 1.24 2.47 1.94 2.52 2.67
1.29 1.56 2.66 2.17 1.57 2.10 2.54
1.63 2.11 2.57 1.72 0.76 1.02 1.78
0.50 1.49 1.57 1.04 1.92 1.55 1.78
1.70 1.20
```

(1) 0.45~0.90, 0.90~1.35, …의 구간을 이용하여 도수분포표를 작성하시오.

(2) 히스토그램을 그리시오.

04 파이썬 프로그래밍 다음은 오일(Oil) 안에 있는 철의 양에 대해 측정한 결과이다. 줄기-잎 그림을 그리시오.

```
20 18 25 26 17 14 20 14 18 15 22
15 17 25 22 12 52 27 24 41 34 20
17 20 19 20 16 20 15 34 22 29 29
34 27 13  6 24 47 32 12 17 36 35
41 36 32 46 30 51
```

05 소음공해에 관한 규정을 새로 제정하기 위해 18개의 동력분무기의 소음을 데시벨 단위로 측정해서 나음과 같은 자료를 얻었다. 점도표를 그려서 분석하시오.

```
 95 120 117  99 110 107 125  98  85
127 105 114 103 112  92 101 122 120
```

06 파이썬 프로그래밍 어느 도시의 5월 1일부터 5월 31일까지의 낮 최고기온을 재보았더니 다음과 같았다. (단위: ℃)

```
15.2 11.0 16.8 23.2 14.3 21.9 22.4
20.5 15.0 17.0 12.8 21.0 27.7 28.0
18.8 16.4 14.9 20.0 23.5 23.9 24.0
13.2 13.6 24.1 25.9 30.8 26.3 32.1
29.2 31.5 28.5
```

(1) 계급의 수를 5개로 하여 도수분포표를 작성하시오.

(2) 도수분포표를 기초로 하여 막대그림표와 꺾은선 그림표를 작성하시오.

07 파이썬 프로그래밍 다음은 남부 위스콘신주에서 수집된 인디언들의 고분 지름 측정치이다. (단위: 미터)

6.71 7.32 9.14 6.71 6.10 8.53

9.14 7.32 10.36 10.96 4.57 11.28

(1) 점도표를 그리시오.

(2) 평균과 중앙값을 구하고 점도표 위에 그것을 표시하시오.

(3) 사분위수를 구하시오.

08 파이썬 프로그래밍 어느 학과의 학생 40명의 시험 총점이 다음과 같다.

162 171 138 145 144 126 145 162

174 178 167 98 161 152 182 136 165 137 133 143 184 166 115 115

95 190 119 144 176 135 194 147 160 158 178 162 131 106 157 154

(1) 중앙값을 구하시오.

(2) 사분위수 Q_1과 Q_3을 구하시오.

09 파이썬 프로그래밍 다음은 한 음반매장에서 베토벤 교향곡 9번 콤팩트디스크 7장을 표본으로 하여 연주 시간을 재어 본 결과이다. (단위: 분)

66.9 66.2 71.0 68.6 65.4 68.4 71.9

(1) 표본중앙값을 구하시오.

(2) 표본평균을 구하시오.

(3) 표본표준편차를 구하시오.

10 파이썬 프로그래밍 다음 자료는 30개의 동종의 연료펌프에 대한 수명 연수를 소수 첫째 자리까지 측정한 것이다.

2.0 3.0 0.3 3.3 1.3 0.4 0.2 6.0

5.5 6.5 0.2 2.3 1.5 4.0 5.9 1.8

4.7 0.7 4.5 0.3 1.5 0.5 2.5 5.0

1.0 6.0 5.6 6.0 1.2 0.2

(1) 각각의 측정값에 대해 소수점의 왼쪽 숫자만 줄기로 사용하여 연료펌프의 수명에 대한 줄기-잎 그림을 작성하시오.

(2) 상대도수분포표를 구하시오.

(3) 표본평균, 표본범위, 표본표준편차를 구하시오.

11 파이썬 프로그래밍 다음 자료는 한 대학교 1학년 학생 30명의 평균 평점이다.

2.6	1.8	2.6	3.7	1.9	4.2	3.8	2.1	2.7
3.0	4.0	2.4	2.3	4.3	3.1	2.6	2.6	2.5
2.7	2.7	2.9	3.4	1.9	2.3	3.3	2.2	3.5
3.0	2.5	3.4						

(1) 도수분포표를 구하시오.

(2) 막대그림표를 그리시오.

(3) 평균, 중위수를 구하시오.

(4) 아래 사분위수와 위 사분위수를 구하시오.

(5) 상자그림을 그리시오.

12 한 사람이 자동차를 운전하여 집 앞에 있는 신호등을 통과하는 데까지 걸린 시간을 42일 동안 측정한 결과가 다음과 같다. (단위: 분)

5.9	5.3	1.6	7.4	9.8	1.7	8.9	1.2
2.1	4.0	6.5	7.2	7.3	8.4	8.9	6.7
9.2	2.8	4.5	6.3	7.6	9.7	9.4	8.8
3.5	1.1	4.3	3.3	3.1	1.3	8.4	1.6
8.2	6.5	4.1	3.1	1.1	5.0	9.4	6.4
7.7	2.7						

(1) 줄기와 잎 그림을 그리시오.

(2) 평균, 중위수, 최빈값을 구하시오.

(3) 범위, 표준편차를 구하시오.

(4) 상자그림을 그리시오.

13 다음은 데이터가 125개인 집단의 줄기-잎 그림이다. 이 집단의 중앙값을 구하시오.

1	8
2	0013567789
3	0112333445666678899
4	0001112223334456677 88
5	000022233333444455566677777 8
	888899999999999
6	00011122234455667788 99
7	01256679
8	12

14 파이썬 프로그래밍 다음의 데이터는 45명의 병원 입원환자에게 어떤 마취제를 투여한 후, 환자의 수면시간을 기록한 것이다.

7, 10, 12, 4, 8, 7, 3, 8, 5, 12, 11, 3, 8, 1, 1,
13, 10, 4, 4, 5, 5, 8, 7, 7, 3, 2, 3, 8, 13, 1,
7, 17, 3, 4, 5, 5, 3, 1, 17, 10, 4, 7, 7, 11, 8

(1) 계급의 수를 적절히 만들어 수면시간에 대한 도수분포표를 작성하시오..

(2) 히스토그램을 그리시오.

15 파이썬 프로그래밍 한 제약회사에서 혈액의 응고시간을 단축시키는 새로운 물질을 개발하였다. 다음은 이 물질이 함유된 지혈제를 사용하여 혈액이 응고하는 데 소요되는 시간을 측정한 자료이다. 같은 양의 혈액을 사용하였으며, 실험의 신뢰성을 높이기 위해 동일한 조건에서 60번의 실험을 반복하였다. (단위: 분)

2.82, 3.24 , 3.63, 3.36, 3.11, 2.49, 2.94, 2.53, 3.13, 2.52, 3.14, 3.12,
2.40, 2.94, 3.32, 2.90, 2.71, 3.52, 3.27, 3.12, 3.10, 3.21, 3.54, 3.09,
3.23, 3.15, 2.51, 2.74, 3.24, 3.01, 3.23, 3.04, 3.34, 3.09, 2.99, 2.36,
3.41, 3.27, 2.64, 3.03, 2.86, 3.18, 3.17, 3.01, 3.02, 2.37, 2.55, 3.50,
3.25, 3.39, 2.87, 3.14, 2.82, 3.45, 3.25, 2.85, 3.21, 2.80, 2.97, 3.26

(1) 자료의 히스토그램을 그리고 분포상태를 설명하시오.

(2) 자료의 평균, 중앙값, 표준편차, 범위를 구하시오.

(3) 자료의 제5, 25, 50, 75, 95 백분위수를 구하시오.

객관식 문제

01 산술 평균을 구하는 다음 식 중 틀린 것을 고르시오.

(가) $\overline{x} = \frac{1}{n}\sum x_i$ (나) $\overline{x} = \frac{1}{n}\sum p_i x_i$

(다) $\overline{x} = \frac{1}{n}\sum f_i x_i$ (라) $\overline{x} = \sum p_i x_i$

02 오른쪽 그림은 A, B 두 반의 도수 분포 곡선이다. A, B 두 반의 평균을 각각 M, M'라 하고, 표준편차를 σ, σ' 라 할 때 다음 중 옳은 것을 고르시오.

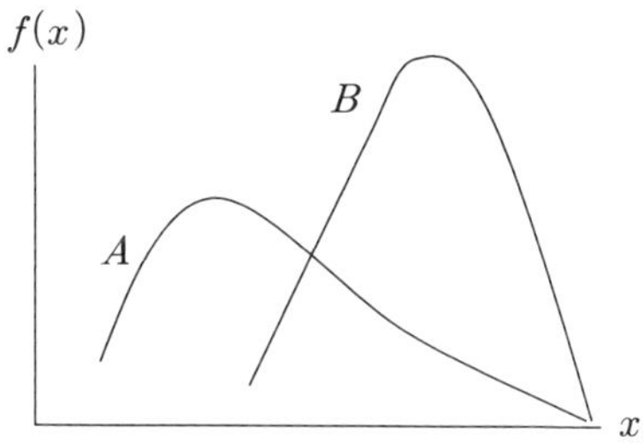

(가) $M > M'$, $\sigma > \sigma'$

(나) $M < M'$, $\sigma > \sigma'$

(다) $M > M'$, $\sigma < \sigma'$

(라) $M < M'$, $\sigma < \sigma'$

03 n개의 수 $x_1, x_2, \cdots, x_n$의 평균값이 8, 표준편차가 5일 때 $2x_1^2, 2x_2^2, \cdots, 2x_n^2$의 평균값을 구하시오.

(가) 89 (나) 138 (다) 156 (라) 178

04 다음 측정값 8개의 산술 평균, 중위수, 최빈수를 구하시오.

10, 16, 22, 22, 23, 29, 30, 32

(가) 23, 22.5, 22 (나) 22, 22, 22

(다) 23, 23, 23 (라) 22.5, 22.5, 22.5

05 같은 종류의 두 통계에서 그 자료의 총수가 m, n이고 그 평균값이 M_1, M_2일 때 전체의 산술 평균을 구하시오.

(가) $\frac{M_1 m + M_2 n}{m+n}$ (나) $\frac{M_1 n + M_2 m}{m+n}$

(다) $\frac{M_1 + M_2}{m+n}$ (라) $\frac{mn(M_1 + M_2)}{m+n}$

06 어떤 반에서 영어와 수학 성적을 조사하니 오른편 표와 같았다. 영어 76점, 수학 70점을 받은 학생은 어느 과목이 그 반에서 더 잘하는 편에 든다고 볼 수 있는지 구하시오.

과목	영어	수학
평균	69	56
표준편차	8.4	12.4

(가) 영어 (나) 수학 (다) 같다. (라) 판단할 수 없다.

07 다음 중 사분편차는 어느 것인지 구하시오.

(가) $Q=\dfrac{Q_1-Q_3}{2}$ (나) $Q=\dfrac{Q_3-Q_1}{2}$

(다) $Q=Q_1-Q_3$ (라) $Q=|Q_1-Q_3|$

08 1이 기입된 카드가 1매, 2가 기입된 카드가 2매, 3이 기입된 카드가 3매, $\cdots$, n이 기입된 카드가 n매일 때 이들 숫자의 평균을 구하시오.

(가) $\dfrac{n(n+1)}{2}$ (나) $\dfrac{n(n+1)(2n+1)}{6}$

(다) $\dfrac{2n+1}{3}$ (라) $\dfrac{3n^2+2}{6}$

09 오른편의 도수분포표에서 산술평균을 구하시오.

(가) 50

(나) 50.33

(다) 51.66

(라) 52.33

계급	도수
0~20	4
20~40	12
40~60	26
60~80	15
80~100	3
계	60

10 다음은 A, B 두 반의 학생수와 신장의 산술 평균이다. A, B 두 반 전체 신장의 산술평균을 구하시오.

반	학생수	평균
A	50	160
B	60	150

(가) $\dfrac{160+150}{2}$ (나) $\dfrac{50\times160+60\times150}{50+60}$

(다) $\dfrac{160\times150}{2}$ (라) $\dfrac{50\times60+160\times150}{50+60}$

11 X의 평균이 30일 때 $Y=3X+1$의 관계가 있는 Y의 평균을 구하시오.

(가) 30 (나) 90 (다) 31 (라) 91

12 $1^2,\ 2^2,\ 3^2,\ \cdots\cdots,\ n^2$의 산술평균을 구하시오.

(가) $\dfrac{n+1}{2}$ (나) $\dfrac{(n+1)(2n-1)}{4}$

(다) $\dfrac{(n+1)(2n+1)}{3}$ (라) $\dfrac{(n+1)(2n+1)}{6}$

13 다음 중위수의 성질 중 틀린 것을 고르시오.

(가) 중위수는 도수 곡선의 면적을 이등분한 값이다.

(나) 중위수를 기준으로 한 편차의 절댓값 총합은 다른 어떠한 값을 기준으로 한 편차의 절댓값 총합보다 작다.

(다) 중위수는 최대 빈도의 변량값이므로 현실적이고 구체적인 대푯값이다.

(라) 중위수는 극단적인 수치에 영향을 받지 않는다.

14 6개의 자료 1.40, 2.15, 2.50, 2.70, 2.73, 4.02의 중위수(median)를 구하시오.

(가) 2.50 (나) 2.60 (다) 2.70 (라) 2.80

15 변량 $x_1,\ x_2,\ \cdots,\ x_n$에 대한 산술평균이 $\overline{x}$일 때 $\displaystyle\sum_{i=1}^{n}(x_i-\overline{x})$의 값을 구하시오.

(가) 1 (나) 0 (다) −1 (라) n

16 X의 분산이 2일 때 $Y=3X+1$의 관계가 있는 Y의 분산을 구하시오.

(가) 2 (나) 3 (다) 9 (라) 18

17 어느 학급의 성적 표준편차가 작다는 것은 다음 중 어느 것인지 구하시오.

(가) 성적이 나쁘다. (나) 성적이 고르다.
(다) 성적이 우수하다. (라) 성적이 고르지 않다.

18 n개의 수 $x_1,\ x_2,\ \cdots,\ x_n$의 평균값이 8, 표준편차가 5일 때 $2x_1^2,\ 2x_2^2,\ \cdots,\ 2x_n^2$의 평균값을 구하시오.

(가) 89 (나) 138 (다) 156 (라) 178

19 4, 5, 9, 10, 12, 14에서 산술평균과 표준편차를 구하시오.

(가) $9,\ \sqrt{\dfrac{38}{3}}$ (나) $10,\ \sqrt{\dfrac{38}{3}}$ (다) 9, 3 (라) 10, 3

20 n개 변량의 측정값 $x_1,\ x_2,\ x_3,\ \cdots,\ x_n$에서 평균이 $\overline{x}$, 표준편차가 σ_x일 때 표준변량 $y_i = \dfrac{x_i - \overline{x}}{\sigma_x}\ (i = 1, 2, 3,\ \cdots, n)$이 갖는 평균과 표준편차를 구하시오.

(가) $\overline{y}= 1,\ \sigma_y = 0$ (나) $\overline{y}= 0,\ \sigma_y = 1$
(다) $\overline{y}= 1,\ \sigma_y = 1$ (라) $\overline{y}= 0,\ \sigma_y = 0$

21 다음은 A 학생의 수학, 영어, 국어의 성적과 A 학생의 반 전체 평균 및 표준편차 표를 만든 것이다. 3 과목 중 성적이 가장 좋은 과목을 구하시오.

학과	수학	영어	국어
A 학생	71	80	79
반 평균	51	63	65
반 표준편차	17	15	13

(가) 수학 (나) 국어 (다) 영어 (라) 알 수 없다.

2장

두 변수 자료의 요약

하나의 변수에 대한 관측 자료를 도표나 수치로 요약 정리하는 방법을 알아보았다. 그러나 조사 대상의 각 개체(sampling unit)로부터 둘 또는 그 이상의 변수들을 동시에 관측하는 경우가 많다. 이때 여러 개의 변수를 동시에 분석할 필요가 있다. 이 장에서는 두 변수에 관한 관측값을 도표로 요약하고 해석하는 방법을 소개한다.

2.1 분포의 비교

현실적으로 많은 통계학에서 두 모집단을 비교한다. 이러한 비교들은 두 개의 집합을 동시에 보여주기 위해 점도표, 막대그래프, 줄기-잎 그림, 상자그림, 그리고 누적 분포표와 같은 그래프 표현으로 자료를 요약한다.

– 점도표

예제 2.1

두 개의 체중 감량 프로그램에서 각 25명이 섭취한 칼로리를 기록은 다음과 같다. 이 자료들을 같은 가로 눈금을 이용하여 점도표로 서로 나타내시오.

프로그램 A: 1000, 1000, 1100, 1100, 1100, 1200, 1200, 1200, 1200, 1300, 1300, 1300, 1300, 1300, 1400, 1400, 1400, 1400, 1400, 1500, 1500, 1600, 1600, 1700, 1900

프로그램 B: 1000, 1100, 1100, 1200, 1200, 1200, 1300, 1300, 1300, 1400, 1400, 1400, 1400, 1500, 1500, 1500, 1500, 1500, 1600, 1600, 1600, 1700, 1700, 1800, 1800

풀이

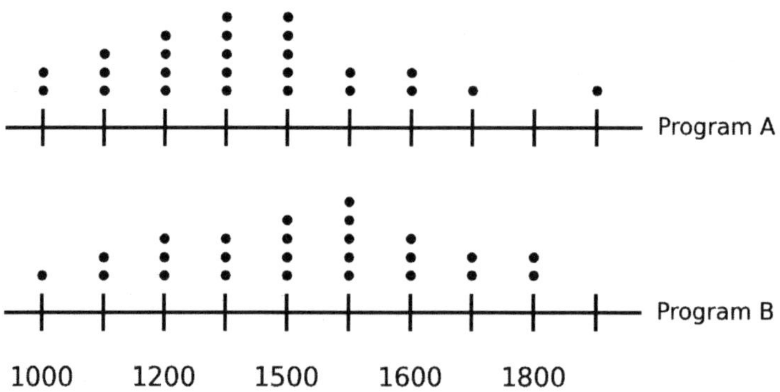

그림 2.1 프로그램 A, B에 대한 점도표

프로그램 A는 프로그램 B보다 더 적은 평균 칼로리 섭취량을 보였다. 모양, 중심, 그리고 분포를 비교해 보면 다음과 같다.

- **분포 모양**: 우리는 두 자료의 집합 모두 거의 벨 형태(실험적 법칙을 적용한다)를 보이고, 프로그램 A는 19,000칼로리인 이상치를 가진다(반면 프로그램 B는 이상들이 없다).
- **대표값**: 시각적으로, 또는 점을 세어 봤을 때, 프로그램 A와 B 두 분포의 중앙값은 각각 1300, 그리고 1400칼로리이다(계산기는 평균값 $\overline{X}_A = 1340$과 $\overline{X}_B = 1424$이다). 어느 방법으로도 프로그램 B의 중심값이 더 높다.
- **분포**: 두 집합의 범위는 거의 같다, 프로그램 A에서는 1000에서 1900까지고, 프로그램 B에서는 1000부터 1800까지이다(표준편차는 $s_A = 229$와 $s_B = 218$이다.)

– 두 개의 막대그래프

예제 2.2

각 연도에 도시가스와 전기이 난방 연료 사용량에 대한 막대그래프이다. 수치가 낮은 것은 전기, 높은 것은 가스를 의미한다.

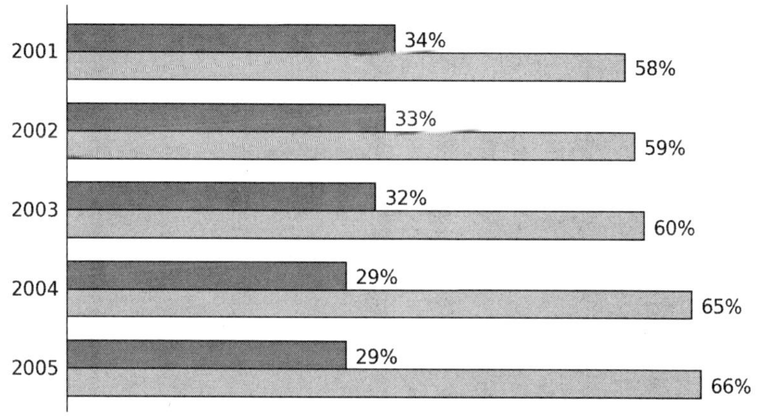

그림 2.2 연도별 전기와 가스에 대한 사용량 백분위수

(풀이)

연도별 난방 연료에 대한 도수분포를 구하면 다음과 같다.

표 2.1 연도별 상대도수 분포표

	전기	가스	전기+가스	기타	합계
2001	0.34	0.58	0.92	0.08	1
2002	0.33	0.59	0.92	0.08	1
2003	0.32	0.60	0.92	0.08	1
2004	0.29	0.65	0.94	0.06	1
2005	0.29	0.66	0.95	0.05	1

위 표에서 전기+가스는 약간 증가하며 기타 연료는 감소, 전기보다 가스 사용량이 증가하는 것을 알 수 있다.

예제 2.3

어느 도시에서 나이와 결혼관이 다음 히스토그램과 같다. 비교분석 하시오.

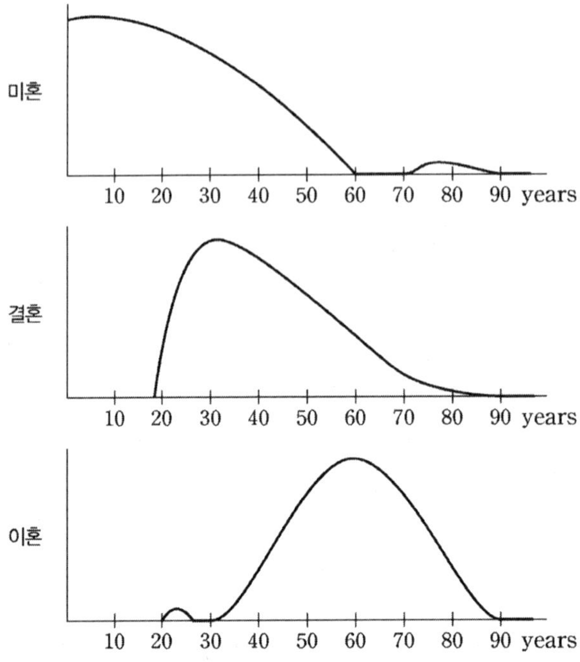

그림 2.3 각 결혼관에 대한 히스토그램

풀이

- **분포 모양**: 미혼과 결혼한 분포는 오른쪽에 기운 형태인 반면, 이혼한 분포는 종 모양이고 대칭형이다. 미혼은 50과 70세에 갭이 있으며 70세에서 90세에 송이를 이루고 있다. 이혼은 아마 20세에서 21세에 이상치일 것이다.

• **중앙값**: 미혼 20세 결혼 40세 이혼 60세가 중앙값이다.

• **분포** : 범위는 각각 미혼 0~90세 결혼 18~85세 이혼 20~90세이다.

– 줄기-잎 그림

예제 2.4

40년간의 연구에서 두 개의 다른 화학치료를 받고 있는 암 환자들의 생존 연수를 측정하였다. 약품 A를 치료받는 환자, 약품 B를 치료받는 환자 30명의 자료는 다음과 같디.

약품 A: 5, 10, 17, 39, 29, 25, 20, 4, 8, 31, 21, 3, 12, 11, 19, 10, 4, 22, 17, 18, 13, 28, 11, 14, 21

약품 B: 19, 12, 20, 28, 22, 35, 1, 21, 21, 26, 18, 28, 29, 20, 15, 32, 31, 24, 22, 26, 18, 20, 22, 35, 30, 18, 25, 24, 19, 21

약품 A와 약품 B를 치료받은 환자의 생존 연수를 줄기-잎 그림으로 비교분식 하시오.

(풀이)

위 자료를 마주 보는 줄기 분포로 나타내면, 우리는 줄기의 양쪽에 세로줄을 그리고 그 오른쪽과 왼쪽에 뻗는 잎들의 집합을 정렬시킨다.

약품B		**약품 A**
1	0	3 4 4 5 8
9 9 8 8 8 5 2	1	0 0 1 1 2 3 4 7 7 8 9
9 8 8 6 6 5 4 4 2 2 2 1 1 1 0 0 0	2	0 1 1 2 5 8 9
5 5 2 1 0	3	1 9

그림 2.4 약품 A, B에 대한 줄기-잎 그림

약품 A가 가장 오래 생존한 환자(39년)를 보이고, 약품 B는 가장 짧게 생존한 환자(1년)를 보이더라도, 마주 보는 줄기 도표는 약품 B의 대부분의 환자들이 약품 A의 대부분의 환자들보다 더 오래 살았다는 것을 암시한다. 모양, 중심, 그리고 분포를 비교해 보면 다음과 같다.

• **분포 모양**: 두 분포 모두 거의 벨 형태를 가졌다(실험적 법칙을 적용한다). 약품 A의 분포는 높은 극한의 수인 39를 나타내고, 약품 B의 분포는 낮은 극한의 수인 1을 나타낸다.

- **대푯값**: 시각적으로 또는 값들을 세어봤을 때, 두 분포의 중앙값은 각각 17, 22이다.(계산기는 평균값 $\overline{X}_A = 16.48$과 $\overline{X}_B = 22.73$을 가져다준다). 어떤 방법으로든 약품 B가 더 큰 대푯값을 가지고 있다.
- **분포**: 약품 A는 3에서 39까지의 생존 연수의 분포를 가지고 있고, 약품 B는 1에서 35가지의 생존 연수를 가진다(표준편차 $S_A = 9.25$와 $S_B = 6.97$을 가져다준다). 어떤 방법으로든 약품 A의 분포가 약품 B의 분포보다 더 큰 분포를 가지고 있다.

– 상자그림

예제 2.5

어느 대학교 컴퓨터공학과 신입생의 키에 관한 자료에서 남녀를 구분하면 다음과 같이 주어진다. 남자 신입생과 여자 신입생에 대하여 각각 상자그림을 그리고 분포를 비교하라.

남자:	181	170	179	183	178	171	177	174	163	167	163	173	178	170
	167	177	176	180	169	178	173	173	171	171	170	174	180	
여자:	161	160	158	169	162	163	158	160	160	158	160	165	170	152
	158	160	160	159	162	160	167	168	166	164				

풀이

남자의 경우에는 관측값의 개수가 27이고 27×0.25 = 6.25, 27×0.5 = 13.5, 27×0.75 = 20.25이므로 관측값을 작은 순서로 배열하였을 때 제1 사분위수, 중앙값, 제3 사분위수는 각각 7번째 관측값(170), 14번째 관측값(173), 21번째 관측값(178)이 된다.

따라서 사분위수 범위는 8이 된다. 그리고 경곗값은 $Q_1 - 1.5 \times 8 = 158$과 $Q_3 + 1.5 \times IQR = 5$가 되고, $Q_1 - 1.5 \times 8 = 152$와 $Q_3 + 1.5 \times IQR = 172$로 주어지게 되는데, 모든 관측값이 이 범위 안에 있으므로 이상점은 없고 양 끝점은 관측값의 최솟값과 최댓값인 152와 170이 된다.

남자와 여자에 대해 상자그림을 그리면 [그림 2.6]과 같다. 그림으로부터 키의 분포를 비교할 수 있다. 먼저 남자의 키가 여자의 키보다 평균적으로 약 10 cm 정도 크다는 것을 알 수 있고, 사분위수 범위는 남자의 경우가 여자의 경우보다 크지만, 범위는 남자와 여자의 경우가 거의 같다는 것을 알 수 있다. 또한 남자 키의 분포는 대칭에 가까운 반면, 여자 키의 분포는 제1 사분위수와 중앙값 사이에 좁게 몰려있는 모양을 하고 있는데, 대칭에 가까운 분포와는 상당히 거리가 있는 것이다. 실제로 여자 키의 관측값을 보면 158 cm와 160 cm

사이에 많은 관측값이 있는 것을 알 수 있는데 이러한 사실에서 분포가 중앙값을 중심으로 대칭이 아니라 조금 작은 쪽에 집중적으로 몰려있다는 것을 알 수 있다.

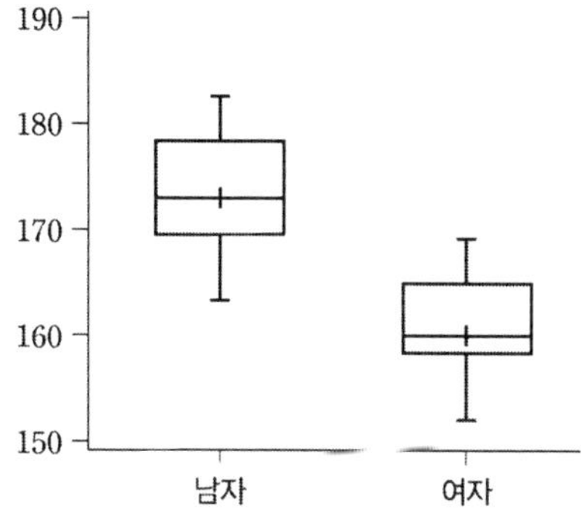

그림 2.5 상자그림을 통한 남자 신입생의 키와 여자 신입생의 키 비교

다음으로, 평행 상자 분포는 몇 개의 분포를 비교하는 상황을 표현하는 데 유용하다.

예제 2.6

다음 평행 상자 도표는 5년간의 어떤 특정한 주식 가격의 오르내림을 보여준다. 상자 분포들은 어떤 특징을 보이는지 비교분석 하시오.

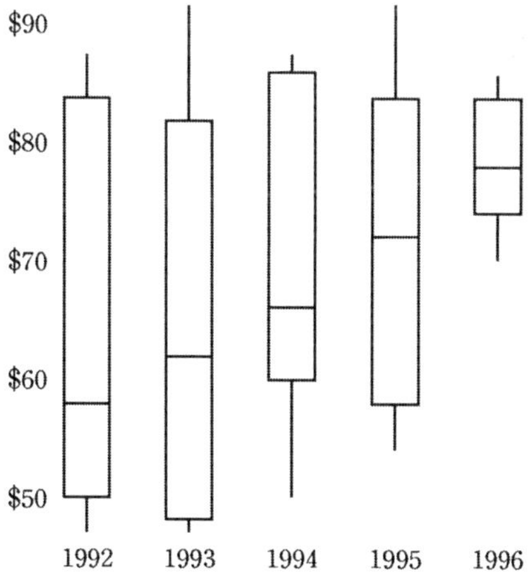

그림 2.6 연도별 특정한 주식 가격에 대한 상자그림

풀이

평행 상자 도표는 매일 주식값이 해마다 꾸준하게 올라 $58에서 $78까지 20달러나 오른 것을 보여준다. 3분기 값은 $84로 거의 같았고, 해마다 가장 낮은 값은 그 전의 가장 낮은 값에서 더 내려가지 않았다, 그리고 사분위수 서열은 한 년도에서 그다음 년으로 한 번도 증가하지 않았다.

– 누적 도수 분포표

예제 2.7

다음의 그래프는 1860년도와 1980년도에 미국 인구와 나이를 누적 도수 분포표로 나타내 비교한 것이다. 중앙값과 사분위수 서열들은 어떻게 비교되는지 설명하시오.

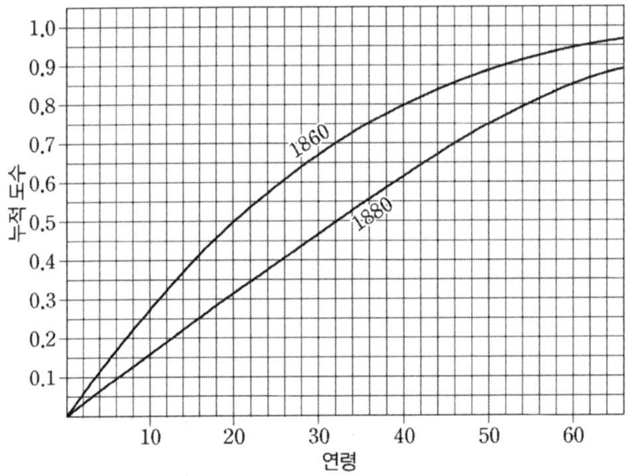

그림 2.7 1860년과 1980년의 인구와 나이에 대한 누적도수분포표

풀이

세로의 '.5'를 따라가다 보면, 1860년도에 인구의 반이 20세 미만이었고, 1980년도에는 인구의 반이 모두 32세 이상에 포함된 것을 확인할 수 있다. 세로축 '.25'와 '.75'를 따라가 보면, 1860년도에 $Q_1 = 16$ 그리고 $Q_3 = 35$이므로 사분위수 서열은 35-9 = 26세이고, 1980년도에 $Q_1 = 16$ 그리고 $Q_3 = 50$이므로 사분위수 서열은 50-16 = 34세인 것을 볼 수 있다.

2.2 두 범주형 변수 요약

두 변수가 모두 범주형에 속하는 경우, 수집된 자료는 앞 절에서 소개한 도수 분포표를 2차원으로 확장한 형태로 요약될 수 있다. 한 변수에 대한 범주는 왼쪽에, 또 다른 변수에 대한 범주는 위쪽에 표시하고, 두 변수의 범주들이 교차하는 칸(cell)마다 각 변수의 범주를 동시에 갖는 관측값들을 세어 그 칸의 도수로 삼으면 된다. 이렇게 도표로 요약된 자료를 보통 분할표(contingency table)라 부른다. 분할표에서는 필요에 따라 여러 가지 값을 각각 교차하는 부분에 표시할 수 있는데 그중 하나가 상대도수이다.

– 도수 분할표

질적인 자료는 자주 서로 의지하는 관계일 수도 있고 아닐 수도 있는 두 분류적인 변수들을 포함한다. 이 자료들은 두 개의 방법의 분할표로 나타낼 수 있다.

예제 2.8

다음 자료는 70세를 넘은 남자들이 혈중 콜레스테롤 수치에 따라 심장 마비로 고생하였는지를 조사한 뉴욕타임스에 실린 4년간의 연구 자료이다.

분할표에서 심장 마비의 심각성은 행의 변수, 콜레스테롤 수치는 열의 변수이고, 이 자료들을 분석하는 하나의 방법은 각 열과 각 행의 합계를 계산하는 것이다. 이때 주변분포를 비교 설명 하시오.

표 2.2 두 변수 자료의 분할표

	낮은 콜레스테롤	중간 콜레스테롤	높은 콜레스테롤	합계
심각하지 않은 심장 발작	29	17	18	64
심각한 심장 발작	19	20	9	48
합계	48	37	27	112

풀이

이 합계들은 오른쪽과 아래에 테이블의 가장자리에 표기되고 따라서 가장자리 빈도라고 불린다. 이 가장자리 빈도들은 종종 비율 또는 퍼센트의 형태로 나타낸다. 콜레스테롤 수치의 주변분포와 막대그래프는 다음과 같다.

$$\text{낮음: } \frac{48}{112} = .429 = 42.9\ \%$$

$$\text{중간: } \frac{37}{112} = .330 = 33.0\ \%$$

$$\text{높음: } \frac{27}{112} = .241 = 24.1\ \%$$

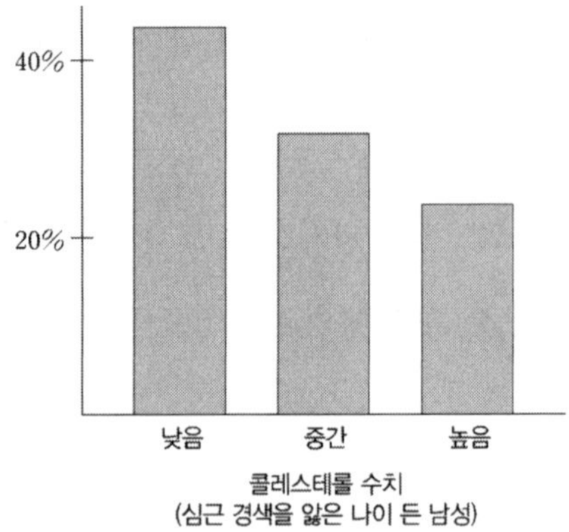

그림 2.8 콜레스테롤 수치에 대한 주변분포 막대그래프

심장 마비 강도의 주변분포와 막대그래프는 다음과 같다.

$$\text{심각하지 않음: } \frac{64}{112} = .571 = 57.1\ \%$$

$$\text{심각함: } \frac{48}{112} = .429 = 42.9\ \%$$

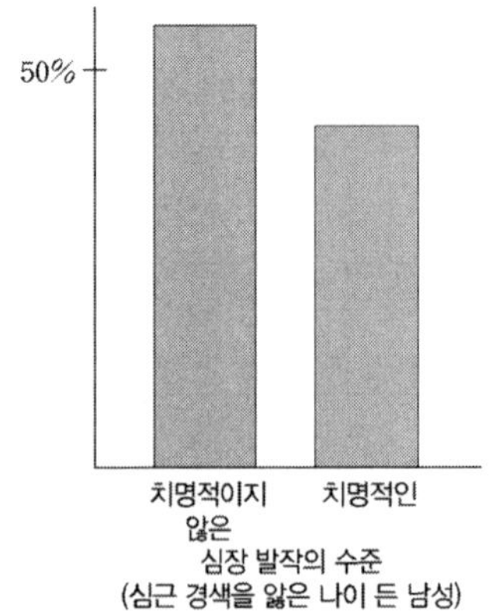

그림 2.9 심장 마비 강도에 대한 주변분포 막대그래프

```
# d type = low, middle, high
from matplotlib import pyplot as plt

non_serious_heart_attack = [29, 17, 18]
serious_heart_attack = [19, 20, 9]
values, re_values, tx_values = [], [], []
label = ['낮음', '중간', '높음']

# 콜레스테롤 수치에 따른 막대그래프, 주변분포 구하기
# serious_heart_attack의 변수 수를 계산하여 반복하여 더해 저장
for i in range(len(non_serious_heart_attack)):
    xs = non_serious_heart_attack[i] + serious_heart_attack[i]
    values.append(xs)

# 토탈 값 구하기
total = sum(non_serious_heart_attack) + sum(serious_heart_attack)
for i in range(3):
    data = round((values[i] / total), 3)
    data = round((data * 100), 1)
    re_values.append(data)

plt.rc('font', family='Malgun Gothic')
plt.bar(label, re_values, color='violet', alpha=0.7, edgecolor='purple')
plt.show()

from matplotlib import pyplot as plt

non_serious_heart_attack = [29, 17, 18]
serious_heart_attack = [19, 20, 9]

thread = sum(non_serious_heart_attack), sum(serious_heart_attack)
values = []
desc = ['심각하지\n않은', '심각한']

for i in range(len(thread)):
    total = sum(thread)
    data = round((thread[i] / total), 3)
    data = round((data * 100), 1)
    values.append(data)

plt.rc('font', family='Malgun Gothic')
plt.bar(desc, values, color='violet', alpha=0.7, edgecolor='purple')
plt.show()
```

– 조건부 상대도수 분할표

위에서 설명하고 계산한 주변분포는 두 분류적 변수의 관계를 설명하거나 측정하지 않는다. 이를 위해 우리는 가장자리에 있는 합계만 볼 것이 아니라 테이블에 있는 정보를 참고해야 한다.

예제 2.9

탈모가 신체 용적 지수와 관련이 있을까? 769명을 대상으로 한 연구(미국 의학 연구 잡지, 1993.2.24. p.1000)는 다음과 같은 수를 나타낸다.

분석은 먼저 이 전에 했던 것과 같이 열과 행의 합계를 찾는다.

표 2.3 두 변수 자료의 분할표

		탈모 형태			
		이상 없음	**이마**	**정수리**	
신체 용적 지수	〈25	137	22	40	199
	25~28	218	34	67	319
	〉28	153	30	68	251
		508	86	175	769

신체 용적 지수에 따라 머리가 빠지는 패턴을 예측하는 것에 관심을 가지고 각각의 행을 살펴보자. 용적지수에 대한 상대도수 분포표와 막대그래프를 그려라.

(풀이)

신체 용적 지수에서 25보다 적은 199명의 남자가 머리 빠지는 패턴이 있는 비율 또는 확률은 다음과 같다.

$$\text{없음: } \frac{137}{199} = .688 = 68.8\ \%$$

$$\text{이마: } \frac{22}{199} = .111 = 11.1\ \%$$

$$\text{정수리: } \frac{40}{199} = .201 = 20.1\ \%$$

이 조건부 상대도수는 막대들을 묶거나 각 부분이 이것의 상대도수에 맞는 길이를 가지는 막대그래프를 나누어 나타낼 수 있다.

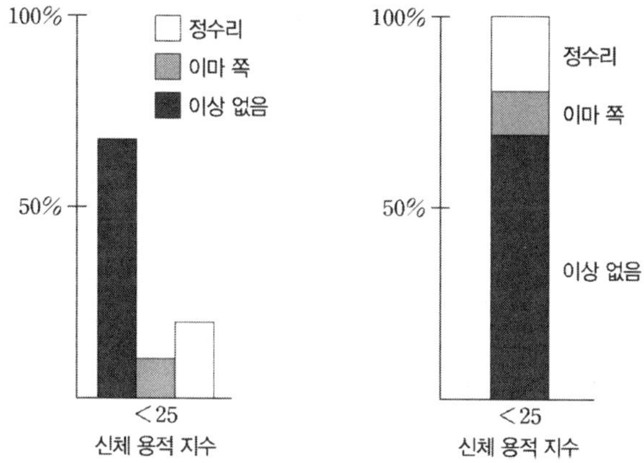

그림 2.10 신체 용적 지수가 25 이하인 막대그래프

비슷하게 신체 용적 지수에서 25와 28 사이인 남자 319명의 조건부 상대도수는 다음과 같다.

$$\text{없음: } \frac{218}{319} = .683 = 68.3\ \%$$
$$\text{이마: } \frac{34}{319} = .107 = 10.7\ \%$$
$$\text{정수리: } \frac{67}{319} = .210 = 21.0\ \%$$

신체 용적 지수의 28보다 높은 남자 251명에게서는

$$\text{없음: } \frac{163}{251} = .610 = 61.0\ \%$$
$$\text{이마: } \frac{30}{251} = .120 = 12.0\ \%$$
$$\text{정수리: } \frac{68}{251} = .271 = 27.1\ \%$$

이다. 다음 두 막대그래프 모두는 좋은 시각적 그림이다.

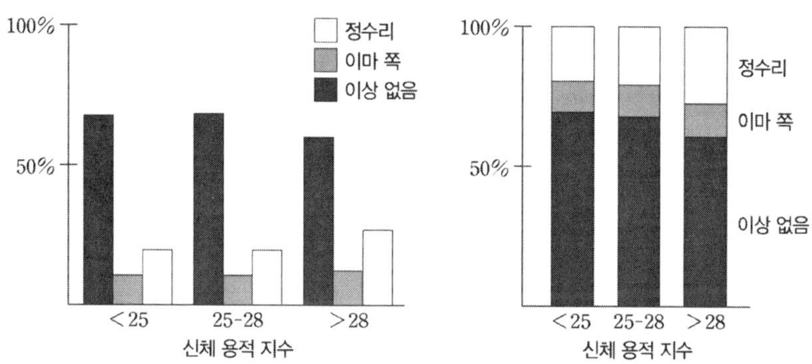

그림 2.11 신체 용적 지수에 따른 막대그래프

나누어진 막대그래프는 더 높은 정수리의 대머리 패턴과 28보다 높은 신체 용적 지수 사이의 약한 관계를 나타낸다.

예제 2.10

고등학교에 다니는 각 학년들을 대상으로 바닐라 또는 초콜릿 맛의 선호도를 비교하기 위해 조사된 연구의 결과는 다음과 같다. 각 학년의 조건부 상대도수를 구하시오.

표 2.4 두 변수 자료의 분할표

	바닐라	초콜릿
1학년	20	10
2학년	24	12
3학년	18	9
4학년	22	11

풀이

1학년: $\frac{20}{30} = .667$은 바닐라를 선호하였고, $\frac{10}{30}$은 초콜릿을 선호하였다.

2학년: $\frac{24}{36} = .667$은 바닐라를 선호하였고, $\frac{12}{36}$는 초콜릿을 선호하였다.

3학년: $\frac{18}{27} = .667$은 바닐라를 선호하였고, $\frac{9}{27}$는 초콜릿을 선호하였다.

4학년: $\frac{22}{23} = .667$은 바닐라를 선호하였고, $\frac{11}{33}$은 초콜릿을 선호하였다.

모든 조건부 상대 도수 분포가 같을 경우, 우리는 두 변수가 완전히 독립적이라 한다.

연습문제

주관식 문제

01 다음 히스토그램들을 비교분석 하시오.

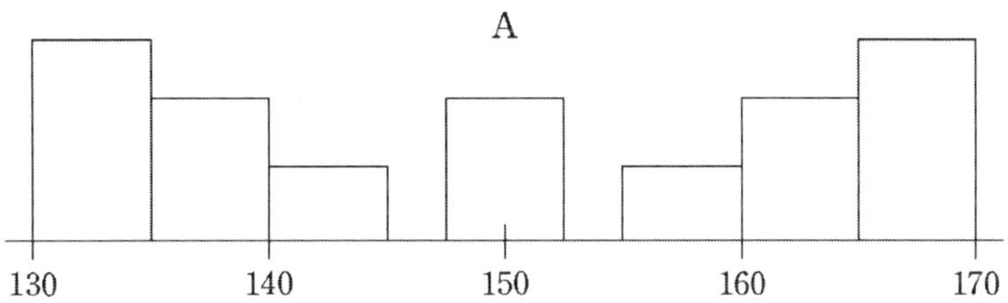

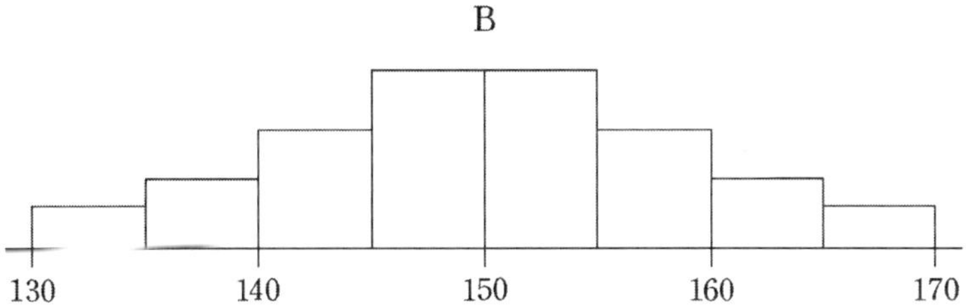

02 유명 브랜드 A, B의 자동차 배터리 수명의 표본 줄기-잎 그림이다. 비교분석 하시오.

Brand A	Stem	Brand B
	3	7
7	4	2 3 4 8 8
3 2	5	1 4 5 6 7 8 9 9
8 7 5 4	6	3 4 6 6 8
9 6 5 3 3 0	7	6
6 5 4 3 3 3 1	8	

03 1월에서 6월까지 뉴욕시의 일일 온도의 상자 그림이다. 비교분석 하시오.

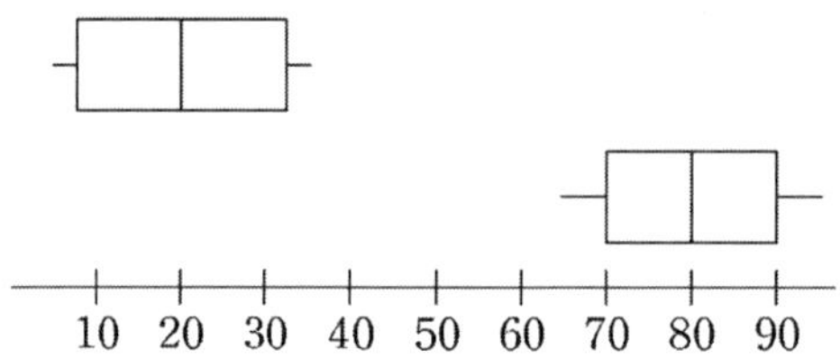

04 다음 줄기-잎 그림을 보고 비교분석 하시오.

		7	3	2				
	6	4	2	3	3	7		
			7	4	2	4	6	
9	3	0	0	5	7			
9	9	2	0	6	0	0	3	9
	9	4	3	7	0	2	9	9
			8	8	3	4	9	
				9	8			

05 세 종류의 자동차의 연비에 대한 상자도표이다. 비교분석 하시오.

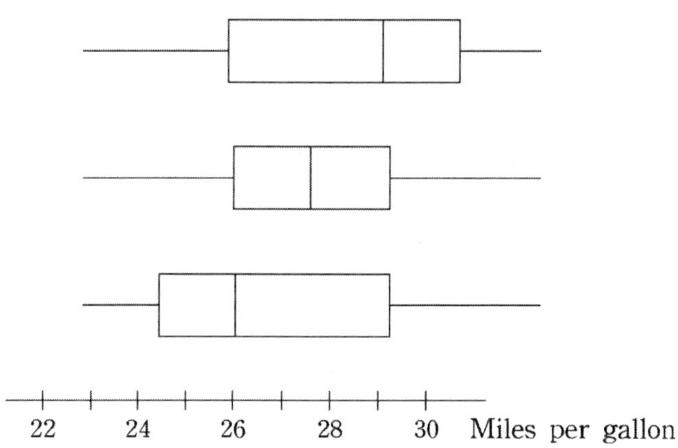

06 한 시즌에서 각각 20 상위 게임당 리바운드의 수는

9.4, 9.6, 9.7, 10.3, 10.4, 10.6, 10.6, 10.6, 10.8, 10.9,
10.9, 10.9, 11.0, 11.1, 11.4, 12.6, 13.4, 14.1, 16.8

이고 게임당 어시스트의 수는

6.1, 6.2, 6.4, 6.9, 7.1, 7.2, 7.4, 7.5, 7.6, 7.7,
7.7, 7.9, 8.2, 8.3, 8.7, 8.8, 9.3, 9.4, 10.2, 12.3

일 때 줄기-잎 그림으로 비교분석 하시오.

07 1990년에 자동차 등록 대수는 최솟값 262,000(Alaska). 최댓값 16,873,000(California), 중앙값 2,329,000(Iowa), $Q_1 = 834{,}000$, $Q_3 = 3{,}749{,}000$이고, 2000년에 자동차 등록 대수의 기초통계량은 최솟값 462,000(vermount), 최댓값 21,926,000(California) $Q_2 = 2{,}649{,}000$(Oklahoma) $Q_1 = 1{,}254{,}000$, $Q_3 = 4{,}444{,}000$이다. 상자도표로 비교분석 하시오.

08 크루즈의 승객 나이에 대한 누적 도수 분포 그래프가 다음과 같다. 각 크루즈의 승객 나이의 분포를 비교분석 하시오.

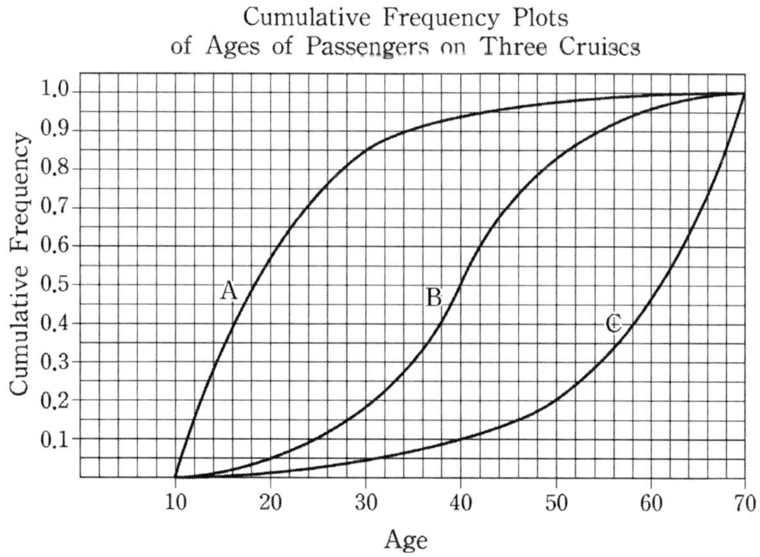

09 파이썬 프로그래밍 새로 제안된 어떤 정책에 대한 지지여부를 알아보기 위해 500명을 임의 추출하여 조사하였다. 추출된 각 개인의 정당과 지지여부를 해당 범주에 따라 정리한 결과가 표와 같았다. 상대도수에 의한 분할표와 정당별 지지여부에 대한 상대도수 분할표를 작성하시오.

	찬성	반대	미결정
민주당	50	150	50
공화당	125	50	25
무소속	15	10	25

10 다음 음악 선호도에 대한 조각 막대그래프이다. 지역에 따른 상대도수 분할표를 작성하고 비교 분석 하시오.

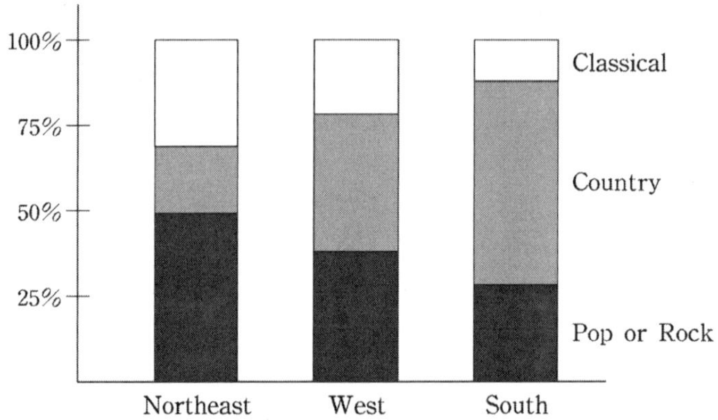

11 파이썬 프로그래밍 환경문제에 대한 지지여부를 알아보기 위해 800명을 표본으로 추출된 각 개인의 성별과 지지여부를 정리한 결과가 다음과 같다. 성별과 지지여부에 대하여 주변분포와 조건부 분포를 구하시오.

	찬성	반대
남	450	150
여	160	40

12 상용 항공기의 노화는 비행기 외채 결합에 대한 약점을 가중시킬 수 있다. 한 항공기 제조업체에서 현재 사용 중인 3가지 모델에 대하여 사용 연한을 조사하여 다음과 같은 표를 얻었다. 모형에 대한 상대도수를 각 노화 정도에 따라 구하고 3가지 모형의 비행기들의 노화 과정을 비교분석하시오.

모델	사용 연한	
	20년 미만	20년 이상
B7	90	123
B27	1214	435
B37	1042	9

13 파이썬 프로그래밍 비행기 여행 시 여행자들이 멀미로 고생하는 경우가 있다. 한 제약회사에서는 멀미를 멈추게 하는 약을 개발하였는데 약의 효능을 시험하기 위해 멀미를 하는 200명의 승객에게 새로 개발된 약과 심리적인 효과만을 주기 위한 설탕으로 만든 가짜약을 무작위로 나누어 주었다.

	멀미의 정도(강도)				합계
	안 함	약하게 함	보통으로 함	심하게 함	
알약	43	36	18	3	100
가짜약	19	33	36	12	100
합계					

(1) 주변의 합을 구하여 위의 표를 완성하시오.

(2) 알약과 가짜약 각각에 대해 각 멀미 정도의 상대도수를 구하시오.

(3) 알약과 가짜약의 효과를 비교 설명하시오.

객관식 문제

1~5 다음 데이터는 균형 예산 수정안에 대한 당적과 지지 관계를 연구하기 위해 500명의 등록 유권자를 조사한 결과이다.

	찬성	반대	의견 없음
민주당	50	150	50
공화당	125	50	25
무소속	15	10	25

01 조사 대상자 중 민주당원이 차지하는 비율을 구하시오.

(가) 10% (나) 20% (다) 30%
(라) 40% (마) 50%

02 조사 대상자 중 균형 예산 수정안을 지지하는 공화당원의 비율을 구하시오.

(가) 25% (나) 38% (다) 40%
(라) 62.5% (마) 65.8%

03 무소속 중 의견이 없는 사람들의 비율을 구하시오.

(가) 5% (나) 10% (다) 20%
(라) 25% (마) 50%

04 균형 예산 수정안에 반대하는 사람들 중 민주당원의 비율을 구하시오.

(가) 30% (나) 42% (다) 50%
(라) 60% (마) 71.4%

05 의견이 없다고 답변할 가능성이 가장 높은 정당 소속을 구하시오.

(가) 민주당
(나) 공화당
(다) 무소속
(라) 공화당과 무소속, 동일하게
(마) 민주당, 공화당, 무소속, 동일하게

6~10 다음 분할 막대 그래프는 세 개의 지리적 위치에서 음악 선호도를 조사한 결과이다.

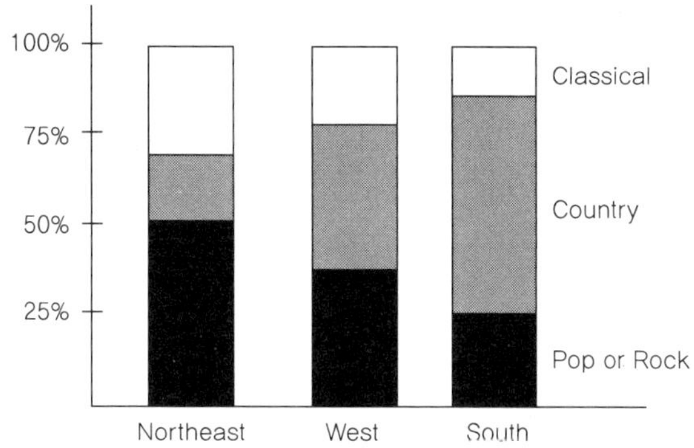

06 북동부 지역 조사 대상자 중 컨트리 음악을 선호하는 사람들의 비율을 구하시오.

(가) 20% (나) 30% (다) 40%

(라) 50% (마) 70%

07 다음 중 가장 높은 비율을 차지하는 것을 고르시오.

(가) 북동부에서 클래식 음악을 선호하는 비율

(나) 서부에서 컨트리 음악을 선호하는 비율

(다) 남부에서 팝이나 록을 선호하는 비율

(라) 위의 비율은 모두 동일하다.

(마) 관련 인원의 실제 숫자를 모르기 때문에 답을 알 수 없다.

08 다음 중 숫자가 가장 많은 것을 고르시오.

(가) 북동부에서 팝이나 록을 선호하는 사람들

(나) 서부에서 클래식 음악을 선호하는 사람들

(다) 남부에서 컨트리 음악을 선호하는 사람들

(라) 위의 숫자는 모두 동일하다.

(마) 관련 인원의 실제 숫자를 모르기 때문에 답을 알 수 없다.

09 세 개의 막대 그래프가 모두 높이가 100%인 이유를 고르시오.

(가) 이것은 우연의 일치이다.

(나) 막대 그래프 각각이 완전한 분포를 보여주기 때문이다.

(다) 세 개의 막대 각각이 세 가지 세그먼트로 나누어졌기 때문이다.

(라) 음악적 패턴의 본질 때문이었다.

(마) 위의 내용 중 어떤 것도 사실이 아니다.

10 주어진 막대 그래프를 바탕으로 지리적 위치와 음악 선호도 간에 관계가 있다고 볼 수 있는가?

(가) 네, 세 막대의 세그먼트 길이가 다르기 때문이다.

(나) 네, 세 막대의 높이가 동일하기 때문이다.

(다) 네, 세 개의 세그먼트와 세 개의 막대가 있기 때문이다.

(라) 아니오, 세 막대의 높이가 동일하기 때문이다.

(마) 아니오, 클래식, 컨트리, 팝/록의 세그먼트 합이 비슷하기 때문이다.

11 다음 표에서 완벽한 독립성을 보여주는 표가 되기 위한 n의 값을 구하시오.

20	50
30	n

(가) 10 (나) 40 (다) 60

(라) 75 (마) 100

12 한 회사가 비서직과 임원직에 남성과 여성을 고용한다. 정부에 제출한 보고서에 따르면, 회사는 임금을 인상받는 여성 직원의 비율이 남성 직원의 비율보다 높다고 보여준다. 한 정부 조사관은 임금을 인상받는 남성 비서의 비율이 여성 비서보다 높으며, 임금을 인상받는 남성 임원의 비율이 여성 임원보다 높다고 주장한다. 이것이 가능한가?

(가) 아니요, 회사 보고서나 조사관의 주장 중 하나는 잘못되었습니다.

(나) 아니요, 회사 보고서가 정확하다면 여성 비서가 남성 비서보다 더 높은 비율로 임금을 인상받았거나, 여성 임원이 남성 임원보다 더 높은 비율로 임금을 인상받아야 합니다.

(다) 아니요, 조사관이 정확하다면 관련 수치의 합산 결과, 임금을 인상받는 남성 직원의 총 비율이 여성 직원의 총 비율보다 더 커야 합니다.

(라) 위의 모든 내용이 사실입니다.

(마) 회사 보고서와 조사관의 주장이 모두 사실일 가능성이 있습니다.

13~18 청소년 건강에 대한 전국 설문조사에서는 수천 명의 7~12학년 학생들을 인터뷰했는데 한 질문이 다음과 같았다. “향후 10년 이내에 결혼할 가능성이 얼마나 된다고 생각합니까?” 다음은 성별에 따른 응답 결과를 나타낸 표이다.

	여성	남성
거의 가능성 없음	119	103
가능성 낮음	150	171
50:50 가능성	447	512
가능성이 높음	735	710
거의 확실함	1174	756

13 응답자 중 여성이 차지하는 비율을 구하시오.

(가) 2625 (나) 4877 (다) 약 46%
(라) 약 54% (마) 위의 답 모두 아님

14 이전 문제에서 계산한 비율은 다음 중 어느 분포의 일부인가?

(가) 여성의 주변 분포
(나) 성별의 주변 분포
(다) 결혼에 대한 의견의 주변 분포
(라) 주어진 의견을 가진 청소년의 성별 조건부 분포
(마) 주어진 성별을 가진 청소년의 결혼에 대한 의견 조건부 분포

15 거의 확실히 결혼할 것이라고 생각한 여성의 비율을 구하시오.

(가) 약 16% (나) 약 40% (다) 약 61%
(라) 약 24% (마) 약 45%

16 이전 문제에서 계산한 비율은 다음 중 어느 분포의 일부인가?

(가) 성별의 주변 분포
(나) 결혼에 대한 의견의 주변 분포
(다) 주어진 의견을 가진 청소년의 성별 조건부 분포
(라) 특정 성별에 속하는 청소년들의 의견에 대한 조건부 분포
(마) 여성 중에서 ‘거의 확실하다’라고 응답한 사람들의 조건부 분포

17 거의 확실히 결혼할 것이라고 생각한 사람들 중 여성의 비율을 구하시오.

(가) 약 16%   (나) 약 24%   (다) 약 40%

(라) 약 45%   (마) 약 61%

18 이전 문제에서 계산한 비율은 다음 중 어느 분포의 일부인가?

(가) 성별의 주변 분포

(나) 결혼에 대한 의견의 주변 분포

(다) 주어진 의견을 가진 청소년의 성별 조건부 분포

(라) 주어진 성별을 가진 청소년의 결혼에 대한 의견 조건부 분포

(마) "거의 확실히"라고 답한 여성의 조건부 분포

3장

확률

통계학은 불확실한 현상을 대상으로 하는 학문이며 이런 현상에 대한 분석은 어떤 사건의 일어날 가능성에 의하여 판단한다. 이처럼 사건이 일어날 가능성을 측정하는 것을 확률(probability)이라고 하는데, 이번 장에서는 확률에 대한 기본적 이론을 설명한다.

3.1 순열조합
3.2 확률
3.3 조건부 확률

3.1 순열조합

어떤 일이 일어날 수 있는 경우의 수를 계산하는 효과적인 방법이 있다면 유용할 것이다. 사실, 많은 확률론 문제들은 어떤 사건이 발생할 수 있는 서로 다른 경우의 수를 계산하여 간단히 해결할 수 있다.

3.1.1 경우의 수

어떤 사건이 일어나는 가짓수를 경우의 수라 한다. 유한집합 A에 속하는 원소의 개수를 $n(A)$로 나타내며 경우의 수 계산은 원소의 개수를 세는 것과 동일하다. 경우의 수를 계산할 때는 중복하지 않고, 빠짐없이, 가능한 모든 경우를 세는 것이 중요하다.

– 합의 법칙

한 사건 A가 m 가지의 방법으로 일어나고, 다른 사건 B가 n 가지의 방법으로 일어날 때 A와 B가 동시에 일어나지 않는다면, A 또는 B가 일어나는 경우의 수는 $m+n$ 가지이다.

예제 3.1

1에서 9까지의 숫자가 적혀있는 구슬이 9개 있다. 이 구슬을 임의로 한 개 꺼냈을 때, 3의 배수 또는 4의 배수가 나올 경우의 수를 구하시오.

풀이

1부터 9까지의 수 중에는 3의 배수가 4의 배수도 될 수는 없으므로 합의 법칙을 쓴다.

3의 배수는 3, 6, 9 ·························· ①

4의 배수는 4, 8 ······························ ②

따라서, 구하는 경우의 수는 ①과 ②를 합해 3+2=5(가지)이다.

예제 3.2

4명의 학생이 가방을 운동장에 모아 놓고 농구를 했다. 운동이 끝난 후 무심코 가방을 들었을 때, 자기 가방을 든 학생이 한 명도 없는 경우의 수를 구하시오.

(풀이)

4명의 학생 모두가 남의 가방을 드는 경우를 수형도로 나타내면 다음과 같다.

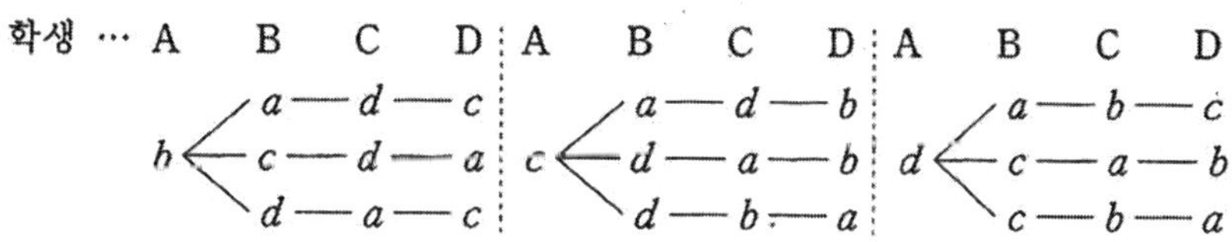

따라서, 위에서 구하는 경우의 수는 3 + 3 + 3 = 9(가지)이다.

– 곱의 법칙

한 사건 A가 m 가지의 방법으로 일어나고, 그 각각에 대해 다른 사건 B가 n 가지의 방법으로 일어날 때, A와 B가 동시에 일어나는 경우의 수는 $m \times n$ 가지이다.

예제 3.3

A에서 B를 거쳐서 C까지 가는 데 A에서 B로 가는 방법은 4가지, B에서 C로 가는 방법은 3가지이다. A에서 B를 거쳐 C로 가는 방법은 모두 몇 가지인지 구하시오.

(풀이)

A에서 B로 가는 방법을 a, b, c, d이고,
B에서 C로 가는 방법을 x, y, z라고 하면,
A에서 B를 거쳐 C로 가는 방법의 경우의 수는 4 × 3 = 12이다.

예제 3.4

새로운 지역의 개발자가 주택구매자에게 4가지 종류의 주택디자인, 3가지의 난방시스템, 차고 또는 간이차고, 옥외테라스 또는 스크린이 설치된 현관 등의 선택사항을 제시했다. 이 구매자가 선택할 수 있는 서로 다른 계획이 얼마나 되는지 구하시오.

풀이

$$4 \times 3 \times 2 \times 2 = 48(\text{가지})$$

3.1.2 순열

n개의 대상(object)에서 r개를 비복원추출한다면 r은 n을 초과할 수는 없을 것이다. n개의 대상 중에서 r개를 뽑아 순서 있게 배열하는 것을 순열(permutation)이라 부른다. 이러한 순열의 총개수를

$$_nP_r = \frac{n!}{(n-r)!}$$

이라는 기호로 표시하며, n개의 대상 중에서 동시에 r개를 취하는 순열의 수를 뜻한다.

예제 3.5

다음 문제를 구하시오.

(1) 네 개의 숫자 1, 2, 3, 4에서 서로 다른 숫자로 만들 수 있는 세 자리의 자연수의 개수를 구하시오.

(2) 43명으로 구성된 학급에서 실장 1명, 부실장 1명, 총무 1명을 선출하는 방법의 수를 구하시오.

(3) 어떤 농구팀에서 어떠한 수비위치라도 맡을 수 있는 8명의 선수 중 5명의 경기 시작에 배치될 수 있는 가짓수를 구하시오.

(4) 한 명의 교사가 심리학개론 강좌를 한 번만 담당할 수 있을 때, 6명의 교사가 4개의 강좌에 배정될 수 있는 가짓수를 구하시오.

풀이

(1) $_4P_3 = 24$ (2) $_{43}P_3 = 43 \times 42 \times 41 = 74046$

(3) $_8P_5$ (4) $_6P_4$

3.1.3 중복순열

서로 다른 n개의 물건에서 중복을 허락하여 r개를 뽑아 일렬로 나열해 놓은 것을 서로 다른 n개에서 r개를 취하는 중복순열(repeated permutation)이라 하고, 이 순열의 수는 다음과 같다.

$$_n\Pi_r = n^r$$

예제 3.6

다음 문제를 구하시오.

(1) 후보자가 3명, 선거인이 10명이 있다. 기명투표로 한 사람이 한 표씩 투표할 때 그 결과 나타나는 방법의 수를 구하시오(단, 후보자는 투표하지 않고 무효표는 없다).

(2) 기호 ·(돈)과 —(쓰)를 배열하여 전신 부호를 만들 때, 세 개를 선택하여 만들 수 있는 부호의 개수를 구하시오.

(3) 세 통의 편지를 다섯 개의 우체통에 넣는 방법의 수를 구하시오(단, 한 통의 편지도 넣지 않는 우체통이 있어도 된다고 한다).

풀이

(1) $_3\Pi_{10} = 3^{10}$ (2) $_2\Pi_3 = 2^3 = 8$ (3) $_5\Pi_3 = 5^3 = 125$

3.1.4 같은 것을 포함하는 순열(복수순열)

같은 것을 포함하고 있는 것을 한 줄로 늘어놓는 방법의 수 n개의 물건 중에서 같은 것이 각각 p, q, $\cdots$, s개가 있을 때, 이들 n개 모두를 일렬로 늘어놓는 방법의 수는 다음과 같다.

$$\frac{n!}{p!q!\cdots s!} \quad (\text{단}, p+q+\cdots+s=n)$$

예제 3.7

다섯 개의 숫자 1, 1, 1, 2, 2로 만들 수 있는 네 자리 정수의 개수를 구하시오.

풀이

1, 1, 1, 2를 택할 때, 만들 수 있는 정수의 개수는 $\frac{4!}{3!} = 4$ ················ ①

1, 1, 2, 2를 택할 때, 만들 수 있는 정수의 개수는 $\frac{4!}{2!2!} = 6$ ·············· ②

따라서, ①과 ②에서 구하는 정수의 개수는 4 + 6 = 10이다.

예제 3.8

success의 7개의 문자를 모두 일렬로 배열한다.

(1) 양 끝에 s가 오도록 배열하는 방법의 수는 몇 가지인지 구하시오.

(2) 세 개의 s가 모두 인접하도록 배열하는 방법의 수는 몇 가지인지 구하시오.

풀이

(1) $\frac{5!}{2!}$=60 (2) $\frac{5!}{2!}$=60

3.1.6 조합

서로 다른 n개의 물건(원소) 중에서 순서를 생각하지 않고 r개를 뽑을 때 이 r개로 이루어진 각각의 집합을 n개에서 r개를 취하는 조합(combination)이라 하고, 이 조합의 수를 ${}_nC_r$ 또는 $\binom{n}{r}$로 표시한다.

$$ {}_nC_r = \frac{{}_nP_r}{r!} = \frac{n!}{r!(n-r)!} $$

예제 3.9

어떤 학급의 학생 수 45명에서 학급 대표 2명을 뽑는 방법의 수를 구하시오.

풀이

$$_{45}C_2 = \frac{45!}{2!(45-2)!} = 45 \times 22 = 990$$

예제 3.10

야구선수 9명, 농구선수 5명이 있다. 물음에 답하시오.

(1) 이 중에서 3명의 야구선수와 2명의 농구선수를 뽑는 방법은 몇 가지인지 구하시오.

(2) 5명을 뽑을 때, 야구 대표 1명, 농구 대표 1명이 포함되는 경우의 수를 구하시오.

(3) 3명을 뽑을 때, 적어도 농구선수 1명이 포함되는 경우의 수를 구하시오.

(4) 3명을 뽑을 때, 야구, 농구선수가 적어도 각각 1명의 선수가 포함되는 경우의 수를 구하시오.

풀이

(1) $_9C_3\,{}_5C_2 = 840$　　(2) $_{12}C_3 = \frac{12 \times 11 \times 10}{3 \times 2 \times 1} = 220$

(3) $_{14}C_3 - {}_9C_3 = 280$　　(4) $_{14}C_3 - ({}_9C_3 + {}_5C_3) = 364 - (84+10) = 270$

3.1.7 중복조합

서로 다른 n개의 원소 중에서 중복을 허락하여 r개를 택하는 조합을 중복조합이라고 하고, 이 중복조합의 수를 $_nH_r$로 나타내며 다음과 같이 계산한다.

$$_nH_r = {}_{n+r-1}C_r$$

예제 3.11

4명의 학생에게 같은 종류의 음료수 10개를 나누어 주려고 한다. 다음을 구하시오.

(1) 음료수 10개를 나누어 주는 방법의 수를 구하시오.

(2) 음료수 10개를 한 학생에게 적어도 한 개씩 나누어 주는 방법의 수를 구하시오.

풀이

(1) 구하는 방법의 수는 방정식 a + b + c + d = 10에서 음이 아닌 정수인 해 (a, b, c, d)의 개수와 같으므로 $_{4}H_{10} = {}_{4+10-1}C_{10} = {}_{13}C_{10} = {}_{13}C_{3} = 286$이다.

(2) 구하는 방법의 수는 방정식 a + b + c + d = 10에서 자연수인 해 (a, b, c, d)의 개수와 같으므로 $_{4}H_{6} = {}_{4+(10-4)-1}C_{10-4} = {}_{9}C_{6} = {}_{9}C_{3} = 84$이다.

3.2 확률

3.2.1 표본공간, 사건

주어진 어떤 실험에서 가능한 결과들의 집합을 표본공간(sample space)이라 한다. 그리고, 표본공간 개개의 원소들을 단순사상이라 한다. 앞으로 표본공간을 S라고 표현하자. 단순사상의 개수가 유한한 경우를 유한표본공간(finite sample space)이라 부른다. 이 각각의 원소를 $e_1, e_2, \cdots, e_n$이라 하면, 표본공간 $S=\{e_1, e_2, \cdots, e_n\}$이라 할 수 있다. 예를 들면, 주사위를 한 번 던지는 실험에서는 6개의 결과가 나오므로 표본공간 $S=\{e_1, e_2, e_3, e_4, e_5, e_6\}=\{1, 2, 3, 4, 5, 6\}$이 된다. 표본공간 S의 부분집합을 사상(event)이라 한다. 그리고, 단 하나의 결과만을 포함하고 있는 사건을 단순사상(simple event)이라 부른다. 따라서, n개의 결과를 가진 표본공간은 n개의 단순 사건 $\{e_1\}, \{e_2\}, \cdots, \{e_n\}$을 갖고 있다. 임의의 사상 E는 E안에 포함된 단순 사건의 합집합으로 구성되어 있다. 만약, $E=\{e_2, e_5, e_8\}$이라면 E는 세 개의 단순 사상 $\{e_2\}, \{e_5\}, \{e_8\}$의 합집합으로 구성되어 있는 것이다.

예제 3.12

정상적인 주사위를 한 번 던지는 실험에서 표본공간 S는 {1, 2, 3, 4, 5, 6}이다. 즉, 6개의 단순 사상 {1}, {2}, {3}, {4}, {5}, {6}이 있다. 따라서, 다음과 같이 사상들을 표현할 수 있다. 다음 사상을 나타내시오.

(1) 짝수가 되는 사상
(2) 3의 배수가 되는 사상
(3) 소수가 되는 사상
(4) 4 미만이 되는 사상

풀이

(1) {2, 4, 6}　(2) {3,6}　(3) {2,3,5}　(4) {1,2,3}

예제 3.13

정상적인 동전을 계속해서 3번 던지는 실험을 생각해 보자. 그리고 앞면이 나오면 H, 뒷면이 나오면 T라는 기호로 표시하자. 따라서, 첫 번째에 앞면, 두 번째에 뒷면, 마지막 세 번째에 앞년이 나왔다면 HTH로 표현할 수 있다. 이와 같은 실험에서 표본공간 S는 $S=${HHH, HHT, THH, HTH, HTT, THT, TTH, TTT}이다. 이때 다음의 사상을 나타내시오.

(1) 두 번만 앞면이 나온다.
(2) H와 T가 교대로 나타난다.
(3) 두 번 이상 앞면이 나온다.
(4) 첫 번째 결과와 마지막 결과가 같게 나온다.
(5) 첫 번째가 뒷면이 나온다.

풀이

(1) { HHT, HTH, THH}　(2) {HTH, THT}
(3) {HHH, HHT, HTH, THH}　(4) { HHH, HTH, THT, TTT}
(5) {THH, THT, TTH, TTT}

3.2.2 확률의 정의

표본공간 S는 n개의 사상 e_1, e_2, $\cdots$,e_n을 가지고 있다고 가정하자. 각각의 단순 사상 $\{e_i\}$에 대해 아래의 조건을 만족하도록 단순사상 $\{e_i\}$의 확률이라 정의한다.

(1) $0 \leq P(\{e_i\}) \leq 1 \quad i = 1, 2, \cdots, n$

(2) $P(\{e_1\}) + P(\{e_2\}) + \cdots + P(\{e_i\}) = 1$

(3) 공사건에 대한 확률은 0이다. $P(\phi) = 0$

따라서, 임의의 사상에 대한 확률 $P(A)$는 A에 속한 단순 사상들에 해당되는 확률을 모두 더해 주면 된다. 즉, $A = \{e_2, e_4, e_7\}$이면, $P(A) = P(e_2) + P(e_4) + P(e_7)$이다.

예제 3.14

공정치 못한 주사위를 던지는 실험에서 $P(\{1\})=1/3$, $P(\{2\})=1/4$, $P(\{3\})=1/12$, $P(\{4\})=1/12$, $P(\{5\})=1/6$, $P(\{6\})=1/12$이다.

(1) 위의 결과는 확률의 정의에 맞는지 설명하시오.

(2) 다음 사상의 확률을 구하시오.

① 눈의 수가 3의 배수이다.

② 눈의 수가 짝수이다.

③ 눈의 수가 짝수이거나 3의 배수이다.

풀이

(1) $\frac{1}{3}+\frac{1}{4}+\frac{1}{12}+\frac{1}{12}+\frac{1}{6}+\frac{1}{12}=1$이므로 확률 정의를 만족한다.

(2) ① $P(2,4,6) = P(2)+P(4)+P(6) = \frac{1}{4}+\frac{1}{12}+\frac{1}{12}=\frac{5}{12}$

② $P(2,4,6) = P(2)+P(4)+P(6) = \frac{1}{4}+\frac{1}{12}+\frac{1}{12}=\frac{5}{12}$

③ 눈의 수가 짝수이거나 3의 배수가 되는 사상은 {2, 3, 4, 6}이므로 다음과 같다.

$$P(2,3,4,6) = P(2)+P(3)+P(4)+P(6) = \frac{1}{4}+\frac{1}{12}+\frac{1}{12}+\frac{1}{12}=\frac{1}{2}$$

예제 3.15

20개의 제비 속에 3개의 당첨이 들어있다. 3개의 제비를 뽑을 때, 그중 2개가 당첨될 확률을 구하시오.

풀이

$$P = \frac{{}_3C_2\,{}_{17}C_1}{{}_{20}C_3} = \frac{17}{380}$$

예제 3.16

흰 공 5개, 검은 공 3개가 들어있는 주머니에서 한 번에 1개씩 차례로 2개의 공을 꺼낼 때(꺼낸 공을 다시 넣지 않음) 2개 모두 검은 공이 나올 확률을 구하시오.

풀이

처음 검은 공: $\frac{3}{8}$

두 번째 검은 공이 나올 확률: $\frac{2}{7}$

두 개 모두 검은 공일 확률: $\frac{3}{8} \times \frac{2}{7} = \frac{6}{56}$

3.2.3 확률의 덧셈정리

두 사상 A, B에 대해 A 또는 B가 일어날 확률은 두 사상이 일어날 확률의 합에서 두 사상이 동시에 일어날 확률을 빼 준 것이다. 즉,

$$P(A\text{ 또는 }B) = P(A) + P(B) - P(A\text{ 그리고 }B)$$

이다. 여기서 A 또는 B는 $A \cup B$, A 그리고 B는 $A \cap B$를 나타낸다.

예제 3.17

특정 지역에 TV 채널 4와 7이 같은 지역 방송망에 가입되어 있다. 채널 4에서 특정 스포츠 프로그램을 방송할 확률은 0.5이고, 채널 7은 0.7이다. 또한, 서로 동시에 똑같은 특정 스포츠 프로그램을 방송하게 될 확률은 0.3이다. 어느 시청자가 그 특정 프로그램을 두 채널 중 어느 한 채널에서 시청할 확률을 구하시오.

풀이

A = 채널 4에서 스포츠 프로그램을 방송하고,

B = 채널 7에서 스포츠 프로그램을 방송한다면,

$P(A) = 0.5$, $P(B) = 0.7$, $P(A$ 그리고 $B) = 0.3$이 된다.

따라서, 구하고자 하는 확률 $P(A$ 또는 $B)$는 $P(A$ 또는 $B) = 0.5 + 0.7 - 0.3 = 0.9$이다.

결국, 어떤 시청자가 그 프로그램을 시청하게 될 확률은 0.9이다.

예제 3.18

어느 시에 두 개의 긴급 상황 센터가 있다. 긴급 상황 시에 어느 한쪽이 반응을 보여 출동할 확률이 0.6이고, 나머지 다른 쪽은 0.8이다. 그리고 둘 중의 적어도 하나 이상이 출동할 확률이 0.9이다. 이때 긴급 상황이 일어났을 경우 양쪽 모두 출동할 확률을 구하시오.

풀이

사상 A를 어느 한쪽이 반응하여 출동하는 사상이라 하고, 사상 B를 다른 한쪽이 반응하여 출동하는 사상이라 하자. 우리가 구하고자 하는 확률은 $P(A$ 그리고 $B)$이다. 그런데 $P(A) = 0.6$, $P(B) = 0.8$, $P(A$ 또는 $B) = 0.9$이므로, 다음과 같다.

$$\begin{aligned} P(A \text{ 그리고 } B) &= P(A) + P(B) - P(A \text{ 또는 } B) \\ &= 0.6 + 0.8 - 0.9 = 0.5 \end{aligned}$$

두 사건 A, B가 동시에는 일어나지 않을 때, 곧 $A \cap B = \varnothing$일 때 A와 B는 서로 배반한다고 하고, 이 두 사건을 배반사건이라고 한다. 또, 세 개 이상의 사건에 대해서 어떠한 두 사건도 서로 배반하면 이들 사건은 서로 배반한다고 말한다. 여기서 A와 B가 서로 배반적이라면 다음과 같이 된다.

$$P(A \text{ 또는 } B) = P(A) + P(B)$$

이 결과는 세 개 이상의 사상에까지 확장시켜 적용할 수 있다. 예를 들어, 세 개의 사상 A, B, C가 서로 배반적이라면

$$P(A \text{ 또는 } B \text{ 또는 } C) = P(A) + P(B) + P(C)$$

가 성립한다. 여기서 세 사상 A, B, C가 서로 배반적이라는 것은 세 개의 사상 중 임의의 두 개의 사상이 서로 배반적임을 뜻한다.

예제 3.19

한 상자에 붉은 공이 3개, 푸른 공이 4개, 흰 공이 5개 들어있다. 이 상자에서 임의로 한 개의 공을 뽑는 실험에서 뽑힌 공이 붉은 공 또는 흰 공이 될 확률을 구하시오.

풀이

붉은 공이 뽑히는 사상을 R, 흰 공이 뽑히는 사상을 W라 하면, 구하고자 하는 확률은 $P(R$ 또는 $W)$이다. 그런데, 사상 R과 W는 서로 배반적이므로 $P(R$ 그리고 $W) = 0$이 된다.

$$P(R \text{ 또는 } W) = P(R) + P(W) = \frac{3}{12} + \frac{5}{12} = \frac{8}{12} = \frac{2}{3}$$

예제 3.20

자동차 판매원의 오랜 경험에 의하면 손님이 스포츠카를 살 확률은 0.1이고, 왜건을 살 확률은 0.2, 트럭을 살 확률은 0.15임을 알고 있다. 새로 올 손님이 위의 세 가지 형태의 차 중에서 한 가지를 살 확률을 구하시오. 단, 손님은 반드시 한 가지 종류의 차만 산다고 가정하자.

풀이

가정에 의해 손님이 스포츠카를 산다는 사상과, 왜건을 산다는 사상, 트럭을 산다는 사상은 서로 배반적인 사상이 된다. 따라서, 각각의 확률을 더해 주면 된다. 즉, 구하고자 하는 확률은 $0.1 + 0.2 + 0.15 = 0.45$가 된다.

사상 A가 일어나지 않을 확률은 1에서 사상 A가 일어날 확률을 빼준 것과 같다. 즉, 임의의 사상 A에 대해 다음과 같이 된다.

$$P(\overline{A}) = 1 - P(A)$$

단, $\overline{A}$는 A가 일어나지 않는다는 것을 뜻하며, 사상 A의 여사상이라고 부른다.

예제 3.21

남자 4명, 여자 3명 중 3명의 위원을 선출 할 때, 여자 위원이 적어도 한 명 선출될 확률을 구하시오.

풀이

7명 중 3명 선출될 확률: ${}_7C_3$

위원 3명이 남자일 확률: $\dfrac{{}_4C_3}{{}_7C_3}$

$$1 - \frac{{}_4C_3}{{}_7C_3} = 1 - \frac{4}{35} = \frac{31}{35}$$

예제 3.22

성인 5,000명 중 3,500명이 강화된 총기관리법을 찬성, 1,200명은 반대, 300명은 의견이 없는 것으로 나타났다. 이 그룹으로부터 임의로 한 명을 뽑았을 때, 그 사람이 강화된 총기관리법에 찬성할 사건을 A라 하면, A의 여사건을 말하고, 두 사건의 확률을 구하시오.

풀이

이 실험에 대한 두 여사건은 다음과 같다.

A = 뽑힌 성인이 강화된 총기관리법에 찬성

$\overline{A}$ = 뽑힌 성인이 그 법에 반대하거나 의견이 없음

사건 A는 3,500명이고, B는 1,500명이므로

$$P(A) = 3500/5000 = .70,\ P(\overline{A}) = 1500/5000 = .30$$

이다. 따라서, 두 확률의 합이 1이므로 $P(A)$를 알면 $P(\overline{A})$는 다음과 같다.

$$P(A) = 1 - P(A) = 1 - .70 = .30$$

3.3 조건부 확률

어떤 조건이 주어진 경우에 사건의 확률이 어떻게 되는가에 대해 연구해 보자. 어떤 실험에서 결과들에 관한 사건을 미리 알고 있다면 관련된 사건의 확률은 다시 조정할 필요가 있다. 사건 B가 일어났다는 조건 아래서 사건 A가 일어날 조건부 확률(conditional probability)은 $P(A \mid B)$라 표현하고, 아래와 같이 정의된다.

$$P(A|B) = \frac{P(A\text{그리고}B)}{P(B)} \text{ 단, } P(B) \neq 0$$

만약, $P(B) = 0$이면 $P(A \mid B)$는 정의되지 못한다.

예제 3.23

어떤 밸브가 100시간 이상을 지탱할 확률은 0.7이고, 150시간 이상을 지탱할 확률은 0.28이라고 알려져 있다. 만약, 어떤 밸브가 현재 100시간 이상을 지탱하였다면 이것이 150시간 이상까지 지탱할 수 있는 확률을 구하시오.

풀이

이 밸브가 100시간 이상을 지탱한다는 사상을 L_{100}이라 하고, 이 밸브가 150시간 이상을 지탱한다는 사상을 L_{150}이라 하면, 확률은 다음과 같다.

$$\begin{aligned} P(L_{150}|L_{100}) &= \frac{P(L_{100}\text{ 그리고 }L_{150})}{P(L_{100})} = \frac{P(L_{150})}{P(L_{100})} \\ &= \frac{0.28}{0.7} = 0.4 \end{aligned}$$

예제 3.24

어떤 비행기의 승객 중 60%가 한국인이고, 승객 중 42%가 한국인 남자이다. 한국인 중 임의의 한 명을 뽑을 때, 그 사람이 남자일 확률을 구하시오.

풀이

한국인일 사건을 A, 남자일 사건을 B라 하면, 한국인 중 임의의 한 명이 남자일 확률은 다음과 같다.

$$P(A) = \frac{60}{100}, P(A \cap B) = \frac{42}{100} = \frac{21}{50}$$

$$P(A \cap B) = P(A)P(B \mid A)$$

$$P(A \mid B) = \frac{P(A \cap B)}{P(A)} = \frac{\frac{21}{50}}{\frac{3}{5}} = \frac{7}{10}$$

우리는 조건부 확률의 정의에 의해 다음과 같은 확률의 곱셈 법칙을 유도해 낼 수 있다.

$$P(A \text{ 그리고 } B) = P(B) \cdot P(A \mid B)$$

예제 3.25

월요일에 주가가 상승할 확률은 0.6으로 알려져 있다. 그리고, 월요일에 상승했다는 조건 아래에서 그다음 날에도 다시 상승할 확률은 0.3일 때, 특정한 이틀(월요일과 그다음 날) 동안 계속 주가가 오를 확률을 구하시오.

풀이

월요일에 주가가 오른다는 사상을 M이라 하고, 화요일에 주가가 오른다는 사상을 T라 하면 $P(M) = 0.6$, $P(T \mid M) = 0.3$이 된다. 따라서 다음과 같다.

$$\begin{aligned} P(M \text{ 그리고 } T) &= P(M) \cdot (T \mid M) \\ &= (0.6)(0.3) = 0.18 \end{aligned}$$

예제 3.26

주머니 속에 흰 공 4개, 붉은 공 6개가 들어 있다. 이 중에서 공을 한 개씩 두 번 꺼낸다고 하자. 처음에 꺼낸 공을 다시 넣지 않았을 때, 두 공이 모두 흰 공일 확률을 구하시오.

풀이

첫 번째, 두 번째에 흰 공이 나오는 사건을 각각 A, B라 하면, 확률은 다음과 같다.

$$P(A \cap B) = P(A)P(B|A) = \frac{4}{10} \cdot \frac{3}{9} = \frac{2}{15}$$

표본공간이 n개의 서로 배반적인 사상 B_1, B_2, ⋯, B_n에 의해 분할되었고, B_i(단, $i=1, 2, \cdots, n$)에 대한 확률은 0이 아니라면 임의의 사상 A에 대해 다음의 식이 성립한다.

- 전확률의 정리

$$P(A) = P(B_1) \cdot P(A|B_1) + P(B_2) \cdot P(A|B_2) + \cdots + P(B_n) \cdot P(A|B_n)$$

- Bayes의 공식

$$P(B_i|A) = \frac{P(B_i) \cdot P(A|B_i)}{P(B_1) \cdot P(A|B_1) + P(B_2) \cdot P(A|B_2) + \cdots + P(B_n) \cdot P(A|B_n)}$$

확률 $P(B_1)$, ⋯, $P(B_n)$을 사전확률(prior probability)이라 부르며, 조건부 확률 $P(B_1|A)$, ⋯, $P(B_n|A)$를 사후확률(posterior probability)이라 부른다.

예제 3.27

어떤 의사가 암에 걸린 사람을 암에 걸렸다고 진단할 확률은 98%이고, 암에 걸리지 않은 사람을 암에 걸리지 않았다고 진단할 확률은 92%라고 한다. 이 의사가 실제로 암에 걸린 사람 400명과 실제로 암에 걸리지 않은 사람 600명을 진찰하여 암에 걸렸는지 아닌지를 진단하였다. 이들 1,000명 중 임의로 한 사람을 택하였을 때, 그 사람이 암에 걸렸다고 진단받은 사람일 확률을 구하시오.

풀이

의사가 진단한 한 사람이 암에 걸린 사람이고, 이 사람이 암에 걸렸다고 진단받을 사건을 A라 하면,

$$P(A) = \frac{400}{1000} \times \frac{98}{100} = \frac{392}{1000}$$

이고, 의사가 진단한 한 사람이 암에 걸리지 않은 사람이고, 이 사람이 암에 걸렸다고 진단받을 사건을 B라고 하면,

$$P(B) = \frac{600}{1000} \times (1 - \frac{100}{92}) = \frac{48}{1000}$$

이다. 구하는 확률은 $P(A \cup B) = \frac{392}{1000} + \frac{48}{1000} = \frac{440}{1000} = \frac{44}{100}$이므로, 44%이다.

예제 3.28

갑, 을, 병 세 사람이 시장 선거에 출마하였다. 갑, 을, 병 세 사람이 당선될 확률이 각각 $\frac{3}{10}, \frac{1}{2}, \frac{1}{5}$이고, 당선되었을 때 버스 노선을 개편할 확률은 각각 $\frac{4}{5}, \frac{1}{10}, \frac{2}{5}$이다. 선거가 끝난 후 버스 노선이 개편될 확률을 구하시오.

풀이

$P(B_1), P(B_2), P(B_3)$을 각각 갑, 을, 병이 당선될 확률이라 하면,

$$P(B_1) = 0.3,\ P(B_2) = 0.5,\ P(B_3) = 0.2$$

이고, $P(A)$를 버스 노선이 개편될 확률이라고 하면,

$$P(A|B_1) = 0.8,\ P(A|B_2) = 0.1,\ P(A|B_3) = 0.4$$

이다. 따라서, 다음과 같다.

$$P(A) = P(A|B_1)P(B_1) + P(A|B_2)P(B_2) + P(A|B_3)P(B_3) = 0.37$$

예제 3.29

최근에 상품을 개발한 어느 회사에서 상품에 대한 평가단으로 남자 300명, 여자 200명을 선정하였다. 이 평가단이 상품에 대한 평가를 한 결과 남자 중에서 60%, 여자 중에서 50%가 긍정적인 평가를 하였다. 상품 평가단 500명 중에서 임의로 선택한 사람이 상품에 대해 긍정적인 평가를 하였을 때, 이 사람이 남자일 확률을 구하시오.

풀이

상품에 대해 긍정적인 평가를 할 사건을 A, 그 사람이 남자인 사건을 B라 하면, 확률은 다음과 같다.

$$P(B \mid A) = \frac{P(A \cap B)}{P(A)} = \frac{0.6 \times 0.6}{0.6 \times 0.6 + 0.4 \times 0.5} = \frac{9}{14}$$

예제 3.30

어느 지방에 독감이 퍼졌는데 감염자 중에서 70%는 A형 독감이고, 나머지는 B형 독감이라고 한다. 어떤 사람이 독감에 감염되어 병원에서 진단을 받았는데, A형 독감을 B형 독감으로 잘못 진단할 가능성이 10%이고, B형 독감을 A형으로 잘못 진단할 가능성이 20%라고 한다. 이 환자가 실제로 A형 독감에 감염되었을 확률의 값을 구하시오.

풀이

A형 독감으로 진단받을 사건을 X라 하고, A형 독감에 감염된 사건을 Y라 하면,

$$P(X) = 0.7 \times 0.9 + 0.3 \times 0.2 = 0.69, \quad P(X \cap Y) = 0.7 \times 0.9 = 0.63$$

이다. 따라서, 구하는 확률은 다음과 같다.

$$P(Y \mid X) = \frac{P(X \cap Y)}{P(X)} = \frac{0.63}{0.69} = \frac{21}{23}$$

예제 3.31

어느 공장에서 세 개의 생산라인 A, B, C는 각각 전체 제품 생산량의 50%, 30% 20%를 생산하고, 그중 각각 1%, 3%, 2%는 불량품이라고 한다. 어떤 제품이 불량품일 때, 이 제품이 A 라인에서 생산되었을 확률은 $\frac{q}{p}$ 이다. $p+q$의 값을 구하시오. 단, p와 q는 서로소인 자연수이다.

풀이

A, B, C 라인에서 생산될 사건을 각각 A, B, C 불량품일 사건을 M이라 할 때,

$$P(A)=0.5,\ P(B)=0.3,\ P(C)=0.2,$$
$$P(M|A)=0.01,\ P(M|B)=0.03,\ P(M|C)=0.02$$

이다. 구하는 확률은

$$\begin{aligned} P(A|M) &= \frac{P(A\cap M)}{P(M)} \\ &= \frac{P(A\cap M)}{P(A\cap M)+P(B\cap M)+P(C\cap M)} \\ &= \frac{0.01\times 0.5}{0.01\times 0.5+0.03\times 0.3+0.02\times 0.2}=\frac{5}{18} \end{aligned}$$

이다. 따라서, $p+q=23$이다.

예제 3.32

은행의 세 부서에 하루에 각각 120, 180, 100명의 손님이 온다고 가정해 보자. 손님이 방문했을 때 \$100가 넘는 액수를 거래할 확률은 각각 0.5, 0.6, 0.7이라고 가정해 보자. 손님을 무작위로 선택하였다. 그 손님이 \$100가 넘는 액수를 거래하고 첫 번째 부서에 방문할 확률을 구하시오.

풀이

세 부서를 B_1, B_2, B_3, \$100 이상일 사건을 E라 하면,

$$P(B_1)=\frac{120}{400}=0.3,\ P(B_2)=\frac{180}{400}=0.45,\ P(B_3)=\frac{100}{400}=0.25$$
$$P(B_1\cap > E)=(0.3)(0.5)=0.15$$
$$P(B_2\cap > E)=(0.45)(0.6)=0.27$$

$P(B_3 \cap > E) = (0.25)(0.7) = 0.175$

$P(> E) = P(B_1 \cap E) + P(B_2 \cap E) + P(B_3 \cap E)$

$= 0.15 + 0.27 + 0.175 = 0.595$

이다. 따라서, $P(B_1 | > E) = \dfrac{0.15}{0.595} = 0.252$이다.

두 사상 A와 B가 독립이라는 것은 직관적으로 살펴보면 사상 A가 일어나는 것과 사상 B가 일어나는 것이 서로 영향을 미치지 않는다는 뜻이다. 두 사상 A와 B에 대해

$$P(A \text{ 그리고 } B) = P(A) \cdot P(B)$$

가 성립하면 두 사상 A와 B는 서로 독립이라고 말하며, 서로 독립인 두 사상 A와 B를 독립사상(independent event)이라 한다. A와 B가 서로 독립이 아닐 때는 두 사상 A와 B를 종속사상(dependent event)이라 한다.

예제 3.33

한 개의 주사위와 한 개의 동전을 동시에 던질 때, 주사위의 짝수 눈과 동진의 앞면이 나올 확률을 구하시오.

풀이

주사위의 짝수 눈이 나올 사건을 A, 동전의 앞면이 나올 사건을 B라 하면 사건 A, B는 서로 독립이므로 $P(A \cap B) = P(A)P(B) = \dfrac{3}{6} \times \dfrac{1}{2} = \dfrac{1}{4}$

예제 3.34

T군은 샌프란시스코에서 A 항공사의 비행기를 타고 시카고에 가서 다시 B 항공사의 비행기로 갈아타고 뉴욕으로 왔다. 이때 A 항공사의 비행기가 시카고 공항에 안전하게 착륙할 확률은 0.95이고, B 항공사의 비행기가 뉴욕 케네디 공항에 안전하게 착륙할 확률은 0.98이라고 알려져 있다.

(1) T군이 시카고 공항과 뉴욕 케네디 공항에서 모두 안전하게 착륙할 확률을 구하시오.

(2) T군이 시카고 공항에서는 안전하게 착륙할 수 있지만, 뉴욕 케네디 공항에서 안전하게 착륙하지 못할 확률을 구하시오.

풀이

두 항공사의 비행기에 대한 안정성은 서로 영향을 끼치지 않고 독립적이라고 할 수 있기 때문에 확률은 다음과 같다.

(1) P(시카고와 뉴욕에 모두 안전하게 착륙) · P(뉴욕에 안전하게 착륙)

$= (0.95)(0.98) = 0.931$

(2) P(시카고에는 안전하게 착륙, 뉴욕에서는 안전하게 착륙하지 못함)

$= P$(시카고와 뉴욕에 모두 안전하게 착륙) · P(뉴욕에 안전하게 착륙하지 못함)

$= (0.95)(1 - 0.98) = 0.019$

연습문제

주관식 문제

01 갑, 을 두 개의 주사위를 동시에 던질 때, 나오는 눈의 수의 합이 3 또는 8이 되는 경우의 수를 구하시오.

02 A에서 B로 가는 방법은 4가지, B에서 C로 가는 방법은 3가지, A에서 C로 직접 가는 방법은 5가지가 있다. A를 출발하여 C에 갔다 올 때, B를 한 번만 거치는 방법의 수를 구하시오.

03 경제적 연료 연구에서 3대의 경주용 자동차가 각기 다른 장소에 위치하고 있는 일곱 군데 시험장에서 5가지 다른 상표의 가솔린을 사용해서 시험이 이루어진다. 2명의 운전자가 각기 다른 경합 조건 하에서 주행시험이 이루어진다면 몇 번의 주행시험이 필요한지 구하시오.

04 다음 문제를 구하시오.

(1) 30개의 역이 있는 철도회사에서 출발역과 도착역을 명기한 차표를 준비하려고 한다. 1, 2, 3등의 구분은 없고 왕복표를 포함한다고 할 때, 발행할 차표의 종류의 수를 구하시오.
(2) A, B, C, D, E 다섯 사람 중에서 위원장, 부위원장, 서기를 각각 1명씩 뽑을 때, 위원장은 반드시 A가 뽑히는 경우는 몇 가지인지 구하시오.

05 다음 문제를 구하시오.

(1) 5명의 학생을 A, B, C 세 모임에 가입시키는 방법은 몇 가지인지 구하시오.
(2) 9개의 질문으로 되어 있는 진위(T, F)테스트에서 서로 다른 응답 방법은 얼마나 되는지 구하시오.

06 5명의 여행자가 세 호텔 A, B, C에 투숙하는 방법은 몇 가지인지 구하시오. 단, 어느 호텔도 5인 이상 숙박할 수 있다.

07 success라는 단어의 문자를 모두 써서 만들 수 있는 배열의 가지 수는 몇 가지 인지 구하시오.

08 1에서 9까지의 숫자를 일렬로 나열할 경우 홀수의 순서가 1, 3, 5, 7, 9의 차례로 나열되는 방법은 몇 가지인지 구하시오.

09 서로 다른 10가지 향수를 만드는 회사가 있다. 6가지씩 담긴 선물용 가방을 만들려고 한다. 가방의 종류는 모두 몇 가지를 만들 수 있는지 구하시오.

10 학생 10명 중에서 4명의 위원을 뽑는 가지 수는 몇 가지인지 구하시오.

11 방정식 $x+y+z=7$을 만족시키는 x, y, z에 대하여 다음을 구하시오.

(1) 음이 아닌 정수인 해(x, y, z)의 개수

(2) 자연수인 해 (x, y, z)의 개수

12 서로 다른 10개의 물건을 4명에게 나누어 주는 방법의 가지 수는 몇 가지인지 구하시오.

13 검은 공 7개, 흰 공 5개가 들어 있는 주머니 속에서 임의로 1개의 공을 끄집어낼 때 그것이 흰 공일 확률은 얼마인지 구하시오.

14 7명 중에서 5명을 선출할 때 특별한 2명 중 1명만을 포함할 확률은 얼마인지 구하시오.

15 $P(A)=\frac{1}{3}$, $P(B)=\frac{1}{4}$, $P(A\cup B)=\frac{1}{2}$일 때 $P(A\cap B)$의 값을 구하시오.

16 어떤 학생이 통계 시험에 합격할 확률이 $\frac{2}{3}$이고, 전산 시험에 합격할 확률이 $\frac{4}{9}$이다. 또 적어도 한 과목에 합격할 확률이 $\frac{4}{5}$라 하면 두 과목 모두 합격할 확률이 얼마인지 구하시오.

17 10개의 제비 중 당첨 제비가 3개 있다. A, B, C가 한 개씩 이 순서대로 제비를 뽑을 때 적어도 한 사람이 당첨될 확률을 구하시오.

18 6명의 가족이 원탁에 앉을 때 부모가 이웃해서 앉는 방법의 가지 수는 얼마인지 구하시오.

19 흰 공 2개와 검은 공 4개가 들어 있는 주머니에서 임의로 두 개를 꺼낼 때 흰 공이 적어도 한 개 나올 확률을 구하시오.

20 A의 주머니에 흰 공 3, 검은 공 2개, B의 주머니에 흰 공 1, 검은 공 2개가 들어있다. 무심코 한 주머니에서 공 한 개를 꺼낼 때 흰 공일 확률을 구하시오.

21 10개 중 3개의 당첨 제비가 들어 있는 제비뽑기에서 두 번째 뽑는 사람이 당첨될 확률을 구하시오.

22 어떤 지방에서 남녀별 취업사 및 실업자에 대한 자료를 조사하여 다음과 같이 결과가 나왔다고 한다. 그런데 취업자 가운데 36명과 실업자 가운데 12명이 로터리 클럽 회원이라고 하고, 이들 900명 가운데서 한 명을 뽑았더니 로터리 클럽 회원이었다고 한다. 이 사람이 취업자일 확률을 구하시오.

성별	취업자	실업자	계
남	460	40	500
여	140	260	400
계	600	300	900

23 $P(A) = 0.4$, $P(B) = 0.2$, 그리고 $P(A|B) = 0.6$ 일 때 $P(B|A)$의 값을 구하시오.

24 $P(A) = \frac{1}{2}$, $P(B) = \frac{1}{3}$, $P(A \cap B) = \frac{1}{5}$, $P(A \cap B \cap C) = \frac{1}{20}$ 일 때 $P(C \mid A \cap B)$의 값을 구하시오

25 A시에서 환경보호 운동에 참여하고 있는 주민은 전체 주민의 20%이며, 이 중에서 여성의 비율은 60%이다. 환경보호 운동에 참여하고 있는 A시 주민 중에서 한 명을 뽑을 때, 그 사람이 남자일 확률을 구하시오.

26 현재 우리나라에 거주하고 있는 사람의 2% 정도가 결핵에 감염되어 있다고 한다. 이 병에 감염된 사람을 대상으로 혈액 검사를 통해 결핵을 진단할 때 양성 반응(감염된 것으로 판정됨)을 나타낼 확률이 95%, 음성반응(감염되지 않은 것으로 판정됨)을 나타낼 확률이 5%라고 한다. 또한, 결핵에 감염되지 않은 사람을 대상으로 검사하였을 때, 양성 반응을 나타낸 확률이 3%, 음성반응을 나타낼 확률이 96%라고 한다. 이때, 어떤 사람이 혈액 검사를 한 결과 결핵 양성 반응을 나타냈다고 한다. 이 사람이 실제로 결핵에 감염되어 있을 확률을 구하시오.

27 볼트를 만드는 어느 공장에서 세 대의 기계 A, B, C가 각각 전체의 25%, 35%, 40%를 만들며, 또 각각의 제품의 5%, 4% 2%가 불량품이라 한다. 제품 가운데 임의로 꺼낸 하나의 볼트가 불량품이었다고 할 때, 그것이 기계 A에서 만들어졌을 확률을 구하시오.

28 A, B, C 세 사람의 판매원이 판매에 성공할 확률은 각각 $\frac{5}{8}$, $\frac{3}{8}$, $\frac{1}{3}$이라 할 때 꼭 한 사람이 판매에 성공할 확률을 구하시오.

객관식 문제

01 success라는 단어의 문자를 모두 써서 만들 수 있는 배열의 가짓수를 구하시오.

(가) 12 (나) 144 (다) 288 (라) 420

02 5명의 여행자가 세 호텔 A, B, C에 투숙하는 방법은 몇 가지인지 구하시오(단, 어느 호텔도 5인 이상 숙박할 수 있다).

(가) 15 (나) 360 (다) 120 (라) 243

03 $(a+b+c)^{10}$의 전개식에서 서로 다른 항의 개수를 구하시오.

(가) 10 (나) 66 (다) 132 (라) 120

04 서로 다른 10개의 물건을 4명에게 나누어 주는 방법의 가짓수를 구하시오.

(가) ${}_{10}\Pi_4$ (나) ${}_4\Pi_{10}$ (다) ${}_{10}H_4$ (라) ${}_4H_{10}$

05 한 줄에 이어진 9개의 소켓에 3개의 빨간 등, 4개의 노란 등 2개의 파란 등을 끼워서 크리스마스트리를 장식하려고 한다. 이 표본공간의 표본점 개수를 구하시오.

(가) 210개 (나) 630개 (다) 1,260개 (라) 2,520개

06 세 대의 버스 A, B, C의 좌석이 각각 3석, 2석, 5석이 비어 있다. 10명의 승객을 이 세 대에 분승시키는 방법은 모두 몇 가지인지 구하시오.

(가) 30 (나) 1,440 (다) 2,520 (라) 10!

07 6명의 가족이 원탁에 앉을 때 부모가 이웃해서 앉는 방법의 가짓수를 구하시오.

(가) 12 (나) 24 (다) 48 (라) 96

08 부모와 4명의 아이가 원탁에 앉는 방법의 가짓수를 구하시오.

(가) 12 (나) 24 (다) 60 (라) 120

09 흰 공 2개와 검은 공 4개가 들어 있는 주머니에서 임의로 두 개를 꺼낼 때 흰 공이 적어도 한 개 나올 확률을 구하시오.

(가) $\frac{{}_2C_2}{{}_6C_2}$ (나) $1-\frac{{}_2C_2}{{}_6C_2}$ (다) $\frac{{}_4C_2}{{}_6C_2}$ (라) $1-\frac{{}_4C_2}{{}_6C_2}$

10 10개 중 3개의 당첨 제비가 들어 있는 제비뽑기에서 두 번째 뽑는 사람이 당첨될 확률을 구하시오.

(가) $\frac{2}{9}$ (나) $\frac{1}{3}$ (다) $\frac{1}{5}$ (라) $\frac{3}{10}$

11 A의 주머니에 흰 공 3개, 검은 공 2개 B의 주머니에 흰 공 1개, 검은 공 2개가 들어 있다. 무심코 한 주머니에서 공 한 개를 꺼낼 때 흰 공일 확률을 구하시오.

(가) $\frac{14}{15}$ (나) $\frac{1}{2}$ (다) $\frac{7}{15}$ (라) $\frac{1}{4}$

12 사건 A, B가 있을 때 다음 확률에 대한 설명 중 옳지 않은 것을 고르시오.

(가) $0 \le P(A) \le 1, 0 \le P(B) \le 1$이다.

(나) $P(A)=1$이면 사건 A는 반드시 일어난다.

(다) $P(B)=0$이면 사건 B는 절대로 일어나지 않는다.

(라) $P(A \cup B)=P(A)+P(B)$이면 사건 A와 B는 서로 독립 사건이다.

13 1, 2, 3 번호를 붙인 3개의 상자가 있고 그 각각에는 아래의 표와 같이 붉은 공, 흰 공, 푸른 공이 들어 있다. 임의로 1개의 상자를 선택하고 그 상자로부터 1개의 공을 뽑는 실험을 할 때 그 실험에서 뽑은 공이 붉은 공이었다고 한다면 그 공이 제2의 상자로부터 나왔을 확률을 구하시오.

상자 \ 공	붉은 공	흰 공	푸른 공	계
1	3	4	1	8
2	1	2	3	6
3	4	3	2	9

(가) $\frac{12}{71}$ (나) $\frac{11}{70}$ (다) $\frac{9}{10}$ (라) $\frac{5}{7}$

14 n개의 제비 중 당첨 제비가 a개 있다. A, B 두 사람이 차례로 하나씩 뽑을 때 B가 당첨되는 확률을 구하시오.

(가) $\frac{a-1}{n-1}$ (나) $\frac{a-1}{n}$ (다) $\frac{a}{n-1}$ (라) $\frac{a}{n}$

15 한 개의 주사위와 한 개의 동전을 던졌다. A를 동전의 표면이 나오는 사건, B를 주사위 6의 눈이 나오는 사건으로 정의할 때 $P(\overline{B})$, $P(B|A)$의 값을 구하시오.

(가) $\frac{1}{6}, \frac{1}{6}$ (나) $\frac{5}{6}, \frac{1}{10}$ (다) $\frac{5}{6}, \frac{1}{6}$ (라) $\frac{5}{6}, \frac{1}{12}$

16 $P(A)=\frac{1}{2}$, $P(B)=\frac{1}{3}$, $P(A\cap B)=\frac{1}{5}$, $P(A\cap B\cap C)=\frac{1}{20}$일 때 $P(C|A\cap B)$의 값을 구하시오.

(가) $\frac{1}{2}$ (나) $\frac{1}{4}$ (다) $\frac{1}{8}$ (라) $\frac{1}{20}$

17 다음과 같은 사망 원인 통계가 있다고 할 때 담배를 피우던 어떤 사람의 사망 원인이 암 질환이었을 확률을 구하시오.

	암 질환	암 이외의 질환	합 계
담배 피우는 사람	360	200	560
피우지 않는 사람	290	150	440
합 계	650	350	1000

(가) 0.64 (나) 0.74 (다) 0.54 (라) 0.84

18 A, B, C 세 사람의 판매원이 판매에 성공할 확률은 각각 $\frac{5}{8}$, $\frac{3}{8}$, $\frac{1}{3}$이라 할 때 꼭 한 사람이 판매에 성공할 확률을 구하시오.

(가) $\frac{5}{192}$　　(나) $\frac{83}{192}$　　(다) $\frac{32}{72}$　　(라) $\frac{40}{72}$

19 어떤 지방에서 남녀별 취업자 및 실업자에 대한 것을 조사한 결과, 다음의 표와 같이 되었다고 한다. 그런데 취업자 가운데 36명과 실업자 가운데 12명이 로터리 클럽 회원이라고 한다. 이들 900명 가운데서 한 명을 뽑았더니 로터리 클럽 회원이었다고 한다. 이 사람이 취업자일 확률을 구하시오.

성별	취업자	실업자	계
남	460	40	500
여	140	260	400
계	600	300	900

(가) $\frac{1}{25}$　　(나) $\frac{4}{75}$　　(다) $\frac{1}{2}$　　(라) $\frac{3}{4}$

20 어떤 학생이 통계 시험에 합격할 확률이 $\frac{2}{3}$이고, 전산 시험에 합격할 확률이 $\frac{4}{9}$이다. 또 적어도 한 과목에 합격할 확률이 $\frac{4}{5}$라 하면, 두 과목 모두 합격할 확률을 구하시오.

(가) $\frac{13}{45}$　　(나) $\frac{14}{45}$　　(다) $\frac{15}{45}$　　(라) $\frac{16}{45}$

4장

확률변수와 확률분포

표본공간에서 어떤 사건의 확률을 구하는 것이 매우 복잡하거나 어려울 때가 있다. 때때로 실험 결과를 수치로 나타내는 것이 아주 중요한 의미를 가지게 된다. 예를 들어, 3개의 동전을 던졌을 때 출현할 수 있는 모든 결과들을 자세하게 보여주는 표본공간은 다음과 같다.

$$S = \{HHH, HHT, HTH, THH, HTT, THT, TTH, TTT\}$$

여기서 H는 앞면을 의미하고, T는 뒷면을 의미한다. 당연히 앞면의 수에 관심을 가지게 될 것이다. 따라서, 각 표본점에 0, 1, 2, 3의 숫지를 대응시킬 수 있다. 이 값들은 3개의 동전을 던졌을 때 앞면의 수를 의미하는 확률변수(random variable) X라고 생각할 수 있다. 그러므로 확률변수는 표본공간 내에 있는 각 원소에 하나의 실수값을 대응시키는 함수로 정의된다. 표본공간이 유한개 혹은 셀 수 있는 무한개의 원소로 이루어졌을 때 이산표본공간(discrete sample space)이라 한다.

어떤 통계적 실험에서는 출현할 수 있는 결과들이 유한하지 않고 셀 수 없는 경우가 있다. 예를 들어, 어떤 자동치가 5 L의 휘발유로 규정된 시험코스를 주행한 거리를 측정하는 것이 이 경우에 해당된다. 주행거리를 어느 정도의 정확성을 가지고 측정되는 변수라고 생각한다면 표본공간 내의 가능한 거리는 무한개가 된다. 표본공간이 실선의 어떤 구간 내의 보든 수를 포함할 때 연속표본공간(continuous sample space)이라 한다.

4.1 이산형 확률분포

이산형 확률분포에서는 각 값에 확률을 할당한다. 하나의 동전을 세 번 던지는 실험에서 확률변수 X가 앞면이 나온 횟수를 의미한다면 확률변수값 2에는 확률 3/8이 부여되는데, 이는 발생 가능성이 동일한 8개의 표본점 중에서 앞면이 두 번, 뒷면이 한 번 나오는 경우가 세 가지이기 때문이다. 여기서 취할 수 있는 값과 그에 대한 확률은 다음과 같이 주어진다.

x	0	1	2	3
$P(X=x)$	1/8	3/8	3/8	1/8

위의 x값은 X가 취할 수 있는 모든 값이므로, 각 값에 대한 확률의 합은 당연히 1이 된다.

모든 x에 대해 순서쌍 $(x,\ f(x))$의 집합이 다음 조건을 만족하면, 이를 이산형 확률변수 X의 확률함수, 확률질량함수(probability mass function), 혹은 확률분포라고 한다.

① $f(x) \geq 0$

② $\sum_x f(x) = 1$

③ $P(X=x) = f(x)$

예제 4.1

어느 대리점에서 판매된 외제차의 50%에 디젤엔진이 장착되었다고 할 때, 이 대리점에서 다음에 판매될 4대의 외제차 중에서 디젤엔진이 장착된 차의 수의 확률분포에 대한 식을 구하시오.

풀이

일반적으로 x대의 디젤 모델과 $(4-x)$대의 가솔린 모델이 판매될 사상은 $\binom{4}{x}$개의 방법으로 발생할 수 있으며, 여기서 x는 0, 1, 2, 3, 4의 값을 취할 수 있다. 따라서, 확률분포 $f(x) = P(X=x)$는 다음과 같다.

$$f(x) = \frac{\binom{4}{x}}{16},\ x = 0, 1, 2, 3, 4$$

실제로는 확률변수 X의 관측값이 어떤 실수 x보다 작거나 같을 확률을 계산해야 할 경우가 많이 있다. 모든 실수 x에 대한 $F(x) = P(X \leq x)$를 확률변수 X의 누적분포함수(cumulative distribution function)라고 한다.

확률분포 $f(x)$를 가지는 이산형 확률변수 X의 누적분포함수 $F(x)$는

$$F(x) = P(X \leq x) = \sum_{t \leq x} f(t), \quad -\infty < x < \infty$$

로 주어진다.

누적분포는 주어진 확률변수가 취할 수 있는 값에서뿐만 아니라 모든 실수에서 정의된나는 사실에 유의해야 한다.

예제 4.2

[예제 4.1]에서 확률변수 X의 누적분포를 구하시오. 그리고 $F(x)$를 사용하여 $f(2)$=3/8이 됨을 증명하시오.

풀이

[예제 4.1]의 확률분포를 직접 계산해 보면 $f(0)$=1/16, $f(1)$=1/4, $f(2)$=3/8, $f(3)$=1/4, $f(4)$=1/16이 된다. 따라서,

$$F(0) = f(0) = 1/16$$
$$F(1) = f(0) + f(1) = \frac{5}{16}$$
$$F(2) = f(0) + f(1) + f(2) = \frac{11}{16}$$
$$F(3) = f(0) + f(1) + f(2) + f(3) = \frac{15}{16}$$
$$F(4) = f(0) + f(1) + f(2) + f(3) + f(4) = 1$$

그러므로 다음과 같다.

$$F(x) = \begin{cases} 0, & x < 0 \\ 1/16, & 0 \leq x < 1 \\ 5/16, & 1 \leq x < 2 \\ 11/16, & 2 \leq x < 3 \\ 15/16, & 3 \leq x < 4 \\ 1, & x \geq 4 \end{cases}$$

$$f(2) = F(2) - F(1) = \frac{11}{16} - \frac{5}{16} = \frac{3}{8}$$

4.2 연속형 확률분포

연속형 확률분포에서는 확률변수값의 어느 한 점보다는 어떤 구간에 더 관심을 가지게 된다. 즉, $P(a < X < b)$ 혹은 $P(X \geq c)$와 같이 연속형 확률변수의 여러 구간에 대한 확률을 계산하는 데 관심을 가진다. X가 연속확률변수이면

$$P(a < X \leq b) = P(a < X < b) + P(X = b) = P(a < X < b)$$

이다. 즉, 연속형 확률분포에서는 어떤 구간의 끝점이 포함되든 안 되든 그것은 문제가 되지 않는다. 연속형 확률변수의 확률분포가 표 형태로 표시될 수는 없지만 어떤 식으로 표시될 수는 있다. 그러한 식은 필수적으로 연속형 확률변수 X의 수치함수여야 하고, 함수 기호 $f(x)$로 표시된다. 연속형 확률변수를 취급할 때 $f(x)$를 X의 확률밀도함수(probability density function) 혹은 간단히 밀도함수(density function)라고 한다.

다음 조건을 만족하면 $f(x)$를 실수의 집합 R상에서 정의된 연속형 확률변수에 대한 확률밀도함수라고 한다.

① 모든 $x \in R$에 대해 $f(x) \geq 0$

② $\int_{-\infty}^{\infty} f(x)dx = 1$

③ $P(a < X < b) = \int_{a}^{b} f(x)dx$

예제 4.3

제어실험에서 반응 온도의 변화에 따른 오차는 다음과 같은 확률분포를 가지는 연속확률변수 X라고 가정하자.

$$f(x) = \begin{cases} \frac{x^2}{3}, & -1 < x < 2 \\ 0, & \text{다른곳에서} \end{cases}$$

(1) $\int_{-1}^{2} \frac{x^2}{3} dx = 1$임을 증명하시오.

(2) $P(0 < X \leq 1)$을 구하시오.

풀이

(1) $\int_{-\infty}^{\infty} f(x)dx = \int_{-1}^{2} \frac{x^3}{3} dx = 1$

(2) $P(0 < x \le 1) = \int_{0}^{1} \frac{x^2}{3} dx = \frac{1}{9}$

확률밀도함수가 $f(x)$인 연속형 확률변수 X의 누적분포함수 $F(x)$는 다음과 같다.

$$F(x) = P(X \le x) = \int_{-\infty}^{x} f(t)dt, \ -\infty < x < \infty$$

다음의 두 가지 사실을 알 수 있다.

① $P(a < X < b) = F(b) - F(a)$

② 미분이 가능하면, $f(x) = \frac{dF(x)}{dx}$

예제 4.4

[예제 4.3]의 확률밀도함수에 대해 $F(x)$를 구하고, 그것을 이용하여 $P(0 < X \le 1)$을 구하시오

풀이

$-1 < x < 2$에 대해

$$F(x) = \int_{-\infty}^{x} f(t)dt = \int_{-1}^{x} \frac{t^2}{3} dt = \frac{x^3+1}{9}$$

따라서, $F(x) = \begin{cases} 0, & x < -1 \\ \frac{x^3+1}{9}, & -1 \le x < 2 \\ 1, & x \ge 2 \end{cases}$ 이므로 다음과 같다.

$$P(0 < X \le 1) = F(1) - F(0) = \frac{1}{9}$$

4.3 결합확률분포

앞 절까지는 확률변수와 그것의 확률분포가 1차원 표본공간에 국한되어 있는 단일확률 변수에 대해서 다루었다. 그러나 여러 개의 확률변수의 결과를 동시에 취급해야 하는 경우가 있다. 예를 들면, 어떤 화학실험에서 침전물의 양 P와 방출되는 가스의 부피 V를 측정하면 $(p\ ,\ v)$로 구성되는 2차원 표본공간을 얻게 되고, 또한 상온에서 잡아 늘인 구리의 강도 H와 장력 T의 결과는 $(h\ ,\ t)$로 표시된다. X와 Y가 두 이산형 확률변수라 할 때 두 변수의 확률분포는 확률변수 X와 Y의 범위 내에서 어떤 $(x,\ y)$에 대해 $f(x,\ y)$를 값으로 가지는 함수로 표시될 수 있다. 이러한 함수를 X와 Y의 결합확률분포(joint probability distribution)라 한다. 이산적인 경우에는

$$f(x,\ y) = P(X = x,\ \ Y = y)$$

이다. 즉, $f(x,\ y)$는 x와 y가 동시에 일어날 확률이 된다. 예를 들면, X를 TV의 사용 연수, Y를 그 TV에 들어 있는 결함이 있는 튜브의 수라 하면, $f(5,\ 3)$은 그 TV가 5년 된 것이고, 3개의 새로운 튜브가 필요할 확률이다.

다음 조건을 만족할 때 함수 $f(x,\ y)$를 이산확률변수 X와 Y의 결합확률분포 또는 결합확률질량함수라 한다.

① 모든 $(x,\ y)$에 대해 $f(x,\ y) \geq 0$

② $\sum_x \sum_y f(x, y) = 1$

③ $P(X = x,\ \ Y = y) = f(x,\ y)$

$x,\ y$평면상의 어떤 영역 A에 대해 $P[(X,\ \ Y) \in A] = \sum\sum_A f(x,\ y)$가 된다.

④ X의 주변확률질량함수 $f_X(x) = \sum_y f(x, y)$

Y의 주변확률질량함수 $f_Y(y) = \sum_x f(x, y)$

⑤ X와 Y가 독립이면 $P(X = x,\ Y = y) = f_X(x) f_Y(y)$이다.

예제 4.5

3개의 청색, 2개의 적색, 3개의 녹색 볼펜이 들어 있는 상자에서 임의로 2개를 추출하고자 한다. X를 청색 볼펜의 수, Y를 적색 볼펜의 수라 할 때

(1) 결합확률분포 $f(x, y)$를 구하시오.

(2) $A = (x, y)|x + y \leq 1$이라고 할 때 $P(X, Y) \in A$를 구하시오.

풀이

(1) (x, y)의 가능한 쌍은 $(0, 0), (0, 1), (1, 0), (1, 1), (0, 2), (2, 0)$이다. 이중 $f(0, 1)$은 하나의 적색 볼펜과 녹색 볼펜이 선택된 확률이디. 8개 중에서 임의로 2개를 뽑는 경우의 수는 $\binom{8}{2} = 28$가지이다. 2개의 적색 볼펜 중 하나가 선택되고, 3개의 녹색 볼펜 중 하나가 선택되는 경우의 수는 $\binom{2}{1}\binom{3}{1} = 6$이다. 따라서, $f(0, 1) = 6/28 = 3/14$이다. 같은 방법으로 다른 경우에 대해서도 확률을 계산할 수 있으며, 계산 결과가 [표 4.1]에 나타나 있다. [표 4.1]의 결합확률분포가 다음과 같은 식으로 표시될 수 있음은 5장에서 다루게 된다.

$$f(x, y) = \frac{\binom{3}{x}\binom{2}{y}\binom{3}{2-x-y}}{\binom{8}{2}}$$

여기시 $x = 0, 1, 2,\ y = 0, 1, 2,\ 0 \leq x + y \leq 2$이다.

표 4.1 x와 y의 결합확률분포

$f(x, y)$		x			행의 합
		0	1	2	
y	0	3/28	9/28	3/28	15/28
	1	3/14	3/14		3/7
	2	1/28			1/28
열의 합		5/14	15/28	3/28	1

(2) $P[(x, y) \in A] = P(x + y \leq 1) = f(0,0) + f(0,1) + f(1,0)$

$$= 3/28 + 3/14 + 9/28 = 9/14$$

X와 Y가 연속형 확률변수라고 하면 결합밀도함수(joint density function) $f(x, y)$는 xy 평면 위에 놓여 있는 표면이 되며, A를 xy 평면상의 임의의 영역이라면 $P[(X, Y) \in A]$는 밑면 A와 표면으로 구성되는 입체의 부피와 같게 된다.

다음 조건이 만족될 때 함수 $f(x, y)$를 연속확률변수 X와 Y의 결합밀도함수라고 한다.

① 모든 (x, y)에 대해 $f(x, y) \geq 0$이다.

② $\int_{-\infty}^{\infty}\int_{-\infty}^{\infty} f(x, y)dx\,dy = 1$

③ $P[(X, Y) \in A] = \int\int_A f(x, y)dx\,dy$, 이때 A는 x, y 평면상의 임의의 영역이다.

④ X의 주변확률질량함수 $f_X(x) = \int_{-\infty}^{\infty} f(x, y)dy$

Y의 주변확률질량함수 $f_Y(y) = \int_{-\infty}^{\infty} f(x, y)dx$

⑤ X와 Y가 독립이면 $f(x, y) = f_X(x) f_Y(y)$이다.

예제 4.6

어느 과자 회사에서는 크림, 토피, 그리고 땅콩에 각각 연한 초콜릿과 진한 초콜릿을 입힌 과자를 취급하고 있다. 임의로 하나의 과자를 선택했을 때, X와 Y를 각각 크림 초콜릿 중 연한 초콜릿과 진한 초콜릿의 비율이라 하면, 결합확률분포는 다음과 같이 주어진다.

$$f(x, y) = \begin{cases} \frac{2}{5}(2x+3y), & 0 \leq x \leq 1, 0 \leq y \leq 1 \\ 0, & \text{다른곳에서} \end{cases}$$

(1) $\int_{-\infty}^{\infty}\int_{-\infty}^{\infty} f(x, y)dxdy = 1$임을 증명하시오.

(2) $A = \left\{(x, y) | 0 < x < \frac{1}{2}, \frac{1}{4} < y < \frac{1}{2}\right\}$일 때 $P[(X, Y) \in A]$를 구하시오.

풀이

(1) $\int_{-\infty}^{\infty}\int_{-\infty}^{\infty} f(x, y)dx\,dy = \int_0^1\int_0^1 \frac{2}{5}(2x+3y)dxdy = 1$

(2) $P[(X, Y) \in A] = P(0 < x < \frac{1}{2}, \frac{1}{4} < y < \frac{1}{2})$

$$= \int_{\frac{1}{4}}^{\frac{1}{2}}\int_{\frac{1}{4}}^{\frac{1}{2}} \frac{2}{5}(2x+3y)dxdy = \frac{13}{160}$$

이산형 확률변수 X와 Y의 결합확률분포 $f(x, y)$가 주어졌을 때, X만의 확률분포 $g(x)$는 $f(x, y)$를 Y의 모든 값에 대해 합하면 얻을 수 있다. 이러한 $g(x)$, $h(y)$를 각각 X와 Y의 주변분포(marginal distribution)라고 정의한다. X, Y가 연속형 확률변수이면 합 대신 적분을 해 주면 된다.

X와 Y의 주변분포는 이산형인 경우에는

$$g(x) = \sum_y f(x, y),\ h(y) = \sum_x f(x, y)$$

이고, 연속형인 경우에는

$$g(x) = \int_{-\infty}^{\infty} f(x,y)dy,\ h(y) = \int_{-\infty}^{\infty} f(x, y)\,dx$$

이다.

예제 4.7

[예제 4.6]의 결합분포에 대해 $g(x)$와 $h(y)$를 구하시오.

풀이

정의에 의해

$$g(x) = \int_{-\infty}^{\infty} f(x, y)dy = \int_0^1 \frac{2}{5}(2x+3y)dy = \frac{4x+3}{5}$$

이고, 그 외의 영역에서는 $g(x) = 0$이 된다. 같은 방법으로

$$h(y) = \int_{-\infty}^{\infty} f(x, y)\,dx = \int_0^1 \frac{2}{5}(2x+3y)dx = \frac{2(1+3y)}{5}$$

이며, 그 외의 영역에서는 $h(y) = 0$이 된다.

4.4 확률변수와 평균

X가 확률분포 $f(x)$를 가지는 확률변수라고 할 때 X가 이산형인 경우에 X의 평균 혹은 기댓값은

$$\mu = E(X) = \sum_x x f(x)$$

가 되고, X가 연속형인 경우에는

$$\mu = E(X) = \int_{-\infty}^{\infty} x f(x) dx$$

가 된다.

예제 4.8

품질검사원이 7개의 부품으로 구성되어 있는 로트를 검사하려고 한다. 만일 이 로트에 4개의 양호한 부품과 3개의 결함이 있는 부품이 들어 있다고 하면, 검사원이 3개의 부품을 추출하였을 때 나타나는 양호한 부품의 평균 개수를 구하시오.

풀이

X를 양호한 부품의 수라고 하자. 그러면 X의 확률분포는

$$f(x) = \frac{\binom{4}{x}\binom{3}{3-x}}{\binom{7}{3}}, \quad x = 0, 1, 2, 3$$

으로 주어진다. 따라서 $f(0)=1/35$, $f(1)=12/35$, $f(2)=18/35$, $f(3)=4/35$가 됨을 쉽게 계산할 수 있다. 그러므로

$$\mu = E(X) = (0)\left(\frac{1}{35}\right) + (1)\left(\frac{12}{35}\right) + (2)\left(\frac{18}{35}\right) + (3)\left(\frac{4}{35}\right) = \frac{12}{7} = 1.7$$

이다. 즉, 4개의 양호한 부품과 3개의 결함이 있는 부품 중에서 임의로 3개의 부품을 선택하는 실험을 반복해서 행하면 그 안에는 평균적으로 1.7개의 양호한 부품이 포함된다.

예제 4.9

어떤 종류의 전자장치 수명(단위: 시간)을 확률변수 X라고 하자. 확률밀도함수가

$$f(x) = \begin{cases} \dfrac{20000}{x^3}, & x > 100 \\ 0, & \text{다른곳에서} \end{cases}$$

로 주어졌을 때 이 장치의 기대수명을 구하시오.

풀이

$$\mu = E(X) = \int_{100}^{\infty} x \frac{20000}{x^3} dx = 200$$

이다. 따라서, 이 전자장치의 수명은 평균적으로 200시간이라고 할 수 있다.

X가 확률분포 $f(x)$를 가지는 확률변수라고 하면 확률변수 $g(x)$의 평균 혹은 기댓값은 X가 이산형인 경우에는

$$\mu_{g(X)} = E[g(X)] = \sum_x g(x) f(x)$$

가 되고, X가 연속형인 경우에는

$$\mu_{g(x)} = E[g(X)] = \int_{-\infty}^{\infty} g(x) f(x) dx$$

가 된다.

예제 4.10

어느 쾌청한 금요일 오후 4시에서 5시 사이에 세차장에서 서비스를 받는 차의 수를 X라고 할 때 X의 확률분포가 다음과 같다. $g(X) = 2X - 1$을 종업원이 받는 수당(단위: 달러)이라고 할 때, 이 시간대 종업원의 기대수익을 구하시오.

x	4	5	6	7	8	9
$P(X=x)$	1/12	1/12	1/4	1/4	1/6	1/6

풀이

종업원의 기대수익은 다음과 같이 표시된다.

$$E[g(X)] = E(2X-1) = \sum_{x=4}^{9}(2x-1)f(x) = \$12.67$$

예제 4.11

확률변수 X의 밀도함수가

$$f(x) = \begin{cases} \dfrac{x^2}{3}, & -1 < x < 2 \\ 0, & \text{다른곳에서} \end{cases}$$

일 때 $g(X) = 4X+3$의 기댓값을 구하시오.

풀이

$$E(4X+3) = \int_{-1}^{2}\frac{(4x+3)x^2}{3}dx = \frac{1}{3}\int_{-1}^{2}(4x^3+3x^2)dx = 8$$

이제 수학적 기댓값의 개념을 결합확률분포 $f(x, y)$를 가지는 두 확률변수 X와 Y의 경우로 확장해 보자.

X와 Y를 결합확률분포 $f(x, y)$를 가지는 확률변수라고 하자. 확률변수 $g(x, y)$의 평균 혹은 기댓값은 X와 Y가 이산형인 경우에는

$$\mu_{g(X,Y)} = E[g(X,Y)] = \sum_x\sum_y g(x,y),f(x,y)$$

가 되고, X와 Y가 연속형인 경우에는

$$\mu_{g(X,Y)} = E[g(X,Y)] = \int_{-\infty}^{\infty}\int_{-\infty}^{\infty} g(x,y),f(x,y)\,dx\,dy$$

가 된다.

예제 4.12

다음과 같은 결합밀도함수에 대해 $E(Y|X)$를 구하시오.

$$f(x,y)=\begin{cases}\dfrac{x(1+3y^2)}{4}, & 0<x<2, 0<y<1\\ 0, & \text{다른곳에서}\end{cases}$$

풀이

$$E(\frac{Y}{X})=\int_0^1\int_0^2\frac{y(1+3y^2)}{4}dx\,dy=\frac{5}{8}$$

4.5 분산과 공분산

확률변수 X의 평균 혹은 기댓값은 확률분포의 중심위치를 설명해 주는 값으로 통계학에서 매우 중요하다. 그러나 평균값만으로 분포의 형태를 설명할 수는 없다. 즉, 분포의 산포(variability)도 고려해야 할 필요가 있다.

X를 확률분포 $f(x)$와 평균 μ를 가지는 확률변수라고 할 때 X의 분산은 X가 이산형일 때는

$$\sigma^2=E[(X-\mu)^2]=\sum_x(x-\mu)^2f(x)$$

가 되고, X가 연속형일 때는

$$\sigma^2=E[(X-\mu)^2]=\int_{-\infty}^{\infty}(x-\mu)^2f(x)\,dx$$

가 된다. 분산의 양의 제곱근 σ를 X의 표준편차(standard deviation)라고 한다.

예제 4.13

A, B 두 회사에서 어느 날 사업목적으로 사용된 자동차의 수를 확률변수 X라고 하자. A 회사에 대한 확률분포(표 4.2(a))와 B 회사에 대한 확률분포(표 4.2(b))가 각각 다음과 같다. B 회사에 대한 확률분포의 분산이 A 회사의 분산보다 큼을 증명하시오.

표 4.2(a) A 회사의 확률분포

x	1	2	3
$f(x)$	0.3	0.4	0.3

표 4.2(b) B 회사의 확률분포

x	0	1	2	3	4
$f(x)$	0.2	0.1	0.3	0.3	0.1

풀이

A 회사에 대해는

$$\mu_A = E(X) = 1(0.3) + 2(0.4) + 3(0.3) = 2.0$$

그리고

$$\sigma_A^2 = \sum_{x=1}^{3} (x-2)^2 = 0.6$$

이다. B 회사에 대해서는

$$\mu_B = E(X) = 0(0.2) + 1(0.1) + 2(0.3) + 3(0.3) + 4(0.1) = 2.0$$

그리고

$$\sigma_B^2 = \sum_{x=0}^{4} (x-2)^2 = 1.6$$

이다. 따라서, 사업목적으로 사용하는 자동차 수의 분산은 B 회사의 경우가 A 회사의 경우보다 더 크다.

확률변수 X의 분산은 다음과 같이 표현할 수 있다.

$$\sigma^2 = E(X^2) - \mu^2$$

예제 4.14

3개의 부품을 생산라인으로부터 추출하여 검사하였을 때 결함이 있는 부품의 수를 확률변수 X라고 하자. X의 확률분포가 다음과 같을 때, σ^2을 계산하시오.

x	0	1	2	3
$f(x)$	0.51	0.38	0.10	0.01

풀이

평균은 0.61이고, $E(X^2) = 0.87$이다. 따라서, σ^2은 다음과 같다.

$$\sigma^2 = 0.87 - (0.61)^2 = 0.4979$$

예제 4.15

어느 연쇄점의 주당 콜라의 수요(단위: 1,000리터)가 다음과 같은 확률분포를 가지는 확률변수 X라고 할 때, X의 평균과 분산을 구하시오.

$$f(x) = \begin{cases} 2(x-1), & 1 < x < 2 \\ 0, & \text{다른곳에서} \end{cases}$$

풀이

$$\mu = E(X) = 2\int_1^2 x(x-1)dx = \frac{5}{3}$$

이고,

$$E(X^2) = 2\int_1^2 x^2(x-1)dx = \frac{17}{6}$$

이다. 따라서, 다음과 같다.

$$\sigma^2 = \frac{17}{6} - \left(\frac{5}{3}\right)^2 = \frac{1}{18}$$

분산 혹은 표준편차는 측정 단위가 같은 두 개 또는 그 이상의 분포를 비교할 때만 그 의미를 가지게 된다. 따라서, 어느 두 회사로부터 생산되는 병에 담긴 오렌지주스의 양(단위: 리터)의 분포의 분산을 비교할 때 분산이 더 크다는 것은 그 회사에서 생산된 각 병의 주스량이 더 변동적이라는 사실을 나타낸다.

예제 4.16

확률변수 X의 확률분포가 다음과 같이 주어졌을 때 $g(X) = 2X + 3$의 분산을 계산하시오.

x	0	1	2	3
$f(x)$	1/4	1/8	1/2	1/8

풀이

확률변수 $2X + 3$의 평균을 구하면

$$\mu_{2X+3} = E(2X+3) = \sum_{x=0}^{3} (2x+3) f(x) = 6$$

다음 결과를 얻게 된다.

$$\sigma^2_{2X+3} = E[(2X+3) - \mu_{2X+3}]^2 = 4$$

예제 4.17

확률밀도함수 X가 $f(x) = \begin{cases} \dfrac{x^2}{3}, & -1 < x < 2 \\ 0, & \text{다른곳에서} \end{cases}$를 가지는 확률변수라고 할 때, 확률변수 $g(X) = 4X + 3$의 분산을 구하시오.

풀이

$\mu_{4X+3} = 8$이므로 다음과 같다.

$$\sigma^2_{4X+3} = E[(4X+3) - 8]^2 = E[(4X-5)^2] = \int_1^2 (4x-5)^2 \frac{x^2}{3} dx = \frac{51}{5}$$

$\mu_X = E(X)$, $\mu_Y = E(Y)$일 때, $g(X, Y) = (X-\mu_X)(Y-\mu_Y)$라고 하면, σ_{XY} 또는 $Cov(X, Y)$로 표시한다.

X와 Y를 결합확률분포 f(x, y)를 가지는 확률변수라고 할 때, X와 Y의 공분산은 X와 Y가 이산형인 경우에는

$$\sigma_{XY} = \sum_x \sum_y (X-\mu_X)(Y-\mu_Y)f(x,y)$$

이고, X와 Y가 연속형인 경우에는

$$\sigma_{XY} = \int_{-\infty}^{\infty}\int_{-\infty}^{\infty}(x-\mu_X)(y-\mu_Y)f(x,y)\,dx\,dy$$

이다. 공분산은 두 확률변수 간의 관련성의 척도이다.

μ_X와 μ_Y를 평균으로 하는 두 확률변수 X와 Y의 공분산은 다음과 같다.

$$\sigma_{XY} = E(XY) - \mu_X\mu_Y$$

예제 4.18

어떤 상자에서 임의로 2개의 볼펜을 꺼낼 때, 청색 볼펜이 수 X와 적색 볼펜의 수 Y의 결합확률분포가 다음과 같다. X와 Y의 공분산을 구하시오.

$f(x, y)$		x = 0	x = 1	x = 2	행의 합
y	0	3/28	9/28	3/28	15/28
	1	3/14	3/14		3/7
	2	1/28			1/28
열의 합		5/14	15/28	3/28	1

풀이

$$\begin{aligned} E(XY) &= \sum_{x=0}^{2}\sum_{y=0}^{2} xy f(x, y) \\ &= (0)(0)f(0,) + (0)(1)f(0,1) + (1)(0)f(1,0) \\ &\quad + (1)(1)f(1,1) + (2)(0)f(2,0) \\ &= f(1,1) = 3/14 \end{aligned}$$

또한

$$\mu_X = \sum_{x=0}^{2} xg(x) = 0(\frac{5}{14}) + 1(\frac{15}{28}) + 2(\frac{3}{28}) = \frac{3}{4}$$

이고,

$$\mu_y = \sum_{y=0}^{2} yh(y) = 0(\frac{15}{28}) + 1(\frac{3}{7}) + 2(\frac{1}{28}) = \frac{1}{2}$$

이다. 따라서, 다음과 같다.

$$\sigma_{XY} = E(XY) - \mu_X \mu_Y = \frac{3}{14} - (\frac{3}{4})(\frac{1}{2}) = -\frac{9}{56}$$

예제 4.19

마라톤코스를 완주한 남자의 비율 X와 여자의 비율 Y의 결합확률분포가 다음과 같다. X와 Y의 공분산을 구하시오.

$$f(x, y) = \begin{cases} 8xy, \ 0 \le y \le x \le 1 \\ 0, \quad \text{다른곳에서} \end{cases}$$

풀이

먼저 주변밀도함수를 구하면 다음과 같다.

$$g(x) = \begin{cases} 4x^3, 0 \le x \le 1 \\ 0, \quad \text{다른곳에서} \end{cases}$$

그리고 앞에서 주어진 주변밀도함수로부터

$$h(y) = \begin{cases} 4y(1-y^2), 0 \le y \le 1 \\ 0, \quad \text{다른곳에서} \end{cases}$$

을 구할 수 있고, 또한 결합밀도함수로부터

$$\mu_X = \int_0^1 4x^4 dx = \frac{4}{5}$$

$$\mu_Y = \int_0^1 4y^2(1-y^2)dy = \frac{8}{15}$$

이 되므로

$$E(XY) = \int_0^1 \int_y^1 8x^2y^2\,dx\,dy = \frac{4}{9}$$

가 된다. 따라서, 다음과 같다.

$$\sigma_{XY} = E(XY) - \mu_X\mu_Y = \frac{4}{225}$$

공분산이 두 확률변수 사이의 관련성을 나타내기는 하지만, σ_{XY}값은 X와 Y의 측정 단위에 따라 달라지므로 이 값이 관련성의 강도를 나타내는 것은 아니다. 상관계수(correlation coefficient)는 측정 단위와 무관하게 공분산과 같은 역할을 하는 척도로서 통계학에서 널리 사용된다. 확률변수 X와 Y의 공분산이 σ_{XY}이고, 표준편차가 각각 σ_X, σ_Y라고 하자. X와 Y의 상관계수는 다음과 같이 정의된다.

$$\rho_{XY} = \frac{\sigma_{XY}}{\sigma_X\sigma_Y}$$

위의 수식에서 ρ_{XY}는 X와 Y의 단위에 무관한 것을 쉽게 알 수 있다. 상관계수값의 범위는 $-1 \le \rho_{XY} \le 1$이다. 공분산 σ_{XY}가 0이면 상관계수값도 0이 된다. 상관계수는 뒤에서 다루게 될 선형회귀모형에서 좀 더 자세하게 설명된다.

예제 4.20

X와 Y의 결합확률분포가 다음과 같을 때, X와 Y의 공분산을 구하고 X와 Y가 독립인가를 확인하시오.

		x			
		−1	0	1	
	−1	$\frac{1}{8}$	$\frac{1}{8}$	$\frac{1}{8}$	$\frac{3}{8}$
y	0	$\frac{1}{8}$	0	$\frac{1}{8}$	$\frac{2}{8}$
	1	$\frac{1}{8}$	$\frac{1}{8}$	$\frac{1}{8}$	$\frac{3}{8}$
		$\frac{3}{8}$	$\frac{2}{8}$	$\frac{3}{8}$	1

풀이

명백하게 $E[X]=E[Y]=0$이고, $E[XY]=0$이 된다. 따라서

$$COV(X,Y)=E[XY]-\mu_X\cdot\mu_Y=0$$

이고, $\rho_{X\cdot Y}=0$이다. 그러나

$$P(X=-1,\ Y=-1)=\frac{1}{8}\neq P(X=-1)\cdot P(Y=-1)=\frac{3}{8}\cdot\frac{3}{8}$$

이므로, X와 Y는 독립이 아니다.

예제 4.21

컴퓨터를 판매하는 어느 회사는 고객이 전화로 구매 상담을 한 이후에 판매가 이루어진다고 한다. X를 어느 날의 전화상담 수라고 하고, Y를 판매 건수라 하자. X와 Y의 결합확률이 다음과 같을 때, X와 Y의 상관계수를 구하시오.

$$p(0,0)=0.04 \quad p(2,0)=0.20$$
$$p(1,0)=0.16 \quad p(2,1)=0.30$$
$$p(1,1)=0.10 \quad p(2,2)=0.20$$

(풀이)

먼저 $E[XY]$를 구하면,

$$\begin{aligned} E[XY] &= \sum\sum xy\,p(x,y) \\ &= (0\times 0)p(0,\,0)+(1\times 0)p(1,\,0)+(1\times 1)p(1,\,1)+(2\times 0)p(2,\,0) \\ &\quad +(2\times 1)p(2,\,1)+(2\times 2)p(2,\,2) \\ &= 1.50 \end{aligned}$$

이다. 또, X와 Y의 주변분포는 다음과 같다.

x	0	1	2	합
$p(x)$	0.04	0.26	0.70	1

y	0	1	2	합
$p(y)$	0.40	0.40	0.20	1

그러므로 $\mu_X = 1.06$이고, $\mu_Y = 0.80$이다. 따라서

$$\begin{aligned} COV(X,\,Y) &= E[XY] - \mu_X \cdot \mu_Y \\ &= 1.50 - 1.66\times 0.80 \\ &= 0.172 \end{aligned}$$

이나. X와 Y의 주변분포로부터 X와 Y의 분산은

$$\begin{aligned} V(X) &= E(X^2) - \mu_X^2 \\ &= 3.06 - (1.66)^2 = 0.30 \end{aligned}$$

이고, 같은 방법으로 $V(Y) = 0.56$이 된다. 따라서

$$\rho = \frac{COV(X,\,Y)}{\sqrt{Var(X)\cdot\ Var(Y)}} = \frac{0.172}{\sqrt{(0.32)(0.56)}} = 0.43$$

이다. 즉, 전화의 건수와 판매 건수 사이에는 완만한 양의 상관이 존재한다.

예제 4.22

두 확률변수 X와 Y의 결합확률밀도함수가 다음과 같을 때,

$$f(x,\,y) = \begin{cases} x+y, & 0<x<1, \quad 0<y<1 \\ 0 & ,\ \text{다른 곳에서} \end{cases}$$

(1) X와 Y의 공분산을 구하시오.

(2) X와 Y의 상관계수를 구하고, 상관관계를 확인하시오.

풀이

X와 Y의 주변확률밀도함수 $f_X(x)$와 $f_Y(y)$를 먼저 구한다.

$$f_X(x) = \int_0^1 (x+y)dy = x + \frac{1}{2},\ \ 0 < x < 1;$$
$$f_Y(y) = \int_0^1 (x+y)dx = y + \frac{1}{2},\ \ 0 < y < 1$$

(1) X와 Y의 기댓값과 $X\ Y$의 기댓값은

$$E(X\ Y) = \int_0^1 \int_0^1 xy(x+y)dx\ dy = \frac{1}{3},$$
$$E(X) = \int_0^1 x(x+\frac{1}{2})dx = \frac{7}{12},\ \ E(Y) = \int_0^1 y(y+\frac{1}{2})dy = \frac{7}{12}$$

이므로 공분산은 $Cov(X,\ Y) = E(X\ Y) - E(X)\ E(Y) = -\frac{1}{144}$이다.

(2) X와 Y의 분산은

$$E(X^2) = \int_0^1 x^2\left(x+\frac{1}{2}\right)dx = \frac{5}{12};$$
$$E(Y^2) = \int_0^1 y^2\left(y+\frac{1}{2}\right)dy = \frac{5}{12}$$

이므로

$$Var(X) = E(X^2) - E(X)^2 = \frac{5}{12} - \frac{49}{144} = \frac{11}{144};$$
$$Var(y) = E(Y^2) - E(Y)^2 = \frac{5}{12} - \frac{49}{144} = \frac{11}{144}$$

이다. 따라서, $\sigma_X = \sigma_Y = \sqrt{11}/12$이고 상관계수는 $\rho = \frac{Cov(X,\ Y)}{\sigma_X \sigma_Y} = \frac{-1/144}{(\sqrt{11}/12)\cdot(\sqrt{11}/12)} = -\frac{1}{11}$이며, 음의 상관관계를 갖는다.

연습문제

주관식 문제

01 다음 함수들이 이산형 확률변수 X의 확률분포가 될 수 있도록 c를 구하시오.

(1) $f(x) = c(x^2+4),\ x=0,1,2,3$

(2) $f(x) = c\binom{2}{x}\binom{3}{3-x},\ x=0,1,2$

02 어떤 통신판매를 이용하는 고객의 비율은 다음과 같은 밀도함수를 가지는 연속형 확률변수라고 한다.

$$f(x) = \begin{cases} \dfrac{2(x+2)}{5}, & 0 < x < 1 \\ 0, & \text{다른곳에서} \end{cases}$$

(1) $P(0 < X < 1) = 1$이 됨을 증명하시오.

(2) 고객 중 1/4 이상에서 1/2 이하가 이 통신판매를 이용할 확률을 구하시오.

03 선적되는 7대의 TV 중 2대가 결함이 있다고 한다. 한 호텔에서 이들 중 3대를 임의로 구매하기로 했다. 만약 X를 호텔에서 구매한 결함이 있는 TV의 수라 했을 때 확률변수 X의 확률분포를 구하시오. 또 그 결과를 확률 히스토그램으로 나타내시오.

04 [연습문제 3]에서 결함의 수를 나타내는 확률변수 X의 누적분포를 구하시오. 또 $F(X)$를 이용하여 다음을 구하시오.

(1) $P(X=1)$

(2) $P(0 < X \le 2)$

05 DVD 플레이어의 어느 중요한 부품의 수명은 다음의 밀도함수를 따른다고 한다.

$$f(x) = \begin{cases} \dfrac{1}{2000} \exp\left(\dfrac{-x}{2000}\right), & x \geq 0 \\ 0, & x < 0 \end{cases}$$

(1) $F(x)$를 구하시오.

(2) 부품의 수명이 1,000시간 이상일 확률을 구하시오.

(3) 부품의 2,000시간 이전에 고장 날 확률을 구하시오.

06 세탁기가 고장 날 때까지의 시간(단위: 년) Y의 확률밀도함수가 다음과 같다고 한다.

$$f(x) = \begin{cases} \dfrac{1}{4} e^{-y/4}, & y \geq 0 \\ 0, & \text{다른곳에서} \end{cases}$$

(1) 세탁기가 6년 이내에 고장 나지 않을 확률을 구하시오.

(2) 세탁기가 1년 이내에 고장 날 확률을 구하시오.

07 어떤 규격화된 관의 직경 X의 밀도함수가 다음과 같이 주어졌을 때 X의 기댓값을 구하시오.

$$f(x) = \begin{cases} \dfrac{4}{\pi(1+x^2)}, & 0 < x < 1 \\ 0, & \text{다른곳에서} \end{cases}$$

08 어느 우편주문판매에 응하는 비율 X의 확률밀도함수가 다음과 같을 때 X의 기댓값을 구하시오.

$$f(x) = \begin{cases} \dfrac{2(x+2)}{5}, & 0 < x < 1 \\ 0, & \text{다른곳에서} \end{cases}$$

09 한 가정에서 연간 진공청소기를 사용하는 시간(단위: 100시간) X는 다음과 같은 확률밀도함수를 가진다고 한다. 진공청소기의 연간 평균 사용시간을 구하시오.

$$f(x) = \begin{cases} x, & 0 < x < 1 \\ 2-x, & 1 \leq x < 2 \\ 0, & \text{다른곳에서} \end{cases}$$

10 어느 공항에서 비행기의 이륙 대기시간(단위: 분)은 확률변수 $Y=3X-2$이고, 여기에서 X의 밀도함수는 다음과 같다고 한다. 이때 확률변수 Y의 평균과 분산을 구하시오.

$$f(x)=\begin{cases}\frac{1}{4}e^{-x/4}, & x>0 \\ 0, & \text{다른곳에서}\end{cases}$$

11 최루가스에 대한 사람의 반응시간(단위: 분) Y의 밀도함수는 다음과 같다.

$$f(y)=\begin{cases}\frac{1}{4}e^{-y/4}, & 0 \le y < \infty \\ 0, & \text{다른곳에서}\end{cases}$$

(1) 평균반응시간을 구하시오.

(2) $E(Y^2)$과 $Var(Y)$를 구하시오.

12 확률변수 X의 확률밀도함수가 다음과 같을 때 $g(X)=2X+5$의 기댓값과 분산을 구하시오.

$$f(x,y)=\begin{cases}2x, & 0<x<1 \\ 0, & \text{그밖에서}\end{cases}$$

13 확률변수 X의 확률분포가 다음과 같다. $g(X)=3X+2$의 기댓값과 분산을 구하시오.

x	1	2	3	4	합계
$f(x)$	0.2	0.3	0.4	0.1	1.0

14 확률밀도함수가 다음과 같을 때, 평균과 분산을 구하시오.

$$f(x)=\begin{cases}6x(1-x), & 0 \le x \le 1 \\ 0, & \text{기타}\end{cases}$$

15 확률변수 X의 확률밀도함수가 다음과 같을 때, $X>2$일 확률을 구하시오.

$$f(x)=\begin{cases}2e^{-2x}, & x \ge 0 \\ 0, & x<0\end{cases}$$

16 다음 함수가 두 확률변수 X와 Y의 결합확률분포가 되도록 c의 값을 구하시오.

(1) $f(x, y) = cxy$, $x = 1, 2, 3$, $y = 1, 2, 3$

(2) $f(x, y) = c|x - y|$, $x = -2, 0, 2$, $y = -2, 3$

17 X를 어떤 자극제에 대한 반응시간(단위: 초)이라 하고, Y를 반응이 시작된 온도라고 하자. 두 확률변수 X와 Y가 다음과 같은 결합확률밀도함수를 가질 때 각 항을 구하시오.

$$f(x, y) = \begin{cases} 4xy, & 0 < x < 1, 0 < y < 1 \\ 0, & \text{다른곳에서} \end{cases}$$

(1) $P(0 \leq X \leq \frac{1}{2}, \frac{1}{4} \leq Y \leq \frac{1}{2})$

(2) $P(X < Y)$

18 어느 수치제어기계가 잘못 작동되는 횟수 X는 하루 동안에 1, 2, 3의 값을 가진다고 한다. 또 Y는 기술자의 긴급호출횟수라고 한다. 다음의 결합확률분포함수를 이용하여 각 항을 구하시오.

$f(x, y)$		y		
		1	2	3
x	1	0.05	0.05	0
	2	0.05	0.1	0.2
	3	0.1	0.35	0.1

(1) X의 주변분포함수

(2) Y의 주변분포함수

19 X, Y, Z의 결합밀도함수는 다음과 같다.

$$f(x, y, z) = \begin{cases} kxy^2z, & 0 < x, y < 1, 0 < z < 2 \\ 0, & \text{다른곳에서} \end{cases}$$

(1) k를 구하시오.

(2) $P(X < \frac{1}{4}, Y > \frac{1}{2}, 1 < Z < 2)$를 구하시오.

20 X와 Y가 다음과 같은 결합확률함수를 가진다고 하자.

$f(x, y)$		y		
		1	3	5
x	2	0.10	0.20	0.10
	4	0.15	0.30	0.15

(1) $g(X, Y) = XY^2$의 기댓값을 구하시오.

(2) μ_X, μ_Y를 구하시오.

21 확률변수 X와 Y의 결합분포가 다음과 같다.

$$f(x) = \begin{cases} \frac{3}{2}(x^2 + y^2), 0 \le x, y \le 1 \\ 0, \quad \text{다른곳에서} \end{cases}$$

(1) X와 Y는 서로 독립인지 설명하시오.

(2) $E(X+Y)$와 $E(XY)$를 구하시오.

(3) $Var(X)$, $Var(Y)$, $Cov(X, Y)$를 구하시오.

(4) $Var(X+Y)$를 구하시오.

22 아래 2차원 분포표에서 $\mu_X, \mu_Y, \sigma_X^2, \sigma_Y^2$ 및 $Cov(X, Y)$, ρ_{XY}를 구하시오.

x \ y	0	1	2	$f_X(x)$
0	3/28	6/28	1/28	10/28
1	9/28	6/28	0	15/28
2	3/28	0	0	3/28
$f_Y(x)$	15/28	12/28	1/28	1

23 두 확률변수 X, Y의 결합확률밀도함수가 다음과 같을 때, $f_X(x)$, $f_Y(y)$, $E(X)$, $E(Y)$, $V(X)$, $V(Y)$ 및 $Cov(X, Y)$, ρ_{xy}를 구하시오.

$$f(x, y) = \begin{cases} 8xy, 0 < x < 1, 0 < y < 1/\sqrt{2} \\ 0, \quad \text{그밖에서} \end{cases}$$

24 X와 Y의 결합확률밀도함수가 다음과 같이 주어져 있다.

$$f(x, y) = \frac{(x+y)}{30}, \quad x = 0, 1, 2, 3; \ y = 0, 1, 2$$

(1) $P(X \leq 2, Y = 1)$

(2) $P(X > 2, Y \leq 1)$

(3) $P(X > Y)$

(4) $P(X + Y = 4)$

(5) X의 주변분포

(6) Y의 주변분포

25 어떤 주류대리점에서는 고객들이 차를 탄 채로 이용할 수 있는 시설과 차에서 내려야만 이용할 수 있는 시설 모두를 운영하고 있다. 어느 날의 차를 탄 채로 이용할 수 있는 시설과 다른 시설의 이용시간의 비율을 각각 X, Y라 할 때, 확률변수의 결합확률밀도함수는 다음과 같이 주어진다.

$$f(x, y) = \begin{cases} \frac{2}{3}(x+2y), 0 < x \leq 1, 0 \leq y < 1 \\ 0, \quad \text{그밖에서} \end{cases}$$

(1) X의 주변확률밀도함수를 구하시오.

(2) Y의 주변확률밀도함수를 구하시오.

(3) 차를 탄 채로 이용할 수 있는 시설의 이용시간이 30분 미만일 확률을 구하시오.

26 어느 수치제어기계가 잘못 작동하는 횟수 X는 하루에 1, 2, 3의 값을 가진다고 한다. 또, Y는 기술자의 긴급호출횟수라고 한다. 다음의 결합확률분포를 이용하여 각 항을 구하시오.

y \ x	1	2	3
1	0.05	0.05	0.1
2	0.05	0.1	0.35
3	0	0.2	0.1

(1) X의 주변확률밀도함수를 구하시오.

(2) Y의 주변확률밀도함수를 구하시오.

객관식 문제

01 확률변수 X의 확률이 $P(X=x)=\left(\frac{1}{2}\right)^x$ $(x=1, 2, 3, \cdots)$로 주어질 때 X의 기댓값 $E(X)$를 구하시오.

(가) 1　　(나) 2　　(다) 3　　(라) 4

02 확률변수 x의 분포표가 다음의 표와 같다. a의 값을 구하시오.

X	-1	0	1	2
확률	$\frac{1}{3}$	$\frac{1}{4}$	$\frac{1}{4}$	a

(가) $\frac{1}{3}$　　(나) $\frac{1}{2}$　　(다) $\frac{1}{4}$　　(라) $\frac{1}{6}$

03 확률변수 X의 확률분포에서 $Y=\frac{1}{10}X-15$로 놓고, $E(Y)=-0.5$, $E(Y^2)=0.7$을 얻었다. 이때 $E(X)$, $\sigma^2(X)$의 값을 구하시오.

(가) $E(X)=145$, $\sigma^2(X)=45$　　(나) $E(X)=125$, $\sigma^2(X)=25$

(다) $E(X)=145$, $\sigma^2(X)=32$　　(라) $E(X)=125$, $\sigma^2(X)=32$

04 자루속에 1번, 2번, 3번으로 숫자가 붙은 공이 각각 1개, 2개, 3개 들이 있다. 이 중에서 1개를 꺼낼 때 공에 붙은 숫자의 표준편차를 구하시오.

(가) $\frac{1}{3}$　　(나) $\frac{\sqrt{5}}{3}$　　(다) $\frac{7}{3}$　　(라) $\frac{8}{3}$

05 X, Y는 확률변수이고 서로 독립일 때 a, b가 상수이면, 다음 분산 기호 V의 연산 중 틀린 것을 구하시오.

(가) $V(aX)=a^2V(X)$

(나) $V(X+Y)=V(X)+V(Y)$

(다) $V(aX+bY)=a^2V(X)+b^2V(Y)$

(라) $V(X-Y)=V(X)-V(Y)$

06 확률변수 X의 확률분포가 다음 표와 같을 때 X의 평균값(기댓값) $E(X)$를 구하시오.

X	1	2	3	4	5
P	$\frac{1}{15}$	$\frac{3}{15}$	$\frac{5}{15}$	$\frac{4}{15}$	$\frac{2}{15}$

(가) $\frac{38}{15}$　　(나) 3　　(다) $\frac{16}{5}$　　(라) $\frac{58}{15}$

07 두 개의 확률변수 X, Y 에서 $E[(X-\mu_x)(Y-\mu_y)]$의 값을 구하시오.

(가) $E(XY)$　　(나) $E(X)E(Y)-\mu_x \cdot \mu_y$

(다) $E(X)E(Y)$　　(라) $E(XY)-\mu_x \cdot \mu_y$

08 다음과 같은 확률분포를 가진 확률변수 X에 대하여 $Y=(X-1)^2$의 기댓값을 구하시오.

(가) 0　　(나) $\frac{1}{6}$　　(다) $\frac{1}{2}$　　(라) 1

09 같은 동전 3개를 던져서 앞면이 나오는 수를 확률변수 X로 할 때 X의 기댓값과 분산을 구하시오.

(가) $\frac{3}{2}, \frac{3}{4}$　　(나) $3, \frac{3}{2}$　　(다) $\frac{3}{2}, \frac{2}{\sqrt{3}}$　　(라) $3, \frac{3}{4}$

10 변수 X가 0, 1, 2의 값을 가질 때 확률 함수가 $f(x)=\frac{x}{3}$일 경우 $E(X), \sigma^2(X)$의 값을 구하시오.

(가) $\frac{1}{3}, \frac{1}{9}$　　(나) $\frac{1}{3}, \frac{2}{9}$

(다) $\frac{5}{3}, \frac{1}{9}$　　(라) $\frac{5}{3}, \frac{2}{9}$

11 두 개의 변량 X, Y의 측정값이 $X_i = aY_i + b$인 관계가 있을 때 $E(X)$와 $V(Y)$ 사이의 관계를 구하시오.

(가) $E(X) = E(Y)$, $V(X) = a^2 \cdot V(Y)$

(나) $E(X) = a \cdot E(Y)$, $V(X) = a^2 \cdot V(Y) + b$

(다) $E(X) = a \cdot E(Y) + b$, $V(X) = a^2 V(Y)$

(라) $E(X) = b \cdot E(Y) + b$, $V(X) = a^2 V(Y) + b$

12 주사위를 던져서 나오는 수의 기댓값과 분산을 구했을 때 다음 중 옳은 것을 고르시오.

(가) $\frac{7}{2}, \frac{35}{12}$　　(나) $\frac{7}{2}, \frac{91}{6}$

(다) $\frac{49}{4}, \frac{35}{12}$　　(라) $\frac{49}{4}, \frac{35}{12}$

13 확률밀도함수가 $f(x) = \begin{cases} 6x(1-x), & 0 \le x \le 1 \\ 0 \quad , & \text{기타} \end{cases}$ 일 때 평균과 분산을 구하시오.

(가) $\frac{1}{2}, \frac{1}{10}$　　(나) $\frac{1}{2}, \frac{1}{20}$　　(다) $1, \frac{1}{10}$　　(라) $1, \frac{1}{20}$

14 두 확률변수 X, Y의 결합 확률밀도함수가 $f(x) = \begin{cases} 2 \quad , & 0 < x < y,\ 0 < y < 1 \\ 0 \quad , & \text{기타} \end{cases}$ 일 때 σ_{xy}를 구하시오.

(가) $\frac{1}{36}$　　(나) $\frac{1}{4}$　　(다) $\frac{1}{3}$　　(라) $\frac{2}{3}$

15 결합밀도함수가 $f(x) = \begin{cases} \frac{1}{3}(x+y) \quad , & \begin{pmatrix} 0 < x < 2 \\ 0 < y < 1 \end{pmatrix} \\ 0 \quad , & \text{기타} \end{cases}$ 일 때

$A = \left\{(x, y) | 0 < x < 1,\ 0 < y < \frac{1}{2}\right\}$이라 한다. $P[(X, Y) \in A]$를 구하시오.

(가) $\frac{1}{2}$　　(나) $\frac{1}{4}$　　(다) $\frac{1}{8}$　　(라) $\frac{1}{16}$

16 확률변수 X의 확률밀도함수 $f(x)$가 $f(x)=\begin{cases}6x-6x^2 & , \quad 0 \le x \le 1 \\ 0 & , \quad x<0, \quad 1<x\end{cases}$로 주어질 때 X의 평균값은 구하시오.

(가) $\frac{1}{2}$ (나) $\frac{1}{3}$ (다) $\frac{2}{3}$ (라) $\frac{1}{4}$

17 확률밀도함수 $f(x)=\begin{cases}1 & , \quad 0 \le x \le 1 \\ 0 & , \quad x<0, \quad 1<x\end{cases}$ 일 때 기댓값과 분산을 구하시오.

(가) $\frac{1}{2}, \frac{1}{12}$ (나) $\frac{1}{2}, \frac{1}{6}$ (다) $1, \frac{1}{12}$ (라) $1, \frac{1}{6}$

18 다음 확률변수 X의 확률밀도함수가 $f(x)=\begin{cases}2e^{-2x} & , \quad x \ge 0 \\ 0 & , \quad x<0\end{cases}$ 일 때 $X>2$일 확률을 구하시오.

(가) $1-e^{-2}$ (나) $1-e^{-4}$ (다) e^{-2} (라) e^{-4}

19 확률변수 x의 확률밀도함수가 $f(x)=\begin{cases}x & , \quad 0 \le x \le 1 \\ 2-x & , \quad 1 \le x \le 2\end{cases}$로 주어질 때 x의 평균과 표준편차를 구하시오.

(가) $1, \frac{1}{6}$ (나) $2, \frac{1}{3}$ (다) $1, \frac{1}{3}$ (라) $2, \frac{1}{6}$

20 확률변수 x의 확률밀도함수 $f(x)$가 $f(x)=\begin{cases}k(1-x^2) & , \quad -1 \le x \le 1 \\ 0 & , \quad x \leftarrow 1, \ x>1\end{cases}$로 주어질 때 k의 값을 구하시오.

(가) $\frac{1}{4}$ (나) $\frac{1}{2}$ (다) $\frac{3}{4}$ (라) 1

21 6개의 숫자 1, 1, 2, 3, 4, 5를 적은 주사위를 던져서 나오는 눈의 수를 확률변수 x라 할 때 $Y=2x+3$의 기댓값 $E(Y)$와 분산 $\sigma^2(Y)$를 구하시오.

(가) $\frac{25}{3}, \frac{80}{9}$ (나) $\frac{8}{3}, \frac{80}{9}$ (다) $\frac{25}{3}, \frac{20}{9}$ (라) $\frac{8}{3}, \frac{20}{9}$

5장

여러 가지 확률분포

통계적 실험 또는 조사의 결과는 양적일 수도 있고 질적인 수도 있다. 예를 들어 대학생의 제중이나 키를 측정할 때는 그 결과가 양적이고, 혈액형을 조사할 때는 그 결과가 O, A, B, AB와 같이 질적이다. 실험의 결과가 양적이든 질적이든 통계분석 방법은 자료의 수리적인 측면에 초점을 맞춘다. 확률변수는 실험 결과를 수리적 함수에 대응시켜 통계분석을 가능하게 하는 도구이다. 이산확률변수와 연속확률변수의 두 가지 다른 확률변수가 있다.

5.1 균등분포

5.1.1 이산형 균등분포

모든 이산형 확률분포 중에서 가장 간단한 것은 확률변수가 취할 수 있는 각 값이 모두 같은 확률을 가지는 경우이다. 이러한 확률분포를 이산형 균등분포(discrete uniform distribution)라 한다.

확률변수 X가 $x_1,\cdots,x_n$의 각 값을 취할 확률이 동일하다면, 이산형 균등분포는 $f(x)=\dfrac{1}{n},\ x=x_1,\dots,x_n$으로 주어진다.

예제 5.1

40와트, 60와트, 75와트, 100와트, 120와트의 전구가 들어 있는 상자에서 임의로 하나의 전구를 꺼낼 때, 표본공간 $S=\{40, 60, 75, 100,\ 120\}$는 1/5의 발생확률을 가진다. 따라서, X의 확률분포를 구하시오.

풀이

$f(x)=\dfrac{1}{5},\ x=40, 60, 75, 100,\ 120$인 균등분포이다.

예제 5.2

하나의 주사위를 던지는 실험에서 표본공간 $S=\{1, 2, 3, 4, 5, 6\}$의 각 원소의 발생확률은 1/6로 같다. X의 확률분포를 구하시오.

풀이

$f(x)=\dfrac{1}{6},\ x=\{1,2,3,4,5,6\}$인 균등분포이다.

히스토그램으로 균등분포를 나타내면 같은 높이를 가지는 직사각형들의 집합이 된다. 이산형 균등분포의 평균과 분산은 다음과 같다.

$$\mu = E(X) = \sum_{x=1}^{n} xf(x) = \sum_{x=1}^{n} x\frac{1}{n} = \frac{1}{n}\frac{n(n+1)}{2} = \frac{n+1}{2}$$

$$E(X^2) = \sum_{x=1}^{n} x^2 f(x) = \sum_{x=1}^{n} x^2\frac{1}{n} = \frac{1}{n}\frac{n(n+1)(2n+1)}{6} = \frac{(n+1)(2n+1)}{6}$$

$$\sigma^2 = V(X) = E(X^2) - (E(X))^2 = \frac{(n+1)(2n+1)}{6} - \left(\frac{n+1}{2}\right)^2 = \frac{n^2-1}{12}$$

예제 5.3

[예제 5.2]에서 X의 평균과 분산을 구하시오.

풀이

$\mu = \frac{1+2+3+4+5+6}{6} = 3.5$이고,

$\sigma^2 = \frac{1}{6}[(1-3.5)^2 + \ldots + (6-3.5)^2] = 2.92$임을 알 수 있다.

5.1.2 연속형 균등분포

구간 $[a, b]$에서 정의되는 연속형 균등확률변수 X의 확률밀도함수는 다음과 같다.

$$f(x) = \begin{cases} \frac{1}{b-a}, & a \le x \le b \\ 0, & \text{다른곳에서} \end{cases}$$

확률밀도함수의 모습을 보면 밑변이 $b-a$이고, 높이는 $1/(b-a)$로 일정한 직사각형이다. 그래서 균등분포를 직사각형 분포(rectangular distribution)라고도 한다.

예제 5.4

어느 회사의 대형회의실은 4시간을 초과하여 사용할 수 없다. 그런데 회의실에서는 긴 회의와 짧은 회의가 열리며, 회의시간 X는 구간 [0, 4]에서 정의되는 균일분포로 가정할 수 있다.

(1) 확률밀도함수를 구하시오.

(2) 어떤 회의가 최소한 3시간 이상 계속될 확률을 구하시오.

풀이

(1) 확률밀도함수는 다음과 같이 주어진다.

$$f(x) = \begin{cases} \dfrac{1}{4}, 0 \le x \le 4 \\ 0, \text{ 다른곳에서} \end{cases}$$

(2) $P(X \ge 3) = \int_3^4 \frac{1}{4} dx = \frac{1}{4}$

파이썬 프로그래밍

```
from scipy.stats import uniform

meeting_hours = 3
pdf = uniform.pdf(meeting_hours, loc=0, scale=4)
print(f"확률밀도함수 : {pdf}")

prob = uniform.sf(meeting_hours, loc=0, scale=4)
print(f"회의가 최소한 3시간 이상일 확률 : {prob}")
```

균일분포의 평균과 분산은 다음과 같다.

$$\mu = \frac{a+b}{2}, \sigma^2 = \frac{(b-a)^2}{12}$$

5.2 이항분포와 다항분포

5.2.1 이항분포

x번 성공과 $n-x$번의 실패가 일어난 어떤 특정한 배열의 발생확률에 대해서 생각해 보자. 각 시행이 독립이므로 그 확률은 각 시행의 결과들의 확률의 곱으로 나타낼 수 있다. 각 시행에서 성공확률은 p이고 실패확률은 $q=1-p$이므로, 그 특정 배열의 발생확률은 $p^x q^{n-x}$이 된다. 이제 이 실험에서 x번의 성공과 $n-x$번의 실패를 포함하고 있는 표본점

의 총 수를 결정해야 한다. 이 수는 n개의 결과를 한 그룹에는 x개, 또 다른 한 그룹에는 $n-x$개로 분할하는 경우의 수와 같게 되므로 $\binom{n}{x}$가 된다. 이러한 분할은 서로 배반적이기 때문에 모든 분할들의 확률을 합하거나 혹은 간단히 $p^x q^{n-x}$에 $\binom{n}{x}$을 곱하여 일반적인 공식을 얻게 된다. 성공확률이 p, 실패확률이 $q=1-p$인 베르누이 시행의 n회 독립시행에서 성공의 횟수를 나타내는 이항확률변수 X의 확률분포는 $f(X=x)=\binom{n}{x}p^x q^{n-x}$, $x=0,1,2,\dots,n$ 으로 주어진다.

예제 5.5

어떤 종류의 제품이 충격 실험에서 충격을 견딜 확률이 3/4이다. 4개의 제품에 대해 실험했을 때 정확하게 3개가 충격을 견딜 확률은 구하시오.

풀이

$$f(X=3)=\binom{4}{3}\left(\frac{3}{4}\right)^3\left(\frac{1}{4}\right)^1=\frac{27}{64}$$

파이썬 프로그래밍

```
from scipy.stats import binom

n=4    # 시행 횟수
p=3/4  # 성공 확률
x=3    # 성공 횟수

# 이항분포의 확률 질량 함수를 계산
prob=(binom.pmf(x, n, p)) * 100

print(f"4개의 제품 중 정확하게 3개가 충격을 견딜 확률은 {round((prob), 3)}%
입니다.")
```

예제 5.6

어느 대형 백화점이 전자장비를 제조업자로부터 납품받으려고 한다. 제조업자는 이 장비의 불량률이 2%라고 밝히고 있다.

(1) 납품된 제품 중 20개를 임의로 선택했을 때, 이 20개 중 적어도 한 대의 불량품이 있을 확률을 구하시오.

(2) 한 달에 10번의 납품을 받고, 납품할 때마다 20개의 장비를 검사한다고 하자. 적어도 한 대의 불량품이 포함된 납품이 2번 있을 확률을 구하시오.

풀이

(1) $P(X \geq 1) = 1 - P(X = 0) = 1 - 0.02^0(1 - 0.02)^{20-0} = 0.3324$

(2) $P(Y = 2) = \binom{10}{2} 0.3324^2(1 - 0.3324)^8 = 0.1963$

이항분포 $B(n, p)$의 평균과 분산은 다음과 같다.

$$\mu = np, \ \sigma^2 = npq$$

예제 5.7

새 자동차를 사는 사람들의 70%가 자동 변속 장치를 선택한다. 새 자동차를 사는 열 명이 있는 그룹에서, 자동변속 장치를 선택하는 사람의 수의 평균값과 표준편차를 구하시오.

풀이

$$\mu = np = 10(0.7) = 7, \ \sigma = \sqrt{np(1-p)} = \sqrt{10(0.7)(0.3)} \approx \sqrt{2.1}$$

5.2.2 다항분포

각 실험의 실현치가 k개 범주 중의 하나이며, 각 범주가 나타날 확률이 $p_1, p_2, \ldots, p_k$인 확률실험에서 실험을 n번 반복했을 때 각 범주의 관측치를 확률변수 $X_1, X_2, \ldots, X_k$로 표현하며, $X_1 = x_1, X_2 = x_2, \ldots, X_k = x_k$가 관측될 확률을 측정하는 분포를 다항분포라고 하며 확률은

$$P(X_1 = x_1, X_2 = x_2, \cdots, X_k = x_k) = \frac{n!}{x_1! x_2! \cdots x_k!} \cdot p_1^{x_1} \cdot p_2^{x_2} \cdots \cdot p_k^{x_k}$$

이다. 여기서 $n = \sum_{i=1}^{k} x_i$이며, $p_1 + p_2 + \ \cdots \ + p_k = 1$이다.

예제 5.8

한 실험의 결과는 1, 2, 3, 4로 표현되는 4가지 속성 중 하나로 나타나며 각각의 속성이 나타날 확률이 순서대로 $\frac{1}{10}, \frac{2}{10}, \frac{3}{10}, \frac{4}{10}$이라고 한다. 이 실험에서 관측한 20개의 값에 있어서 각 속성의 관측치가 1, 4, 7, 8일 확률을 구하시오.

풀이

X_1, X_2, X_3, X_4를 각각의 속성이 관측된 수를 의미하는 확률변수라고 할 때, 각각의 속성이 나타날 확률이 $\frac{1}{10}, \frac{2}{10}, \frac{3}{10}, \frac{4}{10}$이므로 다음과 같다.

$$P_r(X_1 = 1, X_2 - 4, X_3 = 7, X_4 = 8) = \frac{20!}{1!4!7!8!}\left(\frac{1}{10}\right)^1\left(\frac{2}{10}\right)^4\left(\frac{3}{10}\right)^7\left(\frac{4}{10}\right)^8$$

예제 5.9

어느 공항의 항공기 이착륙 상황에 대한 이상적인 조건을 알아보기 위해 컴퓨터 시뮬레이션이 수행되었다. 3개의 활주로가 있는 이 공항에서 각 활주로가 사용될 확률은 다음과 같이 알려져 있다.

$$\text{활주로 1: } p_1 = \frac{2}{9}, \ \text{활주로 2: } p_2 = \frac{1}{6}, \ \text{활주로 3: } p_3 = \frac{11}{18}$$

이때, 임의로 도착하는 6대의 비행기가 다음과 같이 활주로에 도착할 확률을 구하시오.

활주로 1: 3대, 활주로 2: 1대, 활주로 3: 2대

풀이

$$f(2,1,3) = \binom{6}{3,1,2}\left(\frac{2}{9}\right)^3\left(\frac{1}{6}\right)^1\left(\frac{11}{18}\right)^2 = 0.0737$$

파이썬 프로그래밍

```
from scipy.stats import multinomial

n=6                 # 시행 횟수
p=[2/9, 1/6, 11/18] # 각 활주로가 선택될 확률
x=[3, 1, 2]         # 각 활주로에 도착하는 비행기의 수

# 다항분포의 확률 질량 함수를 계산
prob = (multinomial.pmf(x, n, p)) * 100

print(f"도착할 확률은 {round((prob), 3)}% 입니다.")
```

5.3 초기하 분포

5.3.1 초기하 분포

N개의 원 가운데 A에 속하는 것이 k개일 때, 여기서 n개를 비복원 추출하여 A에 속하는 것이 x개 나올 확률은 다음과 같다.

$$P(X=x)=\frac{{}_kC_x \cdot {}_{N-k}C_{n-x}}{{}_NC_n}$$

예제 5.10

만약 세 명의 관리자와 6명의 고용자로 구성된 그룹에서 두 명의 위원회를 무작위로 뽑는다고 하자. 이때 그 위원회가 정확히 한 명의 관리자와 한 명의 고용자로 이루어질 확률을 구하시오.

풀이

실제 확률은 $\dfrac{\binom{3}{1}\binom{6}{1}}{\binom{9}{2}}=\dfrac{18}{36}=.5$이다.

예제 5.11

40개의 부품으로 구성된 한 로트에 불량품이 3개 들어있다고 한다. 이때, 이 로트에서 임의로 5개의 부품을 취할 때 정확히 1개의 불량품이 발견될 확률을 구하시오.

풀이

$n=5,\ N=40,\ k=3$이고, $x=1$인 초기하 분포를 이용하면, 구하고자 하는 확률은 다음과 같다.

$$f(X=1)=\frac{\binom{3}{1}\binom{37}{4}}{\binom{40}{5}}=0.3011$$

파이썬 프로그래밍

```
from math import comb

n=5     # 전체 제품 수
N=40   # 전체 제품 중 불량품 수
k=3     # 뽑은 제품 중 불량품 수

p = comb(3, 1) * comb(37, 4) / comb(40, 5)
print(f"정확히 한 개의 불량품이 있을 확률 : {round((p), 4)}")
```

5.3.2 평균과 분산

N개 가운데 A에 속하는 것이 k개 있을 때, 여기서 동시에 n개 추출할 경우 A에 속하는 것의 개수를 확률변수 X로 나타내면 X의 평균 μ와 X의 분산 σ^2은 다음과 같다.

$$\mu = \frac{nk}{N},\ \sigma^2 = \frac{N-n}{N-1} \cdot n \cdot \frac{k}{N}(1-\frac{k}{N})$$

예제 5.12

40개의 공 가운데 흰 공이 3개 들어 있다. 이 안에서 임의로 5개를 꺼낸다. 나온 흰 공의 수효를 X라 할 때 X의 평균과 분산을 구하시오.

풀이

$$\mu = \frac{nR}{N} = \frac{(5)(3)}{40} = 0.375$$
$$\sigma^2 = (\frac{40-5}{39})(5)(\frac{3}{40})(1-\frac{3}{40}) = 0.3113$$

5.4 포아송 분포

5.4.1 포아송 분포

확률변수 X의 확률분포가

$$P(X=x)=\frac{e^{-\lambda}\lambda^{x}}{x!},\ (x=0,1,2...)$$

일 때, X는 포아송 분포를 한다고 한다. 단, λ은 평균이다.

포아송 분포는 이항분포에서 P가 충분히 작은 경우 시행 횟수 n을 한 없이 크게 할 때의 극한 분포로서 퍽 드물게 발생하는 사상이다. 많은 조사 대상에서 몇 개가 발생할 확률을 구하는 경우에 이항분포에 의한 계산이 복잡하므로 이런 경우에 포아송 분포를 적용시킨다.

예제 5.13

어떤 은행에서는 오전 11시부터 12시 사이에 평균 60명의 손님이 방문하고 있다. 따라서 1분간 평균 1명씩 도착한다고 볼 수 있다. 그러므로 $\lambda=1$이다.

(1) 오전 11시부터 12시 사이의 어느 1분 동안 두 손님이 도착할 확률을 구하시오.
(2) 어느 1분 동안에 3명 이하의 손님이 도착할 확률을 구하시오.

풀이

(1) $P(X=2)=\frac{e^{-1}(1)^2}{2!}=\frac{1}{2e}$

여기서 e는 약 2.7183이므로 $P(X=2)=\frac{1}{2(2.7183)}=0.183$이다.

(2) $P(X\le 2)=P(X=0)+P(X=1)+P(X=2)+P(X=3)$

$$=\frac{e^{-1}(1)^0}{0!}+\frac{e^{-1}(1)^1}{1!}+\frac{e^{-1}(1)^2}{2!}+\frac{e^{-1}(1)^3}{3!}$$

$$=0.3679+0.3679+0.1829+0.0613=0.98$$

파이썬 프로그래밍

```
from scipy.stats import poisson

mean = 60 / 60

prob_2 = poisson.pmf(2, mean)
print(f"1분 동안 두 손님이 방문할 확률 : {prob_2:.3f}")

prob_3_or_fewer = poisson.cdf(3, mean)
print(f"1분 동안 3명 이하의 손님이 도착할 확률 : {prob_3_or_fewer:.3f}")
```

5.4.2 평균과 분산

포아송 분포

$$P(X=x)=\frac{e^{-\lambda}\lambda^{x}}{x!}$$

의 평균과 분산은 다음과 같다. 단, $\lambda = np$이다.

$$E(X)=\lambda,\ V(X)=\lambda$$

예제 5.14

어느 회사에 오전 9시부터 11시 사이에 1분당 평균 0.4회의 전화가 온다고 하며, 전화가 오는 횟수가 포아송 분포의 특성을 갖는다고 하면, 1분에 2회의 전화가 올 확률을 구하시오.

풀이

$$P(X=2)=\frac{e^{-0.4}(0.4)^{2}}{2!}=0.0536$$

따라서, 약 5%의 확률을 갖는다.

예제 5.15

새벽 1시와 3시 사이 서울 강남구에서 일어나는 범죄는 1시간당 평균 0.2건이다. 범죄 발생 수의 분포가 포아송 분포를 따른다면, 오늘 새벽 1시와 2시 사이에 범죄 발생이 전혀 없을 확률을 구하시오.

풀이

$$P(X=0)=\frac{e^{-0.2}(0.2)^0}{0!}=0.8187$$

따라서, 범죄가 없을 가능성은 0.8187이다.

예제 5.16

어느 건설 현장에서는 사고가 종종 발생하는데, 어느 날 사고가 일어날 확률은 0.005이고, 사고들은 서로 독립적이라고 알려져 있다.

(1) 400일 동안 사고가 한 건 발생할 확률을 구하시오.

(2) 사고일이 많아야 3일일 확률을 구하시오.

풀이

X를 $n=400$이고 $p=0.005$인 이항확률변수라고 하자, 그러면 $np=2$이고, 포아송 근사를 이용하면 다음과 같다.

(1) $P(X=1)=e^{-2}2^1=0.271$

(2) $P(X\leq 3)=\sum_{x=0}^{3}e^{-2}2^x/x=0.857$

5.5 음이항분포와 기하분포

5.5.1 음이항분포

독립적인 반복 시행에서 성공확률이 p, 실패확률이 q라 하면, k번째 성공이 일어날 때까지의 시행 횟수인 확률변수 X라 하면, 확률변수 X의 확률분포는 다음과 같다.

$$f(X=k)=\binom{x-1}{k-1}p^k q^{x-k}=\binom{x-1}{k-1}p^k q^{x-k}p,\ \ x=k,\ \ k+1,\ \ k+2\cdots$$

예제 5.17

NBA 결승전은 7선4선승제로 벌어진다. 결승전에서 만난 두 팀 A와 B의 한 경기에서 A팀이 B팀을 이길 확률이 0.55라고 하자.

(1) A팀이 6번째 게임에서 우승할 확률을 구하시오.
(2) A팀이 우승할 확률을 구하시오.
(3) 이 두 팀이 5전3선승제인 플레이오프에서 만났다면, A팀이 플레이오프에서 우승할 확률을 구하시오.

풀이

(1) $f(X-4)=\binom{5}{3}(0.55)^3(1-0.55)^{5-3}\ \bullet\ 0.55=\binom{5}{3}(0.55)^4(1-0.55)^2$

$=0.1853$

(2) P(A팀이 NBA 우승)

$=f(x=4)+f(x=5)+f(x=6)+f(x=7)$

$={}_4C_4 0.55^4+{}_5C_3 0.55^3 0.45^1\ \bullet\ 0.55+{}_6C_3 0.55^3 0.45^2$

$\bullet\ 0.55+{}_6C_3 0.55^3 0.45^3\ \bullet\ 0.55$

$=0.0915+0.1647+0.1853+0.1668=0.6083$

(3) P(A팀이 플레이오프로 우승)$=f(x=3)+f(x=4)+f(x=5)$

$={}_3C_3(0.55)^3+{}_3C_2(0.55)^2(0.45)^1 0.55+{}_4C_2(0.55)^2(0.45)^2 0.55$

$=0.1664+0.2246+0.2021=0.5931$

예제 5.18

어떤 사람이 동전 3개를 던지는데 5번째에 두 번째로 모두 앞면이거나 뒷면이 나올 확률을 구하시오.

풀이

음이항분포를 이용하면 $x=5$, $k=2$, 그리고 $p=1/4$이다. 따라서 다음과 같다.

$$f(x=2)=\binom{4}{1}\left(\frac{1}{4}\right)^1\left(\frac{3}{4}\right)^3\left(\frac{1}{4}\right)=\binom{4}{1}\left(\frac{1}{4}\right)^2\left(\frac{3}{4}\right)^3=\frac{4!}{1!3!}\frac{3^3}{4^5}=\frac{27}{256}$$

5.5.2 기하분포

독립적인 반복 시행에서 성공확률이 p, 실패확률이 $q=1-p$라 할 때, 첫 번째 성공이 일어날 때까지의 시행 횟수인 확률변수 X의 확률분포는 다음과 같이 주어진다.

$$f(X=x)=pq^{x-1},\quad x=1,2,3,\cdots$$

예제 5.19

어떤 제조공정에서 100개의 제품마다 평균적으로 한 개의 불량품이 들어 있다고 알려져 있다. 제품을 하나씩 검사할 때 첫 번째 불량품이 일곱 번째 검사에서 발견될 확률을 구하시오.

풀이

$$f(x=7)=(0.01)(0.99)^6=0.0094$$

예제 5.20

전화 통화가 폭주하는 시간대에 한 번의 시도로 상대방과 통화할 수 있는 가능성은 $p=0.05$라고 할 때, 네 번째 시도에서 상대방과 통화할 수 있는 확률을 구하시오.

풀이

$$f(X=x)=(0.05)(0.95)^3=0.0429$$

기하분포의 활용 시 중요한 의미를 가지는 기하분포의 평균과 분산을 증명 없이 결과만을 보기로 한다.

파이썬 프로그래밍

```
from scipy.stats import geom

p = 0.05

prob = geom.pmf(4, p)
print(f"네 번째 시도에서 상대방과 통화할 수 있는 확률 : {round(prob, 4)}")
```

기하분포를 따르는 확률변수의 평균과 분산은 각각 다음과 같다.

$$\mu = \frac{1}{p},\ \sigma^2 = \frac{1-p}{p^2}$$

5.6 정규분포

5.6.1 정규분포

정규분포(normal distribution)는 통계 응용에서 가장 많이 이용되는 확률분포이다. 측정오차, 또는 제품의 무게, 다양한 척도와 경제지표 그리고 다양한 연구 분야에서 얻어지는 자료들의 확률분포가 정규분포를 한다고 알려진 것이 매우 많다. 심지어 이산형 분포인 경우에도 정규곡선에 의해 뛰어난 근사를 나타내고, 게다가 정규분포를 하지 않는 확률변수들도 변수들의 합과 변환에 의하여 적절한 조건 아래서 근사적인 정규분포를 하기 때문에 정규분포는 특히 통계적 추론의 중추적 역할을 하고 있다. 정규분포의 확률밀도함수는 다음과 같으며, 그 그래프는 종 모양의 곡선으로 되며 이를 정규곡선(normal curve)이라고 한다.

확률변수 X의 확률밀도함수가 $f(x) = \frac{1}{\sqrt{2\pi}\,\sigma} e^{-\frac{(x-\mu)^2}{2\sigma^2}},\ -\infty < x < \infty$로 주어질

때, X는 정규분포에 따른다고 하며, $X \sim N(\mu, \sigma^2)$으로 나타내기도 한다.

정규곡선은 다음 그림과 같으며, 이 곡선의 특징은 $x = \mu$에 대해 대칭이고 μ의 표준편차 σ는 평균 μ에서 곡선의 변곡점까지의 거리가 된다.

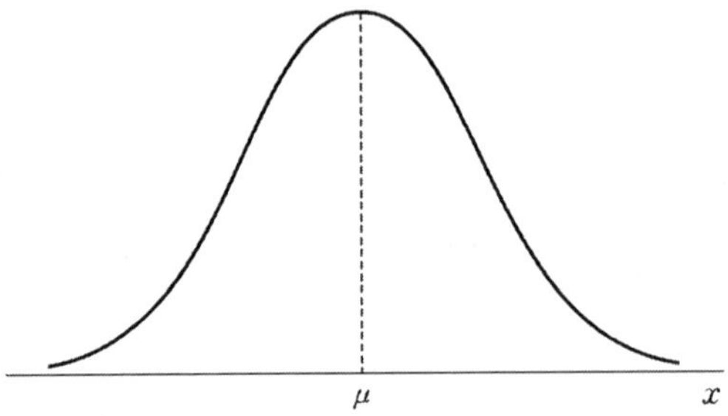

그림 5.1 정규분포 확률밀도 함수

정규분포는 평균 μ, 분산 σ^2만 주어지면 결정되며 σ^2에 의하여 곡선의 모양이 결정되고, μ에 의해 곡선의 중심 위치가 결정된다. 다음 그림은 같은 표준편차를 갖고, 평균이 다른 두 곡선을 그린 결과이다.

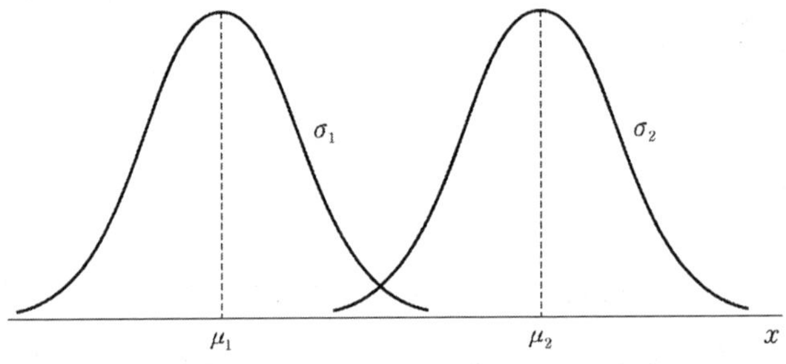

그림 5.2 분산은 같고 평균이 다른 정규분포의 확률밀도함수 비교

다음 그림은 평균은 같으나 표준편차가 다른 두 개의 정규곡선을 그린 결과이다. 두 곡선의 중심의 위치는 동일점이고, 표준편차가 크면 낮고 넓게 퍼져 있으며 표준편차가 작으면 높고 좁게 퍼져 있다. 두 곡선의 넓이는 1이다.

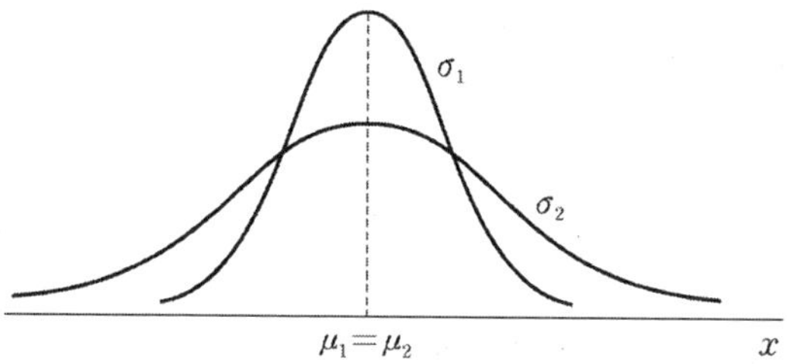

그림 5.3 평균은 같고 분산이 다른 정규분포의 확률밀도 함수 비교

다음 그림은 서로 다른 평균과 표준편차를 갖는 두 정규곡선을 그린 결과이다. 곡선은 평균이 크면 중심의 위치가 오른쪽으로, 분산이 크면 폭이 넓지만, 넓이는 항상 1이다.

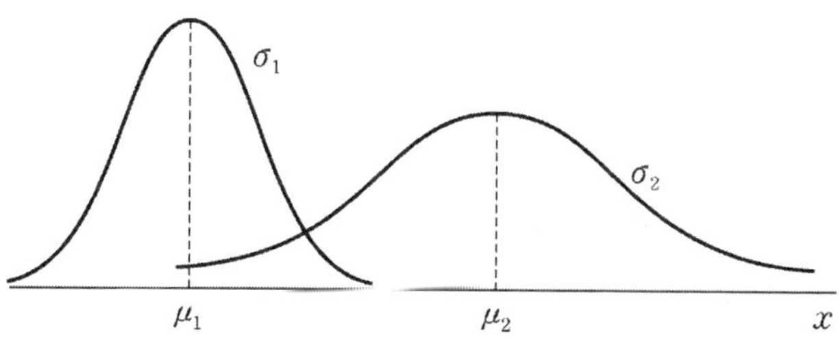

그림 5.4 평균도 다르고 분산도 다른 정규분포의 확률밀도 함수 비교

이제 정규분포에서 확률을 구하는 문제를 생각하자. 예로서, 어떤 기계에서 생산된 제품의 무게는 60 kg, 분산이 9 kg인 정규분포를 한다고 하자. 여기에서 제품의 무게가 54 kg부터 64.5 kg 사이에 속할 확률을 구하려면 $\mu = 60$, $\sigma^2 = 9$인 정규분포 확률밀도함수는 다음과 같다.

$$f(x) = \frac{1}{\sqrt{2\pi}\,3} e^{-\frac{(x-60)^2}{2(9)}}, \quad -\infty < x < \infty$$

를 이용해서

$$P(54 < X < 64.5) = \int_{54}^{64.5} \frac{1}{\sqrt{2\pi}\,3} e^{-\frac{(x-60)^2}{2(9)}} dx$$

를 계산해야 하는데, 이 계산은 보통 번거로운 일이 아니다. 그러므로 정규분포에서의 확률계산을 편리하게 하기 위해서 평균이 0이고, 분산이 1인 표준정규분포를 유도한다.

즉, $X \sim N(\mu, \sigma^2)$에서 $Z = \frac{X-\mu}{\sigma}$라 하면,

$$E(Z) = E[\frac{X-\mu}{\sigma}] = \frac{1}{\sigma}(0) = 0, \quad V(Z) = V[\frac{X-\mu}{\sigma}] = \frac{1}{\sigma^2}(\sigma^2) = 1$$

이므로, $Z = \frac{X-\mu}{\sigma}$의 평균은 0이고 분산은 1이다.

5.6.2 표준정규분포

$X \sim N(\mu, \sigma^2)$일 때 $Z = \frac{X-\mu}{\sigma}$로 정의하면 $Z \sim N(0,1)$이다. 즉,

$$\phi(z) = \frac{1}{\sqrt{2\pi}} e^{-\frac{z^2}{2}}, \quad -\infty < x < \infty$$

이다. 확률변수 Z는 표준정규분포(standard normal distribution)를 한다고 하며 $Z \sim N(0,1)$로 표시한다.

앞의 제품의 무게에 관한 예에서 확률 $P(54 < X < 64.5)$를 계산하는 것을 다시 논의해 보자.

$$Z = \frac{X-\mu}{\sigma} = \frac{X-60}{3}$$

이라 하면,

$$\begin{aligned} P(54 < X < 64.5) &= P(\frac{54-60}{3} < \frac{X-60}{3} < \frac{64.5-60}{3}) = P(-2 < Z < 1.5) \\ &= \int_{-2}^{1.5} \frac{1}{\sqrt{2\pi}} e^{-\frac{z^2}{2}} dz \end{aligned}$$

와 같이 평균 μ와 분산 σ^2에 아무런 관련이 없는 식이 되어 다루기에 간편하게 되었다. 그러므로 위에서 $\int_{-2}^{1.5} \frac{1}{\sqrt{2\pi}} e^{-\frac{z^2}{2}} dz$를 일일이 계산해야 하는 번거로움을 없애기 위해서 여러 가지 z값에 대한 $P(Z \le z) = \Phi(z) = \int_{-\infty}^{z} \frac{1}{\sqrt{2\pi}} e^{-\frac{z^2}{2}} dz$를 계산한 표준정규분포표가 있다.

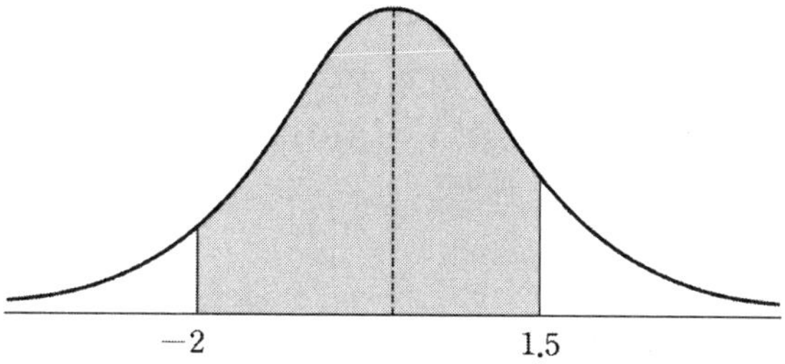

그림 5.5 $P(-2 \leq Z \leq 1.5)$의 계산

$$P(-2 < Z < 1.5) = P(Z \leq 1.5) - P(Z \leq -2) = 0.9332 - 0.0228 = 0.9104$$

예제 5.21

$X \sim N(50, 10^2)$ 인 정규분포에서 $P(60 < X < 65)$을 구하여라.

풀이

$$P(60 < X < 65) = P(\frac{60-50}{10} < \frac{X-50}{10} < \frac{65-50}{10}) = P(1 < Z < 1.5)$$
$$= 0.0919$$

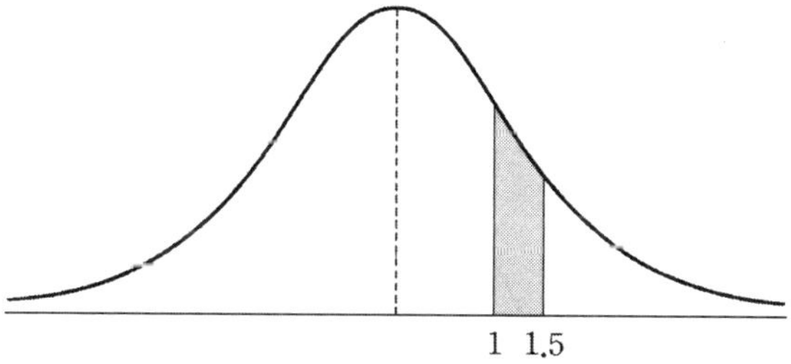

그림 5.6 $P(1 \leq Z \leq 1.5)$의 계산

파이썬 프로그래밍

```
from scipy.stats import norm

mu    = 50  # 평균
sigma = 10  # 표준편차

# P(60 < X < 65)
prob = norm.cdf(65, mu, sigma) - norm.cdf(60, mu, sigma)

print(f"P(60 < X < 65) = {prob}")
```

예제 5.22

$X \sim N(300, 50^2)$인 정규분포에서 $P(X \geq 370)$을 구하시오.

풀이

$Z = \dfrac{X-300}{50} \sim N(0,1)$이므로

$$\begin{aligned} P(X \geq 370) &= P(\frac{X-300}{50} \geq \frac{370-300}{50}) \\ &= P(Z \geq 1.4) = 1 - P(Z \leq 1.4) \\ &= 1 - 0.9192 = 0.0808 \end{aligned}$$

예제 5.23

특정 브랜드의 백열전구 수명이 1,500시간의 평균값과 75시간의 표준편차로 정규적으로 분포되어 있다.

(1) 백열전구가 1,410시간보다 덜 오래 갈 확률을 구하시오.

(2) 백열전구가 1,563과 1,648시간 사이의 오래 갈 확률을 구하시오.

풀이

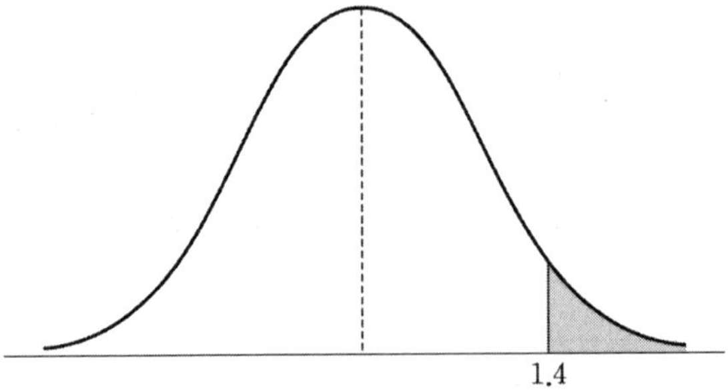

그림 5.7 $P(Z \geq 1.4)$의 계산

(1) $Z = \dfrac{X-1500}{75} \sim N(0,\ 1)$이므로 다음과 같다.

$$P(X \leq 1410) = P\left(Z \leq \frac{1410-1500}{75}\right) = P(Z \leq -1.2) = 0.1151$$

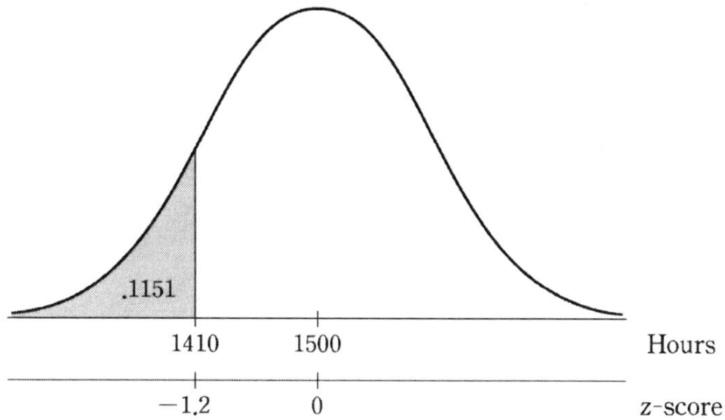

그림 5.8 $P(Z \leq -1.2)$의 계산

(2) $P(1563 \leq X \leq 1648) = P\left(\dfrac{1563-1500}{75} \leq Z \leq \dfrac{1648-1500}{75}\right)$

$= P(.84 \leq Z \leq 1.97)$

$= P(Z \leq 1.97) - P(Z \leq .84) = .9756 - .7995 = .1761$

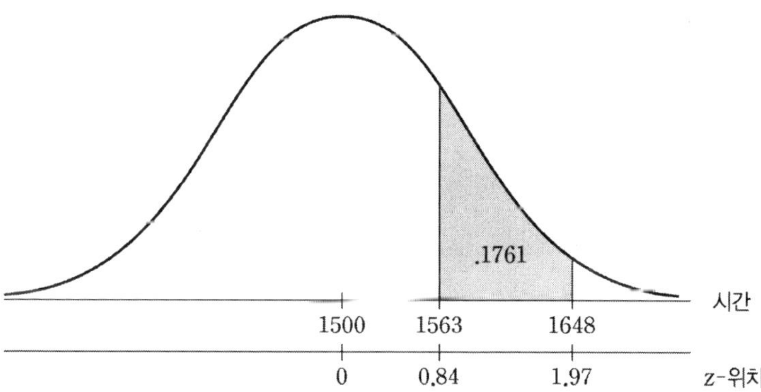

그림 5.9 $P(0.84 \leq Z \leq 1.7)$의 계산

파이썬 프로그래밍

```
from scipy.stats import norm
import matplotlib.pyplot as plt
import numpy as np
plt.rc('font', family='Malgun Gothic')

mu = 1500
sigma = 75

# P(X < 1410)
```

```
prob = norm.cdf(1410, mu, sigma)

# P(1563 <= X <= 1648)
prob2 = norm.cdf(1648, mu, sigma) - norm.cdf(1563, mu, sigma)

# 백열전구의 수명이 1,410시간 이하일 확률
print(f"P(X < 1410) = {prob:.4f}")
print(f"P(1536 < X < 1648) = {prob2:.4f}")
```

예제 5.24

포장 기계는 판지 상자를 평균 16.1온스의 시리얼로 채우기 위해 설치되었다. 상자당 양들이 0.04온스와 같은 표준편차의 정규분포를 이룬다고 가정해 보자.

(1) 상자의 10%는 몇 온스 이하가 들어있는지 구하시오.

(2) 몇 온스 이상이 80%인지 구하시오.

(3) 상자들의 중간 90%는 온스 얼마 사이에 있을지 구하시오.

풀이

(1) $P(X < x_0) = 0.1$이므로 $P\left(Z < \frac{x_0 - 16.1}{0.04}\right) = 0.1$ 표준정규분포표에서 $\frac{x_0 - 16.1}{0.04} = -1.28$이므로 $x_0 = 16.1 - 1.28 \times 0.04 = 16.049$이다.

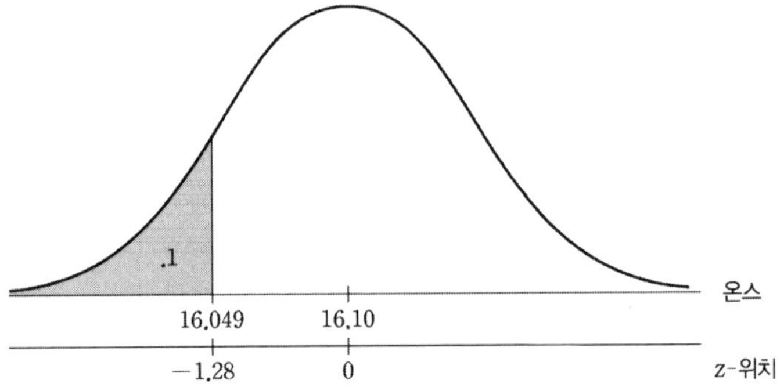

그림 5.10 $P(Z \le -1.28)$의 계산

(2) $P(X > x_0) = 0.8$을 의미하므로 $P\left(Z > \frac{x_0 - 16.1}{0.04}\right) = 0.8$ 표준정규분포표에 의해 $\frac{x_0 - 16.1}{0.04} = -0.84$이다. 따라서 $x_0 = 16.1 - 0.84 \times 0.04 = 16$이다.

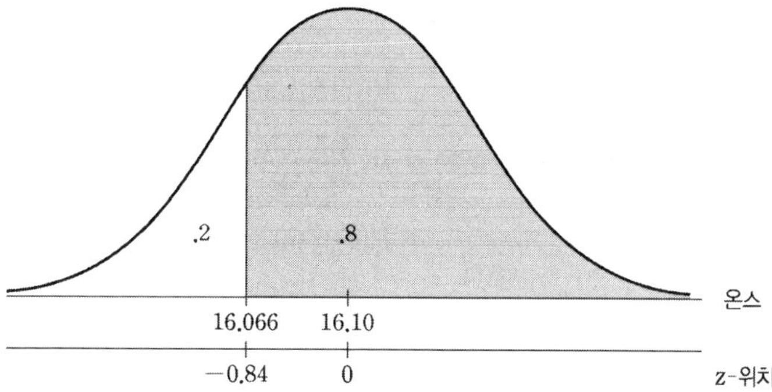

그림 5.11 $P(Z \geq -0.84)$의 계산

(3) 표준정규분포표에 의하면 $P(-1.65 \leq Z \leq 1.65) = 0.9$이므로 $P\left(-1.65 \leq \dfrac{X-16.1}{0.04} \leq 1.65\right) = 0.9$이다. 따라서 $16.1 - 1.65 \times 0.04 \leq X \leq 16.1 + 1.65 \times 0.04$, 즉 $16.034 \leq X \leq 16.166$이다.

5.6.3 이항분포의 정규 근사화

이항분포 $P(X=x) = {}_nC_x p^x q^{n-x}$에서 p, q의 값이 0.5에 가까운 값이면 충분히 크지 않은 n에 대해서도 이항분포는 정규분포에 잘 적합되면 p, q가 약간 삭거나 큰 경우에도 n이 충분히 크면 이항분포는 정규 근사가 가능하다. 그러므로 X가 $B(n, p)$ 분포로서 평균이 np, 분산이 npq일 때 정규분포 $N(np, npq)$에 근사한다. 따라서 $Z = \dfrac{X-np}{\sqrt{npq}}$는 $N(0,1)$ 분포로 근사한다.

예제 5.25

제조 공장에서 나오는 차 중 15가 결점이 있다고 가정하자. 차 40대를 배달할 때 정확히 5대가 결점이 있을 확률을 구하시오.

풀이

답은 $\left(\dfrac{40!}{5!35!}\right)(.15)^5(.85)^{35}$이다. 정규를 이용해 답의 근사치를 구하려면, 먼저 평균값 μ과 표준편차 σ를 다음과 같이 계산해야 한다.

$$\mu = np = 40(.15) = 6$$

$$\sigma = \sqrt{np(1-p)} = \sqrt{40(.15)(.85)} = 2.258$$

$$P(4.5 \leq X \leq 5.5) = P(\frac{4.5-6}{2.258} \leq Z \leq \frac{5.5-6}{2.258})$$

$$= P(-0.66 \leq Z \leq -0.22) = .1583$$

예제 5.26

동전을 200회 아무 생각 없이 던져서 표면이 나오는 횟수가 100과의 편차가 5 이하일 확률 $P(|X-100| \leq 5)$를 구하시오.

풀이

X의 분포는 이항분포 $P(X=x) = {}_nC_x p^x q^{n-x} (n=200, p=q=\frac{1}{2})$이고, $np = 200 \times \frac{1}{2} = 100$ 이며, 표준편차는 $\sqrt{npq} = \sqrt{200 \times \frac{1}{2} \times \frac{1}{2}} = \sqrt{50} \fallingdotseq 7.07$ 이다.

$$P(|X-100| \leq 5) = P(100-5 \leq X \leq 100+5)$$

따라서, 이 확률을 구하기 위해 표준화한 변수는 $Z = \dfrac{X-100}{7.07}$이므로

$$P(100-5 \leq X \leq 100+5) = P(-0.7017 \leq Z \leq 0.7017)$$

$$= 2P(0 \leq Z \leq 0.7017) = 0.5204$$

이다.

예제 5.27

인구의 60%가 정부의 대규모 예산삭감을 지지한다면, 설문조사 된 250명 중 155 이하가 예산삭감을 지지할 확률을 구하시오.

풀이

답은 이항식 156개를 더한 답이다.

$$(.4)^{250} + ... + \frac{250!}{155!95!}(.6)^{155}(.4)^{95}$$

근사치는 정규를 이용하여 쉽게 얻어질 수 있다. μ와 σ를 계산한다.

$$\mu = np = 250(.6) = 150$$

$$\sigma = \sqrt{np(1-p)} = \sqrt{250(.6)(.4)} = 7.746$$

$$P(X \leq 155.5) = P(Z \leq 0.71) = 0.7611$$

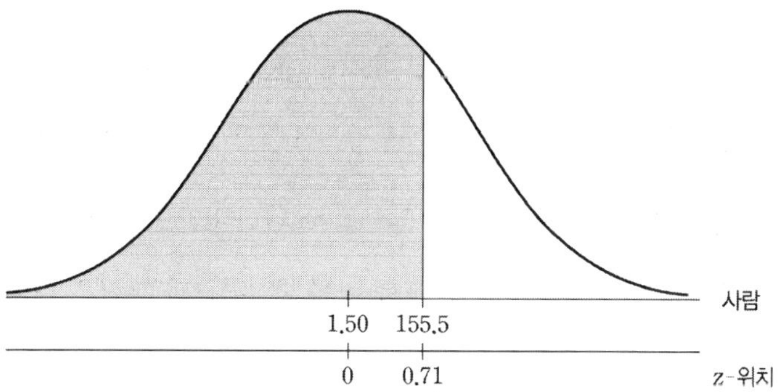

그림 5.12 $P(Z \leq 0.71)$의 계산

파이썬 프로그래밍

```
from scipy.stats import norm
import numpy as np
import matplotlib.pyplot as plt

plt.rc('font', family='Malgun Gothic')

x=155
mu=(250 * 0.6)
sigma=7.746

prob = norm.cdf(x + 0.5, mu, sigma)
print(f"예산삭감을 지지할 확률 : {round((prob), 4)}")
```

5.7 지수분포

공학과 과학 분야에서 매우 폭넓게 사용되는 연속분포인 지수분포에 대해 살펴본다.

확률변수 X의 확률밀도함수 $f(x)$가

$$f(x)=\begin{cases}\lambda e^{-\lambda x}, & x \geq 0, \lambda \geq 0 \\ 0, & x<0\end{cases}$$

로 주어질 때, X는 지수분포(exponential distribution)를 한다고 한다.

지수분포는 감마분포의 확률밀도함수에서 $\alpha=1$이고 $\beta=\frac{1}{\lambda}$인 특수한 경우의 분포이다. 따라서 지수분포의 확률밀도함수를 $\frac{1}{\beta}e^{-\frac{x}{\beta}}$로 나타내기도 한다.

확률변수 X가 모수 λ를 갖는 지수분포를 따를 때, 평균과 분산은 다음과 같다.

$$\mu=E(X)=\frac{1}{\lambda},\ \sigma^2=Var(X)=\frac{1}{\lambda^2}$$

위의 정리에서 지수분포의 평균과 표준편차는 $\frac{1}{\lambda}$로 같다는 것을 알 수 있으며, 아래의 그림에서 상수 λ가 변함에 따라 지수분포의 확률밀도함수의 그래프가 나타나 있다.

확률변수 X가 모수 λ를 갖는 지수분포를 따를 때, X의 누적도수분포함수(cdf)는 다음과 같다.

$$F(x)=\begin{cases}0, & x<0 \\ 1-e^{-\lambda x}, & x \geq 0\end{cases}$$

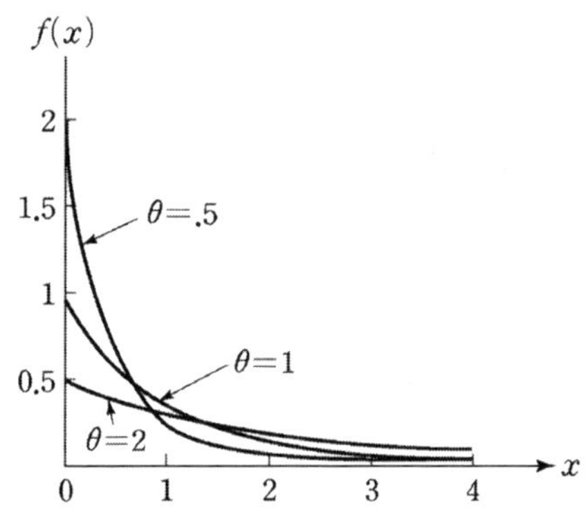

그림 5.13 지수분포의 그래프

예제 5.28

어느 가정에서 구입한 A 회사의 냉장고는 평균 10년 동안 고장이 없다고 한다. 이 냉장고가 고장이 날 확률이 지수분포를 따를 때, 이 냉장고가 15년 이상 고장이 없을 확률을 구하시오. 또 5년 이내에 고장이 날 확률을 구하시오.

풀이

$$P(X \geq 20) = \int_{20}^{\infty} \frac{1}{10} e^{-\frac{1}{10}x} dx = e^{-2}$$

$$P(X \leq 3) = \int_{0}^{5} \frac{1}{10} e^{-\frac{1}{10}x} dx = 1 - e^{\quad 0.3}$$

예제 5.29

확률변수 X를 인터넷에 연결된 컴퓨터 단말기의 반응시간이라 하면 X는 평균반응시간이 3초인 지수분포를 한다고 한다. 반응시간이 9초보다 작을 확률을 구하시오. 또 반응시간이 6초와 9초 사이일 확률을 구하시오.

풀이

$$P(X \leq 10) = 1 - e^{-\frac{1}{3} \cdot 9} = 1 - e^{-3}$$

$$P(6 \leq X \leq 9) = P(X \leq 9) - P(X \leq 6) = e^{-2} - e^{-3}$$

파이썬 프로그래밍

```
from scipy.stats import expon

mu=3
x=9
x1=6

prob = expon.cdf(x, scale=mu)
print(f"반응시간이 9초보다 작을 확률 : {round((prob), 4)}")

prob = expon.cdf(x1, scale=mu) - expon.cdf(x, scale=mu)
print(f"반응시간이 6초와 9초 사이일 확률 : {round((abs(prob)), 4)}")
# abs = 절대값 구하는 함수
```

연습문제

주관식 문제

01 [파이썬 프로그래밍] 버스정류장에 10분 간격으로 버스가 도착한다. 승객이 버스를 기다리는 시간은 연속형 균등분포를 따른다고 한다.

(1) 승객이 7분 이상 기다릴 확률을 구하시오.
(2) 승객의 대기시간이 2분에서 7분 사이일 확률을 구하시오.

02 [파이썬 프로그래밍] 화학공학 학술지에 의하면 화학공장에서 발생하는 파이프 작업 사고의 30%가 작업자 실수로 일어난다고 한다.

(1) 추후 발생하는 20번의 파이프 작업 사고 중 최소한 10번이 작업자 실수에 의해 발생할 확률을 구하시오.
(2) 20번의 사고 중 4번 이하가 작업자 실수에 의해 발생할 확률을 구하시오.
(3) 어떤 공장의 경우 20번의 사고 중 5번만이 작업자 실수로 발생할 확률을 구하시오.

03 어느 칩의 불량률은 0.1이다. 이항분포를 가정할 때, 무작위로 추출될 20개의 칩 중 많아야 3개가 불량일 확률을 구하시오.

04 [파이썬 프로그래밍] 10건의 교통사고 중 6건이 속도위반에 의해 일어난다고 한다. 8건의 교통사고 중에서 6건이 속도위반일 확률에 대해 물음에 답하시오.

(1) 이항분포의 공식을 이용하여 구하시오.
(2) 이항분포표를 이용하여 구하시오.

05 형광등의 수명이 800시간 이상 될 확률이 0.9일 때, 20개의 형광등 수명에 대한 다음의 확률을 구하시오.

(1) 정확하게 18개가 800시간 이상일 확률

(2) 적어도 15개 이상이 800시간 이상이 확률

06 파이썬 프로그래밍 생물학 연구에서는 가끔 동물에게 꼬리표를 붙여서 방생하는 경우가 있다. 멸종위기에 처한 어떤 동물 10마리를 잡아 꼬리표를 붙인 후 방생하고, 시간이 흐른 후 이 동물 15마리를 생포하였다. 이 지역에 이 종류의 동물이 25마리 서식하고 있다면, 생포된 동물 중 5마리에 꼬리표가 있을 확률을 구하시오.

07 파이썬 프로그래밍 정부에서는 어떤 기업들이 공해관리 규정을 위반하고 있는 것으로 의심하고 있다. 20개의 기업이 의심 대상에 올라 있으나 모두 조사할 수는 없다고 한다. 의심 대상 기업 중 실제로 3개의 기업이 규정을 위반하고 있다고 가정하자.

(1) 5개 기업을 조사했을 때 모두 규정위반기업이 아닐 확률을 구하시오.

(2) 5개 기업을 조사했을 때 2개의 위반기업이 포함될 확률을 구하시오.

08 조종사 후보생이 면허시험에 통과할 확률이 0.7이라고 할 때, 다음과 같은 경우의 확률을 계산하시오

(1) 세 번째 시도에서 시험에 통과할 확률

(2) 네 번 미만의 시도에서 시험에 통과할 확률

09 4명의 의사와 2명의 간호사 중에서 랜덤하게 3명을 뽑아 위원회를 구성하였다. 위원 중에서 의사의 수를 나타내는 확률변수 X의 확률분포를 구하고, $P(2 \leq X \leq 3)$을 계산하시오.

10 어떤 비서가 페이지당 평균 2회의 오타를 칠 때, 다음 페이지에서 그 비서가 다음과 같은 실수를 범할 확률을 구하시오.

(1) 4회 이상 범할 확률

(2) 실수를 범하지 않을 확률

11 파이썬 프로그래밍 자동차 제조사에서 어느 모델의 브레이크 결함에 대해 조사하고 있다. 연간 이 결함을 나타내는 자동차의 수는 $\lambda = 5$인 포아송 분포를 따른다고 한다.

(1) 연간 결함이 있는 차가 기껏해야 3대일 확률을 구하시오.

(2) 결함을 나타내는 차가 연간 1대를 초과할 확률을 구하시오.

12 어느 자동차 정비소에 1시간 동안 들어오는 고객의 수는 평균이 7인 포아송 분포를 따른다고 알려져 있다.

(1) 2시간 동안 들어오는 고객 수의 평균을 구하시오.

(2) 2시간 동안 10명을 초과하는 고객이 들어올 확률을 구하시오.

13 파이썬 프로그래밍 어떤 교차로에서는 매들 평균 3건의 교통사고가 일어난다. 이 교차로에서 한 달 동안 일어난 교통사고에 대해서 다음 확률을 구하시오.

(1) 정확히 5건이 일어날 확률

(2) 3건 미만이 일어날 확률

14 파이썬 프로그래밍 표준정규분포에서 다음의 확률을 구하시오.

(1) Z=1.43의 왼쪽 면적

(2) Z=−0.89의 오른쪽 면적

(3) Z=−2.16과 Z=−0.65 사이의 면적

(4) Z=−1.39의 왼쪽 면적

(5) Z=1.96의 오른쪽 면적

(6) Z=−0.48과 Z=1.74 사이의 면적

15 표준정규분포에서 다음과 같을 때 k값을 구하시오.

(1) $P(Z \leq k) = 0.0427$

(2) $P(Z > k) = 0.2946$

(3) $P(-0.93 < Z < k) = 0.7235$

16 파이썬 프로그래밍 어느 전기회사에서는 평균수명이 800시간이고 표준편차가 40시간인 정규분포의 수명분포를 가지는 전구를 생산하고 있다. 임의로 선정된 전구의 수명이 778시간과 834시간 사이에 있을 확률을 구하시오.

17 어떤 전자부품 조립공정의 불량률은 1%라고 한다. 품질관리규정상 공정으로부터 100개의 제품을 추출하여 검사했을 때 불량품이 하나도 없다면 그 공정은 관리 상태로 지속된다. 이항분포의 정규근사법을 이용하여 다음을 구하시오.

(1) 이 공정이 샘플링계획에 의해 관리상태로 지속될 확률을 구하시오.

(2) 공정의 불량률이 5%로 변화했음에도 관리상태로 지속될 확률을 구하시오.

18 파이썬 프로그래밍 어느 회사에서 생산하여 엔진에 사용되는 어떤 부품의 불량률이 5%라고 한다. 이 부품이 100개씩 묶음으로 선적된다고 할 때 물음에 답하시오.

(1) 이 로트에 포함되는 불량 부품이 2개를 초과할 확률을 구하시오.

(2) 이 로트에 포함되는 불량 부품이 10개를 초과할 확률을 구하시오.

19 파이썬 프로그래밍 어떤 컴퓨터 시스템의 반응시간(단위 : 초)은 평균이 3인 지수분포를 따른다.

(1) 반응시간이 5초를 초과할 확률을 구하시오.

(2) 반응시간이 10초를 초과할 확률을 구하시오.

20 어떤 라디오의 수명(단위: 년)은 모수가 $\theta = 8$인 지수분포를 따른다. 어떤 사람이 중고 라디오를 구입했다면, 앞으로 8년 이상 더 사용할 확률을 구하시오.

21 어떤 기계를 수리하는 데 걸리는 시간은 모수가 $\theta = 2$인 지수분포를 따른다. 수리시간이 2시간을 초과할 확률을 구하시오.

객관식 문제

01 이항분포 $B(n, p)$에 따르는 확률변수 X의 평균값이 12, 표준편차가 3일 때 $B(n, p)$를 구하시오.

(가) $B(24, \frac{1}{2})$ (나) $B(30, \frac{4}{15})$

(다) $B(36, \frac{1}{3})$ (라) $B(48, \frac{1}{4})$

02 30초마다 회전문을 통해 나가는 사람의 수는 $m = 9.3$인 포아송 분포를 이룬다고 한다. 다음 사항 중 옳지 않은 것을 고르시오.

(가) 확률 함수는 $P(X = x) = \dfrac{e^{-9.3} \cdot (9.3)^x}{x!}$ 이다.

(나) x는 회전문을 통과한 사람 수를 말한다.

(다) 1분 동안 회전문을 통과하는 사람 수의 평균은 18.6이다.

(라) 분산은 9.3^2이다.

03 이항분포 $B(n, p)$의 평균값과 표준편차가 모두 0.95일 때 n및 p의 값을 구하시오.

(가) 19, 0.05 (나) 95, 0.01

(다) 190, 0.005 (라) 910, 0.05

04 주사위를 4회 던져 2회가 1이 나올 확률을 구하시오.

(가) $\left(\frac{1}{6}\right)^2\left(\frac{5}{6}\right)^2$ (나) ${}_4C_2\left(\frac{1}{6}\right)^4$

(다) ${}_4C_2\left(\frac{1}{6}\right)^2\left(\frac{5}{6}\right)^4$ (라) ${}_4C_2\left(\frac{1}{6}\right)^2\left(\frac{5}{6}\right)^2$

05 10%의 불량품이 들어 있는 같은 제품의 더미에서 임의로 50개를 꺼낼 경우 이것에 포함되어 있는 불량품의 개수를 X라고 할 때 X의 평균값과 분산을 구하시오.

(가) 5, 4.5 (나) 5, $\sqrt{4.5}$

(다) 2, $\sqrt{5}$ (라) 2, 5

06 이항분포의 설명 중 옳지 않은 것을 고르시오.

(가) 이항분포의 확률변수 x는 불연속 변량이다.

(나) 이항계수 ${}_nC_x$는 완전히 대칭적이다.

(다) 확률변수 x에 대한 확률의 일반항인 빈도 함수는 $f(x) = {}_nC_x p^x q^{n-x}$이다.

(라) 특정 사상이 일어나는 확률이 p, 시행 횟수 n, 출현 횟수 x에 대한 이항분포에서 표준편차는 npq이다.

07 어떤 공장에서 1년 동안에 발생하는 사고의 수가 포아송 분포를 이룬다고 한다. 1인당 평균 0.3건의 사고를 낸다고 할 때 이 공장의 고용인 중 1년 동안에 적어도 1건의 사고를 낼 확률을 구하시오.

(가) $e^{-0.3}$　　(나) $e^{0.3}$　　(다) $1-e^{0.3}$　　(라) $1-e^{-0.3}$

08 확률변수 x가 정규분포 $N(20, 3^2)$에 따를 때 $P(20 \le x \le 23)$을 구하시오.

(가) 0.3413　　(나) 0.6826　　(다) 0.4771　　(라) 0.2336

09 S 대학의 입시에 응시한 학생 10,000명의 수학 성적을 조사하였더니 평균이 50점, 표준편차가 15점인 정규분포를 이루었다. 이때 점수가 20점부터 80점까지를 받은 학생 수를 구하시오.

(가) 3,400명　　(나) 6,800명　　(다) 4,700명　　(라) 9,500명

10 우리나라의 만 20세의 남자의 신장은 평균 160cm, 표준편차 6cm인 정규모집단을 보인다. 임의로 추출한 20세 남자 36명의 신장이 158cm와 162cm 사이에 있을 확률을 구하시오.

(가) 0.683　　(나) 0.950　　(다) 0.955　　(라) 0.997

11 A군의 수학, 영어, 국어의 성적과 A군 반 전체의 평균 및 표준편차 표를 만든 것이다. 3과목 중 성적이 가장 좋은 과목을 구하시오.

학과	수학	영어	국어
A군	71	80	79
반 평균	51	63	65
반 표준편차	17	15	13

(가) 수학　　(나) 국어　　(다) 영어　　(라) 알 수 없다.

12 X의 평균이 m, 분산이 σ^2인 정규분포일 경우 $Y = \dfrac{X-m}{\sigma}$인 관계가 있을 때 Y의 평균을 구하시오.

(가) 0　　(나) 1　　(다) −1　　(라) m

13 평균 75점, 표준편차 10점인 학급에서 5% 학생만이 A 학점을 받는다면 몇 점 이상을 받아야 하는가?

Z	P
1.65	0.4505
1.95	0.4750

(가) 91.5　　(나) 92.0　　(다) 92.5　　(다) 93.0

14 통계학 시험 성적이 70점과 88점일 때 그 표준 단위가 각각 -0.6과 1.2라면 이 시험의 평균 점수와 표준편차를 각각 구하시오.

(가) 76, 10　　(나) 75, 9　　(다) 78, 8　　(라) 77, 10

15 어느 시험에서 평균이 60점 이상이면 합격한다. 총응시자는 1,500명이고 응시자의 평균은 54점, 표준편차가 4이면 합격자 수는 얼마인지 구하시오.

Z	P
1.00	0.3413
1.50	0.4332
2.00	0.4773
2.50	0.4987

(가) 100명　　(나) 120명　　(다) 145명　　(라) 150명

16 $\mu = 100,\ \sigma = 15$인 확률변수 X의 정규분포에서 $P(100 \leq X < k) = 0.4772$를 만족시키는 k의 값을 구하시오.

(가) 115　　(나) 120　　(다) 125　　(라) 130

17 600명의 시험 성적의 평균은 64점, 표준편차는 10이다. 정규분포로 보고 82점을 얻은 학생은 몇 등 정도 되겠는가?

t	P
1.4	0.4192
1.6	0.4332
1.8	0.4641

(가) 20 (나) 24 (다) 22 (라) 26

18 X_1, X_2가 각각 $N(m_1, \sigma_1)$, $N(m_2, \sigma_2)$인 정규분포를 따르는 확률변수이면 $Y = X_1 - X_2$는 어떤 분포를 따르는지 구하시오.

(가) $N(m_1 + m_2,\ {\sigma_1}^2 + {\sigma_2}^2)$ (나) $N(m_1 - m_2,\ {\sigma_1}^2 + {\sigma_2}^2)$

(다) $N(m_1 - m_2,\ {\sigma_1}^2 - {\sigma_2}^2)$ (라) $N(m_1 + m_2,\ {\sigma_1}^2 - {\sigma_2}^2)$

19 일정한 수입이 있는 한 집단에 소속된 가정 중 27%가 3년에 한 번씩 이사한다. 100가정이 소속된 집단에서 20에서 30 사이의 가정들이 다음 3년 사이에 이사할 확률을 구하시오.

(가) 0.2852 (나) 0.4545 (다) 0.7398 (라) 0.9545

20 X가 정규확률변수일 때 다음 중 틀린 것을 고르시오.

(가) $P(\mu - \sigma \leq X \leq \mu + \sigma) = 0.6827$

(나) $P(X < \mu + \sigma) = 0.8413$

(다) $P(\mu - 2\sigma \leq X \leq \mu + 2\sigma) = 0.9544$

(라) $P(X \leq \mu + 2\sigma) = 0.9987$

21 300명의 평균 성적이 70점, 표준편차가 10인 정규분포에서 60등 이내에 들려면 몇 점 정도 이상 얻어야 하는가? (근사값으로 계산한다.)

t	P
0.64	0.2389
0.74	0.2704
0.84	0.2996
0.94	0.3264

(가) 76 (나) 80 (다) 78 (라) 82

22 어떤 공장에서 1년 동안 발생하는 사고의 수가 포아송 분포를 이룬다고 한다. 1인당 평균 0.3건의 사고를 낸다고 할 때 이 공장의 고용인 중 1년 동안에 적어도 1건의 사고를 낼 확률을 구하시오.

(가) $1+e^{-0.2}$　(나) $e^{0.2}+1$　(다) $1+e^{0.3}$　(라) $1-e^{-0.3}$

23 어느 기계의 수명 분포를 $f(x)=\frac{1}{1500}e^{-\frac{x}{1500}}$ (단, x는 시간)로 나타낼 때 평균 수명 시간을 구하시오.

(가) 500　(나) 1500　(다) 2000　(라) 2500

24 X는 평균 100인 지수 분포를 갖는다. X의 $p,\ d,\ f$는 $f(x)=\frac{1}{100}e^{-\frac{x}{100}}\ (0\le x<\infty)$이다. 이때 X가 90보다 작을 확률을 구하시오.

(가) 1　(나) $e^{\frac{9}{10}}$　(다) $1-e^{-\frac{9}{10}}$　(라) $e^{-\frac{9}{10}}-1$

25 어느 기계의 수명 분포를 $f(x)=\frac{1}{1500}e^{-\frac{x}{1500}}$ (단, x는 시간)로 나타낼 때 평균 수명 시간을 구하시오.

(가) 500　(나) 1500　(다) 2000　(라) 2500

26 양품인 전구 4개와 불량품인 전구가 2개 들어 있는 통에서 3개를 임의로 비복원 추출했을 때 이 중 1개의 전구가 불량품일 확률을 구하시오.

(가) $\frac{1}{5}$　(나) $\frac{2}{5}$　(다) $\frac{3}{5}$　(라) 1

27 암에 걸릴 확률이 0.004라고 하자. 첫 번째 암 환자가 발견될 때 까지 몇 사람이나 진단을 해야 하는가?

(가) 4명　(나) 200명　(다) 250명　(라) 400명

6장

표본분포

모집단은 관심 있는 자료의 전체의 집합이다. 표본은 모집단을 대표하는 모집단의 일부이다. 표본 평균값 $\overline{X}$와 표본 표준편차 S는 통계량이다. 통계는 모집단 모수를 추정하기 위해 사용된다. 모집단 모수는 고정값이지만 통계량은 개개의 표본에 따라 변한다. 통계가 어떻게 변하는지 보여주는 확률 분포를 표본분포라고 한다. 표본분포는 평균값과 모집단 모수와 같다면 불편추정량이라고 한다.

모집단의 중요한 사실들을 알고 싶다, 하지만 실제적으로는 이 사실은 알 수 없다. 성인의 몸무게 평균은 얼마나 될까? 높은 콜레스테롤 수치가 있는 사람들의 비율은 얼마나 될까? 할 수 있는 일은 가능한 한 크고 사람들을 대표할 수 있는 집단에서 조심스럽게 자료를 모으는 것이며, 그리고 이 정보를 가지고 모집단 모수의 값을 추정해 보는 것이다. 사실에 얼마나 가까이 있을까? 다른 표본들은 다른 추정치를 제시한다는 것, 또 표본오차는 피할 수 없다.

6.1 표본비율분포

6.1.1 표본비율의 표본분포

평균값은 근본적으로 양적인 수치이지만, 비율은 본질적으로 질적인 접근법이다. "네"란 답의 수를 세고 비율을 형성한다. 예를 들어서, 안전띠를 매는 운전기사의 비율을 구하시오. 새로운 스테레오 세트가 결함이 있을 비율은 무엇인가?

이 모집단을 "있다" "없다"로 나눈 것은 이전 이항 분포 때 했던 방식을 사용할 수 있다고 제시한다. n이 충분히 크면, 이항식은 정규분포에 의해 근사치를 구할 수 있다는 것을 명심해 둬야 한다.

이항실험에서 n회의 시행 중 성공횟수를 X라고 하면 모비율 p의 점추정량은 통계량 $\hat{P}=X/n$으로 주어진다. 따라서 표본비율 $\hat{p}=x/n$이 모비율의 점추정값으로 이용된다. 미지의 모비율 p가 0과 1에 너무 가깝지 않다면 p의 신뢰구간은 $\hat{P}$의 표본분포를 이용하여 수립될 수 있다. 이항실험에서 실패를 0, 성공을 1로 나타내면 성공횟수 x는 단지 0과 1로만 구성되는 n개 값의 합으로 해석될 수 있으며, 이때 $\hat{P}$은 n개 값의 표본평균과 같다. n이 충분히 크면 중심극한정리에 의해서 $\hat{P}$은 평균이

$$\mu_{\hat{P}}=E(\hat{P})=E\left(\frac{X}{n}\right)=\frac{np}{n}=p$$

이고, 분산이

$$\sigma_{\hat{P}}^2=\sigma_{X/n}^2=\frac{\sigma_X^2}{n^2}=\frac{npq}{n^2}=\frac{pq}{n}$$

인 정규분포를 근사적으로 따른다.

$$Z=\frac{\hat{P}-p}{\sqrt{pq/n}}$$

는 근사적으로 표준정규분포를 따른다.

예제 6.1

모든 투석 환자들의 70%가 적어도 5년은 산다고 가정해 보자. 100명의 새로운 투석 환자들의 간단한 무작위 표본(SRS)에서 적어도 5년을 사는 비율이 80% 넘어갈 확률을 구하시오.

풀이

$\mu_{\hat{P}} = 0.7$과 표준편차 $\sigma_{\hat{P}} = \sqrt{\frac{(.7)(.3)}{100}} = .0458$이므로 다음과 같다.

$$P(\hat{P} > 0.8) = P\left(Z > \frac{.80 - .70}{.0458}\right) = P(Z > 2.18) = 1 - P(Z \le 2.18) = 1 - .9854 = .0146$$

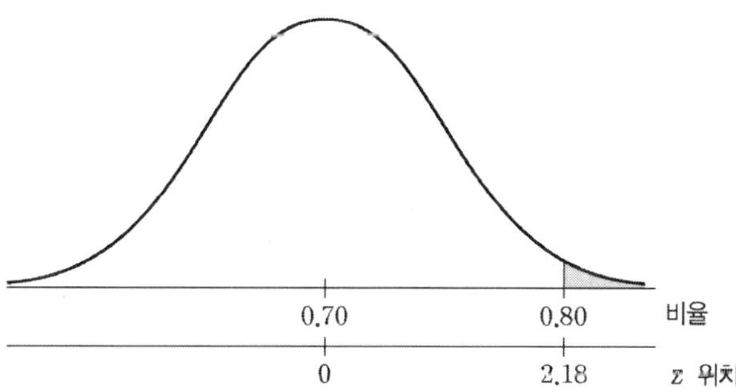

그림 6.1 $P[Z \ge 2.18]$의 계산

예제 6.2

모든 운전자의 48%가 안전띠를 맨다고 한다. 경찰관이 차 400대가 한 시간에 지나가는 것을 본다면, 운전자가 안전띠를 매고 있을 비율이 45%에서 55%일 확률을 구하시오.

풀이

$\mu_{\hat{P}} = 0.48$과 표준편차 $\sigma_{\hat{P}} = \sqrt{\frac{(.48)(.52)}{400}} = 0.250$이므로 다음과 같다.

$$P(0.45 \le \hat{P} \le 0.55) = P\left(\frac{.45 - .48}{.0250} \le Z \le \frac{.55 - .48}{.0250}\right) = P(-1.2 \le Z \le 2.8)$$
$$= P(Z \le 2.8) - P(Z \le -1.2) = 0.9974 - 0.1151 = 0.8823$$

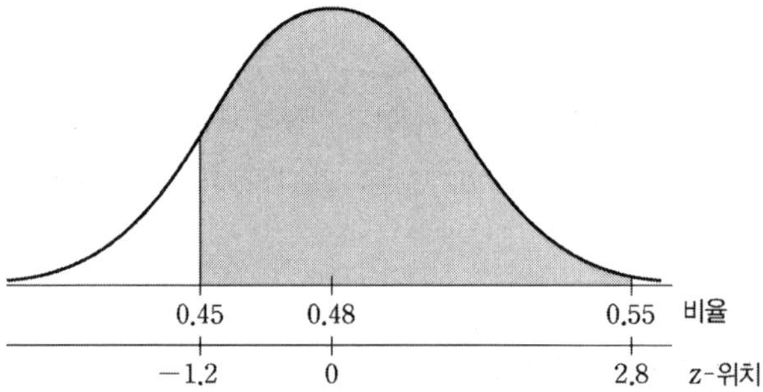

그림 6.2 $P[-1.2 \le Z \le 2.8]$의 계산

파이썬 프로그래밍

```
from scipy.stats import binom

n = 400              # 차가 지나간 수
p = 0.48             # 안전띠를 하고 있을 확률
k1 = int(0.45 * n)  # 안전띠를 하고 있을 비율이 45%일 확률
k2 = int(0.55 * n)  # 안전띠를 하고 있을 비율이 55%일 확률

prob = binom.cdf(k2, n, p) - binom.cdf(k1 - 1, n, p)
print(f'안전띠를 하고 있을 비율이 45%에서 55%일 확률 : {prob:.4f}')
```

6.1.2 두 독립된 표본비율들 차이의 표본분포

이제부터 두 이항모수 p_1과 p_2의 차이를 추정하는 문제를 생각해 보기로 하자. 예를 들어, 관심 있는 두 모집단의 흡연자 비율을 각각 p_1, p_2라고 하자. 여기서 두 모비율의 차이를 추정하려고 한다. 우선, 각각 평균이 $n_1 p_1$과 $n_2 p_2$, 분산이 $n_1 p_1 q_1$ 과 $n_2 p_2 q_2$인 두 이항모집단으로부터 크기 n_1과 n_2인 확률표본을 독립적으로 추출하여 흡연자의 수를 x_1과 x_2로 놓으면, 표본비율은 $\hat{p_1} = x_1/n_1$과 $\hat{p_2} = x_2/n_2$가 된다. 두 모비율의 차이 $p_1 - p_2$의 점추정량은 통계량 $\hat{P_1} - \hat{P_2} = X_1/n_1 - X_2/n_2$로 주어진다. 따라서, 표본비율의 차이 $\hat{p_1} - \hat{p_2}$가 $p_1 - p_2$의 점추정값으로 이용될 것이다.

앞 절에서 $\hat{P_1}$과 $\hat{P_2}$는 각각 평균이 p_1과 p_2, 분산이 $p_1 q_1/n_1$과 $p_2 q_2/n_2$인 정규분포를 근사적으로 따른다는 것을 알았다. 두 모집단으로부터 독립적으로 표본이 추출되기 때문

에 확률변수 $\hat{P}_1 - \hat{P}_2$는 평균이

$$\mu_{\hat{P}_1 - \hat{P}_2} = p_1 - p_2$$

$$\sigma^2_{\hat{P}_1 - \hat{P}_2} = \frac{p_1 q_1}{n_1} + \frac{p_2 q_2}{n_2}$$

인 정규분포를 근사적으로 따른다. 그러므로

$$Z = \frac{(\hat{P}_1 - \hat{P}_2) - (p_1 - p_2)}{\sqrt{p_1 q_1 / n_1 + p_2 q_2 / n_2}}$$

는 근사적으로 표준정규분포를 따른다.

예제 6.3

프로모터는 남자의 24%가 권투 경기관람을 즐긴다는 걸 안다. 하지만, 여자의 12%만이 이 스포츠 관람을 좋아한다. 남자 100명 무작위 표본과 여자 100명의 독립적인 무작위 표본에서 권투 경기관람을 즐기는 남자와 여자의 퍼센트 차이가 10%를 넘을 확률을 구하시오.

풀이

$p_1 - p_2 = 0.23 - 0.12 = 0.11$이고 표준편차는 $\sqrt{\frac{(.23)(.77)}{100} + \frac{(.12)(.88)}{125}} = .0511$이므로 다음과 같다.

$$P(\hat{P}_1 - \hat{P}_2 > 0.1) = P\left(Z > \frac{0.1 - 0.11}{0.0511}\right) = P(Z > -0.20)$$
$$= 1 - P(Z < -0.20) = 1 - 0.4207 = 0.5793$$

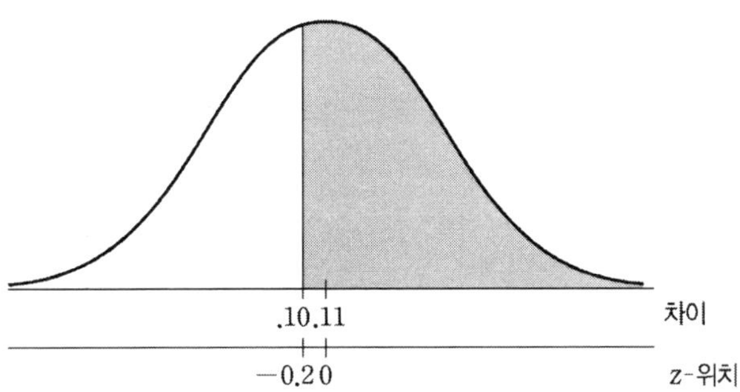

그림 6.3 $P[Z \geq -0.20]$의 계산

파이썬 프로그래밍

```
from scipy.stats import norm

prob = 1 - norm.cdf(-0.20)
print(f'남자의 퍼센트와 여자의 차이가 10%를 넘을 확률 : {prob:.4f}')
```

예제 6.4

미국 도시에서는 혼인한 커플들 43%가 자신의 집을 소유하고 있는 반면 독신의 19%만이 자신의 집을 소유하고 있다. 200쌍의 커플들의 무작위 표본과 180명의 독신들의 독립적인 무작위 표본에서, 혼인 커플과 독신들의 퍼센트 차이가 몇 퍼센트보다 클 확률이 0.90인가?

풀이

$p_1 - p_2 = .43 - .19 = .24$이고 표준편차는 $\sqrt{\dfrac{(.43)(.57)}{200} + \dfrac{(.19)(.81)}{180}} = .0456$이다.

$P\left(\widehat{P}_1 - \widehat{P}_2 > p_0\right) = 0.90$이고, $P\left(Z > \dfrac{p_0 - (0.49 - 0.19)}{0.0456}\right) = 0.9$이므로 다음과 같다.

$$\frac{p_0 - 0.24}{0.0456} = -1.282, \quad p_0 = 0.24 - 1.282(0.0456) = 0.182$$

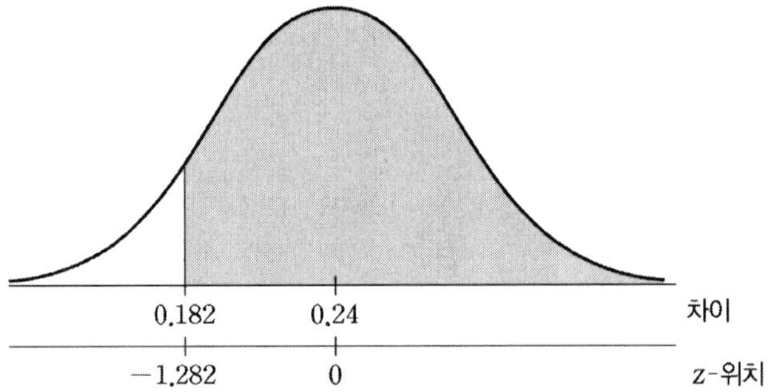

그림 6.4 $P[Z \geq -1.282]$의 계산

파이썬 프로그래밍

```
from scipy.stats import norm
import math

n1 = 200        # 혼인한 커플
p1 = 0.43       # 혼인한 커플의 집 소유 비율
```

```
n2 = 180        # 독신
p2 = 0.19       # 독신의 집 소유 비율
mu = p1 - p2  # 두 모집단의 차이

sd = math.sqrt(p1*(1-p1)/n1 + p2*(1-p2)/n2)  # 표준오차
print(f"표준오차 : {sd}")

sc = norm.ppf(0.1, mu, sd)  # 표준정규분포의 누적분포함수
print(f"퍼센트 차이가 몇 퍼센트보다 클 확률 : {round((sc), 3)}")
```

6.2 표본평균분포

6.2.1 표본평균의 분포

평균이 μ, 분산이 σ^2인 정규모집단으로부터 크기 n의 확률표본을 추출했다고 하자. 확률표본 $X_i, i=1,2,...,n$은 모두 모집단과 동일한 정규분포를 따르게 된다.

$$\overline{X} = \frac{1}{n}(X_1 + X_2 + ... + X_n)$$

의 분포는 평균과 분산이 각각

$$\mu_{\overline{X}} = \frac{1}{n}(\mu + \mu + ... + \mu) = \mu$$

$$\sigma^2_{\overline{X}} = \frac{1}{n^2}(\sigma^2 + \sigma^2 + ... + \sigma^2) = \frac{\sigma^2}{n}$$

인 정규분포를 따르게 된다.

또한, 모집단의 분포가 알려지지 않았을 경우라도 중심극한정리(central limit theorem)에 의하면, 표본의 크기가 상당히 크면 표본평균의 분포는 근사적으로 평균이 μ, 분산이 $\frac{\sigma^2}{n}$인 정규분포를 따르게 됨을 알 수 있다.

중심극한정리

평균이 μ이고 분산이 σ^2인 모집단으로부터 크기 n인 확률표본을 추출했을 때, 표본의 평균 $\overline{X}$에 대해

$$Z=\frac{\overline{X}-\mu}{\sigma/\sqrt{n}}$$

는 n이 상당히 클 때 표준정규분포 $N(0,1)$에 접근한다.

일반적으로 n이 30 이상이면 모집단의 분포와 관계없이 $\overline{X}$에 대한 정규분포로의 근사는 하지만, n이 30 미만일 경우에는 모집단의 분포가 정규분포에 유사할 때만 정규분포로의 근사가 적합하게 된다.

표본의 크기 $n=30$은 중심극한정리를 적용하는 기준이 된다. 이 정리에서 n이 커짐에 따라 $\overline{X}$는 더욱 정규분포에 근접하게 된다.

예제 6.5

토마토들이 표준편차가 3온스이고 평균 무게가 10온스이고 가게가 각각 12개의 토마토가 들어있는 상자들을 판다고 가정해 보자. 구매자들이 산 각 박스의 토마토의 평균 무게를 잰다면, 이 평균들의 평균값과 표준편차는 얼마인지 구하시오.

풀이

크기가 12이고, 이 표본 평균값들의 평균값은 모집단의 평균값 10온스와 같다. 이 표본평균값들의 표준편차는 $\frac{3}{\sqrt{12}}=0.866$온스이다.

예제 6.6

플로리다에서 학생들이 휴가를 보낼 때 쓰는 돈의 합계의 분포가 $650의 평균값과 $120 표준편차로 정규분포 되어 있다고 가정해 보자. 10명의 학생의 무작위 표본이 평균 $600와 $700 사이를 쓸 확률을 구하시오.

(풀이)

$$P(600 \le \overline{X} \le 700) = P\left(\frac{600-650}{37.95} \le Z \le \frac{700-650}{37.95}\right) = P(-1.32 \le Z \le 1.32)$$

$$= P(Z \le 1.32) - P(Z \le -1.32) = 0.9066 - 0.0934 = 0.8132$$

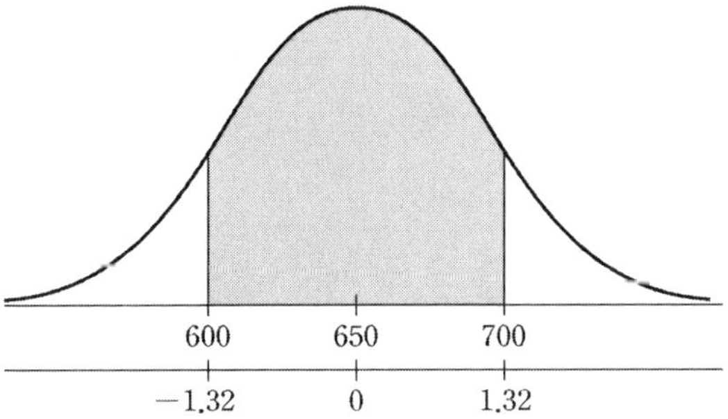

그림 6.5 $P[-1.32 \le Z \le 1.32]$의 계산

예제 6.7

젊은 커플들의 평균 미결제 신용 카드 잔액이 \$650이고 표준편차가 \$420이라고 가정해 보자. 100쌍의 커플들의 무작위 표본이 미결제 신용 카드 잔액 평균값이 \$700을 넘을 확률을 구하시오.

(풀이)

표본크기는 30을 넘는다. 중심 극한 정리에 의해 표본 평균값들의 집합은 650의 평균값에 $\frac{420}{\sqrt{100}} = 42$의 표준편차로 근사 정규분포 되어 있다. 따라서 다음과 같다.

$$P(\overline{X} > 700) = P\left(Z > \frac{700-650}{42}\right) = P(Z > 1.19) = .1170$$

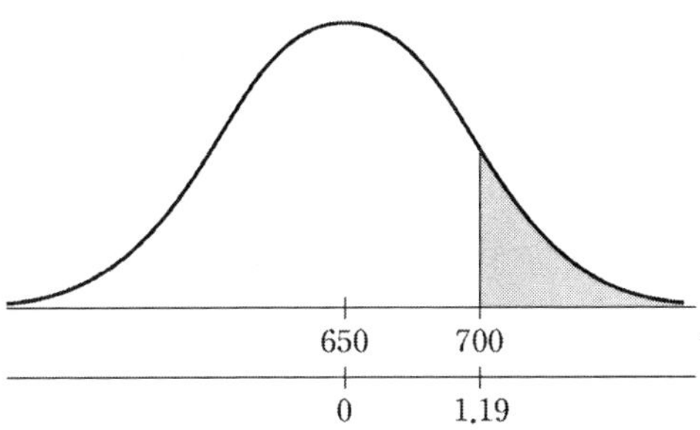

그림 6.6 $P[Z \ge 1.19]$의 계산

파이썬 프로그래밍

```
from scipy.stats import norm

mu = 650 # 평균 미결제 잔액
sd = 420 # 표준편차
n = 100  # 커플의 수
sem = 42 # 표준오차
cx = 700 # 700달러 이상 미결제 잔액을 가진 커플의 수

z = (cx - mu) / sem   # z스코어 구하기
p = 1 - norm.cdf(z)    # p벨류
print(f'700달러를 넘을 확률 : {p:.3f}')
```

예제 6.8

제조 공장으로부터 오는 종이의 무게는 2.3의 표준편차를 가지고 있으며 평균 무게는 25파운드라고 알려져 있다. 종이조각 40개의 간단한 무작위 표본에서, 무게평균값이 24.5와 25.5 파운드 사이일 확률을 구하시오.

(풀이)

$$\mu_{\overline{X}} = 25 \text{ 그리고 } \sigma_{\overline{X}} = \frac{2.3}{\sqrt{40}} = 0.364$$

$$P(24.5 \leq \overline{X} \leq 25.5) = P\left(\frac{24.5-25}{0.364} \leq Z \leq \frac{25.5-25}{0.364}\right) = P(-1.37 \leq Z \leq 1.37) = .8294$$

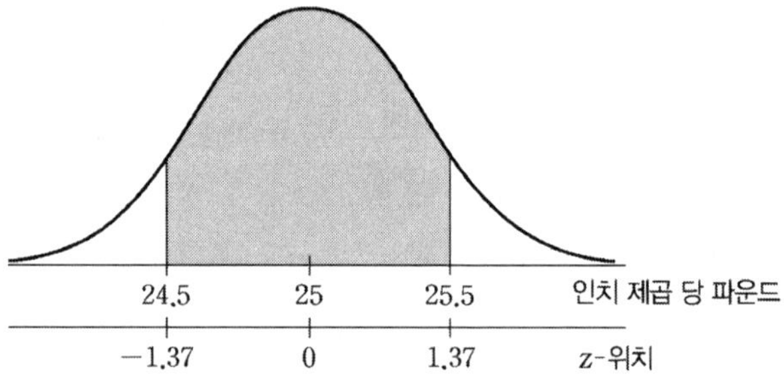

그림 6.7 $P[-1.37 \leq Z \leq 1.37]$의 계산

6.2.3 두 독립된 표본 평균값들 차이의 추출 표본분포

다음으로는 두 모집단이 독립이고 각각의 평균이 μ_1, μ_2, 분산이 σ_1^2, σ_2^2인 각 모집단으로부터 각각 크기 n_1, n_2인 표본을 추출했을 때, 이들의 평균 $\overline{X_1}$와 $\overline{X_2}$의 차이는 어떤 분포를 따르는지 살펴보자. 먼저 중심극한정리에 의하면 $\overline{X_1}$와 $\overline{X_2}$는 근사적으로 각각 평균이 μ_1, μ_2, 분산이 σ_1^2/n_1, σ_2^2/n_2인 정규분포를 따르게 됨을 알 수 있다. 그리고 $\overline{X_1}$와 $\overline{X_2}$는 서로 독립이므로 $\overline{X_1} - \overline{X_2}$ 분포는 근사적으로 평균이

$$\mu_{\overline{X_1} - \overline{X_2}} = \mu_{\overline{X_1}} - \mu_{\overline{X_2}} = \mu_1 - \mu_2$$

이고, 분산이

$$\sigma^2_{\overline{X_1} - \overline{X_2}} = \sigma^2_{\overline{X_1}} + \sigma^2_{\overline{X_2}} = \frac{\sigma_1^2}{n_1} + \frac{\sigma_2^2}{n_2}$$

인 정규분포를 따른다. 그리고

$$Z = \frac{(\overline{X_1} - \overline{X_2}) - (\mu_1 - \mu_2)}{\sqrt{(\sigma_1^2/n_1) + (\sigma_2^2/n_2)}}$$

는 근사적으로 표준정규분포를 따른다.

예제 6.9

비료 A가 사용되었을 때, 채소 수확이 0.7톤의 표준편차에 에이커당 평균이 4.5톤이었던 반면, 비료 B가 사용되었을 때 수확은 0.4톤의 표준편차에 에이커당 평균이 4.3톤이었다. 비료 A를 사용한 45개의 표본분포표와 비료 B를 사용한 50개의 표본분포표에서, 평균 수확들의 차이가 마이너스일 확률을 구하시오. 즉 비료 A를 사용한 분포표의 평균 수확이 비료 B를 사용한 분포표의 평균 수확보다 낮을 확률을 구하시오.

풀이

평균값들의 차이는 $4.5-4.3=0.2$이며, 표준편차는 $\sqrt{\frac{(0.7)^2}{45}+\frac{(0.4)^2}{50}}=.119$이다.

$$P\left(\overline{X_1}-\overline{X_2}<0\right)=P\left(Z<\frac{0-(4.5-4.3)}{0.119}\right)=(Z< -1.68)=0.0465$$

이므로, 비료 A를 쓰는 분포표의 평균 수확이 비료 B를 쓰는 분포표의 평균 수확보다 작을 확률은 0.0465이다.

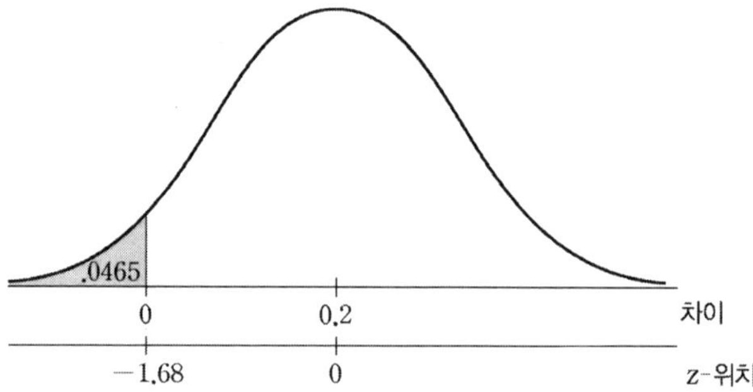

그림 6.8 $P[Z\leq-1.68]$의 계산

파이썬 프로그래밍

```
from scipy.stats import norm

mu_a = 4.5  # 비료 A를 쓰는 분포표의 평균 수확
sd_a = 0.7  # 비료 A를 쓰는 분포표의 표준편차

mu_b = 4.3  # 비료 B를 쓰는 분포표의 평균 수확
sd_b = 0.4  # 비료 B를 쓰는 분포표의 표준편차

n_a = 45    # 비료 A를 쓰는 분포표의 표본 수
n_b = 50    # 비료 B를 쓰는 분포표의 표본 수

sem_a = sd_a / (n_a ** 0.5)   # 비료 A를 사용했을 때의 표준오차를 계산
sem_b = sd_b / (n_b ** 0.5)   # 비료 B를 사용했을 때의 표준오차를 계산
mu_diff = mu_a - mu_b         # 두 비료의 평균 수확량 차이를 계산
sd_diff = (sem_a ** 2 + sem_b ** 2) ** 0.5  # 두 비료의 표준오차 차이를 계산
z = (0 - mu_diff) / sd_diff    # z 점수를 계산
p = norm.cdf(z)                # z 점수를 사용하여 누적 분포 함수를 계산
print(f'비료 A를 쓰는 분포표의 평균 수확이 B를 평균 분포표보다 낮을 확률: {p:.4f}')
```

예제 6.10

주립학교 학생들이 학교에 결석한 날짜의 평균이 8.5, 표준편차가 4.1인 사립학교 학생들이 학교에 결석한 날 평균이 5.3, 표준편차가 2.9이다. 200명의 주립학교 학생들의 SRS와 150명의 사립학교 학생들의 무작위 표본에서 확률이 .95일 때 결석한 날 평균수의 차이(주립 평균 빼기 사립 평균)는 어떤 수보다 큰지 구하시오.

풀이

평균값들의 차이 $8.5-5.3=3.2$이며, 표준편차는 $\sqrt{\frac{(4.1)^2}{200}+\frac{(2.9)^2}{150}}=.374$이다.

$$P(\overline{X_1}-\overline{X_2}>x_0)=0.95,\ P\left(Z>\frac{x_0-(8.5-5.3)}{0.374}\right)=0.95$$

따라서, $\frac{x_0-3.2}{0.374}=-1.645\,x_0=3.2-1.645\cdot 0.374=2.6$이다.

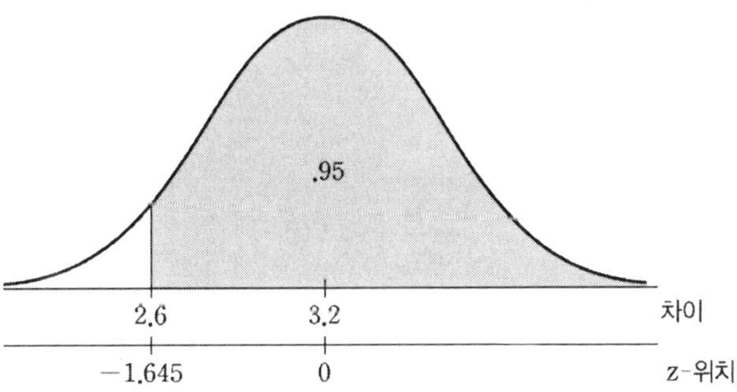

그림 6.9 $P[Z\geq-1.645]$의 계산

파이썬 프로그래밍

```
import math
mu_public = 8.5  # 주립학교 결석한 날 평균 수
sd_public = 4.1  # 주립학교 결석한 날 표준편차

mu_private = 5.3 # 사립학교 결석한 날 평균 수
sd_private = 2.9 # 사립학교 결석한 날 표준편차

n_public = 200   # 주립학교 학생 수
n_private = 150  # 사립학교 학생 수
```

```
probability = 0.95 # 확률
sd = math.sqrt(sd_public**2/n_public + sd_private**2/n_private)
ex = (mu_public - mu_private) - 1.645 * sd
print(f'확률이 0.95일 때 결석한 날 평균수의 차이 : {round((ex), 1)}')
print(f"넘을 확률 : {probability}")
```

6.3 t-분포

모집단의 평균에 대한 추정 또는 검정을 할 때, 모분산 σ^2이 알려지지 않았을 때 $Z = \dfrac{\overline{X} - \mu}{\sigma/\sqrt{n}}$의 분포를 이용할 수 없다. 표본의 크기가 $n \geq 30$일 때는 σ^2 대신 표본분산 S^2을 사용해도 근사적으로

$$\frac{\overline{X} - \mu}{S/\sqrt{n}} \sim N(0, 1)$$

임이 알려져 있으나, 표본의 크기가1 $n < 30$일 때는 정규분포에 따르지 않으므로

$$T = \frac{\overline{X} - \mu}{S/\sqrt{n}}$$

는 자유도 $n-1$인 t-분포(t-distribution)를 사용해야 한다.

확률변수 X가 자유도 n인 t-분포를 갖는다면, X의 확률밀도 함수는 다음과 같다.

$$f(x) = \frac{\Gamma(\frac{n+1}{2})}{\Gamma(\frac{n}{2})^{\sqrt{n\pi}}}(1 + \frac{x^2}{n})^{-\frac{n+1}{2}}, \quad -\infty < x < \infty$$

t-분포의 모양은 표준정규분포와 마찬가지로 0을 중심으로 좌우 대칭이다. 그러나 표

준정규분포보다는 두터운 꼬리를 갖고 있다. t-분포는 자유도 n에 따라 모양이 다르게 나타나며, 다음 그림은 자유도 n이 $n=2, 4, 8$인 경우에 대해 t-분포의 곡선이 나타나 있으며, 표준정규분포의 곡선이 동시에 비교되어 나타나 있다. 즉, t-분포는 자유도 n이 증가함에 따라 표준정규분포에 접근하게 된다.

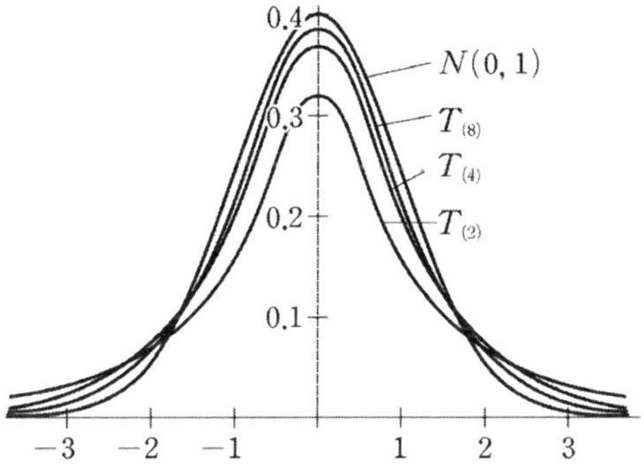

그림 6.10 t-분포와 정규분포곡선

자유도가 n인 t-분포를 $t_{(n)}$으로 나타내며, 자유도 n인 t-분포에서

$$P[T > t_{\alpha, (n)}] = \alpha$$

인 $t_{0.05, (7)} = 1.895$값이 다음 그림에 나타나 있다.

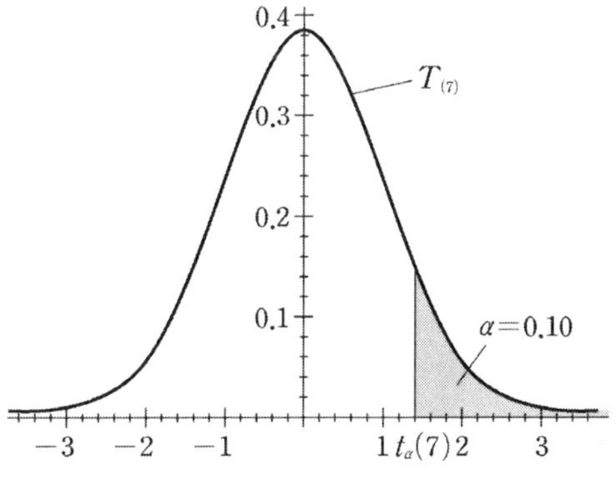

그림 6.11 자유도 $n=7$, $\alpha=0.05$인 t-분포

예제 6.11

다음을 구하시오.

(1) 자유도 10인 t-분포를 가진다고 하자. $P(T \leq 1.415) = 0.906$일 때, $P(T \leq -1.415)$를 구하시오.

(2) 자유도가 25이고 $\alpha = 0.05$일 때, $P(T \geq t_0) = 0.05$인 t를 구하시오.

풀이

(1) $P(T \leq -1.415) = 1 - P(T \leq 1.415) = 0.094$

(2) t의 자유도는 $n = 25$, $\alpha = 0.05$이다. 부록의 표에서 $P(T \geq 1.708)$을 만족하므로 $t_0 = 1.708$이다.

파이썬 프로그래밍

```
from scipy.stats import t

p = t.cdf(-1.415, df=10)
tc = t.ppf(1 - 0.05, df=25)
print(f"P(T<=-1.415) = 1-P(T<=1.415) : {round((p), 3)}")
print(f"자유도가 n = 25, α = 0.05인 t : {round((tc), 3)}")
```

예제 6.12

어떤 화공기사는 어느 배치 공정의 수율이 원재료의 리터당 500g이라고 주장하고 있다. 그는 이를 입증하기 위해 매월 25개의 배치를 추출하여 시험을 하였다. 시험 결과 계산된 t값이 $-t_{0.05}$와 $t_{0.05}$ 사이에 있으면 그의 주장이 타당성이 있다고 하기로 한다. 25개 배치의 시험 결과 표본평균은 518g이고 표준편차는 40g이었다면 어떤 결론을 낼 수 있겠는가? 단, 모집단은 근사적으로 정규분포를 따른다고 가정한다.

풀이

시험 결과를 가지고 t값을 계산하면,

$$t = \frac{518 - 500}{40\sqrt{25}} = 2.25$$

이다. 또한, 자유도가 24일 때 $t_{0.05} = 1.711$이다. 계산된 t값이 $t_{0.05}$보다 크므로 실제의 수율은 500g보다 크다고 할 수 있다.

예제 6.13

T는 자유도가 19인 t-분포를 가진다고 하자. $P(T \le -1.415)$를 구하시오.

(풀이)

$P(T \le 1.415) = 0.913$이므로 $P(T \le -1.415) = 1 - P(T < 1.415) = 0.087$이다.

예제 6.14

자유도가 n=15, $\alpha = 0.05$일 때, $P(T \ge t_0) = 0.05$인 t_0를 구하시오.

(풀이)

T는 자유도 n=15, $\alpha = 0.05$이다. 부록의 표에서 $P(T \ge 1.753) = 0.05$를 만족하므로 $t_0 = 1.753$이 된다.

6.4 카이제곱분포

정규모집단 $N(\mu,\ \sigma^2)$으로부터 크기 n인 표본 $(X_1,\ X_2,\ \cdots,\ X_n)$을 추출했을 때

$$\chi^2 = \frac{\sum_{i=1}^{n}(X_i - \overline{X})^2}{\sigma^2} = \frac{(n-1)S^2}{\sigma^2}$$

은 자유도(degree of freedom) $n-1$인 χ^2-분포를 한다.

확률변수 X가 자유도 n인 카이제곱분포를 하면 $X \sim \chi^2_{(n)}$으로 표시한다. χ^2-분포는 통계적 추론 분야에서 모집단의 분산에 대한 추정과 검정, 적합도 검정, 독립성의 검정을 하는 데 이용된다.

확률변수 X가 자유도 n인 카이제곱분포 $\chi^2_{(n)}$를 따를 때 X의 확률밀도함수 $f(x)$는 다음과 같이 주어진다.

$$f(x) = \frac{1}{\Gamma(\frac{n}{2})2^{\frac{n}{2}}} x^{\frac{n}{2}-1} e^{-\frac{x}{2}}, \quad 0 \le x < \infty$$

다음 [그림 6.12]는 자유도의 변화에 따른 카이제곱분포를 나타낸 것으로, 자유도 n이 $n=2,\ 4,\ 8$인 경우에 있어서 카이제곱분포의 곡선이 그려져 있으며, 자유도 n이 커짐에 따라 곡선이 대칭화됨을 알 수 있다.

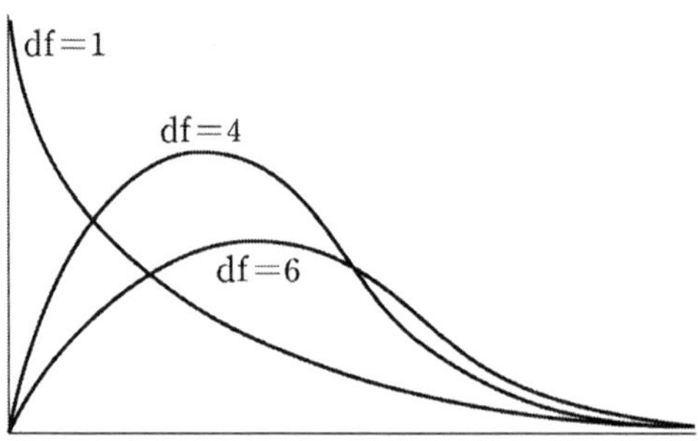

그림 6.12 n=1, 4, 6일 때의 카이제곱 확률밀도함수

다음과 같이 정의되는 $\chi^2_{(n)}$ 분포의 백분위수는 통계적 추론 분야에서 매우 유용하다. 즉, $\chi^2_{a,(n)}$은

$$P[X \ge \chi^2_{a,(n)}] = \alpha$$

를 만족하는 $\chi^2_{(n)}$ 분포의 제100α 백분위수이다.

예를 들어, 자유도가 5일 때 $\alpha=0.1$은 $\chi^2_{0.1,(5)}=9.236$이고 $\alpha=0.9$는 역시 $\chi^2_{0.9,(5)}=1.610$을 찾을 수 있다. 이러한 값들은 [그림 5.13]에서와 같이 나타난다.

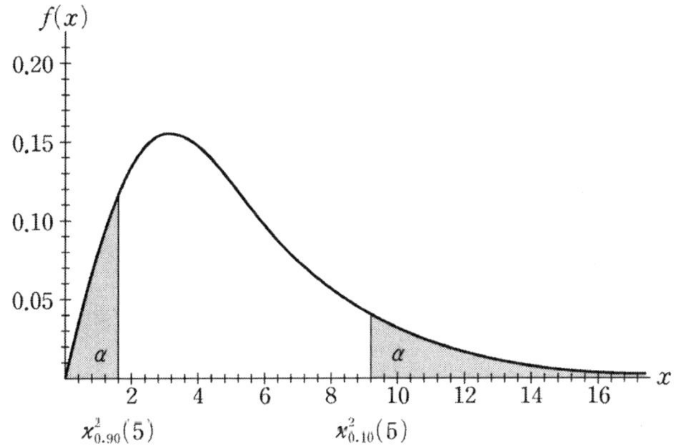

그림 6.13 자유도 n =5일 때 $\chi^2_{0.1,(5)}$, $\chi^2_{0.9,(5)}$ 계산

예제 6.15

어떤 자동차 배터리 제조업자는 자기 회사에서 제조한 배터리의 수명이 평균 3년, 표준편차 1년이라고 주장하고 있다. 이 회사에서 제조된 5개의 배터리를 임의로 추출하여 시험한 결과 그 수명이 각각 1.9년, 2.4년, 3.0년, 3.5년, 4.2년이었다. 이 결과를 두고 관찰된 통계량 χ^2의 값(χ_0^2)과 $P(\chi^2 > \chi_0^2)$을 구하시오.

풀이

먼저 5개의 배터리의 표본분산을 구해보면,

$$s^2 = 0.815$$

이다. 따라서

$$\chi_0^2 = \frac{(4)(0.815)}{1} = 3.26$$

이 되고, 이는 자유도 4인 카이제곱분포를 따르는 값이 된다. 따라서 다음과 같다.

$$P(\chi^2 > \chi_0^2) = P(\chi^2 > 3.26) = 0.515$$

파이썬 프로그래밍

```
from scipy.stats import chi2

sample = [1.9, 2.4, 3.0, 3.5, 4.2]
n = len(sample)
```

```
mu = 3
sigma = 1

x2 = sum(((x - mu) / sigma) ** 2 for x in sample)
p = 1 - chi2.cdf(x2, df=n-1)

print(f"x²의 값 : {round((x2), 3)}")
print(f"P(x² > x₀²) : {round((p), 3)}")
```

예제 6.16

확률변수 X가 자유도 9인 카이제곱분포를 따를 때, $P[X \geq x] = 0.05$가 성립하는 x의 값을 구하시오.

풀이

부록의 표에 자유도 $n = 9$, $\alpha = 0.05$인 경우이므로 $P[X \geq 16.92] = 0.05$가 되고, 따라서 $x = 16.92$가 된다.

파이썬 프로그래밍

```
from scipy.stats import chi2

df = 9 # 자유도

x = chi2.ppf(1 - 0.05, df=df)
print(f"x의 값 : {round((x), 2)}")
```

예제 6.17

분산 $\sigma^2 = 5.0$인 정규모집단에서의 크기 5인 표본의 x의 값이 24.3, 18.9, 23.7, 23.0, 17.4였다. 이때 $\chi^2 = \frac{\sum_{i=1}^{n}(X_i - \overline{X})^2}{\sigma^2} = \frac{(n-1)S^2}{\sigma^2}$의 실현값 $\chi_0^2 = \frac{1}{\sigma^2}\sum_{i=1}^{5}(x_i - \overline{x})^2$ 보다 커질 확률을 구하시오.

풀이

표본크기 n이 5이다. 표본평균 $\bar{x}=21.46$, $s^2=9.623$이고, χ^2의 실현값은 다음과 같다.

$$\chi_0^2=\frac{1}{5.0}\{(24.3-21.46)^2+(18.9-21.46)^2+(23.7-21.46)^2$$
$$+(23.0-21.46)^2+(17.4-21.46)^2\}$$
$$=\frac{38.5}{5.0}=7.70$$

따라서, 자유도 $v=5-1=4$이므로 부록의 표에서 $P[\chi^2 \geq \chi_0^2] \fallingdotseq 0.10$이다.

6.5 F-분포

분산 σ^2인 정규모집단으로부터 추출된 크기 n의 표본으로부터 얻은 $(n-1)S^2/\sigma^2$이 자유도 $n-1$인 χ^2-분포를 갖는다는 것을 알고 있다. 이제 각각 분산 σ_1^2, σ_2^2을 갖는 두 정규모집단 π_1, π_2로부터 독립적으로, π_1로부터 m개, π_2로부터는 n개를 추출하는 확률표본을 생각하자. S_1^2과 S_2^2은 각각의 모집단에 있어서 분산의 표본추정량이라 하자.

앞에서 언급한 바와 같이 $(m-1)S_1^2/\sigma_1^2$과 $(n-1)S_2^2/\sigma_2^2$은 각각 $(m-1)$, $(n-1)$의 자유도를 갖는 χ^2-분포를 갖는다. χ^2 변수를 각각의 자유도로 나눈 S_1^2/σ_1^2과 S_2^2/σ_2^2을 평균 카이 자승변수(mean chi-square variable)라 한다. 이 두 값의 비, 즉

$$F=\frac{S_1^2/\sigma_1^2}{S_2^2/\sigma_2^2}$$

는 $m-1$과 $n-1$의 자유도를 갖는 F-분포를 한다. 좀 더 일반적인 결과는 다음과 같다.

확률변수 F가 v_1이 분자의 자유도, v_2가 분모의 자유도인 어떤 두 독립적인 평균 χ^2

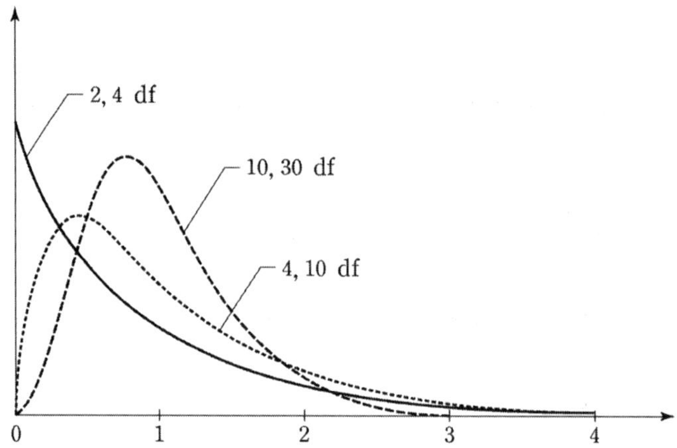

그림 6.14 여러 가지 자유도를 갖는 F-분포 곡선

변수의 비라고 하면 그 비는 v_1과 v_2를 자유도로 갖는 F-분포를 갖는다. 중요한 점은 자유도가 상술한 바와 같은 순서에 의존한다는 것을 유의해야 한다.

F-분포는 두 개의 모수에 의존하기 때문에 두 모수의 분포족이라고 한다. F는 두 양수의 비이므로 이 분포는 양의 값만을 취하며, 그 분포를 나타내는 곡선은 수직선의 오른쪽에 있다. [그림 6.14]에서 볼 수 있듯이 그 분포는 오른쪽으로 비스듬히 기울어졌지만, 그 정도는 자유도가 증가함에 따라 대칭성에 가까워진다. 이런 면에서 χ^2-분포와 매우 비슷하다.

부록의 표에 모수 v_1과 v_2에 대한 각각의 F-분포에 있어서의 확률과 그 f값이 주어져 있다. F-분포는 두 개의 모수에 의해서 결정되기 때문에 완벽한 수표를 만드는 것은 t-분포나 χ^2-분포의 경우보다 훨씬 어렵다. 부록의 표에서 각각 α에 대해 맨 위쪽 행은 분자의 자유도 v_1과 왼쪽 열은 분포의 자유도 v_2를 배열하였다. 각각의 표에는 분포의 오른쪽 꼬리 부분에 속하는 특정한 확률 α에 대한 f값이 나타나 있다. v_1과 v_2를 갖는 F-분포에서 곡선의 오른쪽 꼬리 부분의 면적을 α로 하는 f의 값은 일반적으로 $f_{(v_1,\ v_2),\ \alpha}$로 나타낸다. 각각의 표는 모든 확률 α의 수만큼이 있을 수 있으나 대부분의 통계적 목적에서 필요한 α의 값은 $\alpha = 0.1,\ 0.05,\ 0.025,\ 0.01$ 등이다.

다음은 $v_1 = 4,\ v_2 = 10$일 때 여러 가지 확률 α에 대한 $f_{(4,\ 10),\ \alpha}$를 나타낸다.

표 6.1 확률 α에 대한 $f_{(4,\ 10),\alpha}$

확률 α	0.1	0.05	0.025	0.01
$f_{(4,\ 10),\alpha}$	2.61	3.48	4.47	5.99

위의 표의 내용은 [그림 6.15]에서 쉽게 이해할 수 있을 것이다.

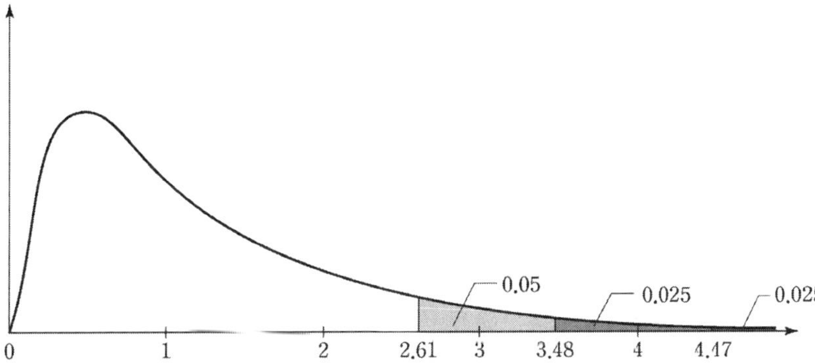

그림 6.15 자유도(4, 10)인 F-분포의 확률

왜 F-분포를 연구하는가? 이 분포에 대해 처음에 말한 것을 상기하면 그 답을 얻을 수 있다. 두 모집단이 정규분포를 할 때 각각으로부터 독립적인 표본을 추출하여 χ^2 변수의 비

$$F = \frac{S_1^2/\sigma_1^2}{S_2^2/\sigma_2^2}$$

은 F-분포를 갖는다는 것을 알았다. 여기에서 두 모집단이 같은 분산을 갖는다면 위의 비에서 σ_1^2과 σ_2^2는 없어질 것이다. 이는 $\sigma_1^2 = \sigma_2^2$이면 S_1^2 / S_2^2이 F-분포를 한다는 뜻이다.

일반적으로 등분산의 가정 없이 S_1^2 / S_2^2은 F-분포를 갖지 않는다. 또한 직관적으로 모집단의 분산이 같다는 것은 표본 분산이 비슷할 확률이 크므로, S_1^2 / S_2^2이 1과 큰 차이를 보일 확률이 작다는 뜻이다. 10장의 분산분석에서는 이것을 응용할 것이다.

예제 6.18

두 개의 정규모집단으로부터 각각 크기 $m = 10$, $n = 15$의 독립적인 표본이 추출되었다고 하자. 두 모집단의 분산이 비슷하다면 비 S_1^2 / S_2^2이 4를 넘을 확률을 구하시오.

풀이

모분산이 같으면 S_1^2 / S_2^2은 자유도 10−1, 15−1의 F-분포를 한다. 부록의 표에서 $v_1 = 9$, $v_2 = 14$에 해당하는 값이 4인 f값을 찾는다. $\alpha = 0.01$인 부록의 표에서 값이 4.03이므로 근사적으로 $P(S_1^2/S_2^2 > 4) = 0.01$이며, 그 확률은 대략 0.01이다.

예제 6.19

두 개의 정규모집단으로부터 각각 크기 $m = 10$, $n = 10$의 독립적인 표본이 추출되었다고 하자. 두 모집단의 분산이 비슷하다면 비 S_1^2 / S_2^2이 3.18를 넘을 확률을 구하시오.

풀이

모분산이 같으면 S_1^2 / S_2^2은 자유도 10−1, 10−1의 F-분포를 한다. 부록의 표에서 $v_1 = 9$, $v_2 = 9$에 해당하는 값이 3.18인 f값을 찾는다. $\alpha = 0.05$인 부록의 표에서 값이 3.18이므로 근사적으로 $P(S_1^2/S_2^2 > 3.18) = 0.05$이며, 그 확률은 대략 0.05이다.

파이썬 프로그래밍

```
from scipy.stats import f

p = 1 - f.cdf(3.18, dfn=9, dfd=9)
print(f"두 집단의 표본분산비가 3.18 이상일 확률 : {round((p), 3)}")
```

예제 6.20

다음을 부록의 표에서 구하시오.

(1) $f_{(2,\ 4),\,0.05}$　　(2) $f_{(4,\ 10),\,0.1}$

풀이

(1) 6.94　　(2) 4.32

파이썬 프로그래밍

```
from scipy.stats import f

alpha = 0.05
dfn, dfd = 2, 4
f_value = f.ppf(1 - alpha, dfn, dfd)
f_value2 = f.ppf(1 - 0.1, dfn, dfd)

print(f'F0.05,(2,4) : {round((f_value), 2)}')
print(f'F0.01,(2,4) : {round((f_value2), 2)}')
```

연습문제

주관식 문제

01 파이썬 프로그래밍 지난 선거에서 A 후보자에 대한 지지도는 45.5%이었다. 이번에 보궐선거를 실시하게 되었으며, 유권자 200명을 임의로 선정하여 조사한 결과 적어도 110명이 A 후보자를 지지할 확률을 구하시오.

02 금을 사고파는 중개인 중 58%는 내년에 남아공에 투기할 것이 좋을 것이라고 믿는다. 무작위로 150명의 중개인을 뽑았을 때, 남아공에 투기할 것이 좋을 것이라고 믿는 사람이 55%~60% 사이일 확률을 구하시오.

03 트랜스미션에 대한 주요 결점은 외부에 의한 영향으로 발생하며, 과거의 경험에 의하면 모든 결점의 70%가 번개에 의한 것으로 알려졌다. 이를 확인하기 위해 200개의 결함이 있는 트랜스미션을 조사한 결과 155개 이상이 번개에 의한 원인일 확률을 구하시오.

04 파이썬 프로그래밍 대한가족계획협회에서 2010년 7월 미혼인 남자 470명과 여자 619명을 대상으로 조사한 결과 남자 245명과 여자 223명이 성인 전용 극장의 허용을 지지하는 것으로 조사되었다. 이 사실을 기초로 올해 남자와 여자 각각 1,000명씩 조사할 경우, 지지율의 차가 20% 이하로 줄어들 확률을 구하시오.

05 파이썬 프로그래밍 많은 소비자는 주중의 월요일에 만들어진 자동차의 결함률이 8%이고, 다른 요일에 제조된 자동차의 결함률은 월요일보다 2% 작다고 생각한다. 이러한 생각을 알아보기 위해 월요일에 만들어진 자동차 100대를 선정하고 다른 요일에 만들어진 자동차 200대를 선정하여 조사한 결과, 월요일에 만들어진 자동차가 다른 요일에 만들어진 자동차보다 결함이 있는 비율이 3% 더 많을 확률을 구하시오.

06 전체 학생 중 83%가 1st 과정을 이수하고 74%가 2nd 과정을 이수했다. 1st 과정 수료한 학생 중 무작위로 60명을 뽑고, 2nd 과정 수료한 학생 중 무작위로 50명을 뽑았을 때, 두 과정의 차이가 15% 이상일 확률을 구하시오.

07 모집단 분포로부터 크기 10인 표본을 임의로 추출하였을 때,

(1) $\overline{X}$의 평균과 분산을 구하시오.

(2) $\overline{X}$가 2.75 이상 3.5 이하일 근사확률을 구하시오.

x	1	2	3	4
$f(x)$	0.25	0.25	0.25	0.25

08 파이썬 프로그래밍 $\overline{X}$를 $N(75,\ 100)$으로부터 추출된 크기 25인 표본의 평균이라 할 때, $P(75 < \overline{X} < 79)$를 구하시오.

09 어떤 공장에서 생산되는 전구의 수명시간 분포는 $\mu = 800$(시간)이고 표준편차는 $\sigma = 40$(시간)인 정규분포를 따른다고 알려져 있다. 이 모집단으로부터 정의되는 크기가 $n = 64$(개)인 확률표본의 표본평균 수명시간 $\overline{x}$가 810시간 이상이 될 확률, 즉 $P(\overline{X} \geq 810)$의 값을 결정하시오.

10 평균 저항이 40옴이고 표준편차가 2옴을 가지는 전기저항기를 만드는 기계가 있다. 36개를 임의로 추출하였을 때, 저항의 합이 1,458옴 이상이 될 확률을 구하시오.

11 원통형의 자동차 부품을 생산하는 제조공정에서 부품의 직경이 5mm이다. 모표준편차는 0.1이라고 알려져 있다고 한다. 이제 임의로 추출된 부품 100개의 평균직경이 5.027mm였다. $P(|\overline{X} - 5| \geq 0.027)$을 구하시오.

12 파이썬 프로그래밍 체납된 금액의 평균은 187.5달러이고 표준편차는 54.5달러이다. 체납자의 계좌 중 50개를 뽑았을 때, 체납된 평균 금액이 200달러 이상일 확률을 구하시오.

13 응급실의 하루 평균 입원환자는 85명이고 표준편차는 37명이다. 무작위로 30일을 뽑았을 때, 응급실 평균 입원환자수가 75명에서 95명 사이일 확률을 구하시오.

14 파이썬 프로그래밍 두 정규모집단 $N(50,\ 9)$, $N(40,\ 4)$로부터 각각 표본크기 $n_1 = 5,\ n_2 = 4$인 표본을 임의로 추출하였을 때 표본평균의 차 $\overline{X} - \overline{Y}$가 8.2보다 작을 확률 $P(\overline{X} - \overline{Y} < 8.2)$를 구하시오.

15 모평균 $\mu_1 = 550,\ \mu_2 = 500$이고 모 표준편차 $\sigma_1 = 9,\ \sigma_2 = 16$인 두 정규모집단에서 각각 크기 50과 40인 표본을 임의로 추출하였을 때, 두 표본평균의 차가 48과 52 사이일 확률을 구하시오.

16 A, B 두 회사에서 텔레비전 브라운관을 생산하고 있다. A 회사에서 생산되는 브라운관의 수명은 평균이 12.5년, 표준편차가 2년, B 회사에서 생산되는 브라운관의 수명은 평균 12년, 표준편차가 1.8년이라고 알려져 있다. A 회사에서는 36개의 확률표본을 추출하고, B 회사에서는 49개의 확률표본을 추출했을 때, A 회사 제품의 표본평균이 B 회사 제품의 표본평균보다 적어도 1년 이상 길 확률을 구하시오.

17 파이썬 프로그래밍 t-분포표를 이용하여 각 경우의 확률을 구하시오.

(1) 자유도가 17일 때, $P(T < -1.740)$의 값을 구하시오.
(2) 자유도가 6일 때, $P(|T| < 3.143)$의 값을 구하시오.
(3) 자유도가 18일 때, $P(-1.330 < T < 1.330)$의 값을 구하시오.
(4) 자유도가 17일 때, $P(T > -2.567)$의 값을 구하시오.

18 파이썬 프로그래밍 다음의 각 조건을 만족시키는 k를 찾아라.

(1) 자유도가 6일 때, $P(t < k) = 0.95$의 값을 구하시오.
(2) 자유도가 15일 때, $P(-k < T < k) = 0.95$의 값을 구하시오.
(3) 자유도가 8일 때, $P(T > k) = 0.01$의 값을 구하시오.
(4) 자유도가 11일 때, $P(T > k) = 0.99$의 값을 구하시오.

19 다음을 구하시오.

(1) 자유도가 20일 때 $P(-t_{0.005} < T < t_{0.01})$의 값을 구하시오.
(2) 자유도가 20일 때 $P(T > -t_{0.025})$의 값을 구하시오.

20 파이썬 프로그래밍 χ^2-분포표를 이용하여 다음 각 경우의 값을 찾아라.

(1) 자유도가 8일 때 $\chi^2_{0.05}$의 값을 구하시오.

(2) 자유도가 17일 때 $\chi^2_{0.01}$의 값을 구하시오.

(3) 자유도가 11일 때 $\chi^2_{0.025}$의 값을 구하시오.

(4) 자유도가 23일 때 $\chi^2_{0.95}$의 값을 구하시오.

21 파이썬 프로그래밍 다음 각 경우에 해당하는 확률값을 찾아라.

(1) 자유도가 19일 때, $P(\chi^2 > 30.14)$의 값을 구하시오.

(2) 자유도가 5일 때, $P(\chi^2 > 5)$의 값을 구하시오.

(3) 자유도가 10일 때, $P(3.24 < \chi^2 < 15.99)$의 값을 구하시오.

(4) 자유도가 18일 때, $P(3.49 < \chi^2 < 17.53)$의 값을 구하시오.

22 파이썬 프로그래밍 카이제곱분포에서 다음과 같을 때 χ^2_α를 구하시오.

(1) 자유도가 4일 때 $P(\chi^2 > \chi^2_\alpha) = 0.99$의 값을 구하시오.

(2) 자유도가 19일 때 $P(\chi^2 > \chi^2_\alpha) = 0.025$의 값을 구하시오.

(3) 자유도가 25일 때 $P(37.652 < \chi^2 < \chi^2_\alpha) = 0.045$의 값을 구하시오.

23 정규모집단 $N(\mu,\ 25)$에서 크기 5인 확률표본[104, 110, 100, 98, 106]을 얻었다. 이때

(1) 카이제곱분포의 자유도를 구하고, 관찰된 통계량 χ^2의 값을 구하시오.

(2) $P(\chi^2 > \chi^2_0)$을 구하시오.

24 파이썬 프로그래밍 분산 $\sigma^2 = 5$인 정규분포를 따른 확률표본 $X_1,\ X_2,\ \cdots,X_n$을 고려해 보자. $n = 31$이라고 할 때

(1) $P(S^2 \le c) = 0.90$을 만족시키는 c의 값을 구하시오.

(2) $P(S^2 \ge c) = 0.95$을 만족시키는 c의 값을 구하시오.

25 평균 μ인 정규분포를 따르는 확률표본 x_1, x_2, $\cdots$,x_n을 고려해 보자. n=16이라고 할 때

(1) $P(|4(\overline{X}-\mu)/S \leq c) = 0.9S$를 만족하는 c의 값을 구하시오.

(2) $P(|4(\overline{X}-\mu)/S \leq c) = 0.99$를 만족하는 c의 값을 구하시오.

26 $\sigma^2 = 6$인 정규분포를 따르는 모집단으로부터 크기 25인 확률표본의 분산 S^2이 아래와 같을 확률을 구하시오. 단, 표본분산은 계량값이다.

(1) 9.1보다 클 확률을 구하시오.

(2) 3.462와 10.745 사이에 있을 확률을 구하시오.

27 [파이썬 프로그래밍] F–분포에서

(1) $v_1 = 3$이고 $v_2 = 5$일 때 $f_{0.25}$를 구하시오.

(2) $v_1 = 3$이고 $v_2 = 5$일 때 $f_{0.975}$를 구하시오.

(3) $v_1 = 3$이고 $v_2 = 5$일 때 $f_{0.05}$을 구하시오.

(4) $v_1 = 3$이고 $v_2 = 5$일 때 $f_{0.95}$를 구하시오.

28 [파이썬 프로그래밍] 같은 분산을 갖는 두 모집단에서 각각 독립적인 표본을 추출했다고 하자. S_1^2은 8개의 표본에서, S_2^2는 12개의 표본에서 구해진 것이라고 하고 다음을 구하시오.

$$P\left(\frac{S_1^2}{S_2^2} > 4.5\right)$$

객관식 문제

01 X를 기댓값 $E(X)=\mu$와 분산 $V(X)=\sigma^2$을 가지는 확률변수라 하고, $\overline{X}$를 크기 n의 확률분포의 표본평균이라 하면 $E(\overline{X})$ 및 $V(\overline{X})$를 구하시오.

(가) $E(\overline{X})=\mu/\sqrt{n}$
$V(\overline{X})=\sigma^2/n$

(나) $E(\overline{X})=\mu/\sqrt{n}$
$V(\overline{X})=\sigma^2/(n-1)$

(다) $E(\overline{X})=\mu$
$V(\overline{X})=\dfrac{\sigma^2}{\sqrt{n}}$

(라) $E(\overline{X})=\mu$
$V(\overline{X})=\dfrac{\sigma^2}{n}$

02 평균이 μ, 표준편차가 σ인 정규모집단에서 크기 n인 임의표본의 산술 평균을 $\overline{x}$라고 하자. 그러면 다음 중 틀린 것을 고르시오.

(가) $\overline{x}$의 기댓값은 μ이다.

(나) $\overline{x}$의 표준편차는 $\dfrac{\sigma}{\sqrt{n}}$이다.

(다) $\overline{x}$의 표준오차는 $\dfrac{\sigma}{\sqrt{n-1}}$이다.

(라) $\overline{x}$는 평균이 μ, 표준편차가 $\dfrac{\sigma}{\sqrt{n}}$인 정규분포를 한다.

03 적성 검사에서 학생들의 평균 점수가 72점이고, 표준편차가 8점이었다. 각기 10명으로 된 집단의 표본분포와 50명으로 구성된 집단인 표본분포에 대한 설명이다. 다음 중 맞는 것을 고르시오.

(가) 10명으로 된 집단의 표본분포는 자유도 9인 $t-$분포에 따르고 50명으로 된 집단의 표본분포는 정규분포에 따른다.

(나) $\mu=72,\ \sigma=8$인 정규모집단에서 추출한 표본분포이므로 크기에 상관없이 표본분포는 같은 정규분포를 따른다.

(다) 두 표본분포는 평균이 72, 표준편차가 $\sigma=\sqrt{\dfrac{8}{10}+\dfrac{8}{50}}$인 정규분포이다.

(라) $\mu=72,\ \sigma_1=\dfrac{8}{\sqrt{10}},\ \sigma_2=\dfrac{8}{\sqrt{50}}$인 표준편차만 다른 정규분포를 따른다.

04 다음 추정량에 대한 표준편차가 틀린 것을 고르시오.

(가) $\overline{X}$, $\frac{\sigma}{\sqrt{n}}$ (나) $\overline{X_1} - \overline{X_2}$, $\sqrt{\frac{\sigma_1^2}{n_1} + \frac{\sigma_2^2}{n_2}}$

(다) $\hat{p}$, $\sqrt{\frac{pq}{n}}$ (라) $\widehat{p_1} - \widehat{p_2}$, $\sqrt{\frac{p_1q_1}{n_1} \cdot \frac{p_2q_2}{n_2}}$

05 모집단이 정규분포 $N(\mu, \sigma^2)$을 이룰 때 다음 추정량에 대한 표준편차가 틀린 것을 고르시오.

(가) $\overline{X}$, $\frac{\sigma}{\sqrt{n}}$ (나) $\hat{p}$, $\sqrt{\frac{p(1-p)}{n}}$

(다) $\overline{X_1} + \overline{X_2}$, $\sqrt{\frac{\sigma_1^2}{n_1} + \frac{\sigma_2^2}{n_2}}$ (라) $\widehat{p_1} - \widehat{p_2}$, $\sqrt{\frac{p_1(1-p_1)}{n_1} - \frac{p_2(1-p_2)}{n_2}}$

06 4명의 미혼자와 6명의 기혼자로 구성된 유한 모집단에서 비복원 추출에 의하여 크기 4인 표본을 추출할 때 미혼자의 표본비율분포에서 μ_p와 σ^2의 값을 고르시오.

(가) 0.4, 0.04 (나) 0.6, 0.04 (다) 0.4, 0.06 (라) 0.6, 0.06

07 다음 설명 중 틀린 것을 고르시오.

(가) 이항분포는 표본크기가 클 때 정규분포에 근사한다.

(나) 포아송 분포는 표본크기가 클 때 정규분포에 근사한다.

(다) $t-$분포는 표본크기가 클 때 $t-$분포에 근사한다.

(라) χ^2-분포는 표본크기가 클 때 정규분포에 근사한다.

08 어떤 제품의 수명을 확률변수 X라 할 때 X의 평균이 41.5시간이고, 표준편차가 2.5시간이라 한다. 이 모집단으로부터 $n=50$인 단순 임의 표본 한 개를 추출하여 이 표본의 평균이 40.5시간에서 42시간 사이가 될 확률을 구하시오.

(가) 0.0743 (나) 0.4238 (다) 0.4979 (라) 0.9215

09 $N(20, 16)$인 정규모집단으로부터 64개의 표본을 추출할 때 표본평균이 19에서 21 사이에 있을 확률을 구하시오.

(가) 0.48 (나) 0.95 (다) 0.68 (라) 0.99

10 어느 제조업자의 말에 의하면 어떤 상품의 제조 과정상에서 3%의 불량품이 발생한다고 한다. 그러면 이 상품 중에서 300개를 임의로 추출하여 조사했을 때 이들 중에서 불량품의 비율이 0.02에서 0.035 사이가 될 확률을 구하시오.

(가) 0.1511 (나) 0.3461 (다) 0.1950 (라) 0.5411

11 어떤 여론 조사 결과 찬성이 60%였다고 한다. 150명을 임의로 추출하여 이 여론 조사에 대한 찬반을 물을 때 찬성 비율이 0.52보다 작을 확률을 구하시오.

(가) 0.0228 (나) 0.4772 (다) 0.5 (라) 0.6882

12 다음 표본평균에 관한 설명 중 틀린 것을 구하시오.

(가) 표본평균의 기댓값은 모평균이다.

(나) 표본평균의 분포는 모집단의 분포와 동일하다.

(다) 표본크기 n이 클 때 표본평균의 분산은 0에 수렴한다.

(라) 표본평균은 모평균의 불편 추정량이다.

13 정규모집단 $N(100, 4^2)$에서 추출한 표본크기 4의 표본평균 $\overline{X}$에 대해 $p(\overline{X} \leq 96)$를 구하시오.

(가) 0.1587 (나) 0.3174 (다) 0.0228 (라) 0.0456

14 어떤 제품의 수명을 조사하기 위하여 임의로 20개를 추출해서 수명을 검사한 결과 평균 32시간, 표준편차 8시간이었다. 표본평균의 분포와 표준오차를 구하시오.

(가) 정규분포, $\dfrac{8}{\sqrt{20}}$ (나) $t-$분포, $\dfrac{8}{\sqrt{20}}$

(다) 정규분포, $\dfrac{8}{\sqrt{19}}$ (라) $t-$분포, $\dfrac{8}{\sqrt{19}}$

15 모평균 20, 모분산이 16인 무한 모집단으로부터 추출한 크기 64인 표본의 평균은 다음 어느 분포에 접근하는가?

(가) $N(20, 16)$ (나) $N(20, \dfrac{1}{4})$

(다) $B(20, \dfrac{1}{4})$ (라) $B(20, \dfrac{1}{2})$

16 어떤 공장에서 생산하는 전구는 평균 수명이 800시간이고 표준편차가 40시간인 근사적 정규분포를 한다고 한다. 이 제품 중에서 임의로 16개를 추출했을 때 평균 수명이 775시간 미만일 확률을 구하시오(단, $P(0 \le Z \le 1.5) = 0.4332$, $P(0 \le Z \le 2.5) = 0.4938$이다).

(가) 0.4938　　(나) 0.4332　　(다) 0.0062　　(라) 0.0162

17 정규모집단 $N(\mu, \sigma^2)$으로부터 임의 추출한 크기 n인 표본의 평균을 $\overline{X}$라 하고 $T = \dfrac{\overline{X} - \mu}{\dfrac{\sigma}{\sqrt{n}}}$라 할 때 T의 분포를 구하시오.

(가) $N(0, 1)$인 정규분포　　(나) $N(\mu, \sigma^2)$인 정규분포

(다) $N\left(\dfrac{\mu}{\overline{X}}, \sigma^2\right)$인 정규분포　　(라) $N\left(\mu, \dfrac{T^2}{n}\right)$인 정규분포

18 어느 공장에서 생산하는 실의 강도는 평균이 6.8kg이고 표준편차가 1.2kg인 정규분포를 한다. 이 공장에서 생산하는 실에서 임의로 100개의 표본을 추출하여 그 평균을 $\overline{X}$라 할 때 $P(6.5 \le \overline{X} \le 7.0)$은 얼마인가? (정규분포표 참조)

(가) 0.9525　　(나) 0.0062　　(다) 0.9463　　(라) 0.9051

19 A 회사의 전구 수명은 평균 6.5년이고 표준편차가 0.9년이다. 또 B 회사의 전구 수명은 평균 6년이고 표준편차는 0.8년이다. 두 회사의 전구 수명이 근사적 정규분포를 할 때 A 회사의 제품 36개, B 회사의 제품 49개를 임의 추출한다면 A 회사의 표본평균과 B 회사의 표본평균의 차는 다음 어느 정규분포를 이루는가?

(가) $N(0.5, 0.036)$　　(나) $N(0.5, 0.009)$

(다) $N(12.5, 0.036)$　　(라) $N(12.5, 0.009)$

20 $X_1, X_2, \cdots, X_{100}$이 서로 독립으로 $N(50, 15^2)$을 따를 때 $\overline{x} = \dfrac{X_1 + X_2 + \cdots + X_{100}}{100}$인 $\overline{x}$가 $47 < \overline{x} < 53$인 범위에 있을 확률로 맞는 것을 고르시오.

(가) 0.342　　(나) 0.683　　(다) 0.955　　(라) 0.997

21 $X_1, X_2, \cdots, X_{100}$이 서로 독립으로 $N(50, 15^2)$을 따를 때 $\overline{x} = \dfrac{X_1 + X_2 + \cdots + X_{100}}{100}$인 $\overline{x}$가 $47 < \overline{x} < 53$인 범위에 있을 확률로 맞는 것을 고르시오.

(가) 0.342 (나) 0.683 (다) 0.955 (라) 0.997

22 확률변수 T가 자유도 4인 $t-$분포를 따를 때 $P(T \geq t) = 0.01$이 성립하는 t의 값을 구하시오.

(가) 0.7764 (나) 3.4954 (다) 4.6041 (라) 5.5976

23 표본크기 100, $P(-0.2 \leq \overline{X} - \mu \leq 0.2) \geq \dfrac{15}{16}$일 때 체비셰프의 부등식에 근거하여 모분산을 구하시오.

(가) $\dfrac{1}{4}$ (나) $\dfrac{1}{3}$ (다) $\dfrac{1}{2}$ (라) 1

7장

통계적 추정

미지의 모수를 한 값으로 추정하는 섬추성량의 경우 한 표본에서 구한 추정치가 모수와 일치한다고 기대하기는 힘들다. 점추정의 정확성을 보완하는 방법이 구간추정(interval estimation)인데, 구간추정이란 확률로 표현된 믿음의 정도 하에서 모수가 특정한 구간에 있을 것이라고 하는 것으로 추정량의 분포를 알아야 하고, 구해진 구간 안에 모수가 있을 확률의 크기가 주어져야 한다. 즉, 특정 구간 안에 모수가 있을 확률의 크기는 구간의 크기에 비례하는데, 구간이 클수록 그 구간 안에 모수가 있을 확률이 큰 것은 당연하다. 이 확률의 크기를 신뢰수준(confidence level)이라고 하는데, 일반적으로 신뢰수준은 90%, 95%, 또는 99%의 확률을 이용하는 경우가 많으며, 각각의 신뢰수준 하에서 구한 구간을 신뢰구간(confidence interval)이라고 한다.

7.1 비율의 신뢰구간

7.1.1 모집단이 하나일 때 모비율의 신뢰구간

p를 모집단에서의 어떤 속성에 대한 비율이라고 하면, 우리는 표본비율 X/n이 p의 불편추정량이고, 모비율이 0 혹은 1에 너무 가까운 값이 아니라고 가정하고, 표본의 크기도 크다고 하자(적어도 30), 이 가정하에서 X/n의 표본분포가 근사적으로 평균이 p이고 표준편차가 $\sqrt{p(1-p)/n}$ 인 정규분포라는 것을 배웠다. 따라서,

$$P(-z_{\alpha/2} < (X/n-p)/\sqrt{p(1-p)/n} < z_{\alpha/2}) = 1-\alpha$$

가 된다. 그래서 우리는 다음을 얻는다.

$$P\left(\frac{X}{n} - z_{\alpha/2}\sqrt{\frac{p(1-p)}{n}} < p < \frac{X}{n} + z_{\alpha/2}\sqrt{\frac{p(1-p)}{n}}\right) = 1-\alpha$$

가 된다. 그래서 $(1-\alpha)100\%$ 신뢰구간은

$$\frac{x}{n} - z_{\alpha/2}\sqrt{\frac{p(1-p)}{n}} < p < \frac{x}{n} + z_{\alpha/2}\sqrt{\frac{p(1-p)}{n}}$$

가 된다. p의 신뢰구간을 구하는데, 이 모르는 모수 p가 구간의 양 끝점을 계산하는 데 사용되고 있다. 다행히 $\sqrt{p(1-p)/n}$에서 p 대신 $\hat{p} = x/n$을 사용할 수 있다. 표본의 크기가 크면 이 차이는 크지 않을 것이기 때문이다. 그래서 다음의 결과를 얻는다.

> 모비율 p의 $(1-\alpha)100\%$ 근사적인 신뢰구간은 표본크기가 클 때(보통 $n > 30$) 다음과 같이 계산된다.
>
> $$\frac{x}{n} - z_{\alpha/2}\sqrt{\frac{\frac{x}{n}(1-\frac{x}{n})}{n}} < p < \frac{x}{n} + z_{\alpha/2}\sqrt{\frac{\frac{x}{n}(1-\frac{x}{n})}{n}}$$
>
> 또는
>
> $$\hat{p} - z_{\alpha/2}\sqrt{\frac{\hat{p}(1-\hat{p})}{n}} < p < \hat{p} + z_{\alpha/2}\sqrt{\frac{\hat{p}(1-\hat{p})}{n}}$$

예제 7.1

550명의 쇼핑몰을 떠나는 사람들의 무작위 표본의 64%는 \$25 이상을 썼다. 쇼핑몰 소비자 중 \$25 이상을 쓴 비율의 99% 신뢰구간추정을 구하시오.

풀이

$\hat{p}=0.64,\ n=550,\ \alpha=0.01,\ z_{\alpha/2}=z_{0.005}=2.58$이다. 표준오차 $SE(\hat{p})=\sqrt{\dfrac{(0.64)(0.36)}{550}}=.0205$가 된다. 결과적으로 p의 99% 신뢰구간은

$$0.64-2.58(0.0205)<p<0.64+2.58(0.0205)$$

가 되고, 이를 계산하면 다음과 같다.

$$0.587<p<0.693$$

예제 7.2

기계 부품들의 간단한 무작위 표본에서 225개 중 18개 수송 중에 손상된 것으로 보인다. 수송 중 손상된 기계 부품들의 비율의 95% 신뢰구간추정을 수립하시오.

풀이

$x=18,\ n=225,\ \alpha=0.05,\ z_{0.025}=1.96$이다. $x/n=0.08$이므로

$$SE(\hat{p})=\sqrt{\frac{(0.08)(0.92)}{225}}=0.0181$$

가 된다. p의 95% 신뢰구간은

$$0.08-1.96(0.0181)<p<0.08+1.96(0.0181)$$

로 되고, 이를 계산하면 다음과 같다.

$$0.045<p<0.115$$

파이썬 프로그래밍

```
from math import sqrt
from scipy.stats import norm
```

```
n = 225
x = 18
p_hat = x / n
z = norm.ppf(0.975)
se = sqrt(p_hat * (1 - p_hat) / n)
lower = p_hat - z * se
upper = p_hat + z * se

print(f"95% 신뢰구간 : {round((lower), 3)}, {round((upper), 3)}")
```

– 표본크기 결정

설문조사를 하기 위해 한 가지 중요한 고려할 사항은 표본크기의 선택이다. 더 작고 정밀한 모집단 비율의 구간추정을 구하기 위해, 신뢰도를 낮추거나 표본크기를 늘려야 한다. 신뢰도를 올리고 싶다면, 구간추정치를 더 넓게 하거나 표본크기를 늘릴 수 있다. 보다 큰 표본크기를 선택하는 게 바람직할 수도 있지만, 실제로 이 결정은 시간과 비용이 든다. 비율의 신뢰구간을 구하기 위한 설문조사를 준비할 때 $\sigma_{\hat{p}}$으로 무엇을 사용해야 하는가?

$$\sqrt{p(1-p)} = \sqrt{p-p^2} = \sqrt{-\left(p-\frac{1}{2}\right)^2 + \frac{1}{4}} \leq \frac{1}{2}$$

이므로 다음과 같다.

$$\sqrt{\frac{p(1-p)}{n}} \leq \frac{0.5}{\sqrt{n}}$$

예제 7.3

환경 보호국 연구자는 공장의 하류 부분의 불쾌한 화학적인 오염 때문에 먹을 수 없는 생선의 비율을 알고 싶어 한다. 답이 96% 신뢰수준하에 오차가 ± 0.03 안에 있어야 한다면, 실험되어야 할 표본의 생선을 몇 마리나 되는지 구하시오.

풀이

$2.05(\frac{.5}{\sqrt{n}}) \le .03$, $\sqrt{n} \ge \frac{2.05(.5)}{.03} = 34.17$, $n \ge 1167.4$이다. 즉 1,168마리이다.

예제 7.4

개개인의 성과에 따라 노동자의 급여가 좌우되어야 한다고 믿는 산업계 경영진들의 비율을 찾기 위해 조사가 착수되었다. 추정이 99% 신뢰수준에서 $\pm .06$, $\pm .03$, $\pm .02$ 이길 바란다면 경영진을 몇 명이나 인터뷰해야 하는지 구하시오.

풀이

$2.576(\frac{.5}{\sqrt{n}}) \le .06$는 $\sqrt{n} \ge \frac{2.576(.5)}{.06} = 21.5$, $n \ge 462.25$이다.

$2.576(\frac{.5}{\sqrt{n}}) \le .03$은 $\sqrt{n} \ge \frac{2.576(.5)}{.03} = 42.9$, $n \ge 1840.4$이다.

$2.576(\frac{.5}{\sqrt{n}}) \le .02$는 $\sqrt{n} \ge \frac{2.576(.5)}{.02} = 64.4$, $n \ge 4147.4$이다.

따라서, 463, 1841, 또는 4,148명의 경영진이 인터뷰해야 한다.

7.1.2 두 비율의 차이의 신뢰구간

p_1과 p_2는 알려져 있지 않고, 우리의 목적은 $p_1 - p_2$의 신뢰구간을 구하는 것이다.

첫 단계는 각 모집단에서 서로 독립인 두 개의 표본을 꺼내는 것이다. $p_1 - p_2$의 불편추정량으로 $\frac{X_1}{n_1} - \frac{X_2}{n_2}$를 사용하는 것은 자연스럽다.

그다음 $p_1 - p_2$의 신뢰구간을 만들기로 하자. 먼저 $p_1 - p_2$의 추정량인 $\frac{X_1}{n_1} - \frac{X_2}{n_2}$의 표본분포를 알아야 한다. 그러면 $\frac{X_1}{n_1} - \frac{X_2}{n_2}$의 분포는 근사적으로 평균이 $p_1 - p_2$이고, 표준편차가 $\sqrt{\frac{p(1-p_1)}{n_1} + \frac{p_2(1-p_2)}{n_2}}$인 정규분포를 따른다는 것이 알려져 있다. 그래서 모집단이 하나인 경우, 모비율 p의 신뢰구간을 구하는 방법을 적용하면 $p_1 - p_2$의

$(1-\alpha)100\%$ 신뢰구간은 다음과 같다.

$$\left(\frac{x_1}{n_1}-\frac{x_2}{n_2}\right)-z_{\alpha/2}\sqrt{\frac{p_1(1-p_1)}{n_1}+\frac{p_2(1-p_2)}{n_2}}<p_1-p_2<\left(\frac{x_1}{n_1}-\frac{x_2}{n_2}\right)+z_{\alpha/2}\sqrt{\frac{p_1(1-p_1)}{n_1}+\frac{p_2(1-p_2)}{n_2}}$$

위 신뢰구간의 상 · 하한 모두가 p_1과 p_2를 포함한다. 우리는 이 p_1, p_2를 모르기 때문에 이를 추정해야 하지만 별다른 오차 없이 $\hat{p_1}=\frac{x_1}{n_1}$와 $\hat{p_2}=\frac{x_2}{n_2}$를 사용할 수 있다.

p_1-p_2의 $(1-\alpha)100\%$ 신뢰구간은 근사적으로 다음과 같다.

$$\left(\frac{x_1}{n_1}-\frac{x_2}{n_2}\right)-z_{\alpha/2}\sqrt{\frac{\frac{x_1}{n_1}(1-\frac{x_1}{n_1})}{n_1}+\frac{\frac{x_2}{n_2}(1-\frac{x_2}{n_2})}{n_2}}<p_1-p_2<\left(\frac{x_1}{n_1}-\frac{x_2}{n_2}\right)+z_{\alpha/2}\sqrt{\frac{\frac{x_1}{n_1}(1-\frac{x_1}{n_1})}{n_1}+\frac{\frac{x_2}{n_2}(1-\frac{x_2}{n_2})}{n_2}}$$

$$(\hat{p_1}-\hat{p_2})-z_{\alpha/2}\sqrt{\frac{\hat{p_1}(1-\hat{p_1})}{n_1}+\frac{\hat{p_2}(1-\hat{p_2})}{n_2}}<p_1-p_2<(\hat{p_1}-\hat{p_2})+z_{\alpha/2}\sqrt{\frac{\hat{p_1}(1-\hat{p_1})}{n_1}+\frac{\hat{p_2}(1-\hat{p_2})}{n_2}}$$

예제 7.5

도시 병원들에서 오전 7시부터 오후 3시까지 일하는 125명의 교대조 간호사의 84%가 일에 대해 호의적인 만족을 표현하는 반면, 오후 11시부터 오전 7시까지 일하는 150 교대조 간호사의 72%만이 같은 만족을 표현한다고 가정해 보자. 차이의 90% 신뢰구간을 추정하시오.

풀이

$$n_1=125,\ n_2=150$$

$$\hat{p_1}=.84,\ \hat{p_2}=.72$$

$$SE(\hat{p_1}-\hat{p_2})=\sqrt{\frac{(.84)(.16)}{125}+\frac{(.72)(.28)}{150}}=.0492$$

$\hat{p_1}-\hat{p_2}=.84-0.72=.12$이고, $z_{0.05}=+1.645$이다. 신뢰구간추정은 $.12\pm1.645(.0492)=.12\pm.081$이다.

오전 7시부터 오후 3시까지 일하는 만족한 간호사들의 비율은 .039와 .201 사이이다.

파이썬 프로그래밍

```
import math
from scipy.stats import norm

n1 = 125
p1 = 0.84
n2 = 150
p2 = 0.72
alpha = 0.1

phat1 = p1
phat2 = p2
phat = (n1 * phat1 + n2 * phat2) / (n1 + n2)
z = norm.ppf(1 - alpha / 2)
se = math.sqrt(phat * (1 - phat) * (1 / n1 + 1 / n2))

ci_low = (phat1 - phat2) - z * se
ci_high = (phat1 - phat2) + z * se

diff = phat1 - phat2
margin_of_error = z * se

print(f'차이: {diff:.2f} ± {margin_of_error:.3f}')
```

예제 7.6

식품점의 매니저는 계산대를 지나가는 85명의 사람의 무작위 표본에서 10명만 수표로 계산하는 정규계산대를 지나고, 92명의 소비자의 37명이 정규계산대에서 수표로 계산하는 것을 알고 있다. 다른 두 계산대를 지나가며 수표를 사용하는 소비자의 비율 차이의 95% 신뢰구간 추정을 구하시오.

풀이

$$n_1 = 85,\ n_2 = 92$$

$$\hat{p_1} = \frac{10}{85} = .118 \quad \hat{p_2} = \frac{37}{92} = .402$$

$$SE(\hat{p_1} - \hat{p_2}) = \sqrt{\frac{(.118)(.882)}{85} + \frac{(.402)(.598)}{92}} = .0492$$

$\hat{p}_1 - \hat{p}_2 =$ $.118 - .402 = -.284$이고, $z_{0.025} =$ $+1.96$이다. 신뢰구간추정은 $-.284 \pm 1.96(.0619) = -.284 \pm .121$이다.

따라서, 각 계산대에서 수표를 사용하는 소비자의 차이 비율은 -.405와 -.163이다.

7.2 평균값의 신뢰구간

7.2.1 모집단이 하나일 때의 모평균 신뢰구간

– 모분산을 알 때 모평균의 신뢰구간

이제 모분산 σ^2을 알 때 μ의 신뢰구간(confidence interval)을 구하는 방법을 자세히 다뤄보자. 먼저 95%라는 주어진 신뢰도를 가진 신뢰구간부터 유도해 보자.

μ의 신뢰구간을 얻기 위해 우리는 모집단이 정규분포라는 가정을 하자. 그러면 6장에서 배웠듯이 $\overline{X}$의 분포는 평균이 μ이고, 분산이 σ^2/n인 정규분포이다. 그래서 $Z = (\overline{X} - \mu)/(\sigma/\sqrt{n})$가 표준정 분포를 따르게 된다. 즉,

$$P(-z_{\alpha/2} < (\overline{X} - \mu)/(\sigma/\sqrt{n}) < z_{\alpha/2}) = 1 - \alpha$$

가 된다. 따라서 우리는 다음을 얻는다.

$$P\left(\overline{X} - z_{\alpha/2}\frac{\sigma}{\sqrt{n}} < \mu < \overline{X} + z_{\alpha/2}\frac{\sigma}{\sqrt{n}}\right) = 1 - \alpha$$

이제까지 설명한 것은 요약하면 다음과 같다.

모집단이 정규분포이고 α가 알려져 있으면, μ의 $(1-\alpha)100\%$ 신뢰구간은 다음과 같다.

$$\bar{x} - z_{\alpha/2}\frac{\sigma}{\sqrt{n}} < \mu < \bar{x} + z_{\alpha/2}\frac{\sigma}{\sqrt{n}}$$

우리는 모집단이 정규분포라는 가정하에서 μ의 신뢰구간을 만들었다. 이 가정이 있어야만 $\overline{X}$가 정규분포를 하므로 정규분포 가정은 필요하다. n이 크면($n \geq 30$) 보통 정규분포의 가정은 중요하지 않게 된다. 왜냐하면 중심극한정리에 의해 $Z = (\overline{X} - \mu)/(\sigma/\sqrt{n})$이 근사적으로 정규분포를 하기 때문이다. 이때도 똑같은 신뢰구간을 얻는데, 이것은 근사적 신뢰구간이다.

예제 7.7

분당 2.49 박동수의 표준편차로 정규분포를 따르는 양에 따라 심장 박동수를 내리는 새로운 약이 있다. 만약 50명의 무작위 표본평균이 분당 5.32 박동수라면, 모든 환자의 심장 박동수의 평균값의 95% 신뢰구간추정을 구하시오.

풀이

$\overline{x} = 5.32,\ \sigma = 2.49,\ n = 50,\ z_{0.025} = 1.96$이다. 따라서, 신뢰구간은

$$5.32 - 1.96\left(\frac{2.49}{\sqrt{50}}\right) < \mu < 5.32 + 1.96\left(\frac{2.49}{\sqrt{50}}\right)$$

이다. 이를 계산하면 다음과 같다.

$$4.63 < \mu < 6.01$$

파이썬 프로그래밍

```
from math import sqrt

x = 5.32          # 무작위 표본의 평균 박동수
sigma = 2.49      # 모표준편차
n = 50            # 표본의 크기(인수)
v = 1.96          # 95% 신뢰구간의 z-값

lower = x - (v * (sigma / sqrt(n)))
upper = x + (v * (sigma / sqrt(n)))

print(f"95% 신뢰구간추정 : {round((lower), 3)} < μ < {round((upper), 3)}")
```

예제 7.8

병입 기계는 0.12온스의 표준편차로 작동한다. 36병들의 무작위 표본에서 기계가 병 안에 평균 16.1온스를 넣는다고 가정해 보자. 이 기계가 모든 병들 안에 넣는 온스의 평균값을 추정하고, 평균값의 95% 신뢰구간을 구하시오.

풀이

표본크기가 36이면, 표본평균값 16.1, 표준편차 $\frac{\sigma}{\sqrt{n}} = \frac{0.12}{\sqrt{36}} = 0.02$인 정규분포이다($n > 30$).

$$16.1 \pm 1.96(0.02) = 16.1 \pm 0.0392$$

이므로 병들 안에 들어가는 온스 평균값은 16.0608과 16.1392 사이이다.

예제 7.9

특정한 공장에서, 5.76개월 제곱의 평방편차의 수명을 가진 건전지들이 생산되고 있다. 64개의 평균 수명 평균값이 12.35개월이라고 가정해 보자. 이 공장에서 생산되는 모든 건전지의 수명의 90% 신뢰구간추정을 구하시오.

풀이

모집단의 표준편차는 $\sigma = \sqrt{5.76} = 2.4$, 표본평균값의 표준편차는 $\frac{\sigma}{\sqrt{n}} = \frac{2.4}{\sqrt{64}} = 0.3$이다. 모집단 평균값의 90% 신뢰구간은 $12.35 \pm 1.645(0.3) = 12.35 \pm 0.4935$이다. 따라서, 건전지의 수명 평균값은 11.8565와 12.8435개월 사이이다.

– 표본의 크기 결정

다음에는 추정량 $\overline{X}$로 모평균 μ를 추정할 때 생기는 오차에 대해 생각해 보자. 신뢰도 $100(1-\alpha)\%$인 μ의 신뢰한계는

$$\overline{X} \pm z_{\frac{\alpha}{2}} \frac{\sigma}{\sqrt{n}}$$

이므로 추정량 $\overline{X}$로 모평균 μ를 추정할 때 오차는 $z_{\alpha/2}\frac{\sigma}{\sqrt{n}}$를 초과하지 않는다. 즉, 신뢰도가 $100(1-\alpha)\%$일 때

$$\overline{X} - z_{\frac{\alpha}{2}} \frac{\sigma}{\sqrt{n}} < \mu < \overline{X} + z_{\frac{\alpha}{2}} \frac{\sigma}{\sqrt{n}}$$

이므로 $|\overline{X} - \mu| < z_{\alpha/2} \frac{\sigma}{\sqrt{n}}$ 이며, $z_{\alpha/2} \frac{\sigma}{\sqrt{n}}$ 는 오차한계가 된다. 이를 d로 표시하자. 즉, $d = z_{\alpha/2} \frac{\sigma}{\sqrt{n}}$ 이고, $\overline{X}$로 μ를 추정할 때 오차의 한계 d로 정해 놓고 표본의 크기를 결정할 수 있다. 오차의 한계를 d(일정)로 정하면,

$$d = z_{\frac{\alpha}{2}} \frac{\sigma}{\sqrt{n}}$$

이다. 이를 정리하면

$$n = \left(\frac{z_{\alpha/2} \sigma}{d} \right)^2$$

이므로 표본의 크기 n이 결정된다.

오차의 한계 d가 일정한 값으로 주어지고 신뢰도는 $100(1-\alpha)100\%$ 이므로 μ를 추정할 때 표본의 크기 n은 다음과 같다.

$$n = \left(\frac{z_{\alpha/2} \sigma}{d} \right)^2$$

예제 7.10

볼 베어링들이 0.025인치 지름의 표준편차 과정에 의해 제조되었다. 지름이 ± 0.01인치 이내에 있는지 99% 확신하고 싶다면 어떤 표본크기가 선택되어야 하는지 구하시오.

풀이

$\frac{\sigma}{\sqrt{n}} = \frac{0.025}{\sqrt{n}}$ 와 $z_{0.005} = 2.576$ 이므로

$$2.576\left(\frac{0.025}{\sqrt{n}}\right) \leq 0.01, \quad \sqrt{n} \geq \frac{2.576(0.025)}{0.01} = 6.44$$

를 찾는다. 따라서, $n \geq 41.5$ 이므로 42를 표본크기로 선택한다.

– 모분산을 모를 때 모평균의 신뢰구간

보통 σ^2은 알려져 있지 않으므로 σ^2을 모를 경우가 더 실제적이다. 우리가 전개하려고 하는 방법은 표본크기가 작을 때 특히 유용하다. 먼저 모집단이 정규분포라는 가정부터 하겠다. σ^2을 알 때 μ의 신뢰구간 찾을 때를 되살려 보면 $\overline{X}$의 분포는 평균 μ, 분산 σ^2/n인 정규분포라는 것에서 출발하여 표준화하면 $\dfrac{\overline{X}-\mu}{\sigma/\sqrt{n}}$은 표준정규분포를 따른다.

여기서는 σ^2을 모르므로 σ 대신 이의 점추정치 S를 쓰는 것, 즉 통계량

$$T=\frac{\overline{X}-\mu}{S/\sqrt{n}}$$

를 쓰는 것이 좋다. 6장에서 설명한 바와 같이 T는 정규분포가 아닌 자유도가 $(n-1)$인 Student t-분포를 따른다. 그래서

$$P\left(-t_{\alpha/2,(n-1)}<\frac{X-\mu}{S/\sqrt{n}}<t_{\alpha/2,(n-1)}\right)=1-\alpha$$

가 된다. σ를 알 때 μ의 신뢰구간을 구하는 단계를 그대로 따르면 우리는 다음을 얻는다.

$$P\left(\overline{X}-t_{\alpha/2,(n-1)}\frac{S}{\sqrt{n}}<\mu<\overline{X}+t_{\alpha/2,(n-1)}\frac{S}{\sqrt{n}}\right)=1-\alpha$$

> 모집단이 정규분포이고 σ를 모를 때 μ의 $(1-\alpha)100\%$ 신뢰구간은
>
> $$\overline{x}-t_{\alpha/2,(n-1)}\frac{s}{\sqrt{n}}<\mu<\overline{x}+t_{\alpha/2,(n-1)}\frac{s}{\sqrt{n}}$$

$t_{\alpha/2,\,(n-1)}$는 n이 30보다 크면 $z_{\alpha/2}$에 가까워지므로 이때 μ의 신뢰구간은 근사적으로

$$\overline{x}-z_{\alpha/2,(n-1)}\frac{s}{\sqrt{n}}<\mu<\overline{x}+z_{\alpha/2,(n-1)}\frac{s}{\sqrt{n}}$$

임을 유의하자.

예제 7.11

새로운 모델의 차 10대가 마일당 연비 검정을 받았을 때 갤런 당 1.8마일의 표준편차로 갤런 당 27.2 마일이란 결과를 나타냈다. 이 모델로 인해 얻은 연비의 95% 신뢰구간을 추정하시오.

풀이

$n=10$, $\bar{x}=27.2$, $s=1.8$, 그리고 $\alpha=5\%$, $t_{0.025,(9)}=2.262$이다. 95% 신뢰구간은

$$27.2-2.262\left(\frac{1.8}{\sqrt{10}}\right)<\mu<27.2+2.262\left(\frac{1.8}{\sqrt{10}}\right)$$

이 되고, 이를 계산하면 다음과 같다.

$$25.9<\mu<28.5$$

파이썬 프로그래밍

```
from math import sqrt

n     = 10      # 표본의 크기
x1    = 27.2    # 표본평균
s     = 1.8      # 표본표준편차
t     = 2.262   # t-분포표에서 검정유의수준 0.05

lower = x1 - (t * s / sqrt(n))
upper = x1 + (t * (s / sqrt(n)))

print(f"95% 신뢰구간추정 : {round((lower), 1)} < μ < {round((upper), 1)}")
```

예제 7.12

인조 보석들을 만드는 새로운 과정은 첫 번째 시도에 각각 0.43, 0.52, 0.46, 0.49, 0.60, 그리고 0.56 캐럿이 나가는 여섯 개의 보석을 산출했다. 이 과정에서 캐럿 무게 평균값의 90% 신뢰구간을 추정하시오.

풀이

$$\bar{x} = \frac{\sum x}{n} = \frac{0.43+0.52+0.46+0.49+0.60+0.56}{6} = \frac{3.06}{6} = 0.51$$

$$\begin{aligned} s &= \sqrt{\frac{\sum (x-\bar{x})^2}{n-1}} \\ &= \sqrt{\frac{(0.08)^2+(0.01)^2+(0.05)^2+(0.02)^2+(0.09)^2+(0.05)^2}{5}} \\ &= 0.0632 \end{aligned}$$

$t_{0.05,(5)} = 2.015$이다. 그래서 90% 신뢰구간은

$$0.51 - 2.015\left(\frac{0.0632}{\sqrt{6}}\right) < \mu < 0.51 + 2.015\left(\frac{0.0632}{\sqrt{6}}\right)$$

이고, 이를 계산하면 다음과 같다.

$$0.458 < \mu < 0.562$$

파이썬 프로그래밍

```
from scipy.stats import *
import numpy as np
import math

data = [0.43, 0.52, 0.46, 0.49, 0.60, 0.56]
xbar = np.mean(data)
sd   = round((np.std(data, ddof=1)), 4)
n    = len(data)
t    = 2.015

lower = xbar - (t * (sd / math.sqrt(n)))
upper = xbar + (t * (sd / math.sqrt(n)))

print(f"90% 신뢰구간추정 : {round((lower), 3)} < μ < {round((upper), 3)}")
```

7.2.2 두 평균값의 차이의 신뢰구간

- 두 모분산을 알 때 두 평균의 차에 대한 신뢰구간

두 모분산 σ_1^2, σ_2^2이 알려져 있는 경우, 독립인 표본이 두 정규모집단에서 추출되었다면, $\mu_1 - \mu_2$에 대한 신뢰구간은 $\overline{X_1} - \overline{X_2}$에 의하여 추정하게 된다. 즉, 두 정규모집단이 $N(\mu_1, \sigma_1^2)$, $N(\mu_2, \sigma_2^2)$이므로 임의추출한 크기 n_1, n_2인 표본 X_{11}, $X_{12}, \cdots$, X_{1n_1}과 X_{21}, $X_{22}, \cdots$, X_{2n_2}의 표본평균을 각각 $\overline{X_1}$, $\overline{X_2}$라 하면 6장에 의하여

$$\overline{X_1} - \overline{X_2} \sim N\left(\mu_1 - \mu_2,\ \frac{\sigma_1^2}{n_1} + \frac{\sigma_2^2}{n_2}\right)$$

이고 $\overline{X_1} - \overline{X_2}$를 표준화시킨 Z통계량은

$$Z = \frac{(\overline{X_1} - \overline{X_2}) - (\mu_1 - \mu_2)}{\sqrt{\sigma_1^2/n_1 + \sigma_2^2/n_2}} \sim N(0,1)$$

이므로 $\mu_1 - \mu_2$의 신뢰구간은

$$P\left(-z_{\frac{\alpha}{2}} < \frac{(\overline{X_1} - \overline{X_2}) - (\mu_1 - \mu_2)}{\sqrt{\sigma_1^2/n_1 + \sigma_2^2/n_2}} < z_{\frac{\alpha}{2}}\right) = 1 - \alpha$$

이다. 따라서, 다음의 결과를 얻는다.

σ_1^2과 σ_2^2이 알려진 두 정규모집단에서 각각 크기가 n_1과 n_2인 독립인 두 확률분포의 표본평균이 $\overline{X_1}$와 $\overline{X_2}$라고 하면, 두 모평균의 차 $\mu_1 - \mu_2$에 대한 $100(1-\alpha)\%$ 신뢰구간은 다음과 같다.

$$(\overline{x_1} - \overline{x_2}) - z_{\frac{\alpha}{2}}\sqrt{\frac{\sigma_1^2}{n_1} + \frac{\sigma_2^2}{n_2}} < \mu_1 - \mu_2 < (\overline{x_1} - \overline{x_2}) + z_{\frac{\alpha}{2}}\sqrt{\frac{\sigma_1^2}{n_1} + \frac{\sigma_2^2}{n_2}}$$

예제 7.13

옛날 기계로 만든 전구에서 크기 15의 표본을 뽑았더니 평균 수명이 40시간이었다. 또 새로운 기계로 만든 전구에서 뽑은 크기 10인 표본의 평균 수명은 45시간이었다. 각 기계에서 만든 전구의 수명은 각각 정규분포를 이루고, 옛날 기계로 만든 전구 수명의 분산은 $\sigma_1^2 = 25$이고, 새 기계로 만든 전구 수명의 분산은 $\sigma_2^2 = 30$이라 한다. μ_1, μ_2를 각각 옛날 기계와 새 기계로 만든 전구의 수명 모평균이라 할 때 $\mu_1 - \mu_2$의 80% 신뢰구간을 구하시오.

풀이

$\overline{x_1} = 40,\ \sigma_1^2 = 25,\ \mu_1 = 15,\ \mu_2 = 45,\ \sigma_2^2 = 30,\ n_2 = 10$, 그리고 $\alpha = 0.2$로 주어졌다. 따라서, $z_{\alpha/2} = z_{0.1} = 1.28$이다. 즉, $\mu_1 - \mu_2$의 80% 신뢰구간은

$$(40-45) \pm 1.28\sqrt{\frac{25}{15} + \frac{30}{10}}$$

이고, 이를 계산하면 다음과 같다.

$$-7.765 < \mu_1 - \mu_2 < 2.235$$

우리는 두 모집단이 각각 정규분포라는 가정을 하였다. 표본의 크기가 크면 이 가정이 필요한 것은 아니다(보통 n_1과 n_2가 각각 30보다 크면 된다). 중심극한정리에 의하면 $\overline{X_1} - \overline{X_2}$의 분포가 근사적으로 정규분포를 이루기 때문이다. 실제로 이 경우는 모분산들이 알려질 필요는 없다.

모분산 σ_1^2과 σ_2^2의 추정치로서 이 경우 각 표본분산 s_1^2과 s_2^2을 쓸 수 있다. 따라서, 다음의 결과를 얻는다.

n_1과 n_2가 모두 크고 s_1^2과 s_2^2이 σ_1^2과 σ_2^2의 추정치라면, $\mu_1 - \mu_2$의 $(1-\alpha)100\%$ 신뢰구간은 다음과 같다.

$$\overline{x_1} - \overline{x_2} - z_{\frac{\alpha}{2}}\sqrt{\frac{s_1^2}{n_1} + \frac{s_2^2}{n_2}} < \mu_1 - \mu_2 < \overline{x_1} - \overline{x_2} + z_{\frac{\alpha}{2}}\sqrt{\frac{s_1^2}{n_1} + \frac{s_2^2}{n_2}}$$

예제 7.14

조립 공장의 두 부서에서 개월마다 생기는 사고의 수 차이를 30개월 동안 관찰하였다. 첫 번째 부서가 3.5번의 표준편차로 개월당 평균 12.3번의 사고가 난 반면, 두 번째 부서는 3.4번의 표준편차로 개월당 평균 7.6번의 사고가 났다. 개월당 사고가 난 수의 차이의 95% 신뢰구간을 추정하시오. 단, 두 모집단이 독립적이고 대략 정상적으로 분포되어 있다고 가정한다.

풀이

표본의 그기가 크므로 s_1^2과 s_2^2을 σ_1^2과 σ_2^2의 추정치로 쓸 수 있다. $\alpha = 0.05$이므로 $z_{0.025} = 1.96$이다. 신뢰구간

$$(12.3 - 7.6) - 1.96\sqrt{\frac{(3.5)^2}{30} + \frac{(3.4)^2}{30}} < \mu_1 - \mu_2$$
$$< (12.3 - 7.6) + 1.96\sqrt{\frac{(3.5)^2}{30} + \frac{(3.4)^2}{30}}$$

이고, 이를 계산하면 다음과 같다.

$$2.96 < \mu_1 - \mu_2 < 6.48$$

```
from math import sqrt

simga - 0.05          # 유의수준 5%
z1 = 1.96             # 95% 구간의 z값

month = 30           # 연구 기간 30개월
teamA = 3.5          # teamA의 표준편차
teamA_mean = 12.3  # teamA의 사고 평균
teamB = 3.4          # teamB의 표준편차
teamB_mean = 7.6   # teamB의 사고 평균

lower = (teamA_mean - teamB_mean) - (z1 * sqrt(((teamA**2) / month) +
((teamB**2)/month)))
upper = (teamA_mean - teamB_mean) + (z1 * sqrt(((teamA**2) / month) +
((teamB**2)/month)))

print(f"95% 신뢰구간추정 : {round((lower), 2)} < μ1 - μ2 < {round((upper), 2)}")
```

– 모분산을 모를 때 평균의 차에 대한 신뢰구간

두 모집단은 각각 정규분포를 이루는 것으로 가정한다. 다른 하나의 가정은 두 모집단의 분산 σ_1^2과 σ_2^2이 σ^2으로 똑같다는 것이다. s_1^2을 구하려면 $\sum(x_{1i}-\overline{x_1})^2$을 n_1-1로 나누고, s_2^2을 구하려면 $\sum(x_{2i}-\overline{x_2})^2$을 n_2-1로 나눈다.

두 모분산이 같다는 가정을 하였기 때문에 σ^2을 추정할 때는 두 표본을 합해서 합이 타당할 것이다. 이 합동 추정치(pooled estimate)는 $\sum(x_{1i}-\overline{x_1})^2+\sum(x_{2i}-\overline{x_2})^2$을 $(n_1+1)+(n_2+1)=n_1+n_2-2$로 나누어서 얻을 수 있다. 이 합동된 추정치를 s_p^2로 표시하면

$$s_p^2=\frac{\sum(x_{1i}-\overline{x_1})^2+\sum(x_{2i}-\overline{x_2})^2}{n_1+n_2-2}$$

가 된다. s_p^2은 다음과 같이 쓸 수 있다.

$$s_p^2=\frac{(n_1-1)s_1^2+(n_2-1)s_2^2}{n_1+n_2-2}$$

만약, $\sigma_1^2=\sigma_2^2$이면 $\mu_1-\mu_2$의 신뢰구간은 다음과 같았던 것을 상기하자.

$$(\overline{x_1}-\overline{x_2})-z_{\frac{\alpha}{2}}\sigma\sqrt{\frac{1}{n_1}+\frac{1}{n_2}}<\mu_1-\mu_2<(\overline{x_1}-\overline{x_2})+z_{\frac{\alpha}{2}}\sigma\sqrt{\frac{1}{n_1}+\frac{1}{n_2}}$$

이 경우는 σ가 합동된 추정치 s_p로 대치되어야 한다. 그러나 우리는 위에서처럼 표준정규분포에서 찾은 z값을 쓸 수 없다. 대신 자유도 n_1+n_2-2의 t–분포표에서 값을 찾아야 한다. 자유도가 n_1+n_2-2가 되는 이유는 s_p^2을 얻을 때 n_1+n_2-2로 나누었기 때문이라고 생각하면 된다. 따라서, 다음의 결과를 얻는다.

두 모집단이 각각 정규분포이고 미지의 등분산을 가질 때 $\mu_1 - \mu_2$의 $(1-\alpha)100\%$ 신뢰구간은 다음과 같다.

$$(\overline{x_1} - \overline{x_2}) - t_{\alpha/2,(n_1+n_2-2)} s_p \sqrt{\frac{1}{n_1} + \frac{1}{n_2}} < \mu_1 - \mu_2$$
$$< (\overline{x_1} - \overline{x_2}) + t_{\alpha/2,(n_1+n_2-2)} s_p \sqrt{\frac{1}{n_1} + \frac{1}{n_2}}$$

예제 7.15

임의로 뽑은 강아지의 두 집단에 음식물 X_1와 X_2를 먹이기로 한다. 음식물 X_1을 10마리의 강아지에게 먹였더니 평균 체중은 $\overline{x}_1 = 50$파운드였고, 표본표준편차는 $s_1 = 6$파운드였다. 음식물 X_2를 14마리의 강아지에게 먹였더니 평균 체중은 $\overline{x_2} = 56$파운드였고, 표본표준편차는 $s_2 = 8$파운드였다. 진짜 평균 체중의 차지에 대한 90% 신뢰구간을 구하시오. 단, 각 음식물을 먹인 강아지의 체중은 각각 정규분포이고 분산은 같다고 가정한다.

풀이

$s_1 = 6,\ s_2 = 8,\ n_1 = 10,\ n_2 = 14$이므로

$$s_p^2 = \frac{(n_1-1)s_1^2 + (n_2-1)s_2^2}{n_1+n_2-2} = \frac{9(6)^2 + 13(8)^2}{10+14-2} = \frac{1156}{22} = 52.55$$

이다. 따라서, $s_p = 7.249$이다. 자유도는 $n_1 + n_2 - 2 = 22$이다. $\alpha = 0.1$이므로 $t_{0.05,(22)} = 1.717$이다. 따라서, 90% 신뢰구간은 다음과 같다.

$$(\overline{x_1} - \overline{x_2}) - 1.717 s_p \sqrt{\frac{1}{n_1} + \frac{1}{n_2}} < \mu_1 - \mu_2 < (\overline{x_1} - \overline{x_2}) + 1.717 s_p \sqrt{\frac{1}{n_1} + \frac{1}{n_2}}$$

여기서 $\overline{x_1} = 50$이고, $\overline{x_2} = 56$이므로

$$(50-56) - 1.717(7.249)\sqrt{\frac{1}{10} + \frac{1}{14}} < \mu_1 - \mu_2$$
$$< (50-56) + 1.717(7.249)\sqrt{\frac{1}{10} + \frac{1}{14}}$$

이고, 이를 계산하면 다음과 같다.

$$-11.153 < \mu_1 - \mu_2 < -0.8466$$

예제 7.16

인산 비료를 5개의 구획에 뿌리고, 질소 비료를 6개의 구획에 뿌렸을 때, 각 구획에서의 밀의 생산량이 다음의 표에 나타나 있다. $\mu_1 - \mu_2$의 98% 신뢰구간을 구하시오. 단, μ_1은 모든 가능한 구획에 인산 비료를 주었을 때의 평균이고, μ_2는 질소 비료를 주었을 때의 평균이다.

표 7.1 각 비료에 따른 밀의 생산량

인산 비료	질소 비료
40	50
49	41
38	53
48	39
40	40
	47

풀이

$\overline{x_1} = 43,\ \overline{x_2} = 45,\ s_1^2 = \dfrac{104}{4},\ s_2^2 = \dfrac{170}{5},\ n_1 = 5,\ n_2 = 6$이므로 σ^2의 합동된 추정치는

$$s_p^2 = \frac{104 + 170}{5 + 6 - 2} = \frac{274}{9} = 30.44$$

이고, $s_p = 5.517$이 된다. $\alpha = 0.02$이므로

$$t_{0.01,(9)} = 2.821$$

이다. 따라서, 98% 신뢰구간은

$$(43 - 45) - 2.821(5.517)\sqrt{\frac{1}{5} + \frac{1}{6}} < \mu_1 - \mu_2$$
$$< (43 - 45) + 2.821(5.517)\sqrt{\frac{1}{5} + \frac{1}{6}}$$

이고, 이를 계산하면 다음과 같다.

$$-11.424 < \mu_1 - \mu_2 < 7.424$$

파이썬 프로그래밍

```
from math import sqrt
import numpy as np

data1 = [40, 49, 38, 48, 40]
data2 = [51, 41, 53, 39, 40, 47]

x1 = int(np.mean(data1))
x2 = int(np.mean(data2))
s1 = 5.517  # s1
n1 = len(data1)       # 구획 A
n2 = len(data2)       # 구획 B
t = 2.821

lower = (x1-x2) - (t * (s1 * sqrt(1/n1 + 1/n2)))
upper = (x1-x2) + (t * (s1 * sqrt(1/n1 + 1/n2)))

print(f"98% 신뢰구간 : {lower:.3f} < μ1 - μ2 < {upper:.3f}")

98% 신뢰구간 : -11.424 < μ1 - μ2 < 7.424
```

7.2.3 쌍체비교 신뢰구간

이 부분에서 토론된 분석과 절차는 비교되는 두 표본이 서로에게 독립적이라는 가정이 필요하다. 하지만 수많은 실험과 시험들이 자료들이 자연히 쌍으로 생기는 두 모집단을 비교하는 것을 포함한다. 이러한 쌍체비교의 경우에는 타당한 절차는 쌍 자료에서 얻은 차이들로 이루어진 하나의 변수를 사용하여 하나-표본(일표본) 분석을 수행하는 것이 적절하다.

쌍체표본은 서로 독립인 n개의 실험 개체에서 쌍으로 얻어진 자료 $(X_1,\ Y_1)$, $(X_2,\ Y_2)$, $\cdots$, $(X_n,\ Y_n)$로 구성된다. 각 쌍에서의 차이 D_i를 다음과 같이 정의한다.

$$D_i = X_i - Y_i,\ i = 1,\ 2,\ \cdots,\ n$$

또한 $D_1,\ D_2,\ \cdots,\ D_n$은 모평균 μ_D이고, 모분산 σ_D^2인 하나의 모집단으로부터 얻어진 추출된 확률표본으로 간주한다. 두 모집단으로부터 뽑은 표본이 대응을 이루고 있을 때 각 쌍에서의 차이 D_1, D_2, $\cdots$, D_n은 평균이 μ_D이고 분산이 σ_D^2인 정규모집단에서 추출된 표본이라고 생각하고 μ_D와 σ_D^2 대신 표본평균 $\overline{d}=\frac{1}{n}\sum d_i$, 표본분산 $s_d^2=\frac{1}{n-1}\sum(d_i-\overline{d})^2$을 사용한다.

μ_d의 $100(1-\alpha)\%$ 신뢰구간은 다음과 같다.

$$\overline{d}-t_{\alpha/2,(n-1)}\frac{s_d}{\sqrt{n}}\le\mu_D\le\overline{d}+t_{\alpha/2,(n-1)}\frac{s_d}{\sqrt{n}}$$

예제 7.17

신경증 환자를 치료하는 새로운 정신안정제의 효과를 알아보기 위해 환자마다 일주일은 그 약을, 다른 일주일 동안은 가짜약(placebo)을 투여했는데 그 순서는 랜덤하게 정했다. 주말마다 환자에게 질문표를 배부하여 그 응답을 토대로 안정 점수(0~30점)를 매겼다. 점수가 높을수록 불안감이 심한 경우이다. $x-y$의 95% 신뢰구간을 구하시오.

표 7.2 안정 점수표

환자	1	2	3	4	5	6	7	8	9	10
안정제(x)	19	11	14	17	23	11	15	19	11	8
가짜약(y)	22	18	17	19	22	12	14	11	19	7
차($d=x-y$)	−3	−7	−3	−2	1	−1	1	8	−8	1

풀이

d_i가 정규분포를 따른다고 가정하면 모평균의 차 μ_d의 95% 신뢰구간은

$$\overline{d}\pm t_{0.025,(n-1)}\frac{s_d}{\sqrt{n}}$$

이다. 이때

$$n=10\,,\ \overline{d}=\frac{1}{10}\{(-3)+(-7)+\cdots+1\}=-1.30$$

$$s_d^2=\frac{1}{9}\{[(-3)^2+(-7)^2+\cdots+1^2]-10(-1.30)^2\}=20.68$$

이고, $\alpha = 5\%$, $t_{0.025,(9)} = 2.262$이다. 95% 신뢰구간은

$$-1.30 - 2.262\left(\frac{4.55}{\sqrt{10}}\right) < \mu_D < -1.30 + 2.262\left(\frac{4.55}{\sqrt{10}}\right)$$

이 되고, 이를 계산하면 다음과 같다.

$$-4.55 < \mu_D < 1.95$$

파이썬 프로그래밍

```
import numpy as np
from scipy.stats import t

x = np.array([19, 11, 14, 17, 23, 11, 15, 19, 11, 8])
y = np.array([22, 18, 17, 19, 22, 12, 14, 11, 19,7])

d = x - y
d_bar = np.mean(d)
s_d = np.std(d, ddof=1)
n = len(d)

t_value = t.ppf(0.975, n - 1)
margin_of_error = t_value * s_d / np.sqrt(n)

lower = d_bar - margin_of_error
upper = d_bar + margin_of_error

print(f"95% 신뢰구간 : {round(lower, 2)} < μ(D) < {round(upper, 2)}")
```

예제 7.18

특정한 약은 반응속도를 늦추는가? 만약 그렇다면, 정부는 이 약을 복용하는 차이를 고려하여 검정하려 한다. 30명의 무작위 표본이 약 복용 전과 후에 검사되었다. 약 복용 전과 후의 차이에 대한 95% 신뢰구간을 구하시오.

표 7.3 약 복용 전과 후의 반응속도(단위: 초)

사람	전	후	사람	전	후
1	1.42	1.48	16	1.83	1.75
2	1.87	1.75	17	1.40	1.51
3	1.34	1.31	18	1.75	1.67
4	0.98	1.22	19	1.56	1.72
5	1.51	1.58	20	1.56	1.63
6	1.43	1.57	21	2.03	1.81
7	1.52	1.48	22	1.38	1.48
8	1.61	1.55	23	1.42	1.35
9	1.37	1.54	24	1.69	1.75
10	1.49	1.37	25	1.50	1.39
11	0.95	1.07	26	1.12	1.24
12	1.32	1.35	27	1.38	1.40
13	1.68	1.77	28	1.71	1.65
14	1.44	1.44	29	0.91	1.11
15	1.17	1.27	30	1.59	1.85

풀이

우리가 관심이 있는 자료는 반응속도의 증가량이다. 30명에 대한 반응속도 증가량은 {−0.06, 0.12, 0.03, −0.24, ⋯, −0.26}이다.

$\bar{d} = -0.038$, $s_d = 0.118$, 그리고 $\alpha = 5\%$, $t_{0.025,(29)} = 2.045$이다. 95% 신뢰구간은

$$-0.038 - 2.045\left(\frac{0.118}{\sqrt{29}}\right) < \mu_D < -0.038 + 2.045\left(\frac{0.118}{\sqrt{29}}\right)$$

이고, 이를 계산하면 다음과 같다.

$$-0.0821 < \mu_D < -0.0061$$

7.3 모분산의 구간추정

모분산 σ^2이 알려지지 않은 정규모집단 $N(\mu, \sigma^2)$으로부터 크기 n인 확률표본 $X_1, X_2, \cdots, X_n$을 추출하였을 때 표본분산

$$S^2 = \frac{1}{n-1}\sum_{i=1}^{n}\left(X_i - \overline{X}\right)^2$$

은 모분산 σ^2의 불편추정량이고

$$\chi^2 = \frac{(n-1)S^2}{\sigma^2}$$

은 자유도 $n-1$인 χ^2-분포를 한다. 따라서,

$$P\left(\chi^2_{1-\alpha/2} < \frac{(n-1)S^2}{\sigma^2} < \chi^2_{\alpha/2}\right) = 1-\alpha$$

이고, 다음과 같이 σ^2의 신뢰구간이 구해진다.

σ^2가 알려지지 않은 정규모집단으로부터의 크기 n인 확률표본의 분산이 S^2이면 σ^2의 $100(1-\alpha)\%$ 신뢰구간은 다음과 같다.

$$\frac{(n-1)S^2}{\chi^2_{\frac{\alpha}{2}}} < \sigma^2 < \frac{(n-1)S^2}{\chi^2_{1-\frac{\alpha}{2}}}$$

모집단의 표준편차 σ의 $100(1-\alpha)\%$ 신뢰구간은 다음과 같다.

$$\frac{(n-1)s^2}{\chi^2_{\frac{\alpha}{2}}} < \sigma^2 < \frac{(n-1)s^2}{\chi^2_{1-\frac{\alpha}{2}}}$$

예제 7.19

어떤 참치 통조림의 무게에 대한 분산을 추정하기 위하여 임의로 10개를 추출하여 측정한 무게이다.

$$46.4,\ 46.1,\ 45.8,\ 47.0,\ 46.1,\ 45.9,\ 45.8,\ 46.9,\ 45.2,\ 46.0$$

참치 통조림의 무게가 정규분포를 따른다고 할 때, 모분산 σ^2에 대한 95% 신뢰구간을 구하시오.

풀이

표본분산 s^2을 계산하면 $s^2 = 0.286$, 자유도는 $10-1=9$이므로, 부록의 표에서 $\chi^2_{0.025} = 19.023$과 $\chi^2_{0.975} = 2.700$을 찾는다. 따라서 σ^2에 대한 95% 신뢰구간은 다음과 같다.

$$\frac{(9)(0.286)}{19.023} < \sigma^2 < \frac{(9)(0.286)}{2.700}$$

파이썬 프로그래밍

```
from scipy.stats import chi2

weight = [46.4, 46.1, 45.8, 47.0, 46.1, 45.9, 45.8, 46.9, 45.2, 46.0]
n = len(weight)
x_bar = sum(weight) / n
s2 = sum((x - x_bar)**2 for x in weight) / (n - 1)
lower = (n - 1) * s2 / chi2.ppf(0.975, n - 1)
upper = (n - 1) * s2 / chi2.ppf(0.025, n - 1)

print(f"95% 신뢰구간 : ({round((lower), 3)} < σ^2 < {round((upper), 3)})")
```

예제 7.20

정확한 전자시계를 만들고자 하는 한 전자시계 제조업자가 마지막 품질검사에 합격한 시계 중에서 10개의 시계를 추출하여 품질이 얼마나 균일하게 유지되는지를 검사하려고 한다. 이를 위해 표준시계와 10개의 제조시계를 맞춘 후, 한 달 후에 표준시계와의 시간 차이(제조시계 시간 – 표준시계 시간)를 기록하였더니 평균과 표준편차가 다음과 같았다.

$$\bar{x} = 0.5\text{초},\ s = 0.4\text{초}$$

모집단의 시간 차이가 정규분포라는 가정하에 σ의 90% 신뢰구간을 구하시오.

풀이

표본의 크기가 $n=10$이고, $\alpha/2=0.05$이므로 χ^2-분포표로부터 $\chi^2_{0.05,(9)}=16.92$와 $\chi^2_{0.95,(9)}=3.33$을 얻을 수 있다. 앞에서 구한 신뢰구간의 식에 의해서 σ^2의 90% 신뢰구간은

$$\left(\frac{9\times(0.4)^2}{16.92},\ \frac{9\times(0.4)^2}{3.33}\right)=(0.085,\ 0.432)$$

이다. 따라서, σ의 90% 신뢰구간은 $(\sqrt{0.085},\ \sqrt{0.432})=(0.29,\ 0.66)$이다.

연습문제

주관식 문제

01 파이썬 프로그래밍 일정한 두께의 철판을 만드는 공장에서 생산되는 철판의 두께는 정규분포를 하며, 과거의 경험에서 그 표준편차는 $\sigma = 0.021$ mm로 알려져 있다. 이 공장에서 만든 철판 중에서 임의로 100장을 뽑아 그 두께를 재었더니 그 평균은 1.022 mm였다. 이 공장 철판의 평균 두께의 95% 신뢰구간을 구하시오.

02 파이썬 프로그래밍 단거리용 소형로켓에 적용될 새로운 발사 시스템을 개발하고 있다. 현재 발사 시스템의 성공 확률은 0.80이다. 새로운 시스템으로 발사실험을 40회 한 결과, 34회가 성공적이었다. 성공률 p의 95% 신뢰구간을 구하시오.

03 A 후보의 지지율을 조사하기 위해 1,000명을 임의로 조사한 결과 590명의 지지를 받았다. 이 후보의 지지율에 대해 다음을 구하시오.

(1) 전체 유권자의 지지율을 추정하시오.

(2) 표본비율 $\hat{p}$의 표준오차를 구하시오.

(3) $|\hat{p} - p|$에 대한 95% 오차한계를 구하시오.

(4) 전체 유권자의 지지율에 대한 95% 신뢰구간을 구하시오.

04 어떤 공장의 제품의 불량품을 95% 신뢰 계수로 오차 ± 0.005 이내로 조사하고자 한다. 종래 경험으로 불량률이 4% 정도라고 할 때 표본 수를 구하시오.

05 다음은 A, B 두 담배의 연소 시간을 측정한 자료이다. 신뢰도 95%로 평균 차이의 신뢰구간을 구하시오.

	A	B
n	100	144
$\bar{x}$	9.361	9.0
S	0.83	1.2

06 정규모집단에서 추출한 표본크기 20의 표본평균 $\overline{X} = 173.2$이고, $s = 8.42$일 때, 모평균 μ의 95% 신뢰한계를 구하시오. 단 $t_{n,(\alpha)}$는 자유도 n, 유의수준 α의 t-값이다.

07 파이썬 프로그래밍 다음은 A, B 품목의 합격, 불합격 비율표이다. 신뢰 95%로 불합격 비율의 차이를 구간추정할 때 신뢰상한과 하한을 구하시오.

	합격	불합격	계
A	928	72	1,000
B	772	28	800
계	1,700	100	1,800

08 어느 공장에서 부품 조립순서에 따른 불량률을 현재의 방법과 새로운 방법에 대하여 비교하여 그 결과에 따라 조립순서를 변경하려고 한다. 현재의 방법으로 조립된 1,500개의 부품을 조사하였더니 불량품이 75개, 새로운 방법에 의해 조립된 2,000개의 부품 중에서는 불량품이 80개로 나타났다. 현재의 방법과 새 방법의 불량률 차이에 대한 90% 신뢰구간을 구하시오.

09 어느 공장 제품 100개를 임의로 추출하여 제품 무게에 대한 평균 $\overline{X} = 323.4$ g, 표준편차 $s = 6.5$ g을 얻었다. 신뢰도 95%로 그 공장 제품의 무게 평균(모평균) μ를 구하시오.

10 우리나라 18살인 남자의 체중 표준편차가 4.8 kg이라 하자. 95% 신뢰도로서 오차가 0.5 kg 이하가 되게 체중의 평균을 계산하려 할 때 필요한 표본의 수를 구하시오.

11 강판에 세 개의 구멍을 뚫는 데 소요되는 작업시간을 정하려고 한다. 실험을 통해서 이 작업시간의 σ는 40초라고 결론이 얻어졌다면, 표본평균이 모평균으로부터 15초 이내에 있다는 것을 95%로 확신할 수 있는 표본의 크기를 구하시오.

12 파이썬 프로그래밍 어느 컴퓨터 제조회사에서 생산되는 컴퓨터의 내구연한이 정규분포를 이룬다고 한다. 10명의 소비자를 대상으로 설문조사를 한 결과 다음의 자료를 얻었다. 신뢰수준 90%에 대한 모평균 μ의 신뢰구간을 구하시오. (단위: 년)

4.6 3.6 4.0 6.1 8.8
5.3 1.2 5.6 3.3 1.6

13 다음 자료는 TV 광고시간을 측정한 자료이다. 이 자료를 이용하여 TV 평균 광고시간에 대한 99% 근사 신뢰구간을 구하시오. 일반적으로 TV 광고시간은 정규분포에 따른다고 알려져 있다. (단위: 분)

1.5	2.9	2.8	1.6	2.2	2.5	1.9
2.0	3.1	2.7	1.3	1.9	2.6	1.9
2.7	1.8	1.7	2.2	2.3	2.3	3.5
1.8	1.5	2.1	2.0	1.5	2.0	2.4
1.9	2.3					

14 원통형 금속봉을 생산하고 있는 기계가 있다. 금속봉 9개를 표본추출하여 그 지름을 측정하였더니 다음과 같았다. (단위: cm)

1.01 0.97 1.03 1.04 0.99 0.98 1.01 0.99 1.03

금속봉의 지름이 정규분포를 근사적으로 따른다고 할 때 지금의 모평균에 대한 99% 신뢰구간을 구하시오.

15 다음은 A, B 두 담배의 연소 시간을 측정한 자료이다. 신뢰도 95%로 평균의 차의 신뢰구간을 구하시오.

	A	B
n	100	144
$\bar{x}$	9.361	9.0
S	0.83	1.2

16 파이썬 프로그래밍 다음은 남자와 여자의 생존 연령을 조사한 자료이다.

남자	52	60	55	46	33	75	58
	45	57	88				
여자	62	58	65	56	53	45	56
	65	77	47				

(1) 두 그룹의 모분산이 동일하다는 조건 아래서 합동표준편차를 구하시오.

(2) (1)을 이용하여, 여자와 남자의 평균 생존연령의 차이에 대한 90% 신뢰구간을 구하시오.

17 두 종류의 페인트의 건조시간을 15번씩 측정한 결과가 다음과 같다.

페인트 A				페인트 B			
3.5	2.7	3.9	4.2	4.7	3.9	4.5	5.5
3.6	2.7	3.3	5.2	4.0	5.3	4.3	6.0
4.2	2.9	4.4	5.2	5.2	3.7	5.5	6.2
4.0	4.1	3.4		5.1	5.4	4.8	

건조시간은 정규분포를 따르며 두 페인트 건조시간의 모분산은 같다고 가정한다. 평균 건조시간의 차이 $\mu_B - \mu_A$에 대한 95% 신뢰구간을 구하시오.

18 파이썬 프로그래밍 두 회사 타이어를 8대 택시의 뒷바퀴에 한 개씩 무작위로 장착하여 같은 실험을 한 결과, 다음과 같이 주행거리가 측정되었다고 한다. μ_D의 99% 신뢰구간을 구하시오. 단, 주행거리의 차이는 정규분포를 근사적으로 따른다고 가정한다. (단위: km)

택시	A 회사 타이어	B 회사 타이어
1	34,400	36,700
2	45,500	46,800
3	36,700	37,700
4	32,000	31,100
5	48,400	47,800
6	32,800	36,400
7	38,100	38,900
8	30,100	31,500

19 어떤 알약의 부작용으로 혈압강하의 효과가 있는지 알아보기 위해서 15명의 환자를 대상으로 알약의 복용 전후의 혈압을 재었더니 그 결과가 다음과 같았다.

환자	1	2	3	4	5	6	7	8	9	10	11	12	13	14	15
전(x)	70	80	72	76	76	76	72	78	82	64	74	92	74	68	84
후(y)	68	72	62	70	58	66	68	52	64	72	74	60	74	72	74
$d=(x-y)$	2	8	10	6	18	10	4	26	18	−8	0	32	0	−4	10

평균 혈압강하량에 대한 95% 신뢰구간을 구하시오.

20 다음 표는 두 가지 수면제 A, B를 10명의 환자에게 복용시켰을 때의 연장된 수면시간을 조사한 표이다. A, B 두 수면제의 연장된 수면시간의 차이에 관한 95% 신뢰구간을 구하시오.

환자	1	2	3	4	5	6	7	8	9	10
$A(X)$	1.9	0.8	1.1	0.1	−0.1	4.4	5.5	1.6	4.6	3.4
$B(Y)$	0.7	−1.6	−0.2	1.2	−0.1	3.4	3.7	0.8	0.0	2.0

21 파이썬 프로그래밍 자동차 배터리 제조업자는 그들이 제조한 배터리의 수명이 평균 3년이라고 한다. 이들 배터리를 임의로 5개를 추출한 표본의 수명은 다음과 같았다. (단위: 년)

1.9, 2.4, 3.0, 3.5, 4.2

모분산에 대한 95% 신뢰구간을 구하시오.

22 다음 표본을 이용하여 모분산에 대한 95% 신뢰구간을 구하시오.

3.4	3.6	4.0	0.4	2.0	3.0	3.1
4.1	1.4	2.5	1.4	2.0	3.1	1.8
1.6	3.5	2.5	1.7	5.1	0.7	

23 다음은 어떤 제조회사에서 생산되는 음료수를 분석한 당분함량의 자료이다. 이 자료로부터 이 회사에서 생산되는 음료수의 당분함량에 대한 분산과 표준편차에 대한 95% 신뢰구간을 구하시오.

15.1	13.4	16.5	14.6	14.4
14.0	15.4	13.8	14.6	14.3

24 파이썬 프로그래밍 다음은 어떤 회사에서 판매하는 잔디 씨앗 10봉지의 무게를 측정한 값이다. (단위: g)

46.4 46.1 45.8 47.0 46.1

45.9 45.8 46.9 45.2 46.0

이 회사에서 판매하는 모든 봉지의 무게 분산에 대한 95% 신뢰구간을 구하시오. 단, 봉지의 무게는 정규분포를 따른다고 한다. 그리고 σ^2에 대한 95% 신뢰구간을 구하시오.

객관식 문제

01 일정한 두께의 철판을 만드는 공장에서 생산되는 철판의 두께는 정규분포를 하며, 과거의 경험에서 그 표준편차는 σ=0.021[mm]로 알려졌다. 이 공장에서 만든 철판 중에서 임의로 100장을 뽑아 그 두께를 재었더니 그 평균은 1.022[mm]였다. 이 공장 철판의 평균 두께의 95% 신뢰구간은 얼마인지 구하시오.

(가) $1.017 < \mu < 1.227$　　(나) $0.017 < \mu < 1.027$
(다) $1.017 < \mu < 1.027$　　(라) $0.017 < \mu < 1.227$

02 어떤 공장의 제품의 불량품을 95% 신뢰 계수로 오차 ±0.005 이내로 조사하고자 하다. 종래 경험으로 불량품이 4% 정도라고 할 때 표본수를 구하시오.

(가) 4500　　(나) 5400　　(다) 5900　　(라) 6400

03 어느 선거구에서 1,000명의 유권자를 대상으로 한 여론 조사 결과 A 후보 지지율이 43%이었다. 모비율 p의 95% 신뢰 한계를 구하시오.

(가) $0.43 \pm 1.96\sqrt{\dfrac{0.43 \times 0.57}{1000}}$　　(나) $0.43 \pm 1.96\sqrt{\dfrac{0.5 \times 0.5}{1000}}$
(다) $0.5 \pm 1.96\sqrt{\dfrac{0.43 \times 0.57}{1000}}$　　(라) $0.5 \pm 1.96\sqrt{\dfrac{0.5 \times 0.5}{1000}}$

04 우리나라 18살인 남자 체중의 표준편차가 4.8kg이라 하자. 95% 신뢰도로서 오차가 0.5kg 이하가 되게 체중의 평균을 계산하려 할 때 필요한 표본의 수를 구하시오.

(가) 270　　(나) 315　　(다) 324　　(라) 369

05 다음은 A, B 두 담배의 연소 시간을 측정한 자료이다. 신뢰도 95%로 평균의 차의 신뢰구간을 구하시오.

	A	B
n	100	144
$\overline{x}$	9.361	9.0
S	0.83	1.2

(가) 0.1032, 0.6178　　(나) 0.1132, 0.6278
(다) 0.0856, 0.6344　　(라) 0.1152, 0.6148

06 정규모집단에서 추출한 표본크기 20의 표본평균 $\overline{X}= 173.2$이고, $S= 8.42$일 때 모평균 μ의 95% 신뢰한계를 구하시오(단, $t_{n(\alpha)}$는 자유도 n, 유의수준 α의 t값이다).

(가) $8.42 \pm t_{19(0.025)}\dfrac{173.2}{\sqrt{20}}$ (나) $8.42 \pm t_{20(0.025)}\dfrac{173.2}{\sqrt{20}}$

(다) $173.2 \pm t_{19(0.025)}\dfrac{8.42}{\sqrt{19}}$ (라) $173.2 \pm t_{29(0.025)}\dfrac{8.42}{\sqrt{19}}$

07 어느 대기업이 종업원들의 혼인율을 추정하기 위해 500명의 종업원을 임의로 추출하여 이들의 혼인 여부를 조사한 결과 이 중 76명이 기혼자였다. 모비율 p에 대한 95%의 신뢰구간을 구하시오.

(가) $0.119 \leq p \leq 0.181$ (나) $0.123 \leq p \leq 0.185$

(다) $0.121 \leq p \leq 0.183$ (라) $0.125 \leq p \leq 0.187$

08 모 대학에서 학생 100명에 대하여 근시자를 조사하니 30명이었다. 대학생의 근시율을 95% 신뢰도로 구간 추정하면 어떻게 되는가?

(가) 0.30 ± 0.1458 (나) 0.30 ± 0.2458

(다) 0.30 ± 0.0898 (라) 0.30 ± 0.0558

09 작업 A를 수행하는 데 소요되는 평균 시간을 측정하기 위해서 16명의 종업원을 임의 추출하여 조사한 결과 평균 소요 시간이 13분, 표준편차 3분이었다. 전체 종업원들이 작업 A를 수행하는 데 소요되는 평균 시간에 대한 95%의 신뢰구간을 구하시오.

(가) 11.4, 14.6 (나) 11.0, 15.0

(다) 11.2, 14.8 (라) 10.8, 15.2

10 A 회사에서 추출한 100개의 전구의 수명 $\overline{x_A}$는 1,400시간이고 표준편차 σ_A는 120시간이었고, B 회사에서 추출한 200개의 표본의 평균값 $\overline{x_B}$는 1,200시간이며 그 표준편차 σ_B는 80시간이었다. A, B 두 회사 전구의 모평균 수명의 차에 관한 95% 신뢰한계를 구한 것으로 맞는 것을 고르시오.

(가) 189.4, 210.6 (나) 179.3, 220.7

(다) 174.0, 226.0 (라) 196.7, 213.3

11 다음 설명 중 그릇된 것을 고르시오.

(가) 신뢰도는 통계적 결정 또는 주장이 진실성을 가질 가능성의 정도를 가리킨다.
(나) 신뢰도를 높이려면 추정값의 범위를 늘려야 하므로 정밀성은 떨어진다.
(다) 신뢰도가 크면 신뢰구간은 작아진다.
(라) 신뢰도가 크면 신뢰계수는 커진다.

12 다음은 A, B 품목의 합격, 불합격 비율표이다. 신뢰 한계 95%로 불합격 비율차를 구간 추정할 때 신뢰 상한과 하한을 구하시오.

	합격	불합격	계
A	928	72	1000
B	772	28	800
계	1700	100	1800

(가) 0.0165, 0.0575
(나) 0.0265, 0.0675
(다) 0.0365, 0.0775
(라) 0.0465, 0.0875

13 어느 공장 제품 100개를 임의로 추출하여 제품 무게에 대한 평균 $\overline{X} = 323.4g$, 표준편차 $s = 6.5g$을 얻었다. 신뢰도 95%로 그 공장 제품의 무게 평균(모평균) μ를 구하시오.

(가) 323.4 ± 1.3
(나) 323.4 ± 3.3
(다) 323.4 ± 2.3
(라) 323.4 ± 4.3

14 힌 회사에서 서류 복사를 하루 평균 356매(표준편차 77매)씩 작성하고 있다고 한다. 그런데 1매당 비용은 30원씩이라고 한다. 그러면 121일 동안의 서류 복사 비용이 1일 평균 11,100원을 넘게 될 확률을 구하시오.

(가) 0.25 (나) 0.05 (다) 0.4 (라) 0.02

15 10개의 공의 지름을 재어보니 평균은 $\overline{X} = 4.38$인치이고 표준편차는 $s = 0.06$이었다. 모평균 μ의 90% 신뢰 한계는 얼마인가?

(가) $4.38 \pm t_9(0.05)\dfrac{0.06}{\sqrt{10}}$
(나) $4.38 \pm 1.96\dfrac{0.06}{\sqrt{10}}$
(다) $4.38 \pm 2.58\dfrac{0.06}{\sqrt{10}}$
(라) $4.38 \pm t_9(0.01)\dfrac{0.06}{\sqrt{10}}$

16 가구의 평균 소득을 신뢰구간 95%, 허용 오차를 ± 5000원으로 조사하기 위해 예비 조사 결과 $S = 15000$원이란 사실을 알았다. 표본수 n은 얼마인가?

(가) 28 (나) 35 (다) 46 (라) 55

17 평균값을 추정하기 위한 신뢰구간에서 표본의 크기가 크면 클수록 신뢰구간의 길이는 어떻게 변하는가?

(가) 짧아진다. (나) 길어진다.
(다) 변하지 않는다. (라) 알 수 없다.

18 어느 광고 회사가 지난 1년 동안 기업들이 광고비로 지출한 총비용에 대한 실제 평균값을 추정하고자 한다. 모분산이 1억 8천만(원)이라 한다. 95%의 신뢰도로써 실제 평균값과의 차가 40만 원 이하가 될 추정값을 얻기 위하여 표본의 크기는 얼마로 해야 하는가?

(가) 40 (나) 43 (다) 46 (라) 49

19 어떤 심리 학자가 환자에 대한 일종의 자극 반응을 측정하였는데 그 표준편차가 0.05초라고 하자. 이때 ① 95% 신뢰 한계와, ② 99% 신뢰 한계에서 그 측정 오차가 0.01초를 초과하지 않으려면 각각 얼마 이상의 환자를 표본으로 삼아야 하는가?

(가) ① 90명 이상 ② 95명 이상 (나) ① 95명 이상 ② 67명 이상
(다) ① 97명 이상 ② 167명 이상 (라) ① 99명 이상 ② 299명 이상

20 A, B 두 공장에서 생산되는 전구의 수명에 대하여 다음 표와 같은 사실을 알았다. 두 모집단에서 각각 125개의 표본을 추출할 때 표본평균 차가 160 이상일 확률을 구하면?

	평균	표준편차
A 공장	1400	200
B 공장	1200	100

(가) 0.95 (나) 0.98 (다) 0.99 (라) 0.90

21 건전지 생산 공장에서 최근 생산된 건전지 중 임의로 20개를 추출하여 수명을 검사한 결과 32시간, 표준편차 8시간이 밝혀졌다. 95% 신뢰도로 이 공장 제품인 건전지의 평균 수명을 추정하려고 할 때 이용되는 표준오차와 신뢰 계수로서 맞는 것을 구하시오.

	표준오차	신뢰 계수
(가)	$\dfrac{8}{\sqrt{20}}$	1.96(정규분포)
(나)	$\dfrac{8}{\sqrt{19}}$	1.96(정규분포)
(다)	$\dfrac{8}{\sqrt{20}}$	2.093(자유도 20에 대한 $t-$분포)
(라)	$\dfrac{8}{\sqrt{19}}$	2.093(자유도 19에 대한 $t-$분포)

22 어떤 정규모집단에서 크기 $n=5$의 표본을 임의로 추출하고 다음과 같은 값을 얻었다. 95%의 신뢰 계수로 평균값 μ의 신뢰 구간의 상한을 구하시오.

9.44, 10.25, 8.98, 11.07, 9.86

(가) 0.29 (나) 0.084 (다) 9.805 (라) 10.725

8장

검정

가설검정이란 모집단에 대한 어떤 기설을 설정한 뒤에 표본을 통해 그 가설의 재택 여부를 결정하는 분석 방법이다. 예를 들면, 건설 업체의 주요한 주주가 성공적인 계획 입찰의 비율의 구간 추정을 확인 할 수도 있고, 성공적인 입찰의 비율에 대한 주장을 검정할 수도 있다. 소비자 보호국은 특정한 담배 브랜드의 평균 니코틴 함유량의 신뢰구간을 구할 수도 있으며, 제조업체의 그들의 담배의 평균 니코틴 함유량에 대한 주장을 검정할 수도 있다. 농업 연구원은 특정한 비료에 의한 평균 생산력 증가의 신뢰구간을 찾을 수 있거나, 회사가 주장한 평균 생산력 증가를 검정할 수 있다. 따라서 가설검정은 모집단의 특성에 대한 어떤 가설을 설정한 뒤에 표본 관찰을 통해 그 가설에 대한 채택여부를 결정하는 통계적 분석 방법으로 실제 자료 분석에서 가장 중요한 통계이론이다.

8.1 유의성 검정

일반적 검정 절차는 귀무가설이라 불리는 검정이 되어야 할 특정한 가설을 선택하는 것이다. 무작위 표본을 뽑고, 그리고 귀무가설의 가능성을 확인하기 위해 표본으로부터의 통계치를 얻는다. 표본 통계치가 주장된 모집단 모수로부터 충분히 멀리 떨어져 있으면 귀무가설을 기각할 충분한 증거가 있다고 말한다.

모비율의 검정에 대해 설명하고자 한다. 귀무가설 H_0은 비율에 대한 대등 주장의 형식으로 표명된다(예를 들어, $H_0 : p = .37$). 그리고 부등식의 형식으로 표명되는 대립가설이 있다(예를 들어, $H_a : p < .37$ 또는 $H_a : p > .37$ 또는 $H_a : p \neq .37$). 검정통계량의 관측값에 대해 귀무가설 H_0을 기각시킬 수 있는 최소의 유의수준을 P–값이라 한다. P–값이 작으면 작을수록 귀무가설과 표본 결과 사이의 차이가 더 유의하다.

가설검정에는 두 가지 오류가 있다. 즉, 귀무가설 H_0이 참일 때 대립가설 H_1을 채택하는 과오를 제1종의 과오(type I error)라고 하며, 대립가설 H_1이 참일 때 귀무가설 H_0을 채택하는 과오를 제2종의 과오(type II error)라고 한다. 따라서 유의수준은 제1종의 과오를 범할 확률이 된다. 가설검정에서 제1종의 과오는 유의수준 α에 의해서 관리된다. 그러나 H_1이 참일 때 H_0을 채택할 확률 β가 있다. 이 제2종 과오는 유의수준이 주어진 경우에 표본크기에 의해서만 관리되는 특징이 있다. 흔히 사용되는 유의수준은 1%(0.01), 5%(0.05), 10%(0.10)이며, 특히 5%가 많이 사용된다. $1-\beta$를 검정력(power)이라고 한다. 가설검정의 검정력은 제2종 과오가 저질러지지 않을 확률이다. 검정력은 대립가설 H_1에 속하는 특정 θ에 대한 H_0을 기각시킬 확률이다. 표본크기를 늘리거나 유의수준을 올리는 것이 둘 다 검정력(power)을 늘리는 방법이다.

8.2 비율검정

8.2.1 모비율 검정

지금 p를 모비율이라 하면 표본 비율 X/n는 평균이 p이고, 표준편차가 $\sqrt{p(1-p)/n}$이다. 더 나아가서 표본이 크면 X/n의 분포 형태는 근사적으로 정규분포이다. 결과적으로 귀무가설이 참일 때, 즉 모비율 p가 p_0일 때 X/n의 분포는 n이 클 경우 평균이 p_0이고, 표준편차 $\sqrt{p_0(1-p_0)/n}$인 근사적 정규분포가 된다.

따라서 귀무가설 $H_0 : p = p_0$하에서 검정통계량은 다음과 같다.

$$Z = \frac{(X/n) - p_0}{\sqrt{p_0(1-p_0)/n}}$$

[표 8.1]에는 대립가설의 특성에 기초를 둔 3가지 경우의 검정 기준이 있다. 검정 설자는 중심극한정리를 적용하는 것에 기초를 두고 있다는 것을 명심해야 한다.

유의수준은 근사적으로 $100\alpha\%$이다.

표 8.1 표본크기가 클 때 $H_0 : p = p_0$의 검정

대립가설	H_0을 기각하게 되는 범위
$p > p_0$	$z > z_\alpha$
$p < p_0$	$z < -z_\alpha$
$p \neq p_0$	$z < -z_{\alpha/2}$ 또는 $z > z_{\alpha/2}$

$$z = \frac{(x/n) - p_0}{\sqrt{p_0(1-p_0)/n}} \text{ : 검정통계량 } Z\text{의 계산된 값}$$

예제 8.1

연합 대변인은 연합의 일원들 75%가 그들의 근본적인 요구 사항이 이뤄지지 않았을 때 쟁의를 지지할 거라고 주장한다. 125명의 연합 일원 중 87명이 쟁의를 하겠다고 하면, 업체 교섭자는 실제로 얼마나 낮다고 할만한지 10%의 유의수준에서 가설검정 하시오.

풀이

$$H_0 : p = 0.75,\ H_\alpha : p < 0.75$$

$p_0 = 0.75$이므로 검정통계량은

$$\frac{(X/n) - 0.75}{\sqrt{(0.75)(0.25)/n}}$$

이고, $\alpha = 0.1$이므로 $z_{0.1} = -1.28$이다. 검정통계량의 계산된 값이 $-z_{0.1} = -1.28$보다 작으면 H_0을 기각한다.

$x = 87,\ n = 125$이므로, 검정통계량의 계산된 값은

$$\frac{(x/n) - 0.75}{\sqrt{(0.75)(0.25)/n}} = \frac{87/125 - 0.75}{\sqrt{(0.75)(0.25)/125}} = -1.39$$

이다. 계산된 값이 -1.28보다 작으므로 H_0을 기각한다. 따라서, 지지율이 낮다고 이야기할 강한 증거를 보여주고 있다.

파이썬 프로그래밍

```
from statsmodels.stats.proportion import proportions_ztest

# 귀무가설: 연합 일원 중 쟁의를 지지하는 비율은 75%이다.
# 대립가설: 연합 일원 중 쟁의를 지지하는 비율은 75% 이하이다.

n = 125     # 샘플 크기
x = 87      # 샘플 중 쟁의를 지지하는 인원수
p = 0.75    # 귀무가설하에서의 비율

# z-검정
z_stat, p_value = proportions_ztest(x, n, p, alternative='smaller')

# 결과 출력
print(f"z-statistic: {z_stat:.4f}")
alpha = 0.10  # 유의수준
if p_value < alpha:
    print(f"p-value는 {p_value:.4f}로, 유의수준 {alpha}보다 작다.
         \n따라서 귀무가설을 기각한다.")
else:
    print(f"p-value는 {p_value:.4f}로, 유의수준 {alpha}보다 크거나 같다.
         \n따라서 귀무가설을 기각할 수 없음")
```

예제 8.2

암 연구그룹은 이 연령 집단 여성의 28%가 정기적인 유방 X선 검사를 갖는다는 가설을 검정하기 위해 40세 이상의 여성 500명을 설문 조사하였다. 여성 중 151명이 긍정적인 답을 했다면 5%의 유의수준에서 가설검정 하시오.

(풀이)

$$H_0 : p = 0.28\,,\ H_a : p \neq 0.28$$

$p_0 = 0.28$이므로 검정통계량은

$$\frac{(X/n) - 0.28}{\sqrt{(0.28)(0.72)/n}}$$

이고, $\alpha = 0.05$이므로 $z_{\alpha/2} = 1.96$이다. 검정통계량의 계산된 값이 $-z_{0.1} = -1.28$보다 작으면 H_0을 기각한다.

$x = 87,\ n = 125$이므로, 검정통계량의 계산된 값이 구간 $[-1.96, 1.96]$ 밖에 있으면 H_0을 기각한다.

$x = 151,\ n = 500$이므로, 검정통계량의 계산된 값은

$$\frac{151/500 - 0.28}{\sqrt{(0.28)(0.72)/500}} = 1.09$$

이다. 계산된 값이 -1.96과 1.96 사이에 있으므로 H_0을 기각하지 않는다. 따라서, 암 연구그룹의 주장은 근거가 없다.

8.2.2 두 비율 간의 차이를 위한 가설검정

흔히 우리는 두 표본비율의 차이가 표본추출오차에 의한 우연한 것인지, 아니면 정말 다른 모집단이기 때문에 차가 나는 것인지를 결정할 필요가 있다. 간단히 말해서 p_1과 p_2를 두 모집단에서의 비율이라 할 때 귀무가설 $H_0 : p_1 = p_2$, 즉 $p_1 - p_2 = 0$을 우리는 검정하고 싶은 것이다. 귀무가설이 참이면, 즉 $p_1 = p_2$면 이와 같은 값은 p라고 표시한다. 그러면 우리는 p의 합동된 추정량

$$p = \frac{X_1 + X_2}{n_1 + n_2}$$

를 사용해서 얻을 수 있다. 이 추정치를 $\bar{p} = \dfrac{x_1 + x_2}{n_1 + n_2}$라 하자. 위 귀무가설을 검정하는 데 사용하는 검정통계량은 다음과 같다.

$$Z = \frac{\dfrac{X_1}{n_1} - \dfrac{X_2}{n_2}}{\sqrt{p(1-p)(\dfrac{1}{n_1} + \dfrac{1}{n_2})}}$$

n_1과 n_2가 클 때(모두 30보다 클 때)의 검정 절차가 [표 8.2]에 나타나 있다. 이 표에 있는 검정은 중심극한정리에 기초를 두었으므로 유의수준은 근사적으로 $100\alpha\%$임을 뜻한다.

표 8.2 표본크기가 클 때 $H_0 : p_1 = p_2$의 검정 기준

대립가설	H_0을 기각하게 되는 범위
$p_1 > p_2$	$z > z_\alpha$
$p_1 < p_2$	$z < -z_\alpha$
$p_1 \neq p_2$	$z > z_{\alpha/2}$ 또는 $z < -z_{\alpha/2}$

$$z = \frac{\dfrac{x_1}{n_1} - \dfrac{x_2}{n_2}}{\sqrt{\bar{p}(1-\bar{p})(\dfrac{1}{n_1} + \dfrac{1}{n_2})}}$$: 검정통계량 Z의 계산된 값

예제 8.3

투표 캠페인 일찍이 800명의 등록된 투표자들의 전화 투표소는 460명이 특정한 후보자를 편애한다고 나타낸다. 투표 날짜 바로 전에 두 번째 투표소는 1,000명의 등록된 투표자들의 520명만이 똑같은 선호를 표현했다. 10% 유의수준에 후보자의 유명세가 떨어진다는 충분한 증거가 있는지 구하시오.

풀이

$$H_0 : p_1 = p_2,\ 즉\ p_1 - p_2 = 0$$

$$H_a : p_1 - p_2 > 0$$

검정통계량은

$$\frac{\frac{X_1}{n_1} - \frac{X_2}{n_2}}{\sqrt{p(1-p)(\frac{1}{n_1} + \frac{1}{n_2})}}$$

이다. $\alpha = 0.1$이므로 $z_\alpha = z_{0.1} = 1.28$이다. 검정통계량의 계산된 값이 1.28보다 크면 H_0을 기각한다.

$x_1 = 460,\ n_1 = 800,\ x_2 = 520,\ n_2 = 1000$이므로

$$z = \frac{\frac{460}{800} - \frac{520}{1000}}{\sqrt{(0.544)(0.456)\left(\frac{1}{800} + \frac{1}{1000}\right)}} = \frac{0.575 - 0.520}{0.0236} = 2.33$$

이다. 계산된 값이 1.28보다 크므로 H_0을 기각한다. 따라서, 후보자의 유명세가 떨어졌다고 할 충분한 근거가 있다.

파이썬 프로그래밍

```
from statsmodels.stats.proportion import proportions_ztest

# 귀무가설(H0): 후보자의 유명세는 떨어지지 않았다. (후보자를 지지하는 비율은 변하지 않았다.)
# 대립가설(H1): 후보자의 유명세가 떨어졌다. (후보자를 지지하는 비율이 감소했다.)

# 첫 번째 투표소에서 후보자를 지지하는 비율
n1 = 800      # 샘플 크기
x1 = 460      # 샘플 중 후보자를 지지하는 인원수

# 두 번째 투표소에서 후보자를 지지하는 비율
n2 = 1000   # 샘플 크기
x2 = 520    # 샘플 중 후보자를 지지하는 인원수

# z-검정
z_stat, p_value = proportions_ztest([x1, x2], [n1, n2], alternative='larger')
```

```
# 결과 출력
print(f"z-statistic: {z_stat:.4f}")
alpha = 0.10 # 유의수준
if p_value < alpha:
    print(f"p-value는 {p_value:.4f}로, 유의수준 {alpha}보다 작다.
        \n따라서 귀무가설을 기각하고 대립가설을 채택한다.")
else:
    print(f"p-value는 {p_value:.4f}로, 유의수준 {alpha}보다 크거나 같습니다.
        \n따라서 귀무가설을 기각할 수 없다.")
```

예제 8.4

자동차 제조업체가 두 별개의 조립 절차들을 시도한다. 첫 번째 절차를 통해 나오는 350대의 차들의 표본에서 28대가 큰 결점이 있었던 반면, 두 번째 절차의 500대의 차들의 표본에선 32대의 차들이 결점이 있었다. 이 차이는 10% 유의수준에서 차이가 있는지 구하시오.

풀이

$$H_0 : p_1 - p_2 = 0, \; H_a : p_1 - p_2 \neq 0$$

검정통계량은

$$\frac{\frac{X_1}{n_1} - \frac{X_2}{n_2}}{\sqrt{\bar{p}(1-\bar{p})(\frac{1}{n_1} + \frac{1}{n_2})}}$$

이다. $\alpha = 0.1$이므로 $z_{\alpha/2} = z_{0.05} = 1.65$이다. 검정통계량의 계산된 값이 구간 $[-1.65, 1.65]$ 밖에 있으면 H_0을 기각한다.

$x_1 = 28,\; n_1 = 350,\; x_2 = 32,\; n_2 = 500$이므로

$$\bar{p} = \frac{28+32}{350+500} = 0.0706$$

$$z = \frac{\frac{28}{350} - \frac{32}{500}}{\sqrt{(0.0706)(0.9294)\left(\frac{1}{350} + \frac{1}{500}\right)}} = \frac{0.080 - 0.064}{0.0179} = 0.89$$

이다. 계산된 값이 -1.65과 1.65 사이에 있으므로 H_0을 기각하지 않는다. 따라서, 결점들의 차이가 없다고 할 수 있다.

파이썬 프로그래밍

```
from statsmodels.stats.proportion import proportions_ztest

# 귀무가설: 두 조립 절차 간의 결점 비율 차이는 없다.
# 대립가설: 두 조립 절차 간의 결점 비율 차이가 있다.

n1 = 350   # 첫 번째 조립 절차의 샘플 크기
x1 = 28    # 첫 번째 조립 절차에서 결점이 있는 차량 수
n2 = 500   # 두 번째 조립 절차의 샘플 크기
x2 = 32    # 두 번째 조립 절차에서 결점이 있는 차량 수

# z-검정
z_stat, p_value = proportions_ztest([x1, x2], [n1, n2])

# 결과 출력
print(f"z-statistic: {z_stat:.4f}")
alpha = 0.10 # 유의수준

if p_value < alpha:
    print(f"p-value는 {p_value:.4f}로, 유의수준 {alpha}보다 작다.
         \n따라서 귀무가설을 기각한다.")
else:
    print(f"p-value는 {p_value:.4f}로, 유의수준 {alpha}보다 크거나 같다.
         \n따라서 귀무가설을 기각할 수 없음")
```

8.3 평균값 검정

8.3.1 모집단이 하나인 경우의 가설검정

– 모분산을 알 때 모평균에 대한 가설검정

우리가 다룰 것이 모분산을 알 때 모평균에 대한 가설검정이었다. 모집단에 대한 기본 가정은 모집단이 정규분포를 한다는 것이다. 정규분포의 가정이 없으면 표본의 크기가 커야 한다. 따라서 귀무가설 $H_0 : \mu = \mu_0$하에서 검정통계량은 다음과 같다.

$$Z = \frac{\overline{X} - \mu_0}{\sigma / \sqrt{n}}$$

앞 절에서 기술한 3가지 대립가설에 대한 $H_0 : \mu = \mu_0$의 검정에 대한 검정 기준이 [표 8.3]에 나타나 있다.

표 8.3 σ^2을 알 때 $H_0 : \mu = \mu_0$의 검정

대립가설	H_0을 기각하게 되는 범위
$\mu_1 > \mu_2$	$z > z_\alpha$
$\mu_1 < \mu_2$	$z < -z_\alpha$
$\mu_1 \neq \mu_2$	$z > z_{\alpha/2}$ 또는 $z \leftarrow z_{\alpha/2}$

$$z = \frac{\overline{x} - \mu_0}{\sigma / \sqrt{n}} \ : Z\text{를 계산한 값}$$

예제 8.5

어떤 지능 검사에서 만 15세의 아동의 모집단 평균 지능이 100, 모표준편차는 12라 한다. 지금 만 15세의 아동 36명을 임의로 추출하여 지능 검사를 한 결과 평균이 95였다 한다. 이 사실로써 만 14세의 평균 지능이 15세의 평균 지능보다 낮다고 볼 수 있는가? 유의수준 0.01로 검정하시오. 단, 모집단은 정규분포를 한다.

풀이

$$H_0 : \mu = 100, \ H_a : \mu < 100$$

검정통계량은

$$\frac{\overline{X} - 100}{\sigma / \sqrt{n}}$$

이다. $\alpha = 0.01$이므로 $-z_{0.01} = -2.33$이다. 계산된 검정통계량의 값이 -2.33보다 작으면 H_0을 기각한다.

$\overline{x} = 95, \ \sigma = \sqrt{144} = 12, \ n = 36$이므로 검정통계량의 계산된 값은

$$\frac{\overline{x} - 100}{\sigma / \sqrt{n}} = \frac{95 - 100}{12 / \sqrt{36}} = -2.5$$

이다. 계산된 값이 -2.33보다 작으므로 H_0을 기각한다. 따라서, 평균 IQ가 100보다 작은 것으로 나타났다.

예제 8.6

어느 판매원이 보충 교육 후에 그의 판매고가 임의로 선택한 9일에 1,280, 1,250, 990, 1,100, 880, 1,300, 1,100, 950, 1,050(단위: 달러)가 됨을 알았다. 그의 평균 판매고가 1,000달러를 초과하면 보충 교육이 효과가 있는 것으로 간주할 때 보충 교육은 효과가 있었는가? $\sigma = 100$으로 가정하고, $\alpha = 0.01$로 하며, 판매고는 정규분포라고 가정한다.

풀이

$$H_0 : \mu = 1{,}000\ ,\ H_a : \mu > 1{,}000$$

$\mu_0 = 1{,}000$이므로 적절한 검정통계량은 $\dfrac{\overline{X} - 1{,}000}{\sigma/\sqrt{n}}$이다. 대립가설은 단측이고, $\alpha = 0.01$이므로 $z_\alpha = z_{0.01} = 2.33$이다. 검정통계량의 계산된 값이 2.33보다 크면 H_0을 기각한다.

$\alpha = 100,\ n = 9,\ \overline{x} = 1{,}100$이므로 검정통계량의 계산된 값은

$$\frac{\overline{x} - 1{,}000}{\sigma/\sqrt{n}} = \frac{1{,}100 - 1{,}000}{100/\sqrt{9}} = 3$$

이다. 계산된 값이 2.33보다 크므로 H_0을 기각한다. 따라서, 1% 유의수준에서 판매원에 대한 보충 교육이 효과가 있었다는 것으로 판명되었다.

파이썬 프로그래밍

```
from scipy import stats
import numpy as np

# 귀무가설: 판매원의 평균 판매고는 1,000달러 이하이다.
# 대립가설: 판매원의 평균 판매고는 1,000달러 초과이다.

# 판매고 데이터
sales = np.array([1280, 1250, 990, 1100, 880, 1300, 1100, 950, 1050])
mu = 1000      # 귀무가설하에서의 평균
sigma = 100    # 모표준편차

# z-검정
```

```
z_stat = (np.mean(sales) - mu) / (sigma / np.sqrt(len(sales)))
p_value = stats.norm.sf(z_stat)

# 결과 출력
print(f"z-statistic: {z_stat:.4f}")
alpha = 0.01 # 유의수준 / 1% 유의수준
if p_value < alpha:
    print(f"p-value는 {p_value:.4f}로, 유의수준 {alpha}보다 작다.
          \n따라서 귀무가설을 기각하고 대립가설을 채택한다")
else:
    print(f"p-value는 {p_value:.4f}로, 유의수준 {alpha}보다 크거나 같다.
          \n따라서 귀무가설을 기각하지 않는다")
```

- 모분산을 모르고 표본이 작을 때 모평균에 대한 가설검정

모평균에 대한 가설검정에 있어서 보다 실제적인 경우는 모분산을 모르는 경우이다. 우리는 다음의 귀무가설을 검정하려 한다.

$$H_0 : \mu = \mu_0$$

σ를 알 때는 $\dfrac{\overline{X} - \mu_0}{\sigma/\sqrt{n}}$의 검정통계량을 사용했다. σ를 모르기 때문에 그 추정량 S를 사용하기로 한다. 따라서, 적합한 검정통계량은 다음과 같다.

$$T = \frac{\overline{X} - \mu_0}{S/\sqrt{n}}$$

이 시점에서 우리는 모집단이 정규분포를 한다는 가정을 n이 작을 때 특히 첨가할 필요가 있다. 이 가정하에서는 통계량 T가 자유도가 $n-1$인 student t-분포를 따르므로 [표 8.4]와 같은 검정 기준을 얻을 수 있다.

표 8.4 σ^2을 모를 때 $H_0 : \mu = \mu_0$의 검정

대립가설	H_0을 기각하게 되는 범위
$\mu_1 > \mu_2$	$t > t_{\alpha,(n-1)}$
$\mu_1 < \mu_2$	$t < -t_{\alpha,(n-1)}$
$\mu_1 \neq \mu_2$	$t < -t_{\alpha/2,(n-1)}$ 또는 $t > t_{\alpha/2,(n-1)}$

$$t = \frac{\overline{X} - \mu_0}{s/\sqrt{n}} \ : \ T\text{를 계산한 값}$$

예제 8.7

제조업자는 에어컨의 새 브랜드가 전기를 하루에 6.5킬로와트밖에 쓰지 않는다고 주장한다. 소비자국은 실제 계산은 더 높다고 믿고 15의 표본크기로 검정하였다. 표본평균값이 1.4의 표준편차로 7.0킬로와트라면, 제조업자의 주장은 5%의 유의수준에서 기각해야 하는지 구하시오.

풀이

$$H_0 : \mu = 6.5\,,\ H_\alpha : \mu > 0.6$$

모분산은 미지이므로 검정통계량은 $\dfrac{\overline{X} - 6.5}{S/\sqrt{n}}$ 이다

$\alpha = 0.05$이므로 자유도는 $n = 15$, 즉 $15 - 1 = 14$이다. 따라서, student t-분포표에서 $t_{0.05,(14)} = +1.76$을 얻는다. 검정통계량의 계산된 값이 1.76보다 크면 H_0을 기각한다. 주어진 자료로부터

$$\overline{x} = 7,\ \ s = 1.4,\ \ z = \frac{\overline{x} - 6.5}{s/\sqrt{n}} = \frac{7 - 6.5}{1.4/\sqrt{15}} = 1.38$$

을 얻을 수 있으며, 계산된 값은 1.76보다 크므로 H_0을 기각한다. 따라서, 제조업자의 주장을 5% 유의수준에서 볼 때 전기사용량이 많다고 할 충분한 근거가 없다.

파이썬 프로그래밍

```
from scipy import stats
import numpy as np

# 귀무가설: 에어컨의 새 브랜드가 전기를 하루에 6.5킬로와트 이하로 사용한다.
# 대립가설: 에어컨의 새 브랜드가 전기를 하루에 6.5킬로와트 초과로 사용한다.
```

```
n = 15       # 샘플 크기
x_bar = 7.0  # 표본평균
s = 1.4      # 표본표준편차
mu = 6.5    # 귀무가설하에서의 평균

# t-검정
t_stat = (x_bar - mu) / (s / np.sqrt(n))
p_value = stats.t.sf(t_stat, df=n-1)

# 결과 출력
print(f"t-statistic: {t_stat:.4f}")
alpha = 0.05 # 유의수준
if p_value < alpha:
    print(f"p-value는 {p_value:.4f}로, 유의수준 {alpha}보다 작다.
         \n따라서 귀무가설을 기각하고 대립가설을 채택한다.")
else:
    print(f"p-value는 {p_value:.4f}로, 유의수준 {alpha}보다 크거나 같다.
         \n따라서 귀무가설을 기각할 수 없다")
```

예제 8.8

지역 상공 회의소는 도시 집들의 평균 세일 가격이 \$90,000이라고 주장한다. \$75,000, \$102,000, \$82,000, \$87,000, \$77,000, \$93,000, \$98,000, \$68,000 상공 회의소의 주장을 유의수준 5%에서 양측 가설검정하시오.

풀이

$$H_0 : \mu = 90{,}000,\ H_\alpha : \mu \neq 90{,}000$$

모분산은 미지이므로 검정통계량은 $\dfrac{\overline{X} - 90{,}000}{S/\sqrt{n}}$ 이다.

$\alpha = 0.05$ 이고 자유도는 $8 - 1 = 7$, $t_{0.025,7} = 2.36$ 이다. 검정통계량의 계산된 값이 -2.36보다 작거나 2.36보다 크면 H_0을 기각한다.

$$\overline{x} = 85{,}250,\ s = 11{,}877,\ z = \frac{\overline{x} - 90{,}000}{s/\sqrt{n}} = \frac{85{,}250 - 90{,}000}{11{,}877/\sqrt{8}} = -1.13$$

계산된 값은 -2.36과 2.36 사이에 있으므로 H_0을 기각하지 않는다. 따라서, 상공회의소의 주장을 기각할 만한 충분한 증거가 없다고 결론을 짓는다.

8.3.2 모평균차 가설검정

이번 절에서는 두 모집단에서 모평균의 차와 어떤 속성의 비율의 차에 관한 가설검정을 하겠다. 여기서 다루는 모집단과 표본, 기호들은 앞장의 6 · 4절에서 모집단, 표본 및 기호들과 같은 것으로 보면 된다.

– 모분산을 알 때 모평균의 차에 대한 가설검정

검정하려는 귀무가설은 다음과 같다.

$$H_0 : \mu_1 = \mu_2, \text{ 즉 } \mu_1 - \mu_2 = 0$$

그리고 귀무가설하에서 검정통계량은 다음과 같다.

$$Z = \frac{\overline{X_1} - \overline{X_2}}{\sqrt{\frac{\sigma_1^2}{n_1} + \frac{\sigma_2^2}{n_2}}}$$

여러 가지 형태의 대립가설에 대한 위의 귀무가설을 검정하는 검정 기준은 [표 8.5]에 나타나 있다.

표 8.5 모분산을 알 때 $H_0 : \mu_1 = \mu_2$를 검정하는 절차

대립가설	H_0을 기각하게 되는 범위
$\mu_1 > \mu_2$	$z > z_\alpha$
$\mu_1 < \mu_2$	$z < -z_\alpha$
$\mu_1 \neq \mu_2$	$z > z_{\alpha/2}$ 또는 $z < -z_{\alpha/2}$

$$z = \frac{\overline{x_1} - \overline{x_2}}{\sqrt{\frac{\sigma_1^2}{n_1} + \frac{\sigma_2^2}{n_2}}} : \text{검정통계량 } Z\text{의 계산된 값}$$

예제 8.9

유럽에서 15명의 성인을 임의로 뽑아 몸무게를 잰 결과 평균이 $\overline{x_1} = 154$파운드였고, 미국에서 임의로 뽑은 18명의 성인의 평균 몸무게는 $\overline{x_2} = 162$파운드였다. 과거 조사에 의하면 유럽인 성인 몸무게의 분산은 $\sigma_1^2 = 100$이고, 미국인 성인은 $\sigma_2^2 = 169$이다. 이 두 곳의 성인 평균 몸무게는 차이가 있다고 할 수 있는가? $\alpha = 0.05$로 하고, 몸무게들은 각각 정규분포를 이룬다고 가정한다.

풀이

$$H_0 : \mu_1 = \mu_2,\ 즉\ \mu_1 - \mu_2 = 0$$

$$H_a : \mu_1 \le \mu_2$$

검정통계량은 $\dfrac{\overline{X_1} - \overline{X_2}}{\sqrt{\dfrac{\sigma_1^2}{n_1} + \dfrac{\sigma_2^2}{n_2}}}$이다.

$\alpha = 0.05$이므로 $z_\alpha = 1.65$이다. 검정통계량을 계산한 값이 -1.65보다 작으면 H_0을 기각한다.

$\overline{x_1} = 154,\ \overline{x_2} = 162,\ \sigma_1^2 = 100,\ \sigma_2^2 = 169,\ n_1 = 15,\ n_2 = 18$이므로 검정통계량을 계산한 값은

$$\frac{\overline{x_1} - \overline{x_2}}{\sqrt{\dfrac{\sigma_1^2}{n_1} + \dfrac{\sigma_2^2}{n_2}}} = \frac{154 - 162}{\sqrt{\dfrac{100}{15} + \dfrac{169}{18}}} \equiv \frac{-8}{\sqrt{16.056}} = -2$$

이다. 계산된 값이 -1.65보다 작으므로 H_0을 기각한다. 따라서, 이 두 곳의 성인 평균 몸무게는 확실히 차이가 있으며, 이는 미국인이 유럽인보다 몸무게가 무겁다는 것을 말해준다.

파이썬 프로그래밍

```
from scipy import stats
import numpy as np

# 귀무가설: 유럽의 성인 몸무게와 미국 성인의 몸무게는 같다.
# 대립가설: 유럽의 성인 몸무게가 미국 성인의 몸무게보다 작다.

n1 = 15          # 유럽 성인 샘플 크기
```

```
x1 = 154       # 유럽 성인 표본평균
sigma1 = 10    # 유럽 성인 모표준편차

n2 = 18        # 미국 성인 샘플 크기
x2 = 162       # 미국 성인 표본평균
sigma2 = 13    # 미국 성인 모표준편차

# z-검정
z_stat = (x1 - x2) / np.sqrt(sigma1**2 / n1 + sigma2**2 / n2)
p_value = stats.norm.cdf(z_stat)

# 결과 출력
print(f"z-statistic: {z_stat:.4f}")
alpha = 0.05   # 유의수준
if p_value < alpha:
    print(f"p-value는 {p_value:.4f}로, 유의수준 {alpha}보다 작다.
        \n따라서 귀무가설을 기각하고 대립가설을 채택한다.")
else:
    print(f"p-value는 {p_value:.4f}로, 유의수준 {alpha}보다 크거나 같다.
        \n따라서 귀무가설을 기각할 수 없다.")
```

예제 8.10

두 품질의 담배 A와 B의 니코틴 함량을 비교하기 위해 담배 A에서 크기 60인 표본을, 담배 B에서 크기 40인 표본을 검사하였더니 그 결과가 다음과 같았다.

표 8.6 담배 A와 B의 니코틴 함량

담배 A	$\overline{x_1} = 15.4$	$s_1^2 = 3$
담배 B	$\overline{x_2} = 16.8$	$s_2^2 = 4$

5% 유의수준에서 볼 때 두 담배의 니코틴 함량은 차이가 있다고 할 수 있는지 구하시오.

풀이

두 표본이 모두 크므로 σ_1^2, σ_2^2 대신 s_1^2, s_2^2을 각각 쓸 수 있다. μ_1, μ_2를 각각 담배 A와 담배 B의 니코틴 함량의 진짜 평균이라고 하자.

$$H_0 : \mu_1 = \mu_2\,,\ H_a : \mu_1 \neq \mu_2$$

검정통계량은 $\dfrac{\overline{X_1}-\overline{X_2}}{\sqrt{\dfrac{S_1^2}{n_1}+\dfrac{S_2^2}{n_2}}}$ 이다. $\alpha=0.05$이므로 $z_{\alpha/2}$=1.96이다. 검정통계량의 계산된 값이 -1.96보다 작거나 1.96 보다 크면 H_0을 기각한다. 검정통계량의 계산된 값은

$$\frac{\overline{x_1}-\overline{x_2}}{\sqrt{\dfrac{s_1^2}{n_1}+\dfrac{s_2^2}{n_2}}}=\frac{15.4-16.8}{\sqrt{\dfrac{3}{60}+\dfrac{4}{40}}}=\frac{-1.4}{\sqrt{\dfrac{3}{20}}}=-3.62$$

계산된 값이 -1.96보다 작으므로 H_0을 기각한다. 따라서, 두 담배의 니코틴 함량이 차이가 있다고 할만한 충분한 이유가 있다.

- 모분산이 미지일 때 모평균의 차에 대한 가설검정

다음의 검정 절차는 같은 분산을 가진 두 정규모집단에서 작은 크기의 확률표본을 뽑았을 때 특별히 알맞다. 다음의 귀무가설을 검정하려 한다.

$$H_0:\mu_1=\mu_2,\ 즉\ \mu_1-\mu_2=0$$

분산이 알려져 있으면 다음의 검정통계량을 사용한다.

$$\frac{\overline{X}-\overline{Y}}{\sqrt{\dfrac{\sigma_1^2}{n_1}+\dfrac{\sigma_2^2}{n_2}}}$$

그러나 분산이 같다고 가정하면, 즉 $\sigma_1^2=\sigma_2^2=\sigma^2$이라 하면 위의 검정통계량은 다음과 같다.

$$\frac{\overline{X}-\overline{Y}}{\sigma\sqrt{\dfrac{1}{n_1}+\dfrac{1}{n_2}}}$$

σ가 알려지지 않았으므로 그것의 합동된 추정치(pooled estimate)인

$$s_p^2=\frac{(n_1-1)s_1^2+(n_2-1)s_2^2}{n_1+n_2-2}$$

을 사용한다. 그래서 H_0을 검정하는 적절한 검정통계량은 다음과 같다.

$$\frac{\overline{X}-\overline{Y}}{S_p\sqrt{\frac{1}{n_1}+\frac{1}{n_2}}}$$

여러 가지 경우의 대립가설에 대한 H_0의 검정 기준은 다음의 [표 8.6]에 나타나 있다.

표 8.7 $\sigma_1^2=\sigma_2^2=\sigma^2$이고 σ^2을 모를 때 $H_0:\mu_1-\mu_2$의 검정

대립가설	H_0을 기각하게 되는 범위
1. $\mu_1 > \mu_2$	$t > t_{\alpha,(n_1+n_2-2)}$
2. $\mu_1 < \mu_2$	$t < -t_{\alpha,(n_1+n_2-2)}$
3. $\mu_1 \neq \mu_2$	$t < -t_{\alpha/2,(n_1+n_2-2)}$ 또는 $t > t_{\alpha/2,(n_1+n_2-2)}$

$$t=\frac{\overline{x_1}-\overline{x_2}}{s_p\sqrt{\frac{1}{n_1}+\frac{1}{n_2}}}$$: 검정통계량 T의 계산된 값

예제 8.11

대표는 그의 기업의 컴퓨터가 다른 경쟁자가 판 비슷한 컴퓨터보다 주당 평균 고장 시간이 같다고 믿는다. 이 문제를 확인하기 위해 자료를 모아 가설건정을 하고자 한다. 그의 기업의 제품을 사용하는 회사에서 20주 동안의 간단한 무작위 표본에서 평균 고장시간은 125분의 표준편차로 37분이라고 구한다. 그러나 경쟁자의 컴퓨터를 포함하는 15주는 평균고장시간이 115분의 표준편차로 43분밖에 안 되었다. 10% 유의수준을 가정한다면 대표는 어떤 결론을 내려야 하는지 구하시오.

풀이

$$H_0:\mu_1=\mu_2,\ H_a:\mu_1\neq\mu_2$$

검정통계량은 $\dfrac{\overline{X_1}-\overline{X_2}}{S_p\sqrt{\frac{1}{n_1}+\frac{1}{n_2}}}$이다. $n_1=20$, $n_2=15$이므로 자유도는 n_1+n_2-2 $=33$이고, $\alpha=0.1$이므로 $t_{0.05,(33)}=1.69$이다. 검정통계량의 계산된 값이 구간 $[-1.69, 1.69]$ 밖에 있으면 H_0을 기각한다.

$\overline{x_1} = 125$, $\overline{x_2} = 115$, $s_1 = 37$, $s_2 = 43$이므로

$$s_p^2 = \frac{(n_1-1)s_1^2 + (n_2-1)s_2^2}{n_1+n_2-2}$$
$$= \frac{(20-1)37^2 + (15-1)43^2}{20+15-2} = 1572.64$$
$$s_p = \sqrt{1572.64} = 39.66$$
$$t = \frac{\overline{x_1} - \overline{x_2}}{s_p\sqrt{\frac{1}{n_1}+\frac{1}{n_2}}} = \frac{125-115}{39.66\sqrt{\frac{1}{20}+\frac{1}{15}}} = \frac{10}{13.55} = 0.74$$

이다. 계산된 값이 -1.69와 1.69 사이에 있으므로 H_0을 기각하지 못한다. 따라서, 이 자료는 두 고장시간의 차이가 있다는 것을 입증해 주지 못한다.

파이썬 프로그래밍

```
import numpy as np
from scipy import stats

# 귀무가설: 회사 A와 회사 B의 컴퓨터 평균 고장 시간은 같다.
# 대립가설: 회사 A와 회사 B의 컴퓨터 평균 고장 시간은 다르다.

# 데이터
company_a = np.random.normal(125, 37, 20)
company_b = np.random.normal(115, 43, 15)

# t-검정 수행
t_stat, p_value = stats.ttest_ind(company_a, company_b)

# 결과 출력
print(f"t-statistic: {t_stat:.4f}")
print(f"p-value: {p_value}\n")

# 유의수준 0.10과 p-value 비교
alpha = 0.10   # 유의수준
if p_value < alpha:
    print(f"p-value는 {p_value:.4f}로, 유의수준 {alpha}보다 작다.
        \n따라서 귀무가설을 기각하고 대립가설을 채택한다.")
else:
    print(f"p-value는 {p_value:.4f}로, 유의수준 {alpha}보다 크거나 같다.
        \n따라서 귀무가설을 기각할 수 없다.")
```

예제 8.12

시의회 의원은 남성과 여성 공무원들은 경찰서에서 승진을 위해 똑같은 시간을 기다린다고 주장한다. 여성 대변인은 그러나 여자가 남자들보다 더 오래 기다려야 한다고 믿는다. 만약 5명의 남자가 승진을 위해 각각 8, 7, 10, 5, 7년을 기다리는 동안 4명의 여자가 각각 9, 5, 12, 8년을 기다렸다. 어떤 결론을 지어야 하는지 구하시오.

풀이

$$H_0 : \mu_1 = \mu_2 ,\ H_a : \mu_1 - \mu_2 < 0$$

검정통계량은 $\dfrac{\overline{X_1} - \overline{X_2}}{S_p\sqrt{\dfrac{1}{n_1}+\dfrac{1}{n_2}}}$이다. $n_1 = 5$, $n_2 = 4$이므로 자유도는 $5+4-2=7$이고, $\alpha = 0.05$이므로 $-t_{0.05,(7)} = -1.89$이다. 검정통계량의 계산된 값이 -1.89보다 작으면 기각된다.

$\overline{x_1} = 7.4$ $s_1 = 1.82$, $\overline{x_2} = 8.5$, $s_2 = 2.89$이므로

$$\begin{aligned} s_p &= \sqrt{\frac{(n_1-1)s_1^2+(n_2-1)s_2^2}{n_1+n_2-2}} \\ &= \sqrt{\frac{(5-1)(1.82)^2+(4-1)(2.89)^2}{5+4-2}} = \sqrt{5.47} = 2.34 \\ t &= \frac{\overline{x_1}-\overline{x_2}}{s_p\sqrt{\dfrac{1}{n_1}+\dfrac{1}{n_2}}} = \frac{7.4-8.5}{2.34\sqrt{\dfrac{1}{5}+\dfrac{1}{4}}} = -.70 \end{aligned}$$

이다. 계산된 값이 -1.89보다 크므로 H_0을 기각하지 못한다. 따라서, 의회 의원의 주장을 반대할 증거가 없다고 결론짓는다.

파이썬 프로그래밍

```
from scipy import stats

# 귀무가설: 남성과 여성 공무원들은 경찰서에 승진을 위해 똑같은 시간을 기다린다.
# 대립가설: 남성과 여성 공무원들은 경찰서에 승진을 위해 다른 시간을 기다린다.

male_waiting_times = [8, 7, 10, 5, 7] # 남성 공무원들의 기다린 시간
female_waiting_times = [9, 5, 12, 8]  # 여성 공무원들의 기다린 시간

# t-검정
```

```
t_stat,p_value=stats.ttest_ind(male_waiting_times,female_waiting_times,
equal_var=True)
# 결과 출력
print(f"t-statistic: {t_stat:.4f}")
alpha = 0.05   # 유의수준
if p_value < alpha:
    print(f"p-value는 {p_value:.4f}로, 유의수준 {alpha}보다 작다.
         \n따라서 귀무가설을 기각하고 대립가설을 채택")
else:
    print(f"p-value는 {p_value:.4f}로, 유의수준 {alpha}보다 크거나 같다.
         \n따라서 귀무가설을 기각할 수 없다")
```

8.3.3 쌍체 비교 검정법

위에서 설명한 분석과 절차는 비교가 되는 두 표본이 서로에게 독립적이란 것이 필요하다. 그러나, 수많은 실험과 검정은 자료가 자연적으로 쌍으로 생기는 두 모집단을 비교하는 것을 피한다. 이 경우에는 알맞은 절차는 짝지어진 자료들의 차이들로 구성된 하나의 변수에 단일표본 검정을 하는 것이다. 여러 가지 경우의 대립가설에 대한 H_0의 검정 기준은 다음의 [표 8.7]에 나타나 있다.

표 8.8 $H_0 : \mu_d = 0$의 검정

대립가설	H_0을 기각하게 되는 범위
$H_1 : \mu_d > 0$	$t \geq t_{\alpha,(n-1)}$
$H_1 : \mu_d < 0$	$t \leq -t_{\alpha,(n-1)}$
$H_1 : \mu_d \neq 0$	$t \leq -t_{\alpha/2,(n-1)}$ 또는 $t \geq t_{\alpha/2,(n-1)}$

$$t = \frac{\bar{d}}{s_d/\sqrt{n}} \text{ : 검정통계량 } T\text{의 계산된 값}$$

예제 8.13

특정한 약은 반응 속도를 늦추는가? 만약 그렇다면, 정부는 이 약을 복용하는 차이를 고려하여 검정하려 한다. 30명의 무작위 표본을 약물 복용 전과 후에 검사하였다. 다음 자료들이 5% 유의수준에서 그의 주장을 입증할 증거가 되는지 수구하시오.

표 8.9 약 복용 전과 후의 반응속도 (단위: 초)

사람	전	후	사람	전	후
1	1.42	1.48	16	1.83	1.75
2	1.87	1.75	17	1.40	1.51
3	1.34	1.31	18	1.75	1.67
4	0.98	1.22	19	1.56	1.72
5	1.51	1.58	20	1.56	1.63
6	1.43	1.57	21	2.03	1.81
7	1.52	1.48	22	1.38	1.48
8	1.61	1.55	23	1.42	1.35
9	1.37	1.54	24	1.69	1.75
10	1.49	1.37	25	1.50	1.39
11	0.95	1.07	26	1.12	1.24
12	1.32	1.35	27	1.38	1.40
13	1.68	1.77	28	1.71	1.65
14	1.44	1.44	29	0.91	1.11
15	1.17	1.27	30	1.59	1.85

풀이

우리가 관심이 있는 자료는 반응속도의 증가량이다. 30명에 대한 반응속도 증가량은 {−0.06, 0.12, 0.03, −0.24, ⋯ , −0.26}이다. 약을 복용한 모든 사람의 반응 증가량의 평균을 μ_d라 하면,

$$H_0 : \mu_d = 0,\ H_a : \mu_d < 0$$

검정통계량은 $\dfrac{\overline{D}-0}{S_d/\sqrt{n}}$이다. $\alpha = 0.05$, $n = 30$이므로 자유도는 29이고, $-t_{0.05,\,29} = -1.70$이다. 검정통계량의 계산된 값이 -1.70보다 작으면 H_0을 기각한다.

$$\overline{d} = -0.038,\ s_d = 0.118$$

$$t = \frac{\overline{d}-0}{s_d/\sqrt{n}} = \frac{-0.038}{0.118/\sqrt{30}} = -1.76$$

계산된 값이 -1.70보다 작으므로 H_0을 기각한다. 따라서, 약물 복용 전보다 후의 반응속도가 크다고 할만한 근거가 있다.

예제 8.14

신경증 환자를 치료하는 새로운 정신안정제의 효과를 알아보기 위하여, 환자마다 일주일은 그 약을, 다른 일주일 동안은 가짜약(placebo)을 투여하는데, 그 순서는 임의로 정하였다. 주말마다 환자에게 질문표를 배부하여 그 응답을 토대로 안정 점수(0~30점)를 매겼다. 점수가 높을수록 불안감이 심한 경우이다.

표 8.10 안정점수

환자	1	2	3	4	5	6	7	8	9	10
안정제(x)	19	11	14	17	23	11	15	19	11	8
가짜약(y)	22	18	17	19	22	12	14	11	19	7
차($d=x-y$)	−3	−7	−3	−2	1	−1	1	8	−8	1

안정제의 효과가 가짜약에 의한 효과보다 좋다는 검정을 하시오.

풀이

$$H_0 : \mu_d = 0\,,\ H_a : \mu_d < 0$$

검정통계량은 $\dfrac{\overline{D}-0}{S_D/\sqrt{n}}$ 이다.

$\alpha = 0.05$이고 $n = 10$이므로 자유도는 9, $-t_{0.05,9} = -1.833$이다. 검정통계량의 계산된 값이 -1.833보다 작으면 H_0을 기각한다.

$$\overline{d} = -1.3,\quad s_d = 4.5$$
$$t = \frac{\overline{d}-0}{s_d/\sqrt{n}} = \frac{-1.3-0}{4.5/\sqrt{10}} = -.904$$

계산된 값이 -1.833보다 크므로 H_0을 기각할수 없다. 따라서, 위의 실험자료로서는 안정제의 효과가 있다고 주장할 수 없다.

파이썬 프로그래밍

```
from scipy import stats
import numpy as np

# 귀무가설: 새로운 정신안정제의 효과와 가짜약에 의한 효과는 같다.
# 대립가설: 새로운 정신안정제의 효과가 가짜약에 의한 효과보다 좋다.

stabilizator = np.array([9, 11, 14, 17, 23, 11, 15, 19, 11, 8])
```

```
fake = np.array([22, 18, 17, 19, 22, 12, 14, 11, 19, 7])

d = stabilizator - fake  # 안정제-가짜약의 차이

# t-검정
t_stat, p_value = stats.ttest_1samp(d, popmean=0)

# 결과 출력
print(f"t-statistic: {t_stat:.4f}")
alpha = 0.05  # 유의수준
if p_value / 2 < alpha:
    print(f"p-value는 {p_value / 2:.4f}로, 유의수준 {alpha}보다 작다.
        \n따라서 귀무가설을 기각하고 대립가설을 채택한다.")
else:
    print(f"p-value는 {p_value / 2:.4f}로, 유의수준 {alpha}보다 크거나 같다.
        \n따라서 귀무가설을 기각할 수 없다.")
```

8.4 분산의 검정

모집단의 산포도를 나타내는 모표준편차 σ에 대한 가설검정을 예를 들어 설명해 보자. 어느 시계공장에서 생산되는 시간의 표준편차는 $\sigma = 0.4$초라고 알려져 있다. 시계의 성능을 향상시키기 위하여 새 기술을 도입하여 제조된 시계 20개를 임의추출하고 표준편차를 구하니 0.3초였다. 새로 도입한 기술에 의하여 생산된 시계의 성능이 과거 기존의 성능보다 향상되었는가? 이를 검정하려면 $H_0 : \sigma = 0.4$, $H_1 : \sigma < 0.4$와 같은 가설을 세워야 할 것이다.

우리는 여러 가지의 대립가설에 대한 귀무가설 $H_0 : \sigma^2 = \sigma_2^2$을 검정하려 한다. 모분산 σ^2에 관한 가설검정 시에는 이의 추정치인

$$s^2 = \frac{1}{n-1}\sum_{i=1}^{n}(x_i - \overline{x})^2$$

을 사용하는 것이 가장 자연스러운 출발일 것이다.

여기서 검정통계량 $\dfrac{(n-1)S^2}{\sigma_0^2}$ 이 나오게 되고, 검정 기준이 만들어진다. 이 시점에서 우리는 $\dfrac{(n-1)S^2}{\sigma_0^2}$ 의 분포를 알아야 한다. 이와 관련하여 모집단이 정규분포라는 가정을 한다. 6장에서 설명한 바와 같이 모집단이 분산 σ^2인 정규분포라 하면 $\dfrac{(n-1)S^2}{\sigma_0^2}$ 의 분포는 자유도가 $(n-1)$인 χ^2-분포이다.

[표 8.11]에는 양측 및 단측 대립가설에 대한 귀무가설 $H_0 : \sigma^2 = \sigma_2^2$을 검정하는 검정 기준이 주어져 있다.

표 8.11 $H_0 : \sigma^2 = \sigma_2^2$을 검정하는 검정 기준

대립가설	H_0를 기각하게 되는 범위
$\sigma^2 > \sigma_0^2$	$\chi^2 \geq \chi^2_{\alpha,(n-1)}$
$\sigma^2 < \sigma_0^2$	$\chi^2 \leq \chi^2_{1-\alpha/2,(n-1)}$
$\sigma^2 \neq \sigma_0^2$	$\chi^2 \leq \chi^2_{1-\alpha/2,(n-1)}$ 또는 $\chi^2 \geq \chi^2_{\alpha/2,(n-1)}$

$(n-1)s^2/\sigma_0^2$: $(n-1)S^2/\sigma_0^2$ 의 계산된 값

예제 8.15

자동차 배터리 제조업자는 그들의 배터리의 수명의 분산 0.9년이라고 주장한다. 이들 배터리 10개의 확률표본은 1.2년의 분산을 갖는다고 한다면, $\sigma^2 \geq 0.9$라고 할 수 있는지 유의수준 0.05로 검정하시오.

풀이

$$H_0 : \sigma^2 = 0.9\,,\ H_a : \sigma^2 > 0.9$$

검정통계량은 $\dfrac{(n-1)S^2}{0.9}$ 이다.

대립가설은 우측 검정이다. $n = 10$이므로 χ^2-분포는 자유도가 $10-1=9$이다. 부록의 표에 의하면 $\chi^2_{0.05,(9)} = 16.919$이다. 따라서 검정통계량의 계산된 값이 16.919보다 크면 H_0을 기각한다.

$s^2 = 1.2,\ \ n = 10,\ \ \sigma_0^2 = 0.9$이므로 검정통계량의 계산된 값은

$$\frac{(n-1)s^2}{0.9} = \frac{9 \times 1.2}{0.9} = 12$$

이다. 계산된 값이 16.919보다 작으므로 H_0을 기각할 수 없다. 따라서, 5% 유의수준에서 볼 때 모분산 0.9보다 크다고 할만한 근거가 없다.

예제 8.16

다음 측정치들은 실험실에서 임의로 햄스터 6마리를 뽑아 몸무게를 잰 것이다.

12, 8, 7, 12, 14, 13

햄스터의 몸무게 분산이 2.25보다 크다는 주장에 대해 당신은 어떤 결론을 내릴 것인가? 유의수준은 5%로 가설검정 하시오.

풀이

$$H_0 : \sigma^2 = 2.25,\ H_a : \sigma^2 > 2.25$$

검정통계량은 $\dfrac{(n-1)S^2}{2.25}$ 이다.

대립가설은 오른편 단측이다. $n = 6$이므로 χ^2-분포는 지유도기 $6-1=5$이다. 부록의 표에 의하면 $\chi^2_{0.05,(5)} = 11.07$이다. 검정통계량의 계산된 값이 11.07보다 크면 H_0을 기각한다.

$\overline{x} = 11,\ (n-1)s^2 = \sum_{i=1}^{n}(x_i - \overline{x})^2 = 40$이므로 검정통계량의 계산된 값은

$$\frac{(n-1)s^2}{2.25} = \frac{40}{2.25} = 17.8$$

이다. 계산된 값이 11.07보다 크므로 H_0을 기각한다. 따라서, 유의수준에서 볼 때 모분산이 2.25보다 크다고 할만한 근거가 있다.

파이썬 프로그래밍

```
from scipy import stats
import numpy as np

# 귀무가설: 햄스터의 몸무게의 분산은 2.25 이하이다.
```

```
# 대립가설: 햄스터의 몸무게의 분산은 2.25 초과이다.

weights = np.array([12, 8, 7, 12, 14, 13])  # 햄스터들의 몸무게
n = len(weights)                             # 샘플 크기
s2 = np.var(weights, ddof=1)                 # 표본분산
sigma2 = 2.25                               # 귀무가설하에서의 분산

# 카이제곱검정
chi2_stat = (n - 1) * s2 / sigma2
p_value = stats.chi2.sf(chi2_stat, df=n-1)

# 결과 출력
print(f"statistics : {chi2_stat:.4f}")
alpha = 0.05 # 유의수준
if p_value < alpha:
    print(f"p-value는 {p_value:.4f}로, 유의수준 {alpha}보다 작다.
        \n따라서 귀무가설을 기각하고 대립가설을 채택한다.")
else:
    print(f"p-value는 {p_value:.4f}로, 유의수준 {alpha}보다 크거나 같다.
        \n따라서 귀무가설을 기각할 수 없다.")
```

연습문제

주관식 문제

01 어느 통계학과의 여학생 비율은 정원 60명 중 특정 연도에 28명이었다. 이 학과의 여학생 비율이 1/2인지 유의수준 0.05로 검정하시오.

02 파이썬 프로그래밍 어느 도시의 시장은 4년 전 56%의 지지율로 당선이 되었다. 임기가 끝나는 즈음 다시 시장에 도전하려고 한다. 여론 조사를 하였다. 300명의 유권자를 단순임의추출하여 의견을 물어보니 158명이 지지한다고 하였다.

(1) 재선의 가능성을 구하시오.

(2) 4년 전에 비하여 지지율이 내려갔다고 할 수 있는지 구하시오.

03 파이썬 프로그래밍 보통 약국에서 제조되는 신경안정제의 효과는 60%라고 한다. 신경과민으로 고통받고 있는 성인 100명을 무작위로 추출하여 새로 개발된 양을 복용하게 한 결과 70명이 효과를 보았다고 한다. 새로운 약이 기존의 약보다 효과가 더 크다고 할 수 있는지를 유의수준 0.05로 검정하시오.

04 어느 정유회사의 주장에 따르면 어떤 도시의 가정 중 1/5가 기름 난방을 한다고 한다. 무작위로 1,000가정을 추출하여 조사한 결과 136가정이 기름 난방을 하는 것으로 조사되었다. 이 결과로 정유회사의 주장이 타당하다고 할 수 있는지를 P-값을 이용하여 구하시오.

05 파이썬 프로그래밍 원자력발전소의 건설에 대한 어떤 도시와 교외거주자의 지지율 조사에서 임의로 추출된 도시거주자 100명 중에서는 63명이, 교외거주자 125명 중에서는 59명이 원자력발전소의 건설을 지지하는 것으로 나타났다. 도시거주자와 교외거주자들 간의 지지율에는 유의한 차이가 있다고 할 수 있는지 검정하시오.

06 파이썬 프로그래밍 도시지역의 성인 여성 200명 중 20명이, 그리고 농촌지역의 성인 여성 150명 중 10명이 유방암에 걸린 것으로 조사되었다. 도시지역의 발병률이 더 높다고 할 수 있는지 유의수준 0.05로 답하시오.

07 어떤 도시의 외곽지역에 건설 예정인 화학공장 건설안에 대해 시와 인접지역 주민들을 대상으로 찬반투표를 실시하여, 시와 인접지역 주민들의 지지율 사이에 유의한 차이가 있는지를 알아보려고 한다. 만일 공장 건설안에 찬성하는 유권자가 시에서는 200명 중 120명, 인접지역에서는 500명 중 240명으로 나타났다면, 시에서의 유권자의 지지율이 인접지역의 지지율보다 높다고 할 수 있는지 구하시오. 단, 유의수준은 0.05로 한다.

08 파이썬 프로그래밍 한국 사람의 평균수명을 알아보기 위하여 사망자 100명을 표본으로 추출하여 조사하였더니 평균 71.8년으로 나타났다. 모표준편차를 8.9년으로 가정할 때, 현재의 평균 수명은 70년보다 길다고 할 수 있는가를 유의수준 $\alpha = 0.05$로 검정하시오.

09 어느 벨트 생산 공장에서 생산된 제품은 평균 1,850시간을 사용할 수 있는데, 그 표준편차는 120시간 정도라고 한다. 새로운 기술 도입으로 생산된 신형 벨트 중에서 60개를 임의 표본 조사를 해본 결과, 그 표본평균 사용 시간이 1,900시간으로 계산되었다고 한다. 이때 사용 시간을 늘리게 되었다고 광고하는 이 공장의 주장을 5% 유의수준에서 검정하시오.

10 파이썬 프로그래밍 스포츠용구 제조업자가 인조 낚싯줄을 개발하였다. 그리고 신제품의 평균 인장강도와 표준편차는 각각 8 kg과 0.5 kg이라 주장하고 있다. 이 주장을 확인하기 위하여 낚싯줄 50개를 표본으로 추출하여 강도시험을 한 결과 평균 인장강도는 7.8 kg으로 나타났다. 유의수준 $\alpha = 0.01$로 검정하시오.

11 에디슨전기연구소에서 발표한 진공청소기 사용으로 인한 연평균 전력사용량은 46 kwh였다. 12가정을 표본추출하여 진공청소기의 연간 전력사용량을 조사하였더니 평균이 42 kwh, 표준편차가 11.9 kwh로 나타났다. 유의수준 0.05로 진공청소기의 연평균전력 사용량이 46 kwh보다 적은지를 검정하시오. 단, 전력사용량의 모집단은 정규모집단으로 가정한다.

12 파이썬 프로그래밍 어느 지역 청소년이 평균 IQ가 110이라고 알려져 있다. 이 지역에서 약물 복용으로 체포된 청소년의 IQ가 평균 IQ보다 떨어지는지를 알아보기 위하여 15명의 약물 복용 청소년에 대한 IQ 검사를 한 결과가 다음과 같다.

125, 105, 117, 109, 118, 104, 98, 111, 107, 108, 135, 94, 90, 100, 99

약물 복용자의 평균 IQ는 이 지역의 IQ보다 떨어지는 지를 유의수준 $\alpha = 0.05$하에서 가설검정하시오. 이 문제를 풀기 위해 추가로 필요한 가정 사항이 무엇인지도 말하시오.

13 파이썬 프로그래밍 두 정규분포로부터 독립적인 확률표본을 추출하여 다음과 같은 결과를 얻었다.

표본 1	표본 2
$n_1 = 12$	$n_2 = 16$
$\overline{x_1} = 35$	$\overline{x_2} = 43$
$s_1 = 4.2$	$s_2 = 3.7$

(1) σ^2의 통합분산을 계산하시오.

(2) 이 자료는 $\mu_1 \neq \mu_2$를 주장할 충분한 근거를 제공하는가? $\alpha = 0.05$로 검정하시오.

(3) 두 모평균의 차 $(\mu_1 - \mu_2)$에 대한 95% 신뢰구간을 구하시오.

14 4년제 대학생이 2년제 대학생보다 더 열심히 공부한다고 보는가? 이러한 질문에 대한 대답을 얻기 위하여 4년제 대학생 47명과 2년제 대학생 36명에게 주당 과제물을 수행하는데 몇 시간을 투자하는지 물어보았다. 조사 그룹별 평균 및 표준편차는 아래와 같다. 이 자료를 근거로 4년제 대학생이 2년제 대학생보다 더 열심히 공부한다고 할 수 있는가? ($\alpha = 0.01$을 사용한다) 또한 이 검정에서 P-값은 무엇인지 구하시오.

4년제 대학생	2년제 대학생
$\overline{x_1} = 18.6$	$\overline{x_1} = 14.7$
$s_1^2 = 22.4$	$s_2^2 = 20.9$

15 전구등을 제작하는 두 대의 기계가 있다. 어느 날 이들 기계에서 생산되는 각각 500개의 제품에서 불편 분산이 각각 0.005 cm, 0.006 cm이고, 또 이날 생산된 제품으로부터 평균 반경은 1.503 cm와 1.476 cm이었다. 5% 유의수준에서 유의적인 차이가 있다고 말할 수 있는지 구하시오.

16 파이썬 프로그래밍 두 가지 종류의 암기법이 서로 차이가 있는지를 알아보기 위해 두 집단의 어린아이에게 각각의 방법으로 외국어 단어를 가르친 후, 암기하고 있는 단어가 몇 개인가를 알아보았더니 다음과 같았다.

암기법 A	5 2 4 7 4 4 8 3 7 6	$n_1 = 10$
암기법 B	6 5 4 9 4 6 8 5 6 7	$n_2 = 10$

위 자료를 기초로 하여 두 암기법이 서로 차이가 있는지 유의수준 1%에서 검정하시오. 두 모집단의 분포는 정규분포이고, 두 모분산은 같다고 가정한다.

17 두 강재의 마모량을 비교하기 위한 실험이 실시되었다. 강재 1과 강재 2에 대해 각각 12회 및 10회씩 시험한 결과 강재 1의 마모량은 평균이 85, 표본표준편차가 4였고, 강재 2에서는 81과 5로 나타났다. 강재 1의 마모량이 강재 2의 그것보다 2 이상 심한지를 유의수준 0.05로 검정하시오. 단, 두 모집단은 분산이 같은 정규분포를 근사적으로 따른다고 한다.

18 파이썬 프로그래밍 어느 회사에서 직업 훈련이 근로자의 능률 향상에 효과가 있는지를 알고 싶다고 한다. 이를 위해 16명의 근로자를 뽑아서 직업 훈련을 하기 전과 후의 작업능률 점수를 알아보았더니 다음과 같았다. 이 조사 결과로써 훈련 전과 후의 능률이 같다고 할 수 있는가? 유의수준 1%에서 검정하시오.

번호	1, 2, 3, 4, 5, 6, 7, 8, 9, 10, 11, 12, 13, 14, 15, 16
후	80, 90, 92, 75, 86, 90, 81, 70, 89, 88, 82, 79, 91, 90, 78, 89
전	75, 83, 96, 77, 81, 90, 82, 67, 94, 85, 78, 82, 96, 80, 87, 81

19 대학교 신입생을 대상으로 쌍을 이루는 사람들을 IQ가 비슷하게 하여 10쌍을 골랐다. 각 쌍의 임의의 한 사람에게는 교수 방법 A로, 다른 사람에게는 교수 방법 B로 통계학을 가르친 후 시험을 본 결과가 아래와 같다. 두 방법의 점수 차이에 대한 유의수준 5%로 검정하시오. 점수의 차에 대한 분포는 정규분포라고 가정한다.

쌍	1, 2, 3, 4, 5, 6, 7, 8, 9, 10
A 방법	76, 60, 85, 58, 91, 75, 82, 64, 79, 88
B 방법	81, 52, 87, 70, 86, 77, 90, 63, 58, 83

20 파이썬 프로그래밍 15명의 남자 대학생을 대상으로 피로하지 않은 상태와 피로한 상태에서 외부 자극에 반응을 나타내기까지의 시간을 측정한 기록이 다음과 같았다고 한다.

피실험자	피로하지 않은 상태	피로한 상태
1	158	91
2	92	59
3	65	215
4	98	226
5	33	223
6	89	91
7	148	92
8	58	177
9	142	134
10	117	116
11	74	153
12	66	219
13	109	143
14	57	164
15	85	100

피로한 상태에서는 신체기능 조절능력이 떨어진다고 할 수 있겠는가? 단, 모집단은 정규분포를 따른다고 가정한다.

21 파이썬 프로그래밍 특별한 윤활유 용기들의 용량은 분산 0.03 L의 분산을 가지고 정규분포를 따르는 것으로 알려져 있다. 모분산이 0.03인가를 검정하기 위해 10개의 용기를 추출하여 다음 자료(단위: L)를 얻었다. 유의수준 0.01로 검정하시오.

10.2 9.7 10.1 10.3 10.1 9.8 9.9 10.4 10.3 9.8

22 파이썬 프로그래밍 기계에 의해 채워지는 음료수는 만일 함량의 분산이 1.15 dl를 초과하면 관리하에 있지 않다고 한다. 이 기계로부터 25개의 음료수를 추출하여 함량을 조사해 보니 표본분산이 2.03 dl로 나타났다. 기계가 관리하에 있지 않다는 것을 유의수준 0.05로 검정하시오. 함량의 분포는 근사적으로 정규분포를 따른다고 가정한다.

23 병에 자동으로 음료수를 채우는 시스템에서 채워지는 음료수 양의 분산이 1 g 이하여야만 시스템이 안정적이라고 할 수 있다. 품질관리 책임자가 음료수병 10개를 임의로 추출하여 음료수의 양을 측정한 결과 표본분산 $s^2 = 0.16$을 구하였다. 이 시스템의 분산이 1 g 이하인가를 유의수준 5%하에서 검정하시오.

객관식 문제

01 한 연구자가 "아침에 공부하는 학생이 저녁에 공부하는 학생보다 더 좋은 수학 점수를 받을 것이다"라는 가설을 세웠다. 학기말 시험을 본 결과 아침에 공부하는 학생의 집단에 대한 평균이 μ_1, 저녁에 공부하는 학생의 집단에 대한 평균이 μ_2일 때 다음 중 어느 것이 귀무가설인지 구하시오.

(가) $\mu_1 > \mu_2$ (나) $\mu_1 \geq \mu_2$ (다) $\mu_1 = \mu_2$ (라) $\mu_1 \neq \mu_2$

02 "40세 남녀의 체중에는 차이가 있다"라는 연구 가설이 있다. 40세 남자 집단의 평균을 μ_1, 40세 여자 집단의 평균이 μ_2일 때 다음 중 대립가설은 어느 것인지 구하시오.

(가) $\mu_1 = \mu_2$ (나) $\mu_1 \neq \mu_2$ (다) $\mu_1 > \mu_2$ (라) $\mu_1 < \mu_2$

03 모표준편차가 20인 정규모집단에서 크기 50인 표본을 추출하여 표본평균 $\overline{x} = 130$이었다. 이 표본은 모평균 $\mu = 120$인 모집단에서 추출된 것이라고 볼 수 있는가. 유의수준 5%로 검정할 때 다음 중 틀린 것을 구하시오.

(가) 양측검정이므로 유의수준 5%에 대한 임계값은 1.96이다.

(나) $Z_0 = \dfrac{130-120}{\dfrac{20}{\sqrt{50}}} = 3.54 > 1.96$이므로 귀무가설을 기각한다.

(다) $Z_0 = \dfrac{130-120}{\dfrac{20^2}{50}} = 1.25 < 1.96$이므로 귀무가설을 수락한다.

(라) 귀무가설은 표본 $(\overline{x} = 130)$이 모평균 $\mu = 120$인 모집단에서 추출된 것이고, 표본평균이 차이가 있는 것은 표본추출에서 생긴 오차에 지나지 않는다는 것이다.

04 어느 벨트 생산 공장에서 생산된 제품은 평균 1,850시간을 사용할 수 있는데, 그 표준편차는 120시간 정도라고 한다. 새로운 기술 도입으로 생산된 신형 벨트 중에서 60개를 임의 표본 조사를 해본 결과 그 표본평균 사용 시간이 1,900시간으로 계산되었다고 한다. 이때 사용 시간을 늘리게 되었다고 광고하는 이 공장의 주장을 5% 유의수준에서 검정하시오.

(가) 평균 사용 시간이 길어짐.

(나) 평균 사용 시간이 길어졌다고 볼 수 없음.

(다) 평균 사용 시간이 전과 같거나 작다.

(라) 비교할 수 없다.

05 어느 타이어 제조업자의 말에 의하면 그가 생산하는 타이어의 평균 수명이 25,000km보다 길다고 한다. 그런데 그들 중 15개를 임의로 추출하여 조사한 결과 평균 수명이 27,000km이고, 그 표준편차가 5,000km였다. 이 자료를 근거로 하여 유의수준 0.05로 검정할 때 다음 중 틀린 것을 고르시오.

(가) $H_0 : \mu \le 25000, \quad H_1 : \mu > 25000$

(나) $t_c = \dfrac{\overline{x} - \mu}{S/\sqrt{n}} = \dfrac{27000 - 25000}{5000/\sqrt{15}} = 1.55$

(다) 자유도 $15 - 1 = 14$에서 $t_{0.95} = 1.7613$

(라) $t_c = 1.55 < 1.7163$이므로 H_0는 기각한다.

06 K 회사가 생산하는 100대의 형광등의 표본에서 평균 수명 $\overline{x} = 1570$시간, 표준편차 $s = 120$시간을 얻었다. μ가 그 회사 전 형광등의 평균 수명이라 할 때 대립가설 $H_1 : \mu \ne 1600$시간으로 귀무가설 $H_0 : \mu = 1600$시간을 유의수준 0.05와 0.01로 각각 검정하시오.

(가) 1%의 유의수준으로는 채택이지만 5%의 유의수준은 기각이다.

(나) 1%의 유의수준이나 5%의 유의 수준이나 다 기각이다.

(다) 1%의 유의수준이나 5%의 유의 수준이나 다 채택이다.

(라) 1%의 유의수준으로는 기각이고 5%의 유의수준으로는 채택이다.

07 어느 시장 분석가의 말에 의하면 지역 A의 가정에서 1주일간의 식료품비가 평균 28,000원 미만이라 한다. 그런데 그 지역에서 100세대의 가정을 임의로 추출하여 조사한 결과 주당 평균 식료품비가 26,600원이었으며 표준편차가 7,000원이었다. 이 자료는 시장 분석가의 말을 지지해 줄 수 있는지 구하시오.

(가) 유의 수준 5%로는 지지할 수 있고 1%로는 지지할 수 없다.
(나) 유의 수준 5%로는 지지할 수 없고 1%로는 지지할 수 있다.
(다) 모두 지지할 수 있다고 본다.
(라) 모두 지지할 수 없는 경우가 많다.

08 쥐를 보통 사료로 기르면 생후 3개월에 평균 65g에 달한다고 한다. 12마리의 쥐를 어떤 사료로 길렀더니 생후 3개월의 평균 체중이 67.25g, 표준편차 3.68g이었다. 이 사료는 보통 사료와 같은지 다른지를 검정하시오(유의 수준 5%).

	평균	표준편차
주간	61.4	13.2
야간	58.7	14.8

(가) 보통 사료와 같다고 볼 수 있다.
(나) 보통 사료와 다르다고 볼 수 있다.
(다) 비교할 수 없다.
(라) 대립 가설과 귀무 가설을 설정할 수 없다.

09 모비율 p인 이항 모집단에서 크기 n의 표본을 취하여 표본비율 $\frac{x}{n}$를 얻었다. $H_0 : p = 0.5,\quad H_1 : p \neq 0.5$를 검정하려고 한다. 다음 중 옳은 것을 고르시오.

(가) $\left(\frac{x}{n} - 0.5\right) / \sqrt{(0.5)(0.5)/n}$가 정규분포를 한다는 것을 이용한다.
(나) $\left(\frac{x}{n} - 0.5\right) / \sqrt{(0.5)(0.5)/n}$가 자유도 $n-1$인 $t-$분포를 한다는 것을 이용한다.
(다) $\frac{x}{n} = 0.3$이라고 할 때 $\left(\frac{x}{n} - 0.5\right) / \sqrt{(0.3)(0.7)/n}$가 정규분포를 한다는 것을 이용한다.
(라) $\frac{x}{n} = 0.3$이라고 할 때 $\left(\frac{x}{n} - 0.5\right) / \sqrt{(0.3)(0.7)/n}$가 자유도 $n-1$인 $t-$분포를 한다는 것을 이용한다.

10 어떤 식물의 종자는 30%가 싹이 튼다고 한다. 이 종자 200개 중 50개만 싹이 텄다고 할 때 여기에 특별한 이유가 있다고 생각되는가? 유의수준 5%로 검정하시오.

(가) 특별한 이유가 있다고 생각할 수 있다.

(나) 특별한 이유가 있다고 생각할 수 없다.

(다) 이 문제의 조건만으로는 알 수 없다.

(라) 계산이 불가능하다.

11 어느 단체의 구성원 중에서 25% 미만이 대졸 이상의 학력을 지니고 있다고 한다. 그런데 이 모집단에서 200명을 임의로 추출하여 조사한 결과 그중 42명이 대졸 이상의 학력을 지니고 있었다. 이 조사 결과로 그 단체의 구성원 중 25% 미만이 대졸 이상의 학력을 지니고 있다는 말을 지지할 수 있는가를 검정하고자 한다. 다음 중에서 틀린 것을 고르시오.

(가) $H_0 : p \geq 0.25,\quad H_1 : p < 0.25$

(나) $Z_c = \dfrac{\bar{p} - p_0}{\sqrt{\dfrac{p(1-p_0)}{n}}} = \dfrac{0.21 - 0.25}{\sqrt{\dfrac{0.25(1-0.25)}{200}}} = -1.31$

(다) $Z_0 = -1.645$(좌측 검정)

(라) $|Z_c| \leq |Z_0|$ 이므로 H_0를 기각한다.

12 전구를 제작하는 두 대의 기계가 있다. 어느 날 이들 기계에서 생산되는 각각 500개의 제품에서 불편 분산이 각각 0.005cm, 0.006cm이고, 또 이날 생산된 제품으로부터 평균 반경은 1.503cm 와 1.476cm였다. 5%의 유의수준에서 유의적인 차이가 있다고 말할 수 있는가?

(가) 차이가 있다고 판단할 수 없다.

(나) 5%의 유의 수준에서 차이가 없다.

(다) 5%의 유의 수준에서 유의적인 차이가 있다고 판단할 수 있다.

(라) 대립 가설과 귀무 가설을 설정할 수 없다.

13 대학 체육을 수강하는 50명의 남학생의 평균 신장 $\overline{x_1}$은 68.2 inch이고, 표준편차 s_1은 2.5 inch였으며, 수강하지 않는 50명의 남학생의 평균 신장 $\overline{x_2}$는 67.5 inch이고, 표준편차 s_2는 2.8 inch였다. 수강생의 신장은 수강하지 않는 학생보다 크다고 할 수 있는가?

(가) 수강생의 평균 신장이 더 크다. 유의수준 5%로 판정된다.

(나) 수강생의 평균 신장이 유의수준 5%로는 "크다"고 판정되나 유의수준 1%로는 "크다고 볼 수 없다"라고 판정된다.

(다) 유의수준 5%로나 1%로나 다 "크다고 볼 수 없다"로 판정된다.

(라) 수강생의 평균 신장이 더 크다고 유의수준 1%로 판정된다.

14 다음은 두 대학의 입학 성적이다. 평균 성적이 현저하게 차이가 있다고 보는지 5% 유의수준으로 검정한 결과로 맞는 것을 고르시오.

학과	표본 학생수	표본 평균 성적	표준편차
A	60	350	40
B	65	362	30

(가) A가 약간 우월하다.

(나) B가 약간 우월하다.

(다) 현저한 차이가 있다.

(라) 현저한 차이가 없다고 볼 수 있다.

15 모분산 σ_1^2, σ_2^2을 알 때 모평균 차 $\mu_1 - \mu_2$의 검정통계량을 구하시오.

(가) $z = \dfrac{(\overline{X_1} - \overline{X_2}) - (\mu_1 - \mu_2)}{\sqrt{\dfrac{\sigma_1^2}{n_1} + \dfrac{\sigma_2^2}{n_2}}}$

(나) $t = \dfrac{(\overline{X_1} - \overline{X_2}) - (\mu_1 - \mu_2)}{\sqrt{\dfrac{\sigma_1^2}{n_1} + \dfrac{\sigma_2^2}{n_2}}}$

(다) $z = \dfrac{(\overline{X_1} - \overline{X_2}) - (\mu_1 - \mu_2)}{\sqrt{\dfrac{s_1^2}{n_1} + \dfrac{s_2^2}{n_2}}}$

(라) $t = \dfrac{(\overline{X_1} - \overline{X_2}) - (\mu_1 - \mu_2)}{\sqrt{\dfrac{s_1^2}{n_1} + \dfrac{s_2^2}{n_2}}}$

16 남자 직원 60명, 여자 직원 35명의 근무 성적의 평균이 각각 88.3점, 86.3점이었다. 이때 이 공장의 남녀 각각의 전 직원의 근무 성적의 분산이 모두 40.0점이었다고 가정하자. 이 경우 남자 직원이 우수하다고 판정해도 좋은가를 5% 유의수준에서 검정하시오.

(가) 5%의 유의수준에서는 남자 직원이 우수하다고 판정할 수 없다.

(나) 5%의 유의수준에서는 알 수 없다.

(다) 5%의 유의수준에서는 남녀 동등하다고 볼 수 있다.

(라) 이 영역에서는 여자 직원이 우수하다고 할 수 없다.

17 A라는 회사에서 과자를 생산하고 있다. 과자를 봉지에 담는 기계는 과자의 실제 무게가 평균 32g 그리고 분산 $0.015g^2$이 되도록 맞추어져 있다. 품질관리 검사자는 매 시간 몇 봉지의 과자를 표본추출하여 과자의 실제 무게에 대한 분산을 계산한 후 유의수준 1%에서 모분산에 대한 가설검정을 한다. 채택할 수 있는 모분산의 값은 $0.015g^2$ 이하이다. 만약 가설검정 결과, 모분산이 $0.015g^2$ 이하가 아니라는 결론을 내리게 되면 기계를 정지하고 조정한다고 하자. 생산라인으로부터 과자 25봉지를 임의추출하여 분산을 계산한 결과 $0.029g^2$이었다. 이러한 표본정보에 근거하여 기계가 조정되어야 하는지를 검정한다고 할 때 검정통계량의 값은 얼마인가(단, 모든 봉지의 실제 과자 무게는 정규분포를 따른다고 가정한다)?

(가) 36.2 (나) 40.3

(다) 46.4 (라) 52.1

17 어느 제조업자의 말에 의하면 그가 생산하는 너트(nut)의 내부 지름에 대한 분산이 0.00005 $[cm^2]$ 이하라고 한다. 31개의 너트(nut)를 임의로 추출하여 조사한 결과 분산이 0.00061 $[cm^2]$이었다. 이 자료로부터 이 제조업자가 생산하는 너트의 내부 지름에 대한 분산이 $0.00005[cm^2]$ 이하라고 할 수 있는가(단, ${\chi_{0.95}}^2 = 43.733$, 자유도 30에서 이 너트의 내부 지름은 대강 정규 분포를 이룬다고 한다)?

(가) 우측 검정으로 H_0 기각 (나) 우측 검정으로 H_0 채택

(다) 좌측 검정으로 H_0 기각 (라) 양측 검정으로 H_0 채택

18 임의 표본 $X_1, \cdots, X_n$이 표준편차가 σ인 정규모집단으로부터 추출되었을 때, 모표준편차에 대한 추론에 관한 설명으로 틀린 것을 고르시오(단, $P\left(\chi^2_{(n-1)} \geq \chi^2_{\alpha,(n-1)}\right) = \alpha$).

(가) σ의 추정량은 $S = \sqrt{\sum_{i=1}^{n}\left(X_i - \overline{X}\right)^2/(n-1)}$ 을 사용한다.

(나) σ에 대한 $100(1-\alpha)\%$ 신뢰구간은 $\left(S\sqrt{\dfrac{n-1}{\chi^2_{\alpha/2,(n-1)}}}, S\sqrt{\dfrac{n-1}{\chi^2_{1-\alpha/2,(n-1)}}}\right)$이다.

(다) 가설 $H_0 : \sigma = \sigma_0$에 대한 검정통계량은 $\dfrac{(n-1)S^2}{\sigma_0^2}$이다.

(라) 대립가설 $H_1 : \sigma < \sigma_0$에 대한 기각역은 $\dfrac{(n-1)S^2}{\sigma_0^2} \leq -\chi^2_{1-\alpha,(n-1)}$이다.

9장

범주형 자료분석

데이터가 연속형이 아닌 범주형에서 추출되는 경우가 많으며, 여기서는 이러한 경우 여러 가지 형태의 검정법에 대해 다뤄 보고자 한다. 데이터가 주어진 가정에 적합한 확률모형을 따르는가를 검정하는 적합도 검정 또한 분류 변수가 2개 이상인 경우에는 분류변수들 사이의 연관성을 조사하는 방법과, 한 변수의 각 수준에서 다른 변수의 확률모형이 동질적인지를 검정하는 방법을 다뤄 보고자 한다. 예를 들어, 관측 결과가 멘델의 유전 법칙이 맞는가(적합도 검정)?, 침몰하는 타이타닉에서 살아남는 것이 승객의 신분과 관계가 있는가(독립성 검정)?, 학생, 선생님, 직원이 운전하는 차 종류의 분포가 똑같은가(동질성 검정)? 등이 있다.

9.1 적합도 검정

실험 결과가 k개의 상호배반인 k개의 범주 A_1, A_2, ⋯ , A_k에 속한다고 하자. 실험 결과가 i번째 범주에 속할 확률 p_i가 각 범주의 확률이 주어진 값 p_{10}, ⋯ , ⋯ , p_{k0} ($p_{i0} \geq 0$, $\sum p_{i0} = 1$)로 정해질 때 귀무가설은 다음과 같다.

$$H_0 : p_1 = p_{10},\ p_2 = p_{20}\ , \cdots ,\ p_k = p_{k0},\ H_a : H_0\text{가 아니다.}$$

이 가설을 검정하기 위해 n개의 관측값을 택한 결과 i번째 범주에 x_i개가 나타났다고 하자. H_0이 사실이라면 기대도수는 np_{io}이 되며,

$$\chi^2 = \sum_{i=1}^{k} \frac{(x_i - np_{io})^2}{np_{io}}$$

은 n이 클 때 자유도 k–1인 카이제곱분포에 근사될 것이다. 따라서 유의수준 α에서 χ^2의 값이 $\chi^2_{\alpha,\,(k-1)}$보다 크게 되면 H_0을 기각한다. 이와 같은 검정을 적합도 검정(goodness of fit test)이라 한다.

예제 9.1

식품 가게 매니저는 특정한 생산품이 가게 5개위치 중 아무 위치에서나 똑같이 잘 팔릴지 알고 싶어 한다. 다섯 개의 전시대가 각 위치에 설치되었고 실제 판매수가 다음과 같다.

표 9.1 위치에 따른 실제 판매의 분류

실제 판매 수	위치				
	1	2	3	4	5
	43	29	52	34	48

위치 간에 차이가 있다는 충분한 증거가 있는가? 5%와 10% 유의수준에서 검정하시오.

풀이

H_0 : 생산품의 판매는 다섯 위치에 균등하게 분포되어 있다.

H_a : 판매는 다섯 위치에 균등하게 분포되어 있지 않다.

합계 $43+29+52+34+48=206$개가 팔렸다. 위치가 상관없다면 각 위치당 $\frac{206}{5}=41.2$개의 판매 수를 예상한다. (균등분포)

표 9.2 [예제 9.1]의 기대치 계산

예상 판매 수	위치				
	1	2	3	4	5
	41.2	41.2	41.2	41.2	41.2

이제 조건들을 확인한다.

1. 무작위 배치: 팔린 206개가 대표하는 표본이라 가정해야 한다.
2. 예상 값들이 (모두 41.2) 모두 ≥ 5인 것을 유의한다.

그러므로

$$\chi_0^2 = \frac{(43-41.2)^2}{41.2}+\frac{(29-41.2)^2}{41.2}+\frac{(52-41.2)^2}{41.2}+\frac{(34-41.2)^2}{41.2}+\frac{(48-41.2)^2}{41.2} = 8.903$$

이고, 자유도수는 $df=5-1=4$이다. p-값은 $p=P(\chi^2>8.903)=.0636$이다.

$p=.0636$으로 H_0을 10% 수준에서 무시할 흡족한 증거가 있으나 5% 수준에선 없다. 혹 식품 가게 매니저가 1종 오류를 범할 10% 가능성을 허용할 준비가 되었다면, 위치가 상관 있다고 주장할 충분한 증거가 있다.

예제 9.2

$n=46$중에서 고장이 난 기계들에 대해 전기적인 결함으로 인한 고장은 $x_1=9$, 기계적 결함으로 인한 고장은 $x_2=24$, 오작동으로 인한 고장은 $x_3=13$이다. 세 종류의 고장들에 대한 확률은 각각 $p_1^*=0.2$, $p_2^*=0.5$, $p_3^*=0.3$이라는 의견에 대해 카이제곱 적합도 검정을 하시오.

풀이

귀무가설 $H_0 : p_1 = 0.2,\ p_2 = 0.5,\ p_3 = 0.3$을 고려해 보자. 이 귀무가설에서 기대 셀 도수는 각각 다음과 같다.

$$\widehat{E_1} = np_1^* = 46 \times 0.2 = 9.2$$
$$\widehat{E_2} = np_2^* = 46 \times 0.5 = 23.0$$
$$\widehat{E_3} = np_3^* = 46 \times 0.3 = 13.8$$

표 9.3 [예제 8.3]의 기대치 계산

	전기적 결함	기계적 결함	오작동 결함	
관측 도수	$x_1 = 9$	$x_2 = 24$	$x_3 = 13$	$n = 46$
기대 돗수	$e_1 = 46 \times 0.2 = 9.5$	$e_2 = 46 \times 0.5 = 23.0$	$e_3 = 46 \times 0.3 = 13.8$	$n = 46$

카이제곱 통계량은

$$\chi_0^2 = \frac{(9.0 - 9.2)^2}{9.2} + \frac{(24.0 - 23.0)^2}{23.0} + \frac{(13.0 - 13.8)^2}{13.8} = 0.0942$$

이므로 $\chi^2 = 0.0942$이다. 이 값들은 자유도 $k - 1 = 3 - 1 = 2$인 카이제곱분포와 비교할 수 있고, p-값은 $\simeq P(\chi_0^2 \geq 0.094) = 0.95$이다. 이처럼 큰 p-값은 귀무가설이 신뢰할 만하며 이는 관측된 셀 도수 $x_1,\ x_2,\ x_3$와 기대 셀 도수 $E_1,\ E_2,\ E_3$의 값이 매우 비슷한 것을 짐작할 수 있다.

파이썬 프로그래밍

```
from scipy import stats

# 귀무가설 : 3 종류 고장의 확률은 각각 20%, 50%, 30%
# 대립가설 : 3 종류 고장의 확률은 각각 20%, 50%, 30%가 아니다.

observed = [9, 24, 13]
expected = [0.2 * 46, 0.5 * 46, 0.3 * 46]
chi2_stat, p_value = stats.chisquare(observed, expected)

print(f"검정통계량: {chi2_stat:.4f}")
print(f"p-value: {p_value}\n")

alpha = 0.05
if p_value < alpha:
```

```
    print(f"p-value는 {p_value:.4f}로, 유의수준 {alpha}보다 작다.\n따라서 귀무가설을 기각한다.")
else:
    print(f"p-value는 {p_value:.4f}로, 유의수준 {alpha}보다 크거나 같다.\n따라서 귀무가설을 기각할 수 없음")
```

예제 9.3

오후 6시간대에 텔레비전 채널 2, 3, 4와 5는 각각 30%, 25%, 20%와 25%로 전체 시청자들의 시청률이었다. 다음 시즌의 첫째 주에 500명의 시청자들이 조사되었다. 시청자의 수는 다음과 같다.

표 9.4 실제 시청자 수

채널	2	3	4	5
시청자 수	139	138	112	111

시청률의 변화가 있다고 보는지 구하시오.

풀이

각각의 기대치는 .30(500)=150, .25(500)=125, .20(500)=100, .25(500)=125이다.

표 9.5 예상 시청자 수

채널	2	3	4	5
예상 시청자 수	150	125	100	125

H_0 : 텔레비전 시청자들은 각각 백분율 30%, 25%, 20%와 25%로 채널 2, 3, 4와 5로 분포되어 있다.

H_a : 시청자 분포는 각각 30%, 25%, 20%와 25%가 아니다.

$$\chi^2 = \sum \frac{(\text{측정값} - \text{예상값})^2}{\text{예상값}} = \frac{(139-150)^2}{150} + \frac{(138-125)^2}{125} + \frac{(112-100)^2}{100} + \frac{(111-125)^2}{125} = 5.167$$

p-값은 $P(\chi^2 > 5.167) = .1600$이므로 H_0을 기각할 충분한 증거가 없다. 즉, 시청자들의 선택이 바뀌었다고 충분한 증거가 없는 것이다.

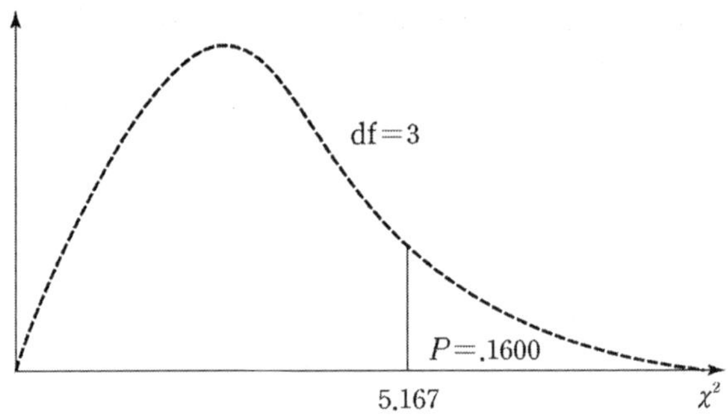

그림 9.1 $P(\chi^2 > 5.167) = 0.16$

9.2 독립성 검정

적합도 검정에서는 각 개체에서 한 가지 속성만을 관찰하였다. 한편, 각 개체에서 두 가지 속성을 동시에 관찰할 경우 검정의 관심이 달라지게 된다. 이제 어떤 모집단으로부터 n개의 표본개체를 임의추출하여 각 개체에서 두 가지 속성을 관찰한 경우, 두 속성 사이에 관련성 또는 독립성을 검정하고자 한다.

두 분류 변수 가운데 한 변수를 A라 하고 다른 변수를 B라고 하자. 또한 A는 r개 범주로 나누어지고, B는 c개의 범주로 나누어진다고 하자. 전체 n회의 독립적인 실험을 반복한 결과 A의 i번째 범주와 B의 j번째 범주에 속하는 시행 횟수가 $n_{ij}(i = 1, \ldots r, j = 1, \ldots, c)$라고 하고,

$$n_{i\cdot} = \sum_{j=1}^{c} n_{ij}, \ \ n_{\cdot j} = \sum_{i=1}^{r} n_{ij}, \ \ \sum_{i=1}^{r} n_{i\cdot} = \sum_{j=1}^{c} n_{\cdot j} = n$$

라고 하면, 실험 결과는 다음과 같은 2차원 표로 표현될 수 있다.

표 9.6 요인 A와 요인 B의 분할표

요인 A ＼ 요인 B	B_1 B_2 .... B_c	합계
A_1 A_2 $\vdots$ A_r	n_{11} n_{12} $\cdots$ n_{1c} n_{21} n_{22} $\cdots$ n_{2c} $\vdots$ n_{r1} n_{r2} $\cdots$ n_{rc} n_{11} n_{12} $\cdots$ n_{1c}	$n_{1.}$ $n_{2.}$ $\vdots$ $n_{r.}$
합계	$n_{\cdot 1}$ $n_{\cdot 2}$ ... $n_{\cdot c}$	n

이와 같이 표현되는 2차원 표를 $r \times c$분할표(contingency table)라고 부른다. 분할표에서 특히 관심이 있는 것은 두 변수가 서로 연관이 되어 있는가를 조사하는 것이다.

범주 (A_i, B_j)에 동시에 속할 확률, 또 $p_{i.}$은 범주 A_i에 속한 확률이라 하고, 또 $p_{\cdot j}$를 범주 B_j에 속한 확률이라고 하면, 두 요인 A와 B가 독립일 필요충분조건은 $p_{ij} = p_{i\cdot} p_{\cdot j}$가 $(i = 1, 2, \ldots, r;\ j = 1, 2, \ldots, c)$이다. 따라서 $r \times c$분할표에서 독립성 검정을 위한 귀무가설은 다음과 같다.

$$H_0 : p_{ij} = p_{i\cdot} p_{\cdot j},\ i = 1, \ldots, r,\ j = 1, \ldots, c$$

따라서 H_0하에서 A_i, B_j에 동시에 속할 기대도수는

$$E_{ij} = np_{i\cdot} p_{\cdot j}$$

이다. 독립성에 대한 귀무가설에서 특징적인 점은 $p_{ij} = p_{i\cdot} p_{\cdot j}$의 관계가 제시되었을 뿐 $p_{i.}$과 $p_{.j}$의 확률이 구체적으로 어떻다고 명시되지 않았다는 점이다. 따라서 $p_{i.}$과 $p_{.j}$를 우선 추정해야 하며, 추정된 $\hat{p}_{i.}$과 $\hat{p}_{.j}$를 이용하여 귀무가설 H_0이 참일 때의 기대도수와 검정통계량을 구하게 된다. $p_{i.}$은 한 개체가 범주 A_i에 속할 확률이므로 $\hat{p}_{i.} = n_{i.}/n$으로 추정할 수 있다. 마찬가지로 $\hat{p}_{.j} = n_{.j}/n$으로 추정한다.

$$\widehat{E_{ij}} = n\hat{p}_{i\cdot} \hat{p}_{\cdot j},\ i = 1, \ldots, r,\ j = 1, \ldots, c$$

$\hat{p}_{i.} = \dfrac{n_{i\cdot}}{n},\ \hat{p}_{.j} = \dfrac{n_{\cdot j}}{n}$이므로 카이제곱 통계량은 다음과 같다.

$$\chi^2 = \sum_{i=1}^{r}\sum_{j=1}^{c} \frac{(n_{ij} - \frac{n_{i.}n_{.j}}{n})^2}{\frac{n_{i.}n_{.j}}{n}}$$

χ^2은 자유도가 $(r-1)(c-1)$인 카이제곱분포에 근사한다. 따라서 유의수준 α에서 독립성의 귀무가설 H_0은

$$\chi^2 > \chi^2_{\alpha, ((r-1)(c-1))}$$

일 때 기각된다.

예제 9.4

어느 회사에서 학력과 회사에 대한 만족도 사이에 연관성이 있는지를 알아보기 위해 회사원 300명을 랜덤하게 뽑아 조사한 결과 다음의 자료를 얻었다. 두 변수에 연관성이 있다고 할수 있는지 구하시오.

표 9.7 학력과 회사에 대한 만족도 분할표

학력 / 만족도	만족	보통	불만
고졸 이하	40	32	10
대졸 이하	92	50	28
대학원 이상	16	20	12

풀이

귀무가설을 'H_0 : 학력과 만족도는 서로 독립이다'로 놓고, H_0하에서 각 범주에 대한 기대도수를 구하면 다음과 같다.

표 9.8 학력과 회사에 대한 기댓값 계산

학력 / 만족도	만족	보통	불만	계
고졸	40.45	27.88	13.67	82
대졸	83.87	57.80	28.33	170
대학원졸	23.68	16.32	8.00	48
계	148	102	50	300

위의 표에서 기대도수는 다음과 같이 계산한다.

$$\widehat{E_{11}} = \frac{148(82)}{300} = 40.45,\ \widehat{E_{22}} = \frac{102(82)}{300} = 27.88, \dots, \widehat{E_{33}} = \frac{50(48)}{300} = 8.00$$

검정통계량은 다음과 같다.

$$\begin{aligned}\chi_0^2 &= \frac{(40-40.45)^2}{40.45} + \frac{(32-27.88)^2}{27.88} + \dots + \frac{(12-8)^2}{8} \\ &= 8.764 < \chi^2_{0.05,\,(4)} = 9.488\end{aligned}$$

따라서, 유의수준 5%에서 독립이라고 판단할 수 있다.

파이썬 프로그래밍

```
from scipy import stats

# 귀무가설 : 학력과 회사에 대한 만족도는 연관성이 없다.
# 대립가설 : 학력과 회사에 대한 만족도는 연관성이 있다.

# 데이터 입력
고졸_이하 = [40, 32, 10]
대졸_이하 = [92, 50, 28]
대학원_이상 = [16, 20, 12]

# 카이제곱 검정

observed = [고졸_이하, 대졸_이하, 대학원_이상]

chi2_stat, p_value, dof, expected = stats.chi2_contingency(observed)

print(f"검정통계량: {chi2_stat:.4f}")
print(f"p-value: {p_value}\n")

alpha = 0.05
if p_value < alpha:
    print(f"p-value는 {p_value:.4f}로, 유의수준 {alpha}보다 작다.\n따라서 귀
무가설을 기각한다.")
else:
    print(f"p-value는 {p_value:.4f}로, 유의수준 {alpha}보다 크거나 같다.\n따
라서 귀무가설을 기각할 수 없음")
```

예제 9.5

200명의 유권자를 임의로 추출하여 A, B, C 3당의 지지자 수를 조사하니 다음 표와 같은 결과를 얻었다. 남녀 사이에 정당의 지지율에 차이가 인정되는가? 유의수준 5%로 검정하시오.

표 9.9 3당과 지지자 남녀의 분할표

성별/당	A	B	C	계
남	40	36	20	96
여	59	26	19	104
계	99	62	39	200

풀이

지지율이 남녀의 성별에 의하여 관계되지 않는다면 다음 표와 같은 기댓값을 얻는다.

표 9.10 3당과 지지자 남녀의 기대치 계산

성별/당	A	B	C	계
남	$96(\frac{99}{200})=47.5$	$96(\frac{62}{200})=29.8$	$96(\frac{39}{200})=18.7$	96
여	$104(\frac{99}{200})=51.5$	$104(\frac{62}{200})=32.2$	$104(\frac{39}{200})=20.3$	104
계	99	62	39	200

χ^2의 실현값 χ_0^2의 값을 구하면

$$\chi_0^2=\sum\frac{(n_i-\widehat{E_{ij}})^2}{\widehat{E_{ij}}}=\frac{(40-47.5)^2}{47.5}+\frac{(36-29.8)^2}{29.8}+\dots+\frac{(19-20.3)^2}{20.3}$$
$$=4.93$$

이다. 이 경우 자유도 df는 $df=(2-1)(3-1)=2$이다. χ^2-분포표에서 $\chi^2{}_{0.05,\,(2)}$ $=5.99$이고, $\chi_0^2=4.93<5.99$이므로 유의수준 5%로써 남녀의 성별에 의하여 지지율에 차이가 있다고 인정되지 않는다.

예제 9.6

대도시의 근교에서 출퇴근하며 혼자서만 승용차를 이용하는 사람 중에서 250명을 임의추출하여 이들을 승용차의 크기와 통근 거리에 따라 분류한 결과, [표 9.11]의 자료를 얻었다. 이 자료에 의하면 승용차의 크기와 통근 거리 사이에 관계가 있다고 할 수 있는지를 유의수준

5%에서 검정하시오.

표 9.11 승용차의 크기와 통근거리

종류/통근거리	15km 미만	15km 이상 30km 미만	30km 이상	합계
경승용차	6	27	19	52
소형승용차	8	36	17	61
중형승용차	21	45	33	99
대형승용차	14	18	6	38
합계	49	126	75	250

풀이

[표 9.11]의 $(i,\ j)$칸에 대응하는 모비율을 p_{ij}라고 하면, 검정하고자 하는 가설은 다음과 같이 주어진다.

$$H_0 : p_{ij} = p_{i.}\, p_{.j} (i = 1,\ \cdots,\ 4)(j = 1,\ 2,\ 3) \quad H_a : H_0\text{이 아니다.}$$

귀무가설 H_0하에서의 각 칸의 추정 기대도수를 구하면

$$\hat{E}_{11} = \frac{52 \times 49}{250} = 10.19,\ \hat{E}_{12} = \frac{52 \times 126}{250} = 26.21,\ \hat{E}_{13} = \frac{52 \times 75}{250} = 15.60$$

$$\hat{E}_{21} = \frac{61 \times 49}{250} = 11.96,\ \hat{E}_{22} = \frac{61 \times 126}{250} = 30.74,\ \hat{E}_{23} = \frac{61 \times 75}{250} = 18.30$$

$$\hat{E}_{31} = \frac{99 \times 49}{250} = 19.40,\ \hat{E}_{32} = \frac{99 \times 126}{250} = 49.90,\ \widehat{E_{33}} = \frac{99 \times 75}{250} = 29.70$$

$$\hat{E}_{41} = \frac{38 \times 49}{250} = 7.45,\ \widehat{E_{42}} = \frac{38 \times 126}{250} = 19.15,\ \widehat{E_{43}} = \frac{38 \times 75}{250} = 11.40$$

이다. 이들의 추정 기대도수는 모두 5 이상임을 알 수 있고, 이들과 [표 9.11]의 관측도수로부터 카이제곱 통계량의 관측값을 구하면,

$$\chi_0^2 = \frac{(6-10.19)^2}{10.19} + \cdots + \frac{(6-11.40)^2}{11.40} = 14.15$$

이다. 한편, 부록의 카이제곱분포표를 이용하여 유의수준 5%의 기각역을 구하면 기각역은

$$\chi_0^2 \geq \chi^2_{0.05\,((4-1)(3-1))} = 12.59$$

이다. 카이제곱 통계량의 관측값이 이 기각역에 속하므로 유의수준 5%에서 승용차의 크기와 통근 거리 사이에는 관계가 있다고 말할 수 있다.

파이썬 프로그래밍

```
from scipy import stats

# 귀무가설 : 승용차의 크기와 통근 거리 사이에 관계가 없다.
# 대립가설 : 승용차의 크기와 통근 거리 사이에 관계가 있다.

경승용차   = [6, 27, 19]
소형승용차 = [8, 36, 17]
중형승용차 = [21, 45, 33]
대형승용차 = [14, 18, 6]

observed = [경승용차, 소형승용차, 중형승용차, 대형승용차]
chi2_stat, p_value, dof, expected = stats.chi2_contingency(observed)

print(f"검정통계량: {chi2_stat:.4f}")
print(f"p-value: {p_value}\n")

alpha = 0.05
if p_value < alpha:
    print(f"p-value는 {p_value:.4f}로, 유의수준 {alpha}보다 작다.\n따라서 귀무
가설을 기각한다.")
else:
    print(f"p-value는 {p_value:.4f}로, 유의수준 {alpha}보다 크거나 같다.\n따
라서 귀무가설을 기각할 수 없음")
```

9.3 동질성 검정

독립성 검정 문제와 비슷한 개념으로는 동질성 검정(homogeneity test)이 있다. 이 문제는 $r \times c$분할표에서 속성 A의 수준에 의해서 모집단 r개의 부모집단을 간주하고, 각 부모집단에서 B의 범주들이 동질적인 확률모형으로 일어나는가를 검증할 때 나타나는 모형이다. 동질성 가설의 검정은 각 범주에 속한 이들 확률이 여러 부모집단에서 서로 동일한지를 검정한다. 동질성 검정과 독립성 검정의 차이는 A의 각 부모집단인 $A_1, \cdots, A_r$에서의 표본크기인 $n_{1.}, n_{2.}, \cdots, n_{r.}$이 미리 정해지는 것이다.

동질성 검정의 귀무가설은 다음과 같이 표현된다.

$$H_0 : p_{1j} = p_{2j} \cdots = p_{rj}\,(j = 1, 2, ..., c), \ H_a : H_0\text{가 아니다.}$$

여기서 $(p_{.1}, ..., p_{.c})$는 $B_1, \cdots, B_c$의 확률을 나타내며, $p_{.1} + \cdots + p_{.c} = 1$이다. 귀무가설 H_0하에서

$$\hat{p}_{\cdot 1} = \frac{n_{\cdot 1}}{n}, \cdots, \hat{p}_{\cdot j} = \frac{n_{.j}}{n}, \cdots, \widehat{p_{.c}} = \frac{n_{.c}}{n}$$

로 추정할 수 있으며, 따라서 (A_i, B_j)칸에 대한 기대도수는

$$\widehat{E_{ij}} = n_{i.} \times \widehat{p_{.j}} = \frac{n_{i\cdot} \times n_{\cdot j}}{n}, \ (i = 1, ..., r, \ j = 1, ..., c)$$

로 추정한다. 따라서 기대도수는 독립성 검정에서와 같으며 검정통계량도 같은 모양이 된다.

$$\sum_{i=1}^{r}\sum_{j=1}^{c}\frac{(n_{ij} - \widehat{E_{ij}})^2}{\widehat{E_{ij}}} = \sum\sum\frac{(n_{ij} - n_{i.}n_{.j}/n)^2}{n_{i.}n_{.j}/n}$$

이며, 귀무가설하에서 카이제곱분포를 보이며 자유도는 $(r-1)(c-1)$이다.

따라서 검정통계량의 형태와 자유도가 독립성 검정과 일치하며, 실제로 검정 결과는 어느 검성을 시행하거나 동일한 결과를 갖는다.

예제 9.7

어느 정당에서는 지역에 따라 A, B, C 세 후보에 대한 지지도가 다른지를 알아보기 위해 각 도시에서 200명씩 조사한 결과 다음의 자료를 얻었다. 지역에 따라 지지도가 다른지를 통계적으로 검정하시오.

표 9.12 지역과 후보 간의 분할표

지역/후보	A	B	C	계
서울	73	71	56	200
부산	102	55	43	200
대구	73	66	61	200
광주	62	98	40	200

풀이

지역에 따라 지지도의 비율이 같다는 귀무가설하에서 각 칸에 대한 기대도수는 다음과 같다.

표 9.13 지역과 후보 간의 기대치 계산

지역/후보	A	B	C	계
서울	77.5	72.5	50	200
부산	77.5	72.5	50	200
대구	77.5	72.5	50	200
광주	77.5	72.5	50	200
계	310	290	200	800

검정통계량의 값은 다음과 같다.

$$\chi_0^2 = \frac{(73-77.5)^2}{77.5} + \frac{(71-72.5)^2}{72.5} + \dots + \frac{(40-50)^2}{50} = 31.3$$

$$= 31.3 > \chi^2_{0.01,\,(6)} = 16.81$$

따라서, p-값은 1%보다 작으며 지역에 따라 지지도가 다르다고 결론을 내릴 수 있다.

파이썬 프로그래밍

```
from scipy import stats

# 귀무가설 : 지역에 따라 지지도가 다르지 않다.
# 대립가설 : 지역에 따라 지지도가 다르다.

서울 = [73, 71, 56]
부산 = [102, 55, 43]
대구 = [73, 66, 61]
광주 = [62, 98, 40]

observed = [서울, 부산, 대구, 광주]
chi2_stat, p_value, dof, expected = stats.chi2_contingency(observed)

print(f"검정통계량: {chi2_stat:.4f}")
print(f"p-value: {p_value}\n")

alpha = 0.05
if p_value < alpha:
    print(f"p-value는 {p_value:.4f}로, 유의수준 {alpha}보다 작다.
         \n따라서 귀무가설을 기각한다.")
else:
    print(f"p-value는 {p_value:.4f}로, 유의수준 {alpha}보다 크거나 같다.
         \n따라서 귀무가설을 기각할 수 없음")
```

예제 9.8

같은 종류의 볍씨를 온도와 습도에 따라 구분되는 4가지 저장 상태에 따라 1년간 보존하였다. 벼의 저장 상태가 발아에 영향을 미치는지 알아보기 위해 각 저장 상태로 보존한 볍씨 중에서 무작위로 각각 100, 150, 130, 120개를 추출하여 발아 상태를 조사하였다. 각 저장 상태에 따라 발아율이 동일한지 유의수준 $\alpha = 0.05$로 검정하시오.

표 9.14 씨앗의 온도에 따른 분할표

저장상태/발아여부	발아한 벼	발아하지 않은 벼	합
A	73	27	100
B	105	45	150
C	90	40	130
D	78	42	120
합	346	154	500

풀이

H_0 : 각 저장 상태에 따른 발아율은 같다.

H_a : 각 저장 상태에 따른 발아율이 모두 같지는 않다.

검정통계량은 $\chi^2 = \sum_{i=1}^{4}\sum_{j=1}^{2}\frac{(n_{ij} - n_{i\cdot}n_{\cdot j}/n)^2}{n_{i\cdot}n_{\cdot j}/n}$이고, 기각역은 $\chi_0^2 > \chi^2_{0.05,(3)} = 7.815$

$\chi_0^2 > \chi^2_{0.05,(3)} = 7.815$면 H_0을 기각한다. 따라서,

$$\chi_0^2 = \frac{(73 - 100 \cdot 346/500)^2}{100 \cdot 346/500} + \dots + \frac{(42 - 120 \cdot 154/500)^2}{120 \cdot 154/500} = 1.716$$
$$= 1.716 < 7.815$$

이므로 H_0을 기각할 수 없으며 p-값은 $P(\chi^2 > 1.716) = 0.63$이다. 즉, 저장 상태가 발아여부에 영향을 미친다는 충분한 근거가 없다.

예제 9.9

공단에 인접한 세 지역에서 공해를 느끼는 정도가 지역에 따라 차이가 있는가를 알아보고자 하여, 세 지역에서 각각 97명, 95명, 99명을 임의추출하여 산업공해로 인한 악취를 느끼는 횟수에 대해 조사한 결과가 [표 9.15]와 같다. [표 9.15]에서 범주 1은 매일, 범주 2는 적어도 일주일에 한 번, 범주 3은 적어도 한 달에 한 번, 범주 4는 한 달에 한 번보다는 적게, 범주

5는 전혀 악취를 느끼지 않는 경우를 뜻한다. 이 자료로부터 지역에 따라 공해를 느끼는 정도가 다르다고 할 수 있는지를 유의수준 1%에서 검정하시오.

표 9.15 지역과 범주 간의 분할표

지역/정도	범주 1	범주 2	범주 3	범주 4	범주 5	표본크기
지역 1	20	28	23	14	12	$n_1=97$
지역 2	14	34	21	14	12	$n_2=95$
지역 3	4	12	10	20	53	$n_3=99$
합계	38	74	54	48	77	291

풀이

지역 i의 각 범주에 대한 모비율을 $p_{i1},\ p_{i2},\ \cdots,\ p_{i5}\ (i=1,\ 2,\ 3)$이라고 하면, 검정하고자 하는 가설은 다음과 같이 주어진다.

$$H_0\ :\ p_{1j}=p_{2j}=p_{3j}(j=1,\ 2,\ \cdots,\ 5)\ \ H_a: H_0\text{가 아니다.}$$

귀무가설 H_0하에서의 공통인 각 범주의 모비율에 대한 추정값은

$$\widehat{p_1}=38/291,\ \widehat{p_2}=74/291,\ \widehat{p_3}=54/291,\ \widehat{p_4}=48/291,\ \widehat{p_5}=77/291$$

를 이용하며, H_0하에서의 추정 기대도수는

$$\widehat{E}_{1j}=97\widehat{p_j},\ \widehat{E_{2j}}=95\widehat{p_j},\ \widehat{E_{3j}}=99\widehat{p_j}\quad(j=1,\ 2,\ \cdots,\ 5)$$

로부터 구할 수 있다. 그 값은 [표 9.16]에 주어져 있다.

표 9.16 [표 9.15]의 자료에 대한 추정 기대도수

지역/정도	범주 1	범주 2	범주 3	범주 4	범주 5
지역 1	12.67	24.67	18.00	16.00	25.67
지역 2	12.41	24.16	17.63	15.67	25.14
지역 3	12.93	25.18	18.37	16.33	26.20

[표 9.15]의 관측도수 O_{ij}와 [표 9.16]의 추정기대도수 $\widehat{E_{ij}}$로부터 카이제곱 통계량의 관측값은

$$\chi_0^2=\frac{(20-12.67)^2}{12.67}+\cdots+\frac{(53-26.20)^2}{26.20}=71.36$$

이고, 모든 기대도수가 5 이상임을 알 수 있다. 한편, 이 경우에 유의수준 1%의 기각역은

부록의 카이제곱분포표로부터

$$\chi_0^2 \geq \chi^2_{0.01,\ ((3-1)(5-1))},\ \text{즉}\ \chi_0^2 \geq \chi^2_{0.01,\ (8)} = 20.09$$

로 주어짐을 알 수 있다. 관측값이 기각역에 속하므로 지역에 따라 공해를 느끼는 정도에 차이가 있다고 유의수준 1%에서 말할 수 있다.

파이썬 프로그래밍

```
from scipy import stats

# 귀무가설: 지역에 따라 공해를 느끼는 정도가 차이가 없다.
# 대립가설: 지역에 따라 공해를 느끼는 정도가 차이가 있다.

지역1 = [20, 28, 23, 14, 12]
지역2 = [14, 34, 21, 14, 12]
지역3 = [4, 12, 10, 20, 53]

observed = [지역1, 지역2, 지역3]
chi2_stat, p_value, dof, expected = stats.chi2_contingency(observed)

print(f"검정통계량: {chi2_stat:.4f}")
print(f"p-value: {p_value}\n")

alpha = 0.01
if p_value < alpha:
    print(f"p-value는 {p_value:.4f}로, 유의수준 {alpha}보다 작다.
        \n따라서 귀무가설을 기각한다.")
else:
    print(f"p-value는 {p_value:.4f}로, 유의수준 {alpha}보다 크거나 같다.
        \n따라서 귀무가설을 기각할 수 없음")
```

연습문제

주관식 문제

01 멘델(Mendel)의 법칙에 의하면 어떤 종류의 완두콩을 색깔과 모양에 따라 노랗고 둥근형, 노랗고 뾰족한 형, 초록색에 둥근형, 초록색에 뾰족한 형의 네 가지로 구분할 때 각 종류에 속할 비율이 9:3:3:1이 된다. 완두콩 100개를 조사한 결과, 각 형태에 속하는 수가 54, 20, 16, 10으로 나타났다고 한다면, 이 결과가 멘델의 법칙에 따른다고 할 수 있는지를 검정하시오.

02 어느 특정한 학기에 대한 통계학 강좌의 성적이 다음과 같았다.

성적	A	B	C	D	F
f	14	18	32	20	16

성적의 분포가 균일하다는 가설을 유의수준 0.05에서 검정하시오.

03 유전학자들은 초파리의 비율이 $1:3:3:9$라고 주장한다. 4,000마리의 초파리가 226, 764, 733, 2277의 종의 비율로 있다고 가정하자. 유전학자들의 주장이 인정되지 않는 충분한 증거가 있는지 검정하시오.

04 파이썬 프로그래밍 시간에 따른 사상자 수가 다르다는 충분한 증거가 있는지 0.05 유의수준으로 검정하시오.

시간	아침	점심	밤
사상자	1372	1578	1686

05 파이썬 프로그래밍 아침 혼잡한 시간에 도시 안에 있는 5개 다리를 사용하는 비율이 2:3:3:4:6이라고 감독자가 주장한다. 6,000대의 차를 추출했더니 5개 다리를 지나는 차의 대수가 720, 970, 1013, 1380, 1917이었다. 감독자가 5% 유의수준하에서 감독자의 주장을 기각할 수 있는지 검정하시오.

06 파이썬 프로그래밍 어떤 유형의 범죄발생 건수가 대도시의 지역마다 다른지를 알아보기 위한 조사가 수행되었다. 특별히 조사 대상으로 선정된 범죄는 강간, 강도, 절도 및 살인이었다. 다음 자료는 지난 1년 동안 대도시의 네 지역에서 발생한 범죄발생 건수이다.

지역	강간	강도	절도	살인
1	162	118	451	18
2	310	196	996	25
3	258	193	458	10
4	280	175	390	19

범죄발생 건수가 대도시의 각 지역과는 무관한지를 유의수준 0.01로 검정하시오.

07 파이썬 프로그래밍 다음은 나이에 따라 자동차 A, B, C, D, E에 대한 선호도를 조사한 실험 결과이다. 나이와 선호하는 자동차의 종류는 무관한지 유의수준 5%에서 검정하시오.

나이/자동차	A	B	C	D	E
30세 미만	42	29	12	58	74
30~50세	59	34	43	19	68
50세 이상	67	42	81	7	82

08 심장마비 환자 640명의 항체 검사 결과가 다음과 같다.

	심함	중간	가벼움
양성반응	85	125	150
음성반응	40	95	145

심장마비의 정도에 따른 항체검사 결과에 뚜렷한 관계가 있는지 5%의 유의수준으로 검정하시오.

09 파이썬 프로그래밍 $\chi^2 = 87.6$이다. 다음의 표를 보고 운동 강도와 흡연 습관에 상관관계가 있는지 검정하시오.

	운동 강도			
	낮은	중간	중간	높음
비흡연자	113	113	110	159
이전 흡연자	119	135	172	190
1-9개비 흡연자(매일)	77	91	86	65
10개비이상 흡연자(매일)	181	152	124	73

10 다음은 어느 공정과정에서 3대의 기계로부터 얻어진 제품을 두 등급으로 분류한 분할표이다.

	기계1	기계2	기계3
1등급	78	65	68
2등급	22	8	30
계	100	73	98

위의 자료에서 등급과 기계의 종류를 유의수준 1%에서 독립인지를 검정하시오.

11 파이썬 프로그래밍 어떤 회사에서 생산되는 제품의 불량품과 양품의 비율이 낮, 저녁, 그리고 밤에 따라 다른지를 결정하기 위해 아래와 같은 자료를 수집하였다. 낮, 저녁 그리고 밤에 만들어지는 제품의 불량률이 같은지를 유의수준 0.025에서 검정하시오.

	낮	저녁	밤	합계
불량품	80	70	80	230
양품	1120	930	720	2770
합계	1200	1000	800	3000

12 파이썬 프로그래밍 다음 자료는 1000명의 주부를 대상으로 네 기간 동안 조사한 생활수준이다.

기간	생활수준			합계
	좋아짐	같다	나빠짐	
2010년 1월	72	144	84	300
5월	63	135	102	300
9월	47	100	53	200
2011년 1월	40	105	55	200

각 생활수준의 범주 내에서 주부의 비율이 각 기간마다 동일한지를 P-값을 이용하여 검정하시오.

13 다음은 어떤 전기부품의 납땜 공정에서 작업자가 서서하는 공정과 앉아서 하는 공정에서 나온 제품을 양품과 불량품으로 분류한 분할표이다.

	양품	불량품	계
선 공정	651	49	700
앉은 공정	831	122	953
계	1482	171	1653

위의 자료에서 두 공정 간에는 차이가 없는지를 검정하시오.

14 파이썬 프로그래밍 액화천연가스(LNG)의 저장 기지의 후보지로 고려되고 있는 세 지역의 여론을 알아보기 위해 세 지역에서 각각 400명, 350명, 350명을 임의추출하여 기지의 건설에 대한 찬성여부를 물은 결과가 다음과 같다. 지역에 따라 찬성률에 차이가 있다고 할 수 있는지 구하시오.

	찬성	반대	표본크기
지역 1	198	202	$n_1 = 400$
지역 2	140	210	$n_2 = 350$
지역 3	133	217	$n_3 = 350$
합 계	471	629	$n = 1100$

객관식 문제

01 다음 중 분할표의 검정을 고르시오.

(가) $t-$검정 (나) χ^2-검정 (다) $F-$검정 (라) 정규분포검정

02 2×2 분할표에서 "속성 X와 Y 사이에 관련이 없다"라는 가설을 검정하는 것을 고르시오.

(가) 적합도 검정 (나) 독립성의 검정

(다) 모비율의 검정 (라) 평균과 차의 유의성 검정

03 다음 표는 두 과목에 대한 성적이다. 두 과목 간에는 상관을 인정할 수 있는가인 χ^2-검정 문제이다. 자유도로서 맞는 것을 고르시오.

학과 \ 성적	A	B	C	계
X	10	20	10	40
Y	4	16	20	40
계	14	36	30	80

(가) 6 (나) 5 (다) 3 (라) 2

04 유의수준 5%에서 양측검정의 위험역을 고르시오.

(가) 2.58 (나) 1.64 (다) −2.33 (라) 1.96

05 다음 표는 색맹의 유무와 성별의 관련을 조사이다. 표에 의하여 $\chi^2_{0.05,(1)} = 3.84$ 이다. 다음 $\chi^2_{0.01,(1)} = 6.635$

중에서 옳은 판정을 고르시오.

	남	여	계
정상	431	342	773
색맹	37	4	41
계	468	346	814

(가) χ_0^2을 계산한 결과 $\chi_0^2 > \chi^2_{0.01.(1)}$이므로 관련이 있음.

(나) $\chi_0^2 < \chi^2_{0.05,(1)}$로 되어 유의수준 5%로 관련 없음이라고 판정됨.

(다) $\chi_0^2 > \chi^2_{0.05,(1)}$로 되어 유의수준 5%로 관련 있음으로 판정됨.

(라) $\{\chi_0^2 < \chi^2_{0.01,(1)}\}$이고 동시에 $\{\chi_0^2 > \chi^2_{0.05,(1)}\}$이므로 유의수준 1%로는 관련 없음으로 판정되나 유의수준 5%로는 관련 있음으로 판정됨.

06 다음 중 틀린 것을 고르시오.

(가) χ^2 – 검정으로서는 적합도의 검정과 독립성의 검정이 가장 널리 사용된다.

(나) 2×2 분할표의 경우는 χ^2 – 검정 대신에 비율의 차에 관한 검정을 이용할 수도 있다.

(다) 2×2 분할표에 대한 χ^2 – 검정의 경우 자유도는 2이다.

(라) χ^2 – 검정의 대부분은 건사적인 검정법이다.

07 주사위를 300번 던져서 균형이 잡힌 이상적인 주사위인지를 알려고 한다. 실험 결과는 다음과 같다. 주사위가 균형이 잡혔다는 귀무가설을 기각할 수 있을 것인가(단, $\chi^2_{0.05,(5)} = 11.1$이다)?

주사위 눈	1	2	3	4	5	6
P	$\frac{1}{6}$	$\frac{1}{6}$	$\frac{1}{6}$	$\frac{1}{6}$	$\frac{1}{6}$	$\frac{1}{6}$
f	56	46	47	49	42	60

(가) 5% 유의수준에서 채택한다.

(나) 5% 유의수준에서 기각한다.

(다) 1% 유의수준에서 기각한다.

(라) 1% 유의수준에서 결정할 수 없다.

08 100명의 여성에게 다섯 가지의 의복을 보이고 어느 것이 제일 좋다고 생각하는가를 조사하였더니 다음 표와 같은 결과를 얻었다.

옷	A	B	C	D	E	계
결과	35	20	10	20	15	100

다섯 가지의 의복에 차가 있다고 할 수 있는가(유의수준 0.05로 검정)?

(가) 차가 있다고 할 수 없다. (나) 5%로 차가 있다고 할 수 있다.
(다) 20%로 차가 있다고 할 수 있다. (라) 15%로 차가 있다고 할 수 있다.

09 다음 표는 어떤 병에 대한 예방 주사의 효능을 조사한 것이다. 이 약은 효과가 없다고 판정해도 좋은가를 5%의 유의수준에서 검정하시오(단, 기대 도수는 표의 ( ) 안이다).

예방 주사 \ 병	걸리지 않은 사람	걸린 사람	계
받은 사람	51(46.0)	10(15.0)	61
받지 않은 사람	25(30.0)	14(9.0)	39
계	76	24	100

(가) 5%의 유의수준에서는 이 약은 효과가 없다고 판정된다.
(나) 5%의 유의수준에서는 알 수 없다.
(다) 대립가설과 귀무가설은 설정할 수 없다.
(라) 5%의 유의수준에서는 이 약은 효과가 있다고 판정된다.

10 대학 진학을 앞둔 150명의 고3 학생을 대상으로 선호하는 진학계열을 다음과 같이 얻었다. 3가지 진학계열의 선호도가 동일한지를 검정하는 카이제곱 검정통계량의 값을 구하시오.

구 분	사회계열	인문계열	자연계열	합 계
응답자수	50	47	53	150

(가) 17/50 (나) 18/50
(다) 19/50 (라) 20/50

11 두 교수법을 비교하기 위하여 그룹 I 과 그룹 II 에 50명씩 랜덤하게 한 학기 강의가 끝난 후에 학생들이 받는 학점을 조사하여 다음의 표를 얻었다.

	A	B	C	D	E
그룹 I	8	13	16	10	3
그룹 II	4	9	14	16	7

위 내용을 검정하기 위하여 사용되는 통계량의 분포를 구하시오.

(가) 자유도가 3인 카이제곱분포　　(나) 자유도가 4인 카이제곱분포

(다) 자유도가 5인 카이제곱분포　　(라) 자유도가 10인 카이제곱분포

12 어떤 현안에 대해 의견(찬성과 반대)을 조사한 결과 다음과 같은 표를 구하였다.

	남자	여자	합
찬성	40	60	100
반대	60	40	100
합	100	100	200

성별에 따라서 현안에 대한 의견이 차이가 있는지 검정하려고 한다. 이때 귀무가설(현안에 남녀 간 의견 차이가 없다)하에서 남자이면서 현안에 찬성하는 셀의 기댓값을 구하시오.

(가) 30　　(나) 40

(다) 50　　(라) 60

13 유권자들로부터 정당 선호도라는 행변수와 투표 여부라는 열변수로 분류하여 얻은 교차표이다. 분석 결과에 대한 설명으로 옳지 않은 것을 고르시오.

정당 선호도	투표	기권	투표율(%)
약함	305	126	70.8
중간	405	125	76.4
강함	265	49	84.4
합계	975	300	76.47
카이제곱 통계량	18.76	유의확률	0.0001

(가) 총유권자의 투표율은 76.47%이다.

(나) 카이제곱 통계량의 자유도는 2이다.

(다) 정당 선호도에 따라 투표율이 다르다.

(라) 정당 선호도가 약한 투표자의 기대값은 305보다 작다.

14 어떤 설문조사에서 50대의 남자 100명에게 현재의 결혼상태를 물어본 결과 다음과 같은 표를 얻었다. 50대 남자의 결혼상태의 비율이 모두 동일하다고 할 수 있는지를 유의수준 0.05에서 검정하고자 할 때, 귀무가설과 검정통계량의 값, 그리고 귀무가설 기각여부를 바르게 나타낸 것을 고르시오(단, $\chi^2_{0.05,(4)} = 9.488, \chi^2_{0.05,(4)} = 11.070$).

결혼상태	결혼	사별	이혼	별거	독신
관측빈도	58	9	18	8	7

(가) 귀무가설: 50대 남자의 결혼상태별 비용은 모두 동일하다, $\chi^2 = 94.1$, 기각 여부 : 기각

(나) 귀무가설: 50대 남자의 결혼상태별 비용은 모두 동일하지 않다, $\chi^2 = 94.1$, 기각 여부 : 채택

(다) 귀무가설: 50대 남자의 결혼상태별 비용은 모두 동일하다, $\chi^2 = 4.71$, 기각 여부 : 기각

(라) 귀무가설: 50대 남자의 결혼상태별 비용은 모두 동일하지 않다, $\chi^2 = 4.71$, 기각 여부 : 채택

10장

두 개의 변수를 갖는 자료 탐구

지금까지 하나의 변수의 측정에만 집중해서 배웠다. 통계학의 많은 중요한 적용들은 서로 관련된 하나 또는 더 많은 변수를 연구한다. 예를 들어, 임산부의 흡연 여부와 그들의 아이의 몸무게와 관련이 있는가? SAT 점수와 대학에서의 성공은 관련이 있는가? 사용한 비료의 양과 수확한 농작물의 양은 관련이 있는가?

여기서 두 가지 문제를 알고자 한다. 첫째, 눈에 보이는 강한 관계를 어떻게 측정할 것인가? 둘째, 이렇게 찾은 관계는 어떻게 함수의 항으로 나타낼 것인가? 예를 들어, 한 부동산 중개업자가 전성기 때의 집세와 한 달 동안 팔린 새집 사이에 존재하는 관계뿐만 아니라, 어떤 전성기 가격이 주어졌을 때, 팔릴 집을 예상할 수 있는 방법을 찾고 싶어 할 수 있다.

그래픽 표현에서 산점도는 두 변수 사이의 있음직한 관계를 한눈에 알아볼 수 있게 해주고, 상관계수라 불리는 수치적인 측정은 선형의 관계 강도의 양적인 값으로 종종 쓰인다. 선형관계는 인과관계가 아니다.

10.1 산점도와 상관관계

두 양적 변수 x와 y 사이에서 어떤 관계가 발견되었다고 가정하고, (x, y) 쌍을 그래프로 그린다. 관계의 세기, 이 관계에서 나오는 산발 분포와 그 관계의 기본 패턴에서부터의 어떤 편차에 관심이 있다. 이번 절에서는 관계가 그래프에서 직선으로 나타나는 1차 방정식의 항으로 나타낼 수 있는지에 대해 알아볼 것이다. 예를 들어, 다음과 같은 분포를 보게 될 것이다.

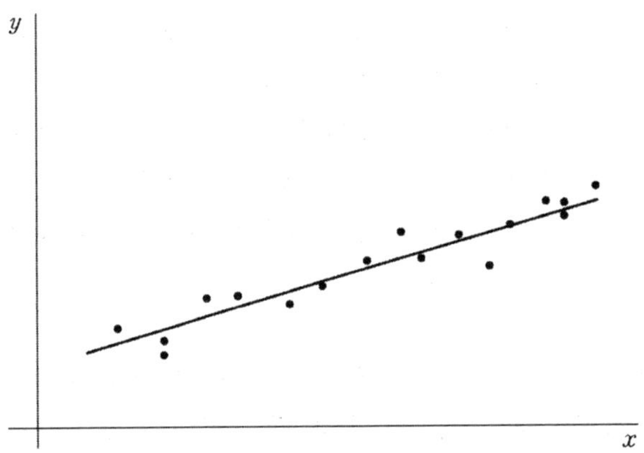

그림 10.1 산점도

가장 맞는 직선이라는 용어가 무엇을 의미하는지 그리고 어떻게 그 선을 찾을 수 있는지 알아야 한다. 변수들 사이의 관계가 강해서 이 선을 찾아서 사용하는 것이 의미 있는지 판단할 수 있기를 원한다.

10.1.1 산점도의 형태

하나의 변수에서 더 큰 값들이 두 번째 변수에서의 더 큰 값들과 연관되어 있을 때, 그 변수들은 양의 상관관계라고 한다. 하나의 변수에서 더 큰 값들이 또 다른 변수의 더 작은 값들과 연관되어 있을 때, 그 변수들은 음의 상관관계라고 한다.

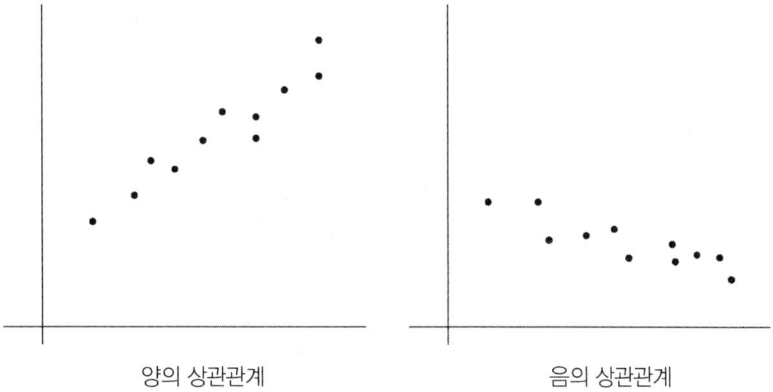

그림 10.2 상관관계의 종적

관계의 강도는 점들이 직선에 얼마나 가까이 분포되어 있냐에 따라 판단할 수 있다.

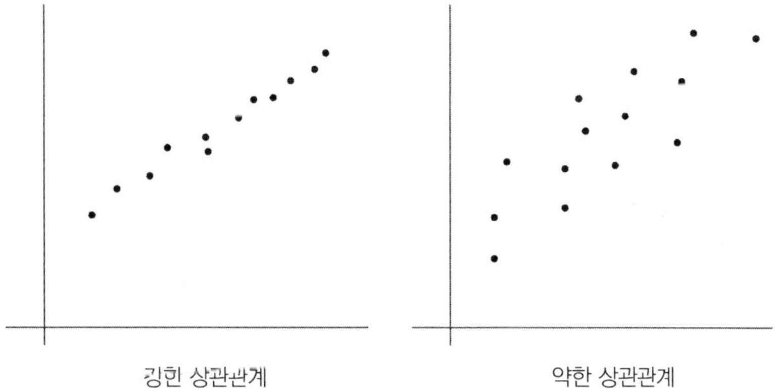

그림 10.3 상관관계의 강약

비록 산점도는 1차 관계가 강하게 보일 때, 직관적인 시각적인 조짐을 나타내지만, 대부분 시각적으로 관계의 특정한 강도를 판단하기에는 어렵다. 이러한 이유로, 상관관계라는 수학적인 계산이 있는 것이다. 상관관계가 중요한 만큼, 상관관계는 인과관계를 나타내지 않고 상관관계의 측정은 오직 1차적 관계의 강도만 나타낸다는 점을 알아둬야 한다.

r로 표기된 상관관계는 두 집합의 평균과 표준편차를 사용하는 공식이 있다.

$$r = \frac{1}{n-1}\Sigma(\frac{x_i - \overline{x}}{s_x})(\frac{y_i - \overline{y}}{s_y}) = \frac{s_{xy}}{\sqrt{\sum(x_i - \overline{x})^2}\sqrt{\sum(y_i - \overline{x})^2}} = \frac{s_{xy}}{\sqrt{s_{xs}}\sqrt{s_{yy}}}$$

공식에서 상관관계는 어떤 변수가 x이고 어떤 변수가 y인지 구별해 주지 않는다는 점을 확인하자. 공식은 표준화된 위치(z-위치)를 바탕으로 하고, 따라서 단위를 바꾸는 것은 상관관계를 변화시키지는 않는다. 마지막으로, 평균과 표준편차는 이상치에 크게 영향을 받을 수 있기 때문에 상관관계는 이상치에 큰 영향을 받는다.

r의 값은 항상 −1과 +1 사이에 속하고, −1은 완벽한 음수의 상관관계, +1은 완벽한 양의 상관관계를 말한다. 0이나 그 주위에 있는 상관관계는 변수 간의 관계가 없다는 것이 아니라는 것을 주의해야 한다. 아마 1차적 관계가 아닌 강한 관계가 있을 것이다.

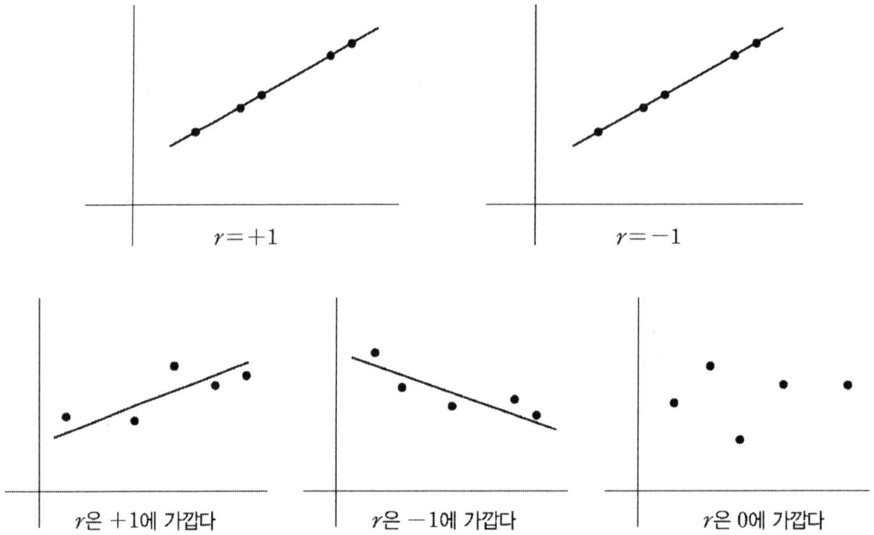

그림 10.4 상관관계의 강도

예제 10.1

어떤 지역에서 두 개의 오염물질의 농도 사이에 강한 상관관계가 있다고 알려져 있다고 하자. 즉, 오존의 농도 x(ppm)와 제2 탄소의 농도 $y(\mu g/m^2)$ 사이에 관계는 다음의 자료와 같다.

표 10.1

x	0.066	0.088	0.120	0.050	0.162	0.186	0.057	0.100	0.112	0.055	0.154	0.074	0.111	0.140	0.071	0.110
y	4.6	11.6	9.5	6.3	13.8	15.4	2.5	11.8	8.0	7.0	20.6	16.6	9.2	17.9	2.8	1300

풀이

요약한 값들과 표본상관계수 r은 다음과 같다.

$$n=16,\ \sum x_i=1.656,\ \sum y_i=170.6,\ \sum x_i^2=0.196912,$$
$$\sum x_iy_i=20.0397,\ \sum y_i^2=2253.56$$
$$r=\frac{20.0397-(1.656)(170.6)/16}{\sqrt{0.196912-(1.656)^2}\sqrt{2253.56-(170.6)^2/16}}$$
$$=\frac{2.3826}{(0.1597)(20.8456)}=0.716$$

따라서, 오존농도와 제2 탄소 사이에 모상관계수의 추정값은 $r=0.716$이다.

예제 10.2

토양생산성의 정확한 평가는 토지사용계획에 비판적이다. 유감스럽게도 대개의 경우 만족스러운 토양생산성 지수는 구하기 힘들다고 알려져 있다. 생산성 지표 중 하나는 농작물을 심는 것에 의해 부분적으로 결정된다. 그리고 같은 토양에서 두 개의 다른 농작물을 심을 때의 상관관계는 매우 강하지 않을지도 모른다. 실례로 어느 한 연구 결과에 의하면 다음과 같이 8개 종류의 토양에 대한 땅콩의 산출량 y와 옥수수의 산출량 x에 관한 자료를 제시하고 있다.

표 10.2

x	2.4	3.4	4.6	3.7	2.2	3.3	4.0	2.1
y	1.33	2.12	1.80	1.65	2.00	1.76	2.11	1.63

여기서 두 변수 간 표본상관계수 r을 구하시오.

풀이

$$\sum x_i=25.7,\ \sum y_i=14.40,\ \sum x_i^2=88.31,\ \sum x_iy_i=46.856,\ \sum y_i^2=26.4324$$
$$s_{xx}=88.31-\frac{(25.7)^2}{8}=88.31-82.56=5.75$$
$$s_{yy}=26.4324-\frac{(14.40)^2}{8}=0.5124$$
$$s_{xy}=46.856-\frac{(25.7)(14.40)}{8}=0.5960$$

으로부터 $r=\dfrac{0.5960}{\sqrt{5.75}\sqrt{0.5124}}=0.347$이다.

파이썬 프로그래밍

```
import numpy as np

x = np.array([2.4, 3.4, 4.6, 3.7, 2.2, 3.3, 4.0, 2.1])
y = np.array([1.33, 2.12, 1.80, 1.65, 2.00, 1.76, 2.11, 1.63])

r = np.corrcoef(x, y)[0, 1]

print(f'표본상관계수 r: {r:.3f}')
```

10.2 최소제곱 회귀선

$$y_i - \overline{y} = y_i - \hat{y}_i + \hat{y}_i - \overline{y}$$

다음 그림에 그려진 점들의 집합에 가장 잘 맞는 직선은 무엇인가?

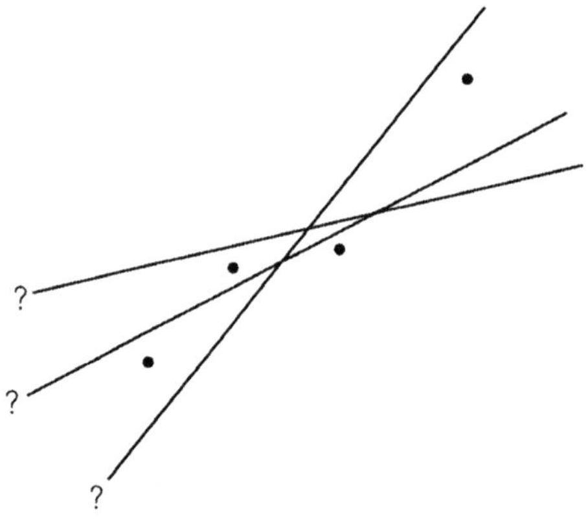

그림 10.5 회귀직선들

가장 잘 맞는 직선을 통해 평방편차를 계산하는 우리 경험의 바탕에서 선을 통해 측정된 값과 예측한 값들의 세로 차이의 제곱수 합계를 최소화하는 직선을 의미한다.

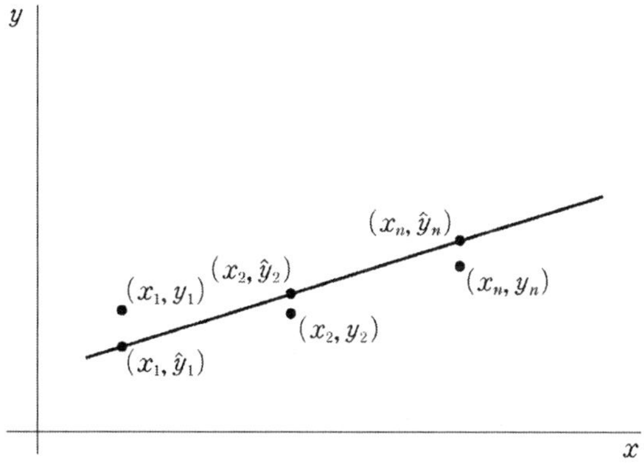

그림 10.6 실제값과 예측값의 표시

위 도형에서 다음을 최소화하길 원한다.

$$(y_1 - \widehat{y_1})^2 + (y_2 - \widehat{y_2})^2 + \cdots + (y_n - \widehat{y_n})^2$$

가장 잘 적합된 회귀선은 x와 y의 평균을 지난다. 주어진 점을 지나는 주어진 기울기를 가진 선의 기본적인 모형에서 다음과 같은 정보를 가진다.

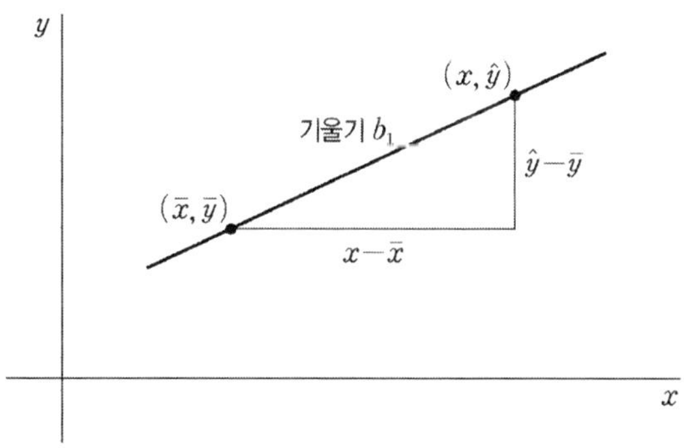

그림 10.7 적합된 회귀선

$$\hat{y} - \overline{y} = b_1(x - \overline{x})$$

또는 b_1이 선의 기울기일 때

$$\hat{y} = \overline{y} + b_1(x - \overline{x})$$

b_1은 다음 공식을 통해 구할 수 있다.

$$b_1 = r\frac{s_y}{s_x} = \frac{\sum(x_i - \overline{x})(y_i - \overline{y})}{\sum(x_i - \overline{x})^2} = \frac{s_{xy}}{s_{xx}}, \qquad b_0 = \overline{y} - b_1\overline{x}$$

r이 상관관계이고, s_x와 s_y가 두 집합의 표준편차일 때 구할 수 있다. 각 x에서 표준편차 변화는 y에서 표준편차 r의 변화를 가져온다. 만약, y-평방편차의 z-위치들과 x-평방편차의 z-위치들을 그래프로 그린다면, 회귀선의 기울기는 정확히 r이고, 1차 방정식은 $z_y = rz_x$가 된다.

가장 잘 맞는 이 선은 선을 통해 측정된 값과 예측된 값의 차이 제곱의 합계를 최소화하는 선이고 최소제곱 회귀선 또는 간단하게 회귀선이라 불린다. 이는 계산기에서 두 집합의 자료를 입력하고 통계학 프로그램을 사용하여 바로 구할 수도 있다.

예제 10.3

강우량의 정도에 따른 대기오염의 제거 정도를 알아보기 위해 다음과 같은 표를 얻었다. 다음 물음에 답하여라.

표 10.3 강우량과 대기오염 자료

강우량(x)	4.3	4.5	5.9	5.6	6.1	5.2	3.8	2.1	7.5
대기오염 제거 정도(y)	126	121	116	118	114	118	132	141	108

(1) 상관계수 r을 계산하시오.

(2) 강우량으로부터 대기오염의 제거정도를 예측하기 위한 회귀직선의 방정식을 구하시오.

(3) 강우량이 $x = 5.8$일 때, 대기오염 제거정도를 추정하시오.

풀이

(1) $n = 9,\ \sum x_i = 45,\ \sum y_i = 1094,\ \sum x_i y_i = 5348.2,$

$\sum x_i^2 = 244.26,\ \sum y_i^2 = 133786,\ \overline{x} = 5,\ \overline{y} = 1094/9$

$$r = \frac{\frac{1}{n-1}\sum(x_i - \overline{x})(y_i - \overline{y})}{s_x s_y} = \frac{\sum x_i y_i - n\overline{x}\,\overline{y}}{\sqrt{\left(\sum x_i^2 - n\overline{x}^2\right)\left(\sum y_i^2 - n\overline{y}^2\right)}}$$

$\fallingdotseq -0.9787.$

(2) $b_1 = \frac{s_{xy}}{s_{xx}} = \frac{\sum x_i y_i - n\overline{x}\,\overline{y}}{\sum x_i^2 - n\overline{x}^2} \fallingdotseq -6.3240,\ b_0 = \overline{y} - b_1\overline{x} \fallingdotseq 153.1755,$

$\hat{y} = 153.1755 - 6.3240x$

(3) $x = 5.8$일 때, $\hat{y} = 153.1755 - 6.3240 \cdot 5.8 = 116.496$

파이썬 프로그래밍

```
import numpy as np
from scipy import stats

x = np.array([4.3, 4.5, 5.9, 5.6, 6.1, 5.2, 3.8, 2.1, 7.5])
y = np.array([126, 121, 116, 118, 114, 118, 132, 141, 108])

# 1. 상관계수 계산
r, _ = stats.pearsonr(x, y)
print(f'1. 상관계수 r : {r:.4f}')

# 2. 회귀직선의 방정식 계산
b1, b0, _, _, _ = stats.linregress(x, y)
print(f'2. 회귀직선의 방정식: y = {b0:.4f} + {b1:.4f}x')

# 3. 강우량이 x = 5.8일 때 대기오염 제거 정도 추정
x = 5.8
y_hat = b0 + b1 * x
print(f'3. 강우량이 {x}일 때 대기오염 제거 정도: {y_hat:.3f}')
```

예제 10.4

다음은 여섯 개의 세정제 제품의 광고비와 전체 판매량을 나타낸 것이다.

표 10.4 (단위: $1,000)

광고비 x	2.3	5.7	4.8	7.3	5.9	6.2
전체 판매량 y	77	105	96	118	102	95

만약 $5000이 광고비로 쓰였을 때, 전체 판매량은 얼마인지 예상해 보고, 회귀선의 기울기를 구하시오. 만약 $100,000이 광고비로 쓰였을 때는 얼마인지 구하시오.

풀이

계산기를 사용하면, 회귀선의 방정식은

$$\hat{y} = 98.833 + 7.293(x - 5.367) = 59.691 + 7.293x$$

x와 y를 더 알맞다고 불리는 변수로 대체하는 것도 도움이 된다, 예를 들어 다음과 같은 결과를 나타낸다.

판매량 = 59.684 + 7.295(광고비)

회귀선은 만약 $5000이 광고비로 쓰인다면, 그 결과인 전체 판매량은 7.295(5)+59.684 = $96.159인 것을 예측한다($96.691).

회귀선의 기울기를 통해 추가로 광고비에 사용한 $1000는 판매량에 $7295가 증가한다는 것을 알 수 있다.

예제 10.5

여름에 농장 30곳의 무작위 표본을 조사한 결과 다음과 같은 통계치가 나왔다.

자라는 기간의 평균 온도(화씨): $\overline{x} = 81,\ s_x = 3$

에이커 당 평균 농작물 수확량(부쉘): $\overline{y} = 131,\ s_y = 5$

상관관계 r = .32

이 연구를 바탕으로 자라는 기간의 평균 온도가 화씨 76.5도인 지역의 예상 수확량의 평균을 구하시오.

풀이

변수들과 관련된 선형회귀선을 찾을 수 있다. 기울기 = $r\dfrac{s_y}{s_x} = .32\left(\dfrac{5}{3}\right) \approx 0.533$이고, y-절편 $\approx 131 - 81(0.533) \approx 87.8$, 따라서 수확량 = 0.533(온도) + 87.8이다. 그러면 0.533(76.5) + 87.8 ≈ 128.6이다.

10.3 결정계수

단순회귀모형은 설명변수가 반응변수를 선형적으로 어떻게 설명할 수 있는가를 표현하는 모형이다. 관찰된 y_i는 다음과 같이 정리할 수 있다.

$$y_i - \overline{y} = y_i - \hat{y}_i + \hat{y}_i - \overline{y}$$

양변을 제곱하여 모든 관찰값에 대해 더해주면 다음의 등식이 성립한다.

$$SST = \sum_{i=1}^{n}(y_i - \overline{y})^2 + \sum_{i=1}^{n}(y_i - \hat{y}_i)^2 = SSR + SSE = \sum y_i^2 - \left(\sum y\right)^2/n$$

y의 총제곱합(SST; total sum of squares)은 회귀제곱합(SSR; regression sum of squares, sum of squares due to regression)과 오차제곱합(SSE; sum of squares due to error)으로 분할된다. 이들을 각기 정당한 자유도로 나누어 주면 분산이 되므로 각각을 총변동량(total variation), 오차변동량(error variation)이라고도 부른다.

흩어져 있는 자료들을 하나의 직선으로 '정리' 또는 요약한 것을 회귀식이라 한다. 그러면 그 회귀식이 얼마나 원래의 자료를 잘 정리 요약해서 반영하고 있는지 하나의 척도나 계수로 나타낼 수 있다면, 그 회귀식을 사용할 때 좋은 참고 지표가 될 것이다. y의 총변동량(SST) 중 추정된 회귀식이 설명하는 변동량(SSR)의 비중이 크면 클수록 회귀식이 원래의 자료를 잘 정리 요약하여 반영하고 있다고 할 수 있다.

y의 총변동량(SST)에 대한 추정된 회귀식이 설명하는 변동량(SSR)의 비율을 결정계수(coefficient of determination)인 R^2으로 표기하며, 회귀모형의 적합성(goodness of fit)에 대한 중요한 판단 기준으로 사용한다. 한편, 결정계수 R^2의 값이 어느 정도 되어야 추정된 회귀식이 회귀모형으로 적절한가에 대한 판단 기준은 없다. 다만 R^2의 값이 1에 가까운 큰 값일수록 적절한 회귀모형으로 해석된다. R^2는 0과 1 사이의 값을 갖는 비율이지만 100을 곱하여 % 단위로 쓰는 경우가 일반적이다. R^2값의 적절성은 해당 자료의 특성에 따라 천차만별이므로 전형적인 기준이 제시되지 못한다. 자연과학이나 공학 계열의 자료는 99%를 넘는 것들이 많으며 사회현상을 설명하는 자료는 R^2값이 80%만 넘어도 상당

히 큰 값으로 생각될 것이다. 경영전략 분야의 논문에서는 R^2가 30% 정도인 것도 있다.

결정계수 R^2

$$R^2 = \frac{SSR}{SST} = 1 - \frac{SSE}{SST} = \frac{\sum_{i=1}^{n}(\hat{y_i} - \overline{y})^2}{\sum_{i=1}^{n}(y_i - y)^2}$$

1. $0 \le R^2 \le 1$
2. R^2이 1에 가까울수록 추정된 회귀식이 총변동량의 많은 부분을 설명한다.
3. R^2이 0에 가까울수록 추정된 회귀식이 총변동량을 적절하게 설명하지 못한다.

결정계수 R^2이 회귀모형의 적절성을 나타내는 중요한 기준이나 유일한 절대 기준이 아닐 수 있다는 점을 명심해야 한다. 또 다른 회귀모형의 적절성에 대한 판단 기준을 다음절에서 논의할 것이다.

정의로부터 SSE의 계산은 많은 양의 계산을 해야 하므로 좀 더 단순한 공식을 생각해 보자.

$$SSE = \sum y_i^2 - \hat{b_0}\sum y_i - \hat{b_1}\sum x_i y_i$$

이 표현은 $\sum(y_i - \hat{y_i})^2$에서 대신하는 $\hat{y_i} = \hat{b_0} + \hat{b_1}x_i$로부터 얻는다. 특히, 이 계산 공식은 b_0과 b_1의 소수점 오차에 좀 더 효과적일 수 있다.

예제 10.6

[예제 10.3]에서 강우량의 정도에 따른 대기오염의 제거정도 자료의 R^2값을 구하시오.

(풀이)

$b_0 = 153.1755$, $b_1 = -6.3240$, $\sum y_i = 1094$, $\sum x_i = 45$

$\sum x_i y_i = 5348.2$, $\sum y_i^2 = 133786$, $\sum x_i^2 = 244.26$

$s_{yy} = \sum(y_i - \overline{y})^2 = \sum y_i^2 - n(\overline{y})^2 = 133786 - (1904)^2/9 = 804.222$

$$s_{xx} = \sum(x_i - \overline{x})^2 = \sum x_i^2 - n(\overline{x})^2 = 244.26 - 452/9 = 19.26$$

에서 다음과 같이 SST와 SSE를 얻을 수 있다.

$$SST = \sum y_i^2 - \left(\sum y_i\right)^2/n = 133786 - \frac{(1094)^2}{9} = 804.222$$

$$SSE = \sum_{i=1}^{n}(y_i - \hat{y_i})^2 = 33.9573$$

따라서, 결정계수는

$$R^2 = 1 - \frac{33.9573}{804.222} = 0.957776$$

이다. 즉, 다공성의 관측된 변동 95.8%는 강우량과 대기오염 제거정도 사이의 점근적 선형 관계에 기인한다고 볼 수 있다.

파이썬 프로그래밍

```
import numpy as np
from scipy import stats

x = np.array([4.3, 4.5, 5.9, 5.6, 6.1, 5.2, 3.8, 2.1, 7.5])
y = np.array([126, 121, 116, 118, 114, 118, 132, 141, 108])

# 상관계수 계산
r, _ = stats.pearsonr(x, y)

# 결정계수 R^2 계산
r2 = r**2
print(f'결정계수 R²: {r2:.5f}')
```

10.4 잔차플롯

측정된 값과 예측된 값 사이의 격차를 오차라고 한다. 회귀선을 산점도에 그렸을 때 오차는 회귀선으로부터 그 점까지의 세로 격차이다.

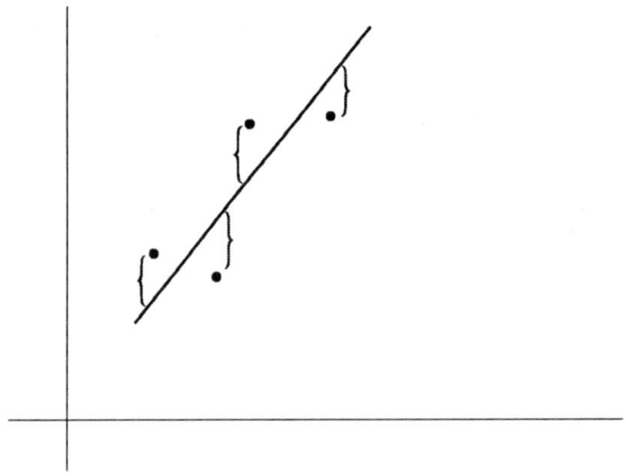

그림 10.8 잔차산점도

회귀선은 오차 제곱의 합계를 최소화하는 선이다.

예제 10.7

[예제 10.4]에 있는 회귀선으로부터 예상값을 계산하고 오차를 구하시오.

풀이

표 10.5

x	2.3	5.7	4.8	7.3	5.9	6.2
y	77	105	96	118	102	95
$\hat{y}$	76.5	101.3	94.7	112.9	102.7	104.9
$y-\hat{y}$	0.5	3.7	1.3	5.1	-0.7	-9.9

오차의 합계는 다음과 같다는 점을 확인하자.

$$0.5+3.7+1.3+5.1-0.7-9.9=0.0$$

위의 방정식은 일반적으로 사실이다. 합계와 따라서 오차들의 평균은 항상 0이다.

오차의 표기로는 $\hat{e_i}=y_i-\hat{y_i}$이다. 따라서, $\sum_{i=1}^{n}\hat{e_i}=0$이다. 오차의 표준편차는 다음과 같이 계산된다.

$$s_e=\sqrt{\frac{\Sigma e_i^2}{n-2}}=\sqrt{\frac{\Sigma(y_i-\hat{y_i})^2}{n-2}}$$

s_e는 점들이 회귀선 주위에 어떻게 분포되어 있는지에 대한 척도를 나타낸다.

잔차플롯은 더 많은 정보를 제공한다. 확실한 패턴이 있는 잔차플롯은 직선인 회귀선보다 비선형 모델이 더 잘 맞는다는 것을 암시해 준다. 그리고 잔차가 무작위로 분포되었든 되지 않았든, 양수와 음수의 잔차 사이의 균형과 y-값들에 관계한 잔차들의 비교에 주의해야 한다.

1차 형태가 아마 적당하겠지만, 낮은 상관관계라 할지라도 모형을 이해하는 것이 중요하다. 그리고, 1차적 모델이 가장 좋은 모델이 아닐 수 있다, 하지만 높은 r^2에 있어서는 여전히 아주 좋은 모형일 것이다.

예제 10.8

한 페인트가 마르는 시간은 특정 성분을 포함하는 양에 따라 달라진다고 가정해 보자.

표 10.6

성분(oz) x	1	2	3	4	5	6	7	8	9	10
마르는 시간(hr) y	4	2.1	1.5	1	1.2	1.7	2.5	3.6	4.9	6.1

계산기를 사용하면, 회귀선 $y= 0.327x + 1.062$를 찾을 수 있다. 오차를 구하시오.

(풀이)

표 10.7

x	1	2	3	4	5	6	7	8	9	10
$y-\hat{y}$	2.61	0.38	-0.54	-1.37	-1.5	-1.32	-0.85	-0.08	0.89	1.77

결과로 나온 잔차플롯은 강한 패턴을 나타낸다.

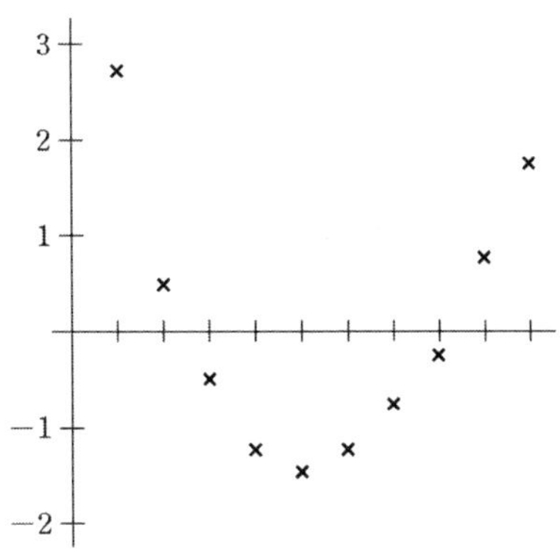

그림 10.9 잔차플롯

이 패턴은 비선형 모형이 직선 모형보다 더 잘 맞을 것이라고 암시한다. 본래 자료의 산점도는 무엇이 일어나는지 명확하게 보여준다.

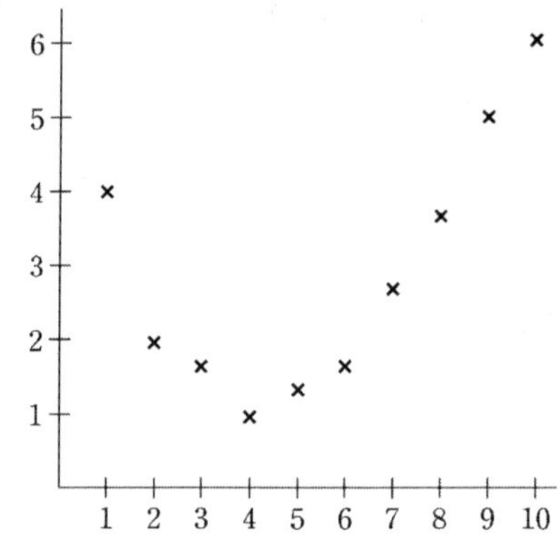

그림 10.10 산점도

예제 10.9

갈론당 마일에 새로운 자동차 모델의 속도는 최소제곱 회귀선에 맞아떨어진다. 오차들 회귀선의 컴퓨터 산출의 그래프는 다음과 같다.

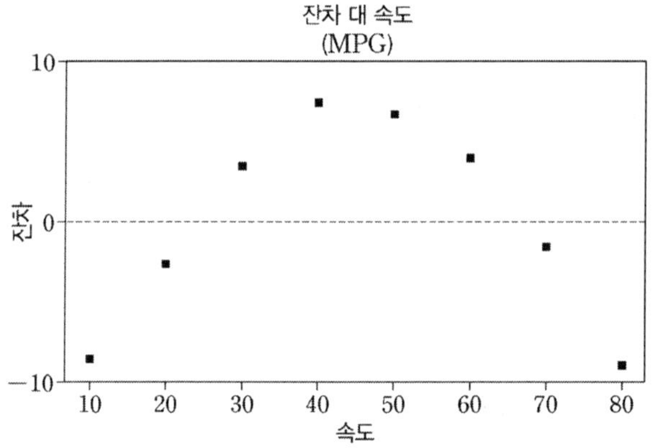

그림 10.11 잔차플롯(회귀분석: MPG 대 속도)

회귀선의 방정식은

표 10.8

predictor	Coef	SE Coef	T	P
변수	38.929	5.651	6.89	0.000
속도	-0.2179	0.1119	-1.95	0.099

MPG = 38.9 - 0.218 속도

S = 7.252 R-sq = 38.7% R-sq(adj)= 28.5%

분산분석

소스	DF	SS	MS	F	P
회귀선	1	199.34	199.34	3.79	0.099
잔차	6	315.54	52.59		
합계	7	514.88			

(1) 위 내용에 있는 회귀선의 기울기를 구하시오.

(2) 30 mph의 속도에서, 예상되는 MPG의 평균은 얼마인지 구하시오.

(3) 30 mph의 속도에서, 실제 MPG는 얼마인지 구하시오.

(4) 선이 가장 적절한 모델인지 설명하시오.

(5) S = 7.252는 무엇을 뜻하는지 설명하시오.

풀이

(1) 회귀선의 기울기는 -0.2179이다, 이는 평균적으로, 속도가 한 시간에 1마일씩 증가할 때, MPG는 0.2179가 떨어진다는 것을 말한다.

(2) 30 mph의 속도에서, 예상 MPG 평균은 -0.2179(30) + 39.929, 또는 거의 32.4 MPG이다.

(3) 30 mph의 오차는 거의 +3.5이고, 나머지 = 실제값 - 예상값이기 때문에, 실제 MPG를 32.4 + 3.5 또는 거의 36 MPG로 계산한다.

(4) 오차가 강한 곡선의 패턴을 보이는 것은, 선이 아닌 모델이 더 적당할 것을 암시한다.

(5) 잔차의 표준편차는 오차들의 "대푯값"이고 점들이 어떻게 회귀선 주위에 분포하는 지에 대한 척도를 나타낸다.

예제 10.10

작은 야구 리그에서 경기하는 어린 선수들의 수는, 최소제곱 회귀선에 맞아떨어진다. 그 회귀선의 컴퓨터 산출을 그래프로 나타내면 다음과 같다.

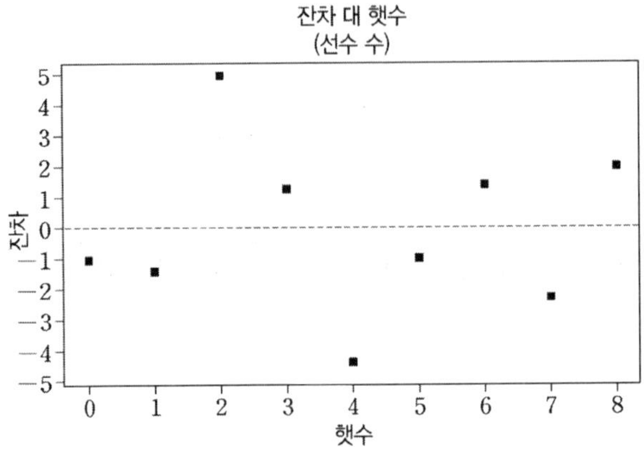

그림 10.12 잔차플롯

표 10.9

predictor	Coef	SE Coef	T	P
변수	123.800	1.798	68.84	0.000
년도	23.6333	0.3778	33.44	0.000

S = 2.926 R-Sq = 99.4% R-Sq(adj) = 99.3%

분산분석

소스	DF	SS	MS	F	P
회귀선	1	9576.1	9576.1	1118.45	0.000
잔차	7	59.9	8.6		
합계	8	9636.0			

(1) 이 자료에 선이 적합한 모델인지 설명하시오.

(2) 회귀선의 방정식을 구하시오.

(3) 이 문제의 내용에서 회귀선의 기울기를 구하시오.

(4) 문제의 내용에 해당하는 회귀선의 y-교차점을 구하시오.

(5) 1997년에 예측된 선수들의 수는 얼마인지 구하시오.

(6) 1997년에 실제 선수들의 수는 얼마였는지 구하시오.

(7) 만약 있다면, 어느 연도에 그 전년도에 비해 선수들의 수가 감소했는지 구하시오.

풀이

(1) 그렇다. 결정계수 = 99.4%는 크다. 그리고 잔차플롯은 패턴을 보이지 않는다. 따라서, 선의 모델이 적합하다.

(2) 선수들의 수 = 123.8 + 12.6(년도)

(3) 회귀선의 기울기는 12.6이다, 이는 1995~2003년 동안 한 해에 Ithaca의 작은 야구 리그에서 경기한 어린이들의 수는 12 또는 12명씩 증가한다는 것을 암시한다.

(4) y-교차점 123.8은 1995년을 의미한다. 따라서 Ithaca의 작은 리그의 선수들의 수는 124 정도로 예상된다.

(5) 1997년에는 $x = 2$이다. 따라서 예상되는 선수들의 수는 12.6(2) + 123.8 = 149다.

(6) 잔차플롯에서의 1997년도($x = 2$)의 오차는 +5이다, 따라서 실제값 - 예상 값 = 5이고, 1997년도 실제 선수들의 수는 5 + 149 = 154가 되어야 한다.

(7) 만약 하나의 오차가 그다음 오차보다 12.6가 더 크다면 수는 감소할 것이다. 이는 절대로 일어나지 않을 것이고, 따라서 선수들의 수는 절대로 감소하지 않는다.

10.5 비선형 회귀모형

종종 두 변수 사이의 관계를 설명할 때 직선 패턴은 가장 좋은 모델이 아닐 수도 있다. 이 문제를 명확히 보여주는 예로는 산점도가 눈에 보이는 곡선 패턴을 보이거나, 오차들이 무작위의 분산이 아닌 명확한 패턴을 가지는 경우이다. 이러한 상황에서는 하나 또는 두 개의 변수를 변형시킨 후 선형의 관계를 확인함으로써 종종 선이 아닌 모델이 나타날 수 있다. 유용한 변형은 종종 새로운 변수들을 만드는 계산기의 log 또는 ln 버튼을 통해 나타난다.

예제 10.11

다음 연수와 그에 해당하는 인구수를 살펴보자.

표 10.10

년 x	1950	1960	1970	1980	1990
인구(단위: 1,000) y	50	67	91	122	165

산포도와 잔차플롯은 비선형관계가 더욱 강한 모형인지 확인하시오.

풀이

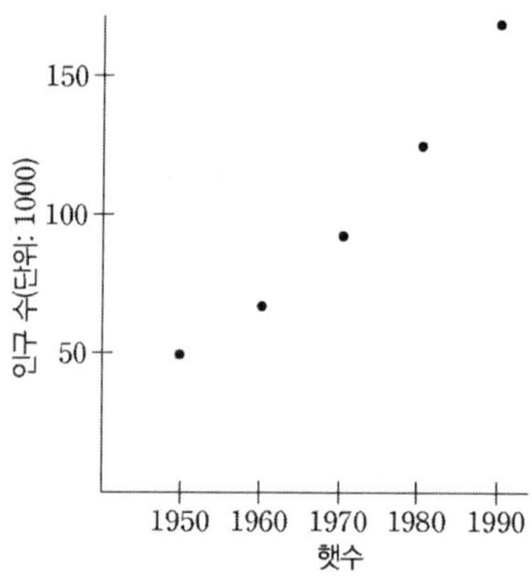

그림 10.13 산점도

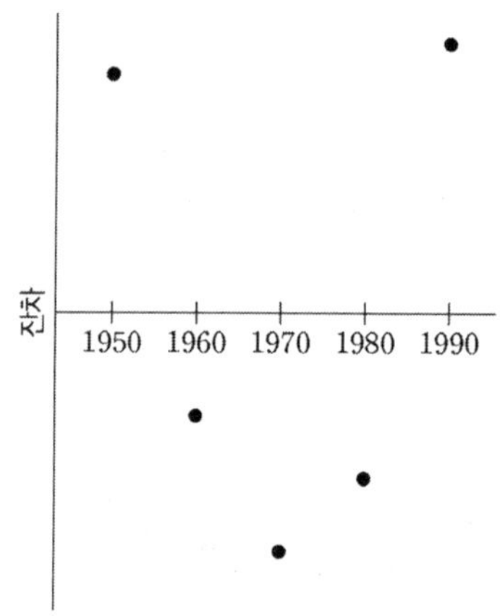

그림 10.14 잔차플롯

$\log y$를 새로운 변수라고 하면, 다음을 얻는다.

표 10.11

x	1950	1960	1970	1980	1990
$\log y$	1.70	1.83	1.96	2.09	2.22

산포도와 잔차플롯은 이제 더 강한 선의 관계를 암시한다.

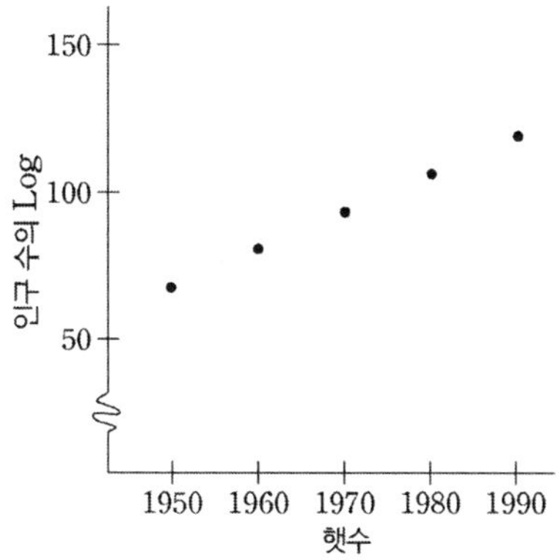

그림 10.15 산점도

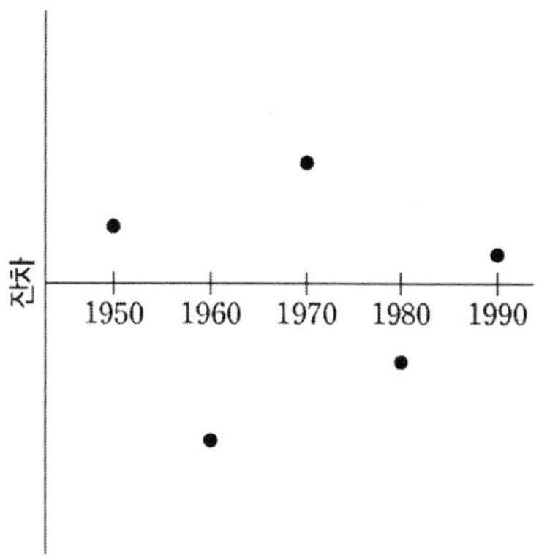

그림 10.16 잔차플롯

회귀선 분석은 $\log y = 0.013x - 23.65$를 나타낸다. $\log(Pop) - -23.60 + 0.013(Year)$ 을 가진다. 예를 들어, 2000년도에 예상되는 인구수는 $\log(Pop) = 0.013(2000) - 23.60 = 2.4$일 것이다. 따라서, $Pop = 10^{2.34} \approx 251$에 따라 천 또는 251,000일 것이다. 1차 방정식 $\log y = 0.013x - 23.65$는 $y = 10^{0.013x - 23.65}\left[10^{-23.65} \times (10^{0.013})^x = 2.512E - 24 \times 1.0304^x\right]$으로 다시 표현될 수 있다.

파이썬 프로그래밍

```
import numpy as np
import matplotlib.pyplot as plt
from scipy import stats

x = np.array([1950, 1960, 1970, 1980, 1990])
y = np.array([50, 67, 91, 122, 165])

# 회귀직선의 방정식 계산
slope, intercept, _, _, _ = stats.linregress(x, y)

# 예측값과 잔차 계산
y_hat = intercept + slope * x
residuals = y - y_hat

# 산점도와 잔차플롯 그리기
fig, (ax1, ax2) = plt.subplots(1, 2, figsize=(10, 5))

ax1.scatter(x, y)
ax1.plot(x, y_hat, color='r')
ax1.set_xlabel('년도')
```

```
ax1.set_ylabel('인구')
ax1.set_title('산점도')

ax2.scatter(x, residuals)
ax2.axhline(y=0, color='r', linestyle='--')
ax2.set_xlabel('년도')
ax2.set_ylabel('잔차')
ax2.set_title('잔차플롯')

plt.show()

import numpy as np
import matplotlib.pyplot as plt
from scipy import stats

x = np.array([1950, 1960, 1970, 1980, 1990])
y = np.array([50, 67, 91, 122, 165])

# 로그 변환
log_y = np.log(y)

# 로그 변환 후 회귀직선의 방정식 계산
log_slope, log_intercept, _, _, _ = stats.linregress(x, log_y)

# 로그 변환 후 예측값과 잔차 계산
log_y_hat = log_intercept + log_slope * x
log_residuals = log_y - log_y_hat

# 산점도와 잔차플롯 그리기
fig, (ax1, ax2) = plt.subplots(1, 2, figsize=(10, 5))

ax1.scatter(x, y)
ax1.plot(x, np.exp(log_y_hat), color='r') # 로그 변환을 원래 스케일로 되돌림
ax1.set_xlabel('년도')
ax1.set_ylabel('인구')
ax1.set_title('산점도')

ax2.scatter(x, log_residuals)
ax2.axhline(y=0, color='r', linestyle='--')
ax2.set_xlabel('년도')
ax2.set_ylabel('잔차')
ax2.set_title('잔차플롯')

plt.show()
```

많은 유용한 변형이 있다. 예를 들어 살펴보자.

x의 1차 함수를 $\log y$라 하면, $\log y = ax + b$이다. 이를 지수로 다시 표현하면,

$$y = 10^{ax+b} \text{ 또는 } b_1 = 10^b\text{일 때, } y = b_1 10^{ax}$$

이다. $\log x$의 1차 함수를 $\log y$라 하면, $\log y = a \log x + b$이다. 이를 제곱으로 다시 표현하면,

$$y = 10^{a\log x+b} \text{ 또는 } b_1 = 10^b\text{일 때, } y = b_1 x^a$$

이다. 1차 함수 $y = ax + b$를 2차로 다시 표현하면,

$$y = (ax+b)^2$$

이다. 1차 함수 $ax + b$가 $\dfrac{1}{y}$로 표현된다면, 이를 y에 대한 식으로 다시 표현하면,

$$y = \frac{1}{ax+b}$$

이다. $\log x$의 1차 함수를 y라 하면, $y - a \log x + b$는 로그 함수이다.

예제 10.12

다음 자료에 가능한 모델을 구하시오.

표 10.12

x	1	2	3	4	5
y	20	60	120	190	280

풀이

x와 y에 맞는 선은 r=0.99에 $\hat{y} = 65x - 1.139$을 나타낸다.

x와 $\log y$에 맞는 선은 r = .98에 $\log y = 0.279x + 1.139$를 나타낸다. 지수의 관계에서 결과가 나타난다.

$$\hat{y} = 10^{0.279x + 1.139} = 13.77(10^{0.279x}) = 13.77(1.901^x)$$

$\log x$와 $\log y$에 맞는 선은 $r = .99$에 $\log y = 1.639 \log x + 1.295$를 나타낸다. 제곱 관계에서 결과가 나타난다.

$$\hat{y} = 10^{1.639 \log x + 1.295} = 19.72(x^{1.639})$$

세 모델 모두 높은 상관관계를 나타내고 적합한 형태이다. 잔차플롯 검토를 통해 더 자세한 분석을 할 수 있다.

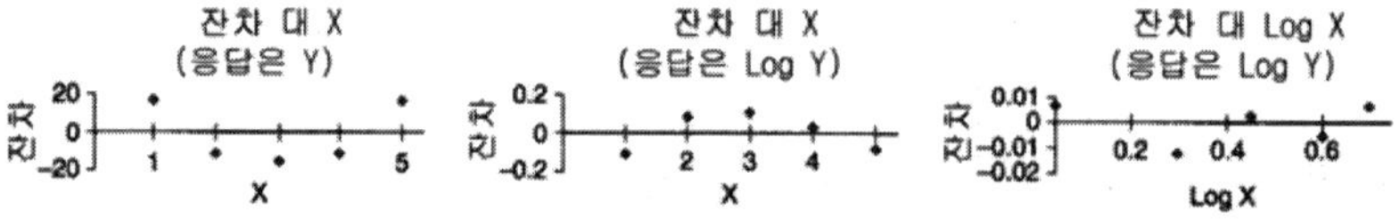

그림 10.17 잔차플롯

처음 두 잔차플롯은 명확한 곡선 패턴이 있다. 세 번째 잔차플롯은 더 무작위 패턴과 작은 오차를 나타낸다. 위의 세 모델 중, 제곱 모델인 $\hat{y} = 19.72(x^{1.639})$이 가장 좋게 나타낸다.

10.6 최소제곱법 회귀선 기울기의 신뢰구간

앞서 10.2절에서는 최소제곱법 선에 대해 다뤘다.

$$\hat{y} = \bar{y} + b_1(x - \bar{x})$$

위 식에서 b_1은 선의 기울기이다. 이 기울기는 계산기의 통계 소프트웨어를 이용하여 쉽사리 찾을 수 있다. 이것은 실제 회귀선의 기울기 β_1의 어림이다. β_1의 신뢰구간 어림은 df = $n-2$인 t-위치들을 이용해 찾을 수 있고, 적절한 표준편차는 다음과 같다.

$$s_{b_1} = \frac{\sqrt{\dfrac{\Sigma(y_i - \hat{y}_i)^2}{n-2}}}{\sqrt{\Sigma(x_i - \bar{x})^2}}$$

분자에 있는 합은 제곱법 잔차의 합이며 분모에 있는 합은 제곱법 평균치의 표준편차들의 합이다. s_{b_1}의 값은 계산기의 통계 소프트웨어가 b_1의 값을 찾는 동시에 같이 찾아진다. 어떤 계산기들은 분자 $s = \sqrt{\frac{\sum(y_i - \hat{y}_i)^2}{n-2}}$ 을 계산한다. 그리고 분모는 $\sqrt{\sum(x_i - \overline{x})^2} = s_x\sqrt{n-1}$로 계산될 수 있다.

여기 가정은 다음과 같다.

(1) 표본은 무작위로 뽑혀야 한다.

(2) 산점도는 대략 일직선 이어야 한다.

(3) 산차플롯의 분명한 패턴이 있어선 안 된다.

(4) 잔차들의 분포는 대략 정규분포여야 한다.

신뢰구간의 유도된 공식에 따르면 다음과 같이 확률계산을 할 수 있다.

$$P\left(-t_{\alpha/2,\ n-2} < \frac{b_1 - \beta_1}{s_{b_1}} < t_{\alpha/2,\ n-2}\right) = 1 - \alpha$$

β_1의 괄호 안에 부등식과 추정량들의 자리에 추정한 값을 대체하여 신뢰구간 공식을 유도할 수 있다.

이 구간은 이전의 많은 신뢰구간들의 형태와 비슷하다. 모수를 추정한 값이 중심이 되고 원하는 신뢰한계(임계값 t를 통해)와 추정량 b_1의 변동의 양에 따라 구간의 폭이 변한다(s_{b_1}을 통해서 b_1의 분포에 작은 변동이 있을 때 작게 확장될 것이고, 그렇지 않으면 커지게 된다).

예제 10.13

점토 벽돌을 이용한 건축의 변화는 구조적, 음향적 디자인뿐만 아니라 보온과 통풍 그리고 에어컨 시스템의 디자인에 중요한 역할을 한다. 다음 표는 모르타르의 마른 밀도(y)와 모르타르 공기 성분(x)에 대한 자료를 보여주고 있다. b_1의 신뢰구간을 구하시오.

표 10.13

x	5.7	6.8	9.6	10.0	10.7	12.6	14.4	15.0
y	119.0	121.3	118.2	124.0	112.3	114.1	112.2	115.1

x	15.3	16.2	17.8	18.7	19.7	20.6	25.0
y	111.3	107.2	108.9	107.8	111.0	106.2	105.0

(풀이)

산점도는 확실하게 단순선형회귀모형의 적당한 예를 제시한다. 즉, 공기 성분이 증가함에 따라 밀도가 감소하는 경향으로, 공기의 성분과 밀도 사이의 음의 관계를 보여준다. 요약 통계량은 다음과 같다.

$$\sum x_i = 218.1,\ \sum y_i = 1693.6,\ \sum x_i^2 = 3577.01,$$
$$\sum x_i y_i = 24{,}252.54,\ \sum y_i^2 = 191{,}672.90$$

따라서,

$$s_{xy} = -372.404,\ s_{xx} = 405.836,\ \hat{b_1} = -0.917622,\ \hat{b_0} = 126.248889$$
$$SST = 454.1693,\ SSE = 112.4432$$

이고, 결정계수는

$$r^2 = 1 - 112.4432/454.1693 = 0.752$$

이다. 따라서, 밀도에서 관측된 변동의 75%는 밀도와 공기 성분 사이에 단순선형회귀모형의 적합한 관계에 있다고 할 수 있다. 또한,

$$s^2 = 112.4432/13 = 8.6495$$

그리고 $s = 2.941$로부터 오차의 자유도는 $15 - 2 = 13$이다.
추정된 $\hat{b_1}$의 표준편차는

$$s_{b_1} = \frac{s}{\sqrt{s_{xx}}} = \frac{2.941}{\sqrt{405.836}} = 0.1460$$

이고, 95%의 신뢰수준의 임계값 t는 $t_{0.025,\ 13} = 2.160$이므로 신뢰구간은 다음과 같이 구할 수 있다.

$$-0.918 \pm (2.160)(0.1460) = -0.918 \pm 0.315 = (-1.223,\ -0.603)$$

높은 신뢰도를 가지고 0.603과 1.223 사이와 밀도 감소의 평균은 공기 성분의 1% 증가와 관련된 것을 추정할 수 있는 n이 있다. 이미 측정되어 있는 모집단의 직선 기울기는 구간이 좁은 것을 가리키는데, 구간은 음의 값을 포함하는 것을 알 수 있다. 따라서 공기 성분이 증가함으로써 밀도는 감소한다는 경향을 신뢰할 수 있다.

예제 10.14

10명의 고등학생의 무작위 표본은 주당 텔레비전 보는 시간과 성적으로써 이와 같은 결과를 나타냈다.

표 10.14

TV 시간	12	21	8	20	16	16	24	0	11	18
성적	3.1	2.3	3.5	2.5	3.0	2.6	2.1	3.8	2.9	2.6

최소제곱법 선을 구하고 실제 기울기의 95% 신뢰구간을 구하시오.

풀이

통계 소프트웨어를 이용하면

$$\hat{y} = 3.892 - 0.07202x$$

이고, $s = 0.1531$와 $s_x = 7.074$를 얻는다. 그러므로

$$s_{b_1} = \frac{0.1531}{7.074\sqrt{10-1}} = 0.0072$$

이다. 또한, $s_{b_1} = \dfrac{b_1}{t} = -\dfrac{0.07202}{-9.984} = 0.0072$인데, 이것은 $t = \dfrac{b_1}{s_{b_1}}$로부터 온다.

10개 자료의 점들로 자유도는 df$= 10 - 2 = 8$이고, 결정적인 t-값들은 ± 2.306이다. 실제 기울기의 95% 신뢰구간 추정은

$$b_1 \pm t s_{b_1} = -0.07202 \pm 2.306(0.0072) = -0.07202 \pm 0.0166$$

이다. 따라서, 주당 텔레비전 보는 추가 시간마다 0.055와 0.089 사이의 성적 하락과 관련되어있다고 95% 확신한다.

파이썬 프로그래밍

```
import numpy as np
from scipy import stats

x = np.array([12, 21, 8, 20, 16, 16, 24, 0, 11, 18])
y = np.array([3.1, 2.3, 3.5, 2.5, 3.0, 2.6, 2.1, 3.8, 2.9, 2.6])
alpha  = 0.05

# 회귀직선의 방정식 계산
slope, intercept, _, _, stderr = stats.linregress(x, y)

# t-분포의 임계값 계산
df = len(x) - 2
t = stats.t.ppf(1 - alpha / 2, df)

# 신뢰구간 계산
lower = slope - t * stderr
upper = slope + t * stderr

print(f'최소제곱법 선: y = {intercept:.4f} + x *( {slope:.4f}'))
print(f'실제 기울기의 95% 신뢰구간: {slope:.4f}  ± {t * stderr:.4f}')
```

예제 10.15

SAT 구두 점수들과 SAT 수학 점수에 관한 정보는 15개의 무작위로 뽑힌 과목에서 수집됐다. 자료에 대한 1차 회귀는 통계 소프트웨어 패키지를 이용하여 다음과 같은 출력 정보를 얻었다.

표 10.15

종속 변수: Math

변수	Coef	SE Coef	T	Probability
불변수	92.5724	31.75	2.92	0.012
구두	0.763604	0.05597	13.6	0.000
S = 16.69	R-S1 = 93.58	R-S1(adj) = 93.0%		

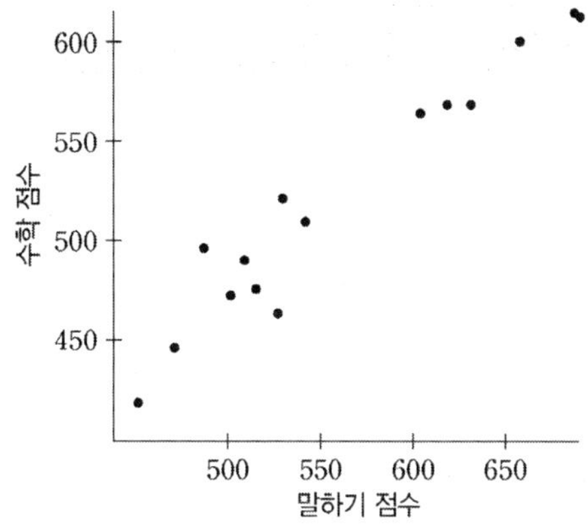

그림 10.18 신점도

(1) 회귀식을 구하시오.

(2) 회귀선의 기울기의 95% 신뢰구간을 추정하시오.

풀이

(1) 회귀의 모든 억측이 맞다고 가정한다면, 식의 y-절편과 기울기는 위 출력의 Coef 열에서 찾을 수 있다.

$$Math = 92.57 + 0.764\ Verbal$$

(2) 잔차들의 표준편차는 $S = 16.69$이며 기울기의 표준오차는 $s_{b_1} = 0.05597$이다. df $= 15-2 = 13$이고, 결정적인 t-위치들은 ± 2.160이다. 실제 기울기의 95% 신뢰 구간은

$$b_1 \pm t\, s_{b_1} = 0.764 \pm 2.160(0.05597) = 0.764 \pm 0.121$$

이다. 따라서, 구두 점수가 1점 올라갈 때마다, SAT 수학 점수의 평균 증가는 .64와 .89 사이라고 95% 확신한다.

10.7 최소제곱법 선의 기울기를 위한 가설검정

실제 기울기의 신뢰구간을 찾는 것에 더해 기울기의 값을 위한 가설검정을 할 수도 있다. 흔히 귀무가설 $H_0 : \beta_1 = 0$을 사용한다. 그것은 두 변수 사이에 일직선 관계가 없다는 것을 말한다. 최소제곱법 선의 기울기의 추론에 대한 가정은 다음을 포함한다.

(1) 표본은 무작위로 선택되어야 한다
(2) 산점도는 대략 일직선 이어야 한다
(3) 잔차플롯의 분명한 패턴이 있어선 안 된다.
(4) 잔차들의 분포는 대략 정상이어야 한다(이 세 번째 요점은 막대그래프, 점도표, 줄기도표, 또는 잔차들의 확률 도표로도 확인될 수 있다).

앞에서 공부한 β_1에 관한 검정의 귀무가설은 동일하다. 귀무값(β_1의 값은 귀무가설에서 참을 요구)을 β_{10}이라고 하자. 통계적 검정은 β_{10}값에 의한 표준화된 변수 t에서 β_1 대신에 쓴다. 즉, 표준화된 추정량 β_1로부터 가설 H_0은 참이다. H_0이 참일 때 통계적 검정은 자유도 $n-2$인 t-분포를 따른다. 따라서 제1종 오류의 가능성은 적당한 임계값 t를 사용하여 원하는 수준 α로 조절된다.

일반적으로 대응하는 β_1에 대한 가설은 $H_0 : \beta_1 = 0$ 대 $H_1 : \beta_1 \neq 0$이다.

예제 10.16

알루미늄 금속 또는 주조된 합금의 순도는 수소와 용해물의 내용에 의해 결정된다. 다음은 다양한 인장력이 x=산화물/혼합물의 비율(%)과 관련이 있다는 것을 나타내는 자료이다. 여기서 y =시험막대의 인장력을 나타낸다. 우리는 두 변수 간 산점도가 선형관계임을 보여주고, 따라서 최고제곱법으로 추정식을 얻을 수 있다고 하자. 유의수준 $\alpha = 0.01$에서 검정하시오.

표 10.16

x	0.10	0.16	0.31	0.37	0.37	0.46	0.50	0.50	0.60	0.70
y	0.96	1.10	0.80	0.84	0.77	0.87	0.60	0.87	0.60	0.61
x	0.75	0.80	0.90	1.00	1.07	1.08	1.11	1.30	1.37	1.54
y	0.70	0.41	0.40	0.41	0.45	0.59	0.25	0.25	0.08	0.10

풀이

기울기 모수 β_1은 산화물/혼합물의 비율(%)에서 1% 증가에 결합하여 인장력의 변화를 나타낸다. $H_0 : \beta_1 = 0$은 $H_0 = \beta_1 \neq 0$을 위해 기각될 것이다. 만약 t가 $t = \widehat{\beta_1}/s_{b_1}$라면, $t \geq t_{\alpha/2,\, n-2} = t_{0.005,\, 18} = 2.878$이거나 $t \leq -2.878$을 만족한다. 따라서, $\widehat{\beta_1} = -0.64884$, $s_{b_1} = 0.05840$이고,

$$t = \frac{-0.64884}{0.05840} = -11.11$$

이다. $-11.11 \leq -2.878$이므로, H_0은 명확하게 기각된다. p-값은 -11.11의 왼쪽에 자유도가 18인 곡선 t의 영역 두 개 중 하나이다. 따라서 H_0은 적당한 α에 의해 기각된다.

예제 10.17

다음 테이블은 무작위로 뽑힌 프로 테니스 선수의 새로 개발된 테니스 라켓을 쓰는 전과 후의 서브 속도를 mph로 나타낸다.

표 10.17

오래된 라켓	125	133	108	128	115	135	125	117	130	121
새로운 라켓	133	134	112	139	123	142	140	129	139	126

(1) 프로들이 그들의 오래된 라켓과 새로운 라켓을 사용하여 서브한 속도 간에 양의 기울기를 가진 일직선 관계가 있다는 증거가 있는지를 설명하시오.

(2) 최소제곱법 선을 설명하시오.

풀이

(1) 회귀선의 기울기를 위한 가설검정으로 시작한다.

$$H_0 : \beta_1 = 0 \qquad H_a : \beta_1 > 0$$

계산기의 통계 프로그램을 이용하면 다음과 같다.

$$\text{새로운 속도} = 8.76 + 0.99(\text{오래된 속도}) \quad t = 5.853 \text{ 그리고 } p = .00019$$

이 같은 작은 p-값으로, 프로들이 그들의 오래된 라켓과 새로운 라켓을 사용해 서브한 속도 간에 양의 기울기를 가진 일직선 관계가 있다는 매우 강한 증거가 있다.

(2) 대략 0.99의 기울기와 8.76의 y-절편들로 회귀선은 새로운 라켓을 사용하는 것이 오래된 라켓 속도에 개의치 않고 평균 속도를 8.76 mph 정도 올린다고 나타낸다. 그것은 높고 낮은 오래된 라켓 속도를 가진 선수들은 새로운 라켓을 사용했을 때 속도 평균의 똑같은 계수 증가를 체험한다는 것이다.

파이썬 프로그래밍

```
import numpy as np
import scipy.stats as stats
import matplotlib.pyplot as plt

old_racket = np.array([125, 133, 108, 128, 115, 135, 125, 117, 130, 121])
new_racket = np.array([133, 134, 112, 139, 123, 142, 140, 129, 139, 126])

# 상관계수 계산
r, p_value = stats.pearsonr(old_racket, new_racket)
print(f'상관계수 r: {r:.4f}')

alpha = 0.05
if p_value < alpha:
    print(f"p-value는 {p_value:.5f}로, 유의 수준 {alpha}보다 작다.\n따라서 귀무
가설을 기각한다.")
else:
    print(f"p-value는 {p_value:.5f}로, 유의 수준 {alpha}보다 크거나 같다.\n따
라서 귀무 가설을 기각할 수 없음")

# 산점도 그리기
plt.rc('font', family='Malgun Gothic')
plt.scatter(old_racket, new_racket)
plt.xlabel('old_racket')
plt.ylabel('new_racket')
plt.title('서브 속도 (mph)')
plt.show()
```

컴퓨터 출력을 해석할 수 있다는 것이 중요하며 적절한 컴퓨터 출력이 추론의 가정들을 확인하는 데 있어 유용하다.

예제 10.18

업체가 학생들의 SAT 점수를 향상시키기 위해 10-레슨 연구 프로그램을 제공한다. 학생 25명의 무작위 표본 추출들로 설문조사가 이뤄졌다. SAT 점수 합계(수학+언어시험)의 향상 대 레슨 개수의 산점도는 다음과 같다.

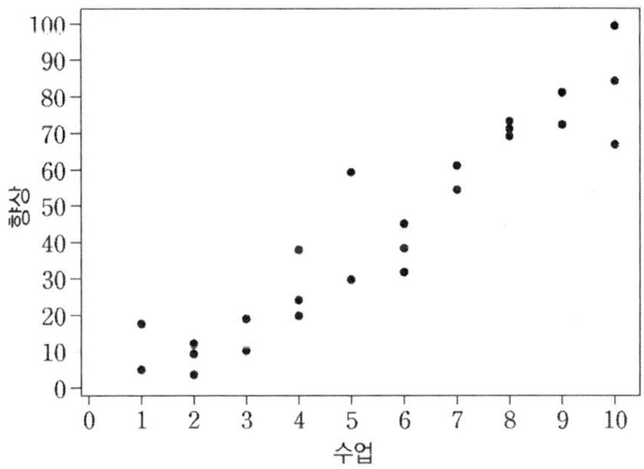

그림 10.19 산점도

회귀분석의 컴퓨터 출력에 따르면 잔차들의 도표와 막대그래프가 다음과 같이 나타난다.

표 10.18

회귀분석: 향상 대 수업

종속 변수: 향상

Predictor	Coef	SE Coef	T	P
상수	−7.718	4.272	−1.81	0.084
수업	9.2854	0.6789	13.68	0.000

S = 9.744 R−Sq = 89.1%

평방편차의 분석

Source	DF	SS	MS	F	P
회귀	1	17761	17761	187.06	0.000
잔차	23	2184	95		
합계	24	19945			

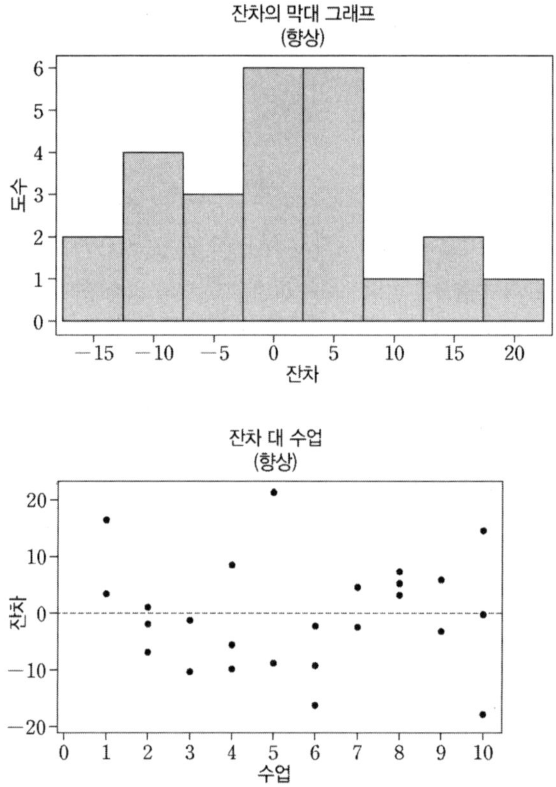

그림 10.20 막대그래프와 산점도

(1) 수업 개수의 함수로 점수 향상을 예측하는 회귀선의 식을 구하시오.

(2) 회귀선의 기울기를 해석하시오.

(3) 이 연구의 공황에서 결정계수의 뜻을 설명하시오.

(4) 상관계수의 값을 구하시오.

(5) 회귀선의 기울기를 위한 유의성 검정하시오.

풀이

(1) 향상 = −7.718 + 9.2854(수업)

(2) 회귀선의 기울기는 9.2854이며, 일반적으로, 각 추가의 레슨은 한 명의 SAT 점수를 9.2854를 향상시킨다는 뜻이다.

(3) 결정계수 = 89.1%은 SAT 점수 향상 합계의 평방편차 89.1%는 레슨 개수의 평방편차로써 설명될 수 있다.

(4) $r = +\sqrt{.891} = .949$, 기울기는 양수이므로 부호도 양수이다.

(5) $H_0 : \beta_1 = 0, H_a : \beta_1 \neq 0$(상관의 유의성 검정)을 가지고 회귀선의 기울기의 유의

성을 검정은 다음과 같다.

자료들이 무작위 표본에서 온다고 알고 있다, 산점도는 대략 일직선으로 보이고, 잔차플롯의 분명한 패턴이 없으며, 잔차들의 분포는 대략 정규분포로 나타난다.

$$t=\frac{9.2854-0}{0.6789}=13.68 \text{ 그리고, } df=25-2=23,\ p=.000$$

이 작은 p-값으로, H_0을 무시할 매우 강한 증거가 있으며, SAT 합계 점수 향상과 레슨 개수 사이의 관계가 의미 있다고 결론짓는다.

10.8 다중회귀모형

반응변수 y_i, $(i=1,\cdots,n)$에 대해서 k개의 설명변수 x_{1i}, … , x_{ki}가 있다고 하자. 다중회귀의 모형식은 다음과 같다.

$$\text{다중회귀모형: } y_i=\beta_0+\beta_1 x_{1i}+\cdots+\beta_k x_{ki}+\epsilon_i$$

여기서 오차항 ϵ_i는 평균이 0이고 분산이 σ^2인 정규분포를 따르며 서로 독립인 것을 가정한다. 모형에서는 각 설명변수와 반응변수 간의 선형관계를 가정하고 있다.

중회귀모형은 다음과 같이 벡터 방정식으로 나타내면 편리하다.

$$y=X\beta+\epsilon$$

다만,

X는 i번째 행이 $(1, x_{1i}, \dots, x_{ki})$인 행렬

β는 $(\beta_0, \beta_1, \dots, \beta_k)'$로 된 $(k+1)$인 열벡터

ϵ은 $(\epsilon_1, \dots, \epsilon_n)'$으로 된 n 열벡터

y는 $(y_1, \dots, y_n)'$으로 된 n 열벡터

이다. 이와 같은 행렬을 사용하면 β의 최소제곱추정량 및 적합된 모형은 다음과 같다.

최소제곱추정량과 적합된 모형:

$$\beta = (X'X)^{-1}X'y \ (X' : X\text{의 전치행렬})$$
$$\hat{y} = X\hat{\beta}$$

이제 각각의 회귀계수 $\beta_j (j = 1, \dots, k)$에 대해 가설 $H_0 : \beta_j = 0$을 검정하는 방법을 알아보자. 이의 검정은 귀무가설 하에서 다음과 같은 검정통계량

$$t = \frac{b_j}{SE(b_j)}$$

가 자유도가 $n-k-1$인 $t-$분포를 따른다는 사실을 이용한다. 여기서 $SE(b_j)$는 b_j의 표준오차 추정치를 의미하는데, 구하는 식은 생략하겠다.

유의수준을 α라고 했을 때 귀무가설과 대립가설의 형태에 따른 기각역은 다음과 같이 정리된다. 여기서 $t_{\alpha,(n-k-1)}$은 자유도 $n-k-1$인 t–분포에서 상위 α의 확률을 주는 값을 의미한다.

① $H_0 : \beta_j = 0$ 대 $H_a : \beta_j > 0$ 일 때, $t > t_{\alpha,(n-k-1)}$이면 귀무가설 기각

② $H_0 : \beta_j = 0$ 대 $H_a : \beta_j < 0$ 일 때, $t < -t_{\alpha,(n-k-1)}$이면 귀무가설 기각

③ $H_0 : \beta_j = 0$ 대 $H_a : \beta_j \neq 0$ 일 때, $|t| > t_{\alpha/2,(n-k-1)}$이면 귀무가설 기각

총제곱합의 분해는 단순회귀의 경우와 같으며 다만 자유도만 변한다. 중회귀모형의 유의성을 검정하기 위해서는 가설

$$H_0 : \beta_j = 0, \ H_a : \beta_j \neq 0$$

을 검정하며, 이를 위한 분산분석표는 아래와 같다.

표 10.19 분산분석표

요인	제곱합	자유도	평균제곱	F–값	$p-$값
회귀	SSR	k	MSR	f=MSR/MSE	$P(F \geq f)$
잔차	SSE	$n-k-1$	MSE		
합계	SST	$n-1$			

중회귀모형에서 결정계수는 단순회귀와 같이 정의된다. 즉, 결정계수는

$$R^2 = \frac{SSR}{SST}$$

로 정의된다. 설명변수가 추가되면 R^2값은 언제나 증가한다. 그러나 때로는 추가된 설명변수가 유의성이 없거나 설명력이 미약한 경우가 있다. 이와 같은 경우에는 결정계수보다는 다음과 같이 정의된 수정결정계수(adjusted R^2)를 살펴보아야 한다.

$$\text{수정된 } R^2 = 1 - \frac{n-1}{n-k-1}\frac{SSE}{SST}$$

새로 추가되는 변수가 설명력이 없을 때는 이 수정결정계수의 값이 오히려 감소하기 때문에 새로운 설명변수의 추가 여부를 판단하는 데 도움이 된다.

예제 10.15

어떤 플라스틱 제품의 강도(kg/cm^2)가 그 제품을 생산하는 사출 과정 중의 온도(℃)와 시간(sec)에 따라서 어떻게 변화하는지를 알아보기 위해 실험을 한 결과, 다음과 같은 자료를 얻는다. 사출온도와 사출시간을 각각 설명변수 x_1, x_2로 하고 강도를 반응변수 y로 하는 중선형회귀모형을 적용할 때, 모회귀계수와 모회귀함수를 최소제곱법에 의해 추정하시오.

표 10.20 중회귀자료

온도(x_1)	195	179	205	204	201	184	210	209
시간(x_2)	57	61	60	62	61	54	58	61
강도(y)	81.4	122.2	101.7	145.2	135.9	64.8	92.1	113.8

풀이

```
import pandas as pd
import statsmodels.api as sm

# 데이터 생성
data = {
    'x1': [195, 179, 205, 204, 201, 184, 210, 209],
    'x2': [57, 61, 60, 62, 61, 54, 58, 61],
    'y': [81.4, 122.2, 101.7, 145.2, 135.9, 64.8, 92.1, 113.8]
```

```
}
df = pd.DataFrame(data)

# 독립변수와 종속변수를 분리
X = df[['x1', 'x2']]
y = df['y']

# 상수항 추가
X = sm.add_constant(X)

# 선형회귀 모델 생성 및 학습
model = sm.OLS(y, X)
results = model.fit()

# 1. 선형회귀식을 추정하라
print(results.summary())
# 2. 결정계수를 구하시오.
print(f"결정계수: {results.rsquared}")

# 3. 각각 회귀계수의 신뢰구간과 의미를 설명하라
print(f"회귀계수의 신뢰구간: \\n{results.conf_int()}")

OLS Regression Results
==============================================================================
Dep. Variable:                      y   R-squared:                       0.888
Model:                            OLS   Adj. R-squared:                  0.843
Method:                 Least Squares   F-statistic:                     19.74
Date:                Tue, 16 Apr 2024   Prob (F-statistic):            0.00424
Time:                        09:49:35   Log-Likelihood:                -28.562
No. Observations:                   8   AIC:                             63.12
Df Residuals:                       5   BIC:                             63.36
Df Model:                           2
Covariance Type:            nonrobust
==============================================================================
                 coef    std err          t      P>|t|      [0.025      0.975]
------------------------------------------------------------------------------
const       -428.8851     98.987     -4.333      0.007    -683.339    -174.431
x1            -0.2338      0.383     -0.610      0.569      -1.219       0.751
x2             9.8295      1.623      6.056      0.002       5.657      14.002
==============================================================================
```

```
Omnibus:                        1.754   Durbin-Watson:                   1.222
Prob(Omnibus):                  0.416   Jarque-Bera (JB):                0.797
Skew:                           0.307   Prob(JB):                        0.671
Kurtosis:                       1.581   Cond. No.                     5.34e+03
==============================================================================

Notes:
...
회귀계수의 신뢰구간:
const -683.339144 -174.430963
x1      -1.218918    0.751393
x2       5.656843   14.002066
```

출력 결과에 의하면 $R^2 = 0.942$(수정된 $R^2 = 0.888$)로서, 전체 변동의 88.8%를 회귀모형으로 설명하고 있음을 알 수 있다. 모형에 대한 분산분석의 결과 유의확률이 0.004로 매우 유의성이 있음을 보여준다. 추정된 회귀직선은 다음과 같다.

$$\hat{y} = -428.885 - 0.234x_1 + 9.829x_2$$

회귀계수 x_1, x_2의 유의확률이 각각 0.569, 0.002로 x_1은 유의하지 않으며 x_2는 매우 유의하다.

연습문제

주관식 문제

01 파이썬 프로그래밍 임의로 추출한 컴퓨터 공학과 학생 6명의 통계학과 프로그램언어 점수이다. 상관계수를 구하시오.

통계학 점수	70 92 80 74 65 83
프로그램언어	74 84 63 87 78 90

02 다음 자료를 이용하여 상관계수를 구하고 그 의미를 설명하시오.

x	4 5 9 14 18 22 24
y	46 22 11 16 7 3 17

03 파이썬 프로그래밍 다음 데이터는 어떤 공정에서 여러 수준의 온도 변화에 따라 당분으로 변환된 양을 측정한 결과이다.

x	y
1.0	8.1
1.1	7
1.2	8.5
1.3	9.8
1.4	9.5
1.5	8.9
1.6	8.6
1.7	10.2
1.8	9.3
1.9	9.2
2.0	10.5

(1) 회귀직선을 추정하시오.

(2) 온도가 1.75일 때 당분으로 변환된 양을 추정하시오.

04 대학교 1학년들의 그들이 고등학교 3학년일 때 수학 성적과 대학교 첫 1년간 통계학 성적을 수집했더니 결과가 다음 같은 상관 등식이 있었다.

$$\text{통계학 성적} = 1.35 + 0.00161(\text{수학 성적}) \text{ with } r = 0.632$$

수학 점수를 볼 때, 몇 %의 변화가 수학 성적을 설명할 수 있는지 구하시오.

05 파이썬 프로그래밍 다음과 같은 자료를 이용하여 물음에 답하여라.

x	1 2 3 4 5
y	3 3 2 6 5

(1) 선형회귀모형을 구하시오.

(2) s_e^2을 구하시오.

(3) $H_0 : \beta_1 = 0,\ H_a : \beta_1 \neq 0$을 $\alpha = 0.05$로 검정하시오.

(4) 유의수준 5%인 β_1의 신뢰구간을 구하시오.

06 자료가 다음과 같이 주어졌다.

x	0.5 1.5 3.2 4.2 5.1 6.5
y	1.3 3.4 6.7 8.0 10.0 13.2

(1) 회귀직선을 구하시오.

(2) $s_x^2,\ s_y^2,\ s_e^2$을 구하시오.

(3) β_1의 99% 신뢰구간을 구하시오.

07 파이썬 프로그래밍 다음은 어떤 공정에서 여러 수준의 온도에 따라 당분으로 변화된 양을 측정한 결과이다.

x	1.0 1.1 1.2 1.3 1.4 1.5 1.6 1.7 1.8 1.9 2.0
y	8.1 7.8 8.5 9.8 9.5 8.9 8.6 10.2 9.3 9.2 10.5

(1) 회귀직선을 추정하시오.

(2) 온도가 1.75일 때 당분으로 변화된 양을 추정하시오.

(3) s_e^2을 구하시오.

(4) β_1의 95% 신뢰구간을 구하시오..

08 다음은 여러 수준의 온도에 따라 물 100 g에 융해된 혼합물의 양을 측정한 자료이다.

온도 x	혼합물의 양 y
0	8 6 8
15	12 10 14
30	25 21 24
45	31 33 28
60	44 39 42
75	48 51 44

(1) 회귀직선을 구하시오..

(2) 온도가 50 ° c일 때 100g 속에 융해된 혼합물의 양을 추정하시오.

(3) s_e^2을 구하시오..

(4) β_1의 99% 신뢰구간을 구하시오.

09 다음 자료는 1972~92년 동안의 국제 멀리 뛰기 대회 기록의 경향을 보여준다. 이 자료는 1900년부터 최소제곱근 회귀직선을 따른다.

R squared = 92.1%

Variable	Coefficient	SE of Coeff	t-ratio	Prob
Constant	256.576	11.59	22.1	0.0001
Year	0.95893	0.141	6.81	0.0024

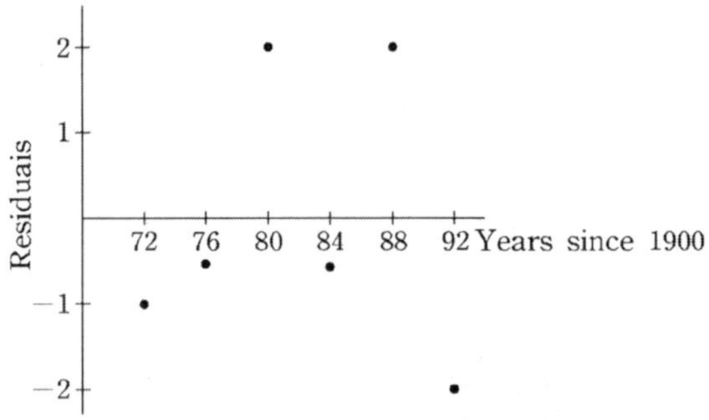

(1) 선이 적합한 모형으로 나타나는지 설명하시오.

(2) 최소제곱근 직선의 기울기는 얼마인지 구하시오.

(3) 상관계수를 구하시오.

(4) 1980년의 예상 우승한 거리는 얼마인지 구하시오.

(5) 1980년의 정확한 우승한 거리는 얼마인지 구하시오.

10 임의로 추출한 35명의 세계 체스 선수의 통계는 다음과 같다. 회귀직선의 식을 구하시오.

$$\bar{x} = 6.2,\ s_x = 1.3$$
$$\bar{y} = \$208,000,\ s_y = \$42,000$$
$$r = 0.15$$

11 파이썬 프로그래밍 12명의 환자에게 신약의 알레르기 징후를 실험했다.

약(mg)	2	3	4	4	5	6	6	7	8	8	9	10
시간	3	7	6	8	10	8	13	16	15	21	23	24

(1) 최소제곱 회귀직선 식을 구하시오.

(2) 90% 구간추정치를 구하시오..

12 다음 자료를 보고 물음에 답하여라. 반응 변수는 가격(price)이다.

Dependent variable is Price

R squared = 89.8% R squared (adjusted) = 89.2%

s=9.508 with 20－2=18 degrees of freedom

Source	SS	df	MS	F-ratio
Regression	14271.2	1	14271.2	158
Residual	1627.31	18	90.4063	

Variable	Coeff	s.e. of coeff	t-ratio	prob
Constant	0.890087	16.16	0.055	0.956
Assessed	1.0292	0.08192	12.6	0.000

(1) 최소제곱근 회귀직선의 식을 구하시오.

(2) 99%의 β_1 구간추정치를 구하시오.

(3) 회귀직선의 기울기에 대한 유의성 검정을 하여라.

13 파이썬 프로그래밍 다음 자료를 보고 물음에 답하시오.

잠(시간)	4 2 9 8 14 2 11 14 7 4 1 9 9 10 5
수학 점수	423 520 550 309 690 401 470 582 284 440 452 568 339 355 472

(1) 회귀직선의 식을 구하시오.

(2) 95%의 β_1의 구간추정치를 구하시오.

(3) 회귀직선의 기울기에 대한 유의성 검정하시오.

14 예술가 J.K.의 25년 동안의 작품 수가 다음 산점도에 나타나 있다.

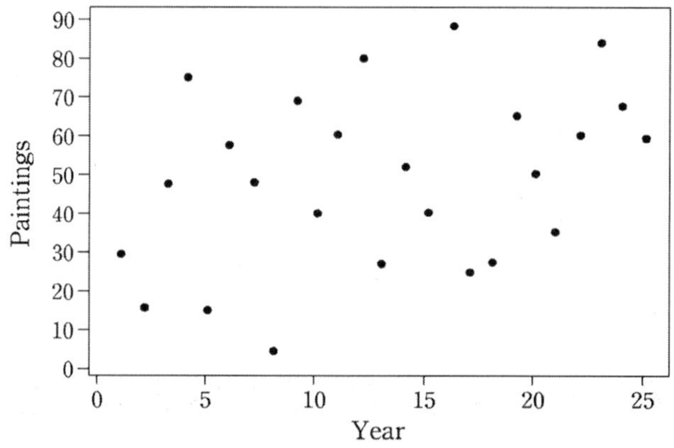

다음은 작품 수의 회귀분석과 잔차의 히스토그램이다.

Regression Analysis: Paintings Versus Year

Response variable: Paintings

Predictor	Coef	SE Coef	T	P
Constant	35.420	8.951	3.96	0.001
Year	1.0385	0.6021	1.72	0.098

S = 21.71 R-Sq = 11.5%

Analysis of Variance

Source	DF	SS	NS	F	F
Regression	1	1401.9	14019	2.97	0.098
Residual Error	23	10839.9	471.3		
Total	24	12241.8			

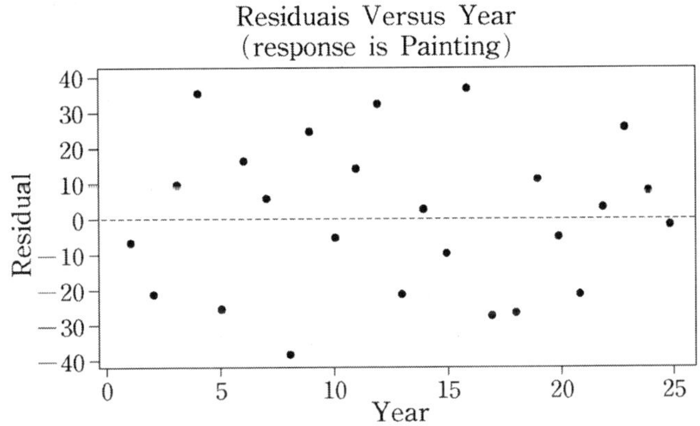

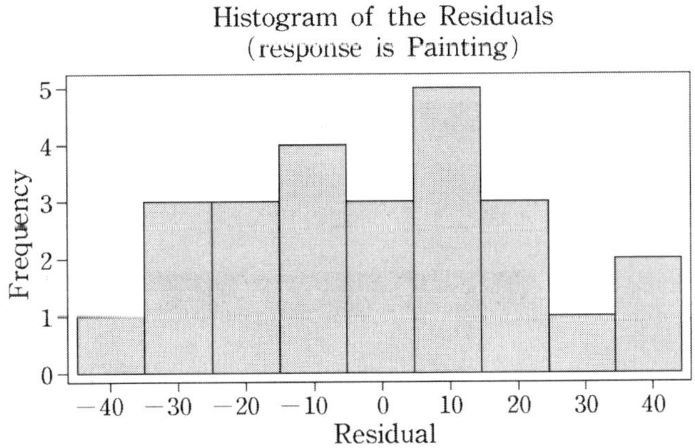

(1) 회귀직선 식을 구하시오.

(2) 회귀직선의 기울기를 구하시오.

(3) 결정계수를 해석하시오.

(4) 상관계수를 구하시오.

(5) 회귀직선의 기울기에 대한 유의성 검정하시오.

15 [파이썬 프로그래밍] 다음은 미국의 연도별 인구수(millions) 이다.

연도	인구수	연도	인구수
1900	76.1	1950	151.9
1905	83.8	1955	165.1
1910	92.4	1960	180.0
1915	100.5	1965	193.5
1920	106.5	1970	204.0
1925	115.8	1975	215.5
1930	123.1	1980	227.2
1935	127.3	1985	237.9
1940	132.5	1990	249.4
1945	133.4		

(1) 회귀직선식과 상관계수를 구하시오.

(2) 비선형 모델을 찾기 위해 log(인구수) 대 연도(1900년부터)를 그리고, 회귀직선과 상관계수를 구하시오.

(3) 각각의 모델을 이용해 2100년의 인구수를 예측하고, 인구수가 300(millions)에 이르는 시기를 예측하시오.

(4) (3)에서 너의 답에 대한 정확성을 논평하시오.

16 다음은 태양으로부터의 평균 거리(millions mile) 와 공전의 시간(일)이다.

행성	평균거리	공전시간(일)
수성	36	88
금성	67	275
지구	93	365
화성	141	687
목성	484	4332
토성	888	10826
천왕성	1764	30676
해왕성	2790	59911
명왕성	3654	90824

(1) x를 평균 거리, y를 공전 시간으로 놓고 $\log x$ 대 $\log y$의 회귀직선과 상관계수를 구하시오.

(2) 평균 거리가 5,000(millions mile)인 새로운 행성이 발견됐다고 가정하자. 회귀직선을 이용해 공전 시간을 추정하시오.

(3) 공전 시간이 45,000(일)인 새로운 행성이 발견됐다고 가정하자. 회귀직선을 이용해 평균 거리를 예측하시오.

17 파이썬 프로그래밍 어느 도시에서는 개인주택의 겨울 난방비를 예측하려고 한다. 난방비에 영향을 줄 것으로 예상되는 세 가지 변수를 다음과 같이 선정하였다.

x_1 : 1월 평균 온도(℃)

x_2 : 단열재의 두께(cm)

x_3 : 주택의 나이(년)

난방비(y)를 세 변수의 선형모형으로 적합 시키기 위해 20가구를 랜덤하게 선택하여 조사한 결과 아래 자료를 얻었다. 파이썬을 이용하여 다음 물음에 답하시오.

(1) 선형회귀식을 추정하시오.

(2) (1)에서 추정된 회귀식에서 회귀계수의 의미를 설명하시오.

(3) 1월 평균 기온이 -1.1℃, 단열재의 두께가 5cm, 10년 된 주택일 때 난방비를 예측하시오.

y	x_1	x_2	x_3
250	1.67	3	6
360	−1.67	4	10
165	2.22	7	3
43	15.56	6	9
92	18.33	5	6
200	−1.11	5	5
355	12.22	6	7
290	−13.89	10	10
230	−6.11	9	11
120	12.78	2	5
73	12.22	12	4
205	8.89	5	1
400	−6.67	5	15
320	3.89	4	7
72	15.56	8	6
272	−6.67	5	8
94	14.44	7	3
190	4.44	8	11
235	−2.78	9	8
139	−1.11	7	5

18 [파이썬 프로그래밍] 이 자료는 암모니아를 산화하여 질산을 만드는 화학 공정에서 세 설명변수의 값과 대응되는 손실 분량을 21일간 측정한 자료이다. 자료에서 변수들의 내용은 다음과 같다.

x1 : 작업속도

x2 : 냉각수 온도(℃)

y : 암모니아의 손실 분량(%)

번호	x1	x2	y
1	80	27	42
2	80	27	37
3	75	25	37
4	62	24	28
5	62	22	18
6	62	23	18
7	62	24	19
8	62	24	20
9	58	23	15
10	58	18	14
11	58	18	14
12	58	17	13
13	58	18	11
14	58	19	12
15	50	18	8
16	50	18	7
17	50	19	8
18	50	19	8
19	50	20	9
20	56	20	15
21	70	20	15

다음 물음에 답하시오.

(1) 선형회귀식을 추정하시오.

(2) 결정계수를 구하시오.

(3) 각각 회귀계수의 신뢰구간과 의미를 설명하시오.

객관식 문제

01 양의 상관 계수와 관계가 있는 것을 고르시오.

(가) 산의 높이와 기압 (나) 사람의 키와 체중
(다) 생활 수준과 엥겔 계수 (라) 생산량과 가격

02 상관계수에 대한 설명으로 틀린 것을 고르시오.

(가) 두 변수 사이의 선형관계 정도를 측정한다.
(나) 상관계수가 음이면 대부분의 관찰값들이 평균점을 중심으로 2 및 4분면에 위치한다.
(다) 상관계수 값은 측정단위의 영향을 받지 않는다.
(라) 상관계수가 0에 가까우면 두 변수 사이에는 아무런 관계도 없다.

03 다음과 같이 10명의 학생을 대상으로 키 (x)와 몸무게 (y)를 재보았다. 상관계수를 구하시오.

x	162	163	166	168	169	171	173	174	175	179
y	54	56	56	64	62	64	82	67	71	74

(가) −0.83 (나) 0.52 (다) −0.52 (라) 0.83

04 다음은 회귀 직선에 관한 설명문이다. 옳지 못한 것을 고르시오.

(가) 두 변수 X, Y일 때 X의 Y에 대한 회귀직선과 Y의 X에 대한 회귀직선은 결국 같다.
(나) X의 평균은 $\overline{X}, Y$의 평균을 $\overline{Y}$라 할 때 회귀직선은 점 $(\overline{X}, \overline{Y})$를 반드시 지난다.
(다) X의 표준 측도를 x, Y의 표준 측도를 y라 할 때 y의 x에 대한 회귀 석선과 x의 y에 대한 회귀직선은 $r=-1$또는 $r=1$일 때 일치한다.
(라) $r=0$ 일 때 두 회귀직선은 직교한다.

05 단순회귀분석에서 회귀직선의 기울기와 독립변수와 종속변수의 상관계수와의 관계에 대한 설명으로 옳은 것은?

(가) 회귀직선의 기울기가 양수이면 상관계수도 양수이다.
(나) 회귀직선의 기울기가 양수이면 상관계수는 음수이다.
(다) 회귀직선의 기울기가 음수이면 상관계수는 양수이다.
(라) 회귀직선의 기울기가 음수이면 상관계수도 음수이다.

06 한 반 학생의 신장 X와 체중 Y를 측정하였더니 $\overline{X}=155cm$, $\overline{Y}=55kg$, $\sigma_x=5cm$, $\sigma_y=4kg$, $r=0.6$을 얻었다. 신장 165cm인 학생의 체중을 구하시오.

(가) 59.8kg (나) 60.8kg (다) 61.8kg (라) 62.8kg

07 $\sum x_i=30.3$, $\sum y_i=91.1$, $\sum x_i y_i=345.09$, $\sum x_i^2=115.11$, $\overline{x}=3.3667$, $\overline{y}=10.1222$, $n=9$일 때 회귀선을 추정하시오.

(가) $\hat{y}=0.2568+2.9303x$ (나) $\hat{y}=3.0066+2.9303x$

(다) $\hat{y}=0.2568-2.9303x$ (라) $\hat{y}=3.0066-2.9303x$

08 신입생 200명이 시험 x와 y를 친 결과 $\overline{x}=515$, $\overline{y}=512$, $\sigma_x=100$, $\sigma_y=98$, $r=0.72$이었다. 어느 학생 x의 점수가 580점이었다고 할 때 이 학생의 y점수를 추정하시오.

(가) 561 (나) 558 (다) 618 (라) 645

09 회귀모형의 가정하에 두 변수 x와 y 사이의 관계를 분석하고자 한다. y를 종속변수, x를 독립변수로 하여 회귀직선 $\widehat{y_i}=\widehat{\beta_0}+\widehat{\beta_1}x_i$을 추정하고자 자료를 정리하여 다음의 결과를 얻었다.

$$s_{yy}=\sum_{i=1}^{n}(y_i-\overline{y})^2=10{,}000, \quad s_{xx}=\sum_{i=1}^{n}(x_i-\overline{x})^2=100$$

두 변수 x와 y 사이의 상관계수가 $r_{xy}=0.7$이라면 $\widehat{\beta_1}$은 얼마인지 구하시오.

(가) 70 (나) 0.07

(다) 7 (라) 0.7

10 다음과 같은 10개의 관측치 (x_i, y_i)에 대하여 단순회귀모형 $y_i=\beta_0+\beta_1 x_i=\epsilon_i$을 이용하여 분석하려 한다,

$$(1,0),\ (2,1),\ (3,1),\ (4,2),\ (5,2),\ (5,3),\ (6,4),\ (7,3),\ (8,4),\ (9,5)$$

위의 자료에 대해 아래와 같을 때,

$$n=10,\ \sum_{i=1}^{n}x_i=50,\ \sum_{i=1}^{n}x_i^2=310,\ \sum_{i=1}^{n}y_i=25,\ \sum_{i=1}^{n}y_i^2=85,\ \sum_{i=1}^{n}x_i y_i=160$$

회귀계수의 추정치 $\widehat{\beta_1}$의 값을 구하시오.

(가) $\frac{1}{12}$ (나) $\frac{3}{12}$

(다) $\frac{5}{12}$ (라) $\frac{7}{12}$

11 단순회귀모형 $y_i = \alpha + \beta x_i + \epsilon_i,\ \ (i = 1, 2, \cdots, n)$을 적합하여 다음을 얻었다. $\sum_{i=1}^{n}\left(y_i - \widehat{y_i}\right)^2 = 200$, $\sum_{i=1}^{n}\left(\widehat{y_i} - \overline{y}\right)^2 = 300$, 이때 결정계수 r^2을 구하시오(단, $\widehat{y_i}$는 i번째 추정값을 나타낸다).

(가) 0.4 (나) 0.5

(다) 0.6 (라) 0.7

12 두 변수 x와 y에 대해서 9개의 관찰값으로부터 계산한 통계량들이 다음과 같을 때, 단순회귀모형의 가정하에 추정한 회귀직선을 구하시오.

$$\overline{x} = 5.9,\ \ \overline{y} = 15.1,\ s_{xx} = \sum_{i=1}^{9}\left(x_i - \overline{x}\right)^2 = 40.9,$$
$$s_{yy} = \sum_{i=1}^{9}\left(y_i - \overline{y}\right)^2 = 370.9,\ \ s_{xy} = \sum_{i=1}^{9}\left(x_i - \overline{x}\right)\left(y_i - \overline{y}\right) = 112.1$$

(가) $\hat{y} = -1.07 - 2.74x$ (나) $\hat{y} = -1.07 + 2.74x$

(다) $\hat{y} = 1.07 - 2.74x$ (라) $\hat{y} = 1.07 + 2.74x$

13 단순회귀분석을 적용하여 자료를 분석하기 위해서 10쌍의 독립변수와 종속변수의 값들을 측정하여 정리한 결과 다음과 같은 값을 얻었다. 회귀모형 $y_i = \alpha + \beta x_i + \epsilon$의 β의 최소제곱추정량을 구하시오.

$$\sum_{i=1}^{10} x_i = 39,\ \ \sum_{i=1}^{10} {x_i}^2 = 193,\ \ \sum_{i=1}^{10} y_i = 35.1,$$
$$\sum_{i=1}^{10} {y_i}^2 = 130.05,\ \ \sum_{i=1}^{10} x_i y_i = 152.7$$

(가) 0.287 (나) 0.357

(다) 0.387 (라) 0.487

14 회귀분석을 실시한 결과 다음의 분산분석표를 얻었다. 결정계수를 구하시오.

요인	제곱합	자유도	평균제곱	F값
회귀	3,060	3	1,020	51.0
잔차	1,940	97	20	
전체	5,000	100		

(가) 60.0%　　(나) 60.7%

(다) 61.2%　　(라) 62.1%

15 k개의 독립변수 $x_i (i = 1, 2, \cdots, k)$와 종속변수 y에 대한 중회귀모형 $y = \alpha + \beta_1 x_1 + \cdots + \beta_k x_k + \epsilon$을 고려하여, n개의 자료에 대해 중회귀분석을 실시하고자 한다. 총 편차 $y_i - \overline{y}$를 분해하여 얻을 수 있는 세 개의 제곱합 $\sum_{i=1}^{n}(y_i - \overline{y})^2$, $\sum_{i=1}^{n}(y_i - y_i)^2$, 그리고 $\sum_{i=1}^{n}(\hat{y_i} - \overline{y})^2$의 자유도를 각각 구하시오.

(가) $n, n-k, k$　　(나) $n-1, n-k-1, k-1$

(다) $n, n-k-1, k-1$　　(라) $n-1, n-k-1, k$

16 단순 선형회귀모형 $y = \alpha + \beta x + e$을 적용하여 주어진 자료들로부터 회귀직선을 추정하고 다음과 같은 분산분석표를 얻었다. 이때 추정에 사용된 자료수와 결정계수를 구하시오.

요인	제곱합	자유도	평균제곱	F	유의확률
회귀	18.18	1	18.18	629.76	0.0001
잔차	0.289	10	0.0289		
계	18.469	11			

(가) $11, \frac{18.18}{0.298}$　　(나) $11, \frac{18.18}{18.469}$

(다) $12, \frac{18.18}{0.298}$　　(라) $12, \frac{18.18}{18.469}$

17 단순회귀모형 $y_i = \alpha + \beta x_i + \epsilon_i$을 적합하여 다음과 같은 분산분석표를 작성하였다. $H_0 : \beta = 0$, $H_1 : \beta \neq 0$에 대한 가설검정을 수행하시오(단, 자유도가 $n_1 = 1$, $n_2 = 7$인 F분포에서 유의수준 $\alpha = 0.05$인 경우 $F(1, 7; 0.05) = 5.59$, 유의수준 $\alpha = 0.01$인 경우 $F(1, 7; 0.01) = 12.25$이다).

구분	제곱합	자유도	평균제곱
회귀	35.5	1	35.5
잔차	24.5	7	3.5
계	60	8	

(가) 유의수준 $\alpha = 0.05$와 $\alpha = 0.01$ 모두에서 귀무가설을 기각한다.

(나) 유의수준 $\alpha = 0.05$와 $\alpha = 0.01$ 모두에서 귀무가설을 기각하지 못한다.

(다) 유의수준 $\alpha = 0.05$에서 귀무가설을 기각하고, $\alpha = 0.01$에서 귀무가설을 기각하지 못한다.

(라) 유의수준 $\alpha = 0.05$에서 귀무가설을 기각하지 못하고, $\alpha = 0.01$에서 귀무가설을 기각한다.

18 10쌍의 부부의 키에 대하여 측정을 하였다. 신랑(x)과 신부(y)의 상관계수 r은 0.519로 나왔다. 두 변수 간의 회귀분석을 실시하여 다음과 같은 결과를 산출하였다. 다음 (　)에 들어갈 가장 알맞은 값을 구하시오.

예측변수	계 수	표준편차	값
상수항	129.29	19.2	6.74
신랑(X)	0.1904	0.111	(　)

(가) 1.715　　(나) 1.765

(다) 1.815　　(라) 1.865

19 독립변수가 2개인 중회귀모형 $y_i = \beta_0 + \beta_1 x_{1i} + \beta_2 x_{2i} + \epsilon_i,\ \ i = 1, \cdots, n$의 유의성 검정에 대한 설명으로 틀린 것을 고르시오.

(가) $H_0 : \beta_1 = \beta_2 = 0$

(나) H_1 : 회귀계수 β_1, β_2 중 적어도 하나는 0이 아니다.

(다) $\dfrac{MSE}{MSR} > F(k, n-k-1, \alpha)$이면 H_0를 기각한다.

(라) 유의확률 가 유의수준 보다 작으면 H_0를 기각한다.

20 아파트의 평수 및 가족수가 난방비에 미치는 영향을 알아보기 위해 중회귀분석을 실시하여 다음 결과를 얻었다. 분석 결과에 대한 설명으로 틀린 것을 고르시오(단, y는 아파트 난방비(천 원)이다).

모형	비표준화 계수		t	p-값
	B	표준오차		
상수	39.69	32.74	1.21	0.265
평수(X_1)	3.37	0.94	3.59	0.009
가족수(X_2)	0.53	0.25	1.72	0.090

(가) 추정된 회귀식은 $\hat{y} = 39.69 + 3.37x_1 + 0.53x_2$이다.

(나) 유의수준 5%에서 종속변수 난방비에 유의한 영향을 주는 독립변수는 평수이다.

(다) 가족수가 주어질 때, 난방비는 아파트가 1평 커질 때 평균 3.37(천 원) 증가한다.

(라) 아파트 평수가 30평이고 가족이 5명인 가구의 난방비는 122.44(천 원)으로 예측된다.

21 중회귀모형 $y_i = \beta_0 + \beta_1 x_{1i} + \beta_2 x_{2i} + \epsilon_i$에 대한 분산분석표가 다음과 같다. 위의 분산분석표를 이용하여 유의수준 0.05에서 모형에 대한 유의성 검정을 할 때, 추론 결과로 가장 적합한 것을 고르시오.

구분	제곱합	자유도	평균제곱	F값	유의확률
요인	66.12	2	33.06	33.69	0.000258
잔차	6.87	7	0.98		

(가) 두 설명변수 x_1과 x_2 모두 반응변수에 영향을 주지 않는다.

(나) 두 설명변수 x_1과 x_2 모두 반응변수에 영향을 준다.

(다) 두 설명변수 x_1과 x_2 중 적어도 하나는 반응변수에 영향을 준다.

(라) 두 설명변수 x_1과 x_2 중 하나만 반응변수에 영향을 준다.

22 두 설명변수 x_1과 x_2를 사용한 회귀추정식이 $\hat{y} = 3.2 + 1.7x_1 + 2.5x_2$일 때, 가장 적절한 설명을 고르시오.

(가) 회귀계수의 값 1.7의 의미는 설명변수 x_1의 값을 1단위 증가시킬 때 반응변수 y의 값은 1.7 단위 증가할 것임을 나타낸다.

(나) 회귀계수의 값 2.5의 의미는 설명변수 x_1을 고정시킨 상태에서 x_2의 값을 1단위 증가시키면 반응변수 y의 값은 2.5 단위 증가할 것임을 나타낸다.

(다) 설명변수 x_1만을 이용하여 회귀모형을 적합하였을 때 회귀추정식의 기울기는 1.7일 것이다.

(라) 설명변수 x_2만을 이용하여 회귀모형을 적합하였을 때 회귀추정식은 $\hat{y} = 3.2 + 2.5x_2$일 것이다.

23 세 개의 독립변수 x_1, x_2, x_3와 종속변수 y에 대한 15개의 데이터가 있다. 이때 회귀제곱합이 $SSR = 157.9$, 잔차제곱합이 $SSE = 70.5$라 가정하고 이 다중회귀모형의 유의성을 검정하기 위한 $F-$통계량의 값과 $F-$분포의 자유도를 바르게 나타낸 것을 고르시오.

(가) $F-$통계량의 값 : 2.23, $F-$분포의 자유도 : (3, 12)

(나) $F-$통계량의 값 : 2.23, $F-$분포의 자유도 : (3, 11)

(다) $F-$통계량의 값 : 8.21, $F-$분포의 자유도 : (3, 11)

(라) $F-$통계량의 값 : 8.98, $F-$분포의 자유도 : (3, 12)

24 중회귀모형 $y_i = \alpha + \beta_1 x_{1i} + \beta_2 x_{2i} + \epsilon_i$에 대한 분산분석표의 일부가 다음과 같다. 이때 $H_0 : \beta_1 = \beta_2 = 0$ 대 H_1 : not H_0를 검정하기 위한 검정통계량의 값을 구하시오.

요인	제곱합	자유도
회귀	150	2
잔차	50	10

(가) 3　　(나) 5

(다) 10　　(라) 15

25 중회귀모형 $y_i = \beta_0 + \beta_1 x_{1i} + \beta_2 x_{2i} + \epsilon_i$에 대한 분산분석표의 일부가 다음과 같다.

요 인	제곱합	자유도
회 귀	150	2
잔 차	50	10

이때 가설 $H_0 : \beta_1 = \beta_2 = 0$ 대 H_1 : not H_0을 검정하기 위한 $F-$검정통계량의 값을 구하시오.

(가) 3　　(나) 5

(다) 10　　(라) 15

[표 1] 이항분포표

$$P(X \leq c) = \sum_{x=0}^{c} \binom{n}{x} p^x (1-p)^{n-x}$$

		p										
		.05	.10	.20	.30	.40	.50	.60	.70	.80	.90	.95
	c											
n=1	0	0.950	0.900	0.800	0.700	0.600	0.500	0.400	0.300	0.200	0.100	0.050
	1	1.000	1.000	1.000	1.000	1.000	1.000	1.000	1.000	1.000	1.000	1.000
n=2	0	0.903	0.810	0.640	0.490	0.360	0.250	0.160	0.090	0.040	0.010	0.003
	1	0.997	0.990	0.960	0.910	0.840	0.750	0.640	0.510	0.360	0.190	0.098
	2	1.000	1.000	1.000	1.000	1.000	1.000	1.000	1.000	1.000	1.000	1.000
n=3	0	0.857	0.729	0.512	0.343	0.216	0.125	0.064	0.027	0.008	0.001	0.000
	1	0.993	0.972	0.896	0.784	0.648	0.500	0.352	0.216	0.104	0.028	0.007
	2	1.000	0.999	0.992	0.973	0.936	0.875	0.784	0.657	0.488	0.271	0.143
	3	1.000	1.000	1.000	1.000	1.000	1.000	1.000	1.000	1.000	1.000	1.000
n=4	0	0.815	0.656	0.410	0.240	0.130	0.063	0.026	0.008	0.002	0.000	0.000
	1	0.986	0.948	0.819	0.652	0.475	0.313	0.179	0.084	0.027	0.004	0.000
	2	1.000	0.996	0.973	0.916	0.821	0.688	0.525	0.348	0.181	0.052	0.014
	3	1.000	1.000	0.998	0.992	0.974	0.938	0.870	0.760	0.590	0.344	0.185
	4	1.000	1.000	1.000	1.000	1.000	1.000	1.000	1.000	1.000	1.000	1.000
n=5	0	0.774	0.590	0.328	0.168	0.078	0.031	0.010	0.002	0.000	0.000	0.000
	1	0.977	0.919	0.737	0.528	0.337	0.188	0.087	0.031	0.007	0.000	0.000
	2	0.999	0.991	0.942	0.837	0.683	0.500	0.317	0.163	0.058	0.009	0.001
	3	1.000	1.000	0.993	0.969	0.913	0.813	0.663	0.472	0.263	0.081	0.023
	4	1.000	1.000	1.000	0.998	0.990	0.969	0.922	0.832	0.672	0.410	0.226
	5	1.000	1.000	1.000	1.000	1.000	1.000	1.000	1.000	1.000	1.000	1.000
n=6	0	0.735	0.531	0.262	0.118	0.047	0.016	0.004	0.001	0.000	0.000	0.000
	1	0.967	0.886	0.655	0.420	0.233	0.109	0.041	0.011	0.002	0.000	0.000
	2	0.998	0.984	0.901	0.744	0.544	0.344	0.179	0.070	0.017	0.001	0.000
	3	1.000	0.999	0.983	0.930	0.821	0.656	0.456	0.256	0.099	0.016	0.002
	4	1.000	1.000	0.998	0.989	0.959	0.891	0.767	0.580	0.345	0.114	0.033
	5	1.000	1.000	1.000	0.999	0.996	0.984	0.953	0.882	0.738	0.469	0.265
	6	1.000	1.000	1.000	1.000	1.000	1.000	1.000	1.000	1.000	1.000	1.000
n=7	0	0.698	0.478	0.210	0.082	0.028	0.008	0.002	0.000	0.000	0.000	0.000
	1	0.956	0.850	0.577	0.329	0.159	0.063	0.019	0.004	0.000	0.000	0.000
	2	0.996	0.974	0.852	0.647	0.420	0.227	0.096	0.029	0.005	0.000	0.000
	3	1.000	0.997	0.967	0.874	0.710	0.500	0.290	0.126	0.033	0.003	0.000
	4	1.000	1.000	0.995	0.971	0.904	0.773	0.580	0.353	0.148	0.026	0.004
	5	1.000	1.000	1.000	0.996	0.981	0.938	0.841	0.671	0.423	0.150	0.044
	6	1.000	1.000	1.000	1.000	0.998	0.992	0.972	0.918	0.790	0.522	0.302
	7	1.000	1.000	1.000	1.000	1.000	1.000	1.000	1.000	1.000	1.000	1.000

		p										
		.05	.10	.20	.30	.40	.50	.60	.70	.80	.90	.95
	c											
n=8	0	0.663	0.430	0.168	0.058	0.017	0.004	0.001	0.000	0.000	0.000	0.000
	1	0.943	0.813	0.503	0.255	0.106	0.035	0.009	0.001	0.000	0.000	0.000
	2	0.994	0.962	0.797	0.552	0.315	0.145	0.050	0.011	0.001	0.000	0.000
	3	1.000	0.995	0.944	0.806	0.594	0.363	0.174	0.058	0.010	0.000	0.000
	4	1.000	1.000	0.990	0.942	0.826	0.637	0.406	0.194	0.056	0.005	0.000
	5	1.000	1.000	0.999	0.989	0.950	0.855	0.685	0.448	0.203	0.038	0.006
	6	1.000	1.000	1.000	0.999	0.991	0.965	0.894	0.745	0.497	0.187	0.057
	7	1.000	1.000	1.000	1.000	0.999	0.996	0.983	0.942	0.832	0.570	0.337
	8	1.000	1.000	1.000	1.000	1.000	1.000	1.000	1.000	1.000	1.000	1.000
n=9	0	0.630	0.387	0.134	0.040	0.010	0.002	0.000	0.000	0.000	0.000	0.000
	1	0.929	0.775	0.436	0.196	0.071	0.020	0.004	0.000	0.000	0.000	0.000
	2	0.992	0.947	0.738	0.463	0.232	0.090	0.025	0.004	0.000	0.000	0.000
	3	0.999	0.992	0.914	0.730	0.483	0.254	0.099	0.025	0.003	0.000	0.000
	4	1.000	0.999	0.980	0.901	0.733	0.500	0.267	0.099	0.020	0.001	0.000
	5	1.000	1.000	0.997	0.975	0.901	0.746	0.517	0.270	0.086	0.008	0.001
	6	1.000	1.000	1.000	0.996	0.975	0.910	0.768	0.537	0.262	0.053	0.008
	7	1.000	1.000	1.000	1.000	0.996	0.980	0.929	0.804	0.564	0.225	0.071
	8	1.000	1.000	1.000	1.000	1.000	0.998	0.990	0.960	0.866	0.613	0.370
	9	1.000	1.000	1.000	1.000	1.000	1.000	1.000	1.000	1.000	1.000	1.000
n=10	0	0.599	0.349	0.107	0.028	0.006	0.001	0.000	0.000	0.000	0.000	0.000
	1	0.914	0.736	0.376	0.149	0.046	0.011	0.002	0.000	0.000	0.000	0.000
	2	0.988	0.930	0.678	0.383	0.167	0.055	0.012	0.002	0.000	0.000	0.000
	3	0.999	0.987	0.879	0.650	0.382	0.172	0.055	0.011	0.001	0.000	0.000
	4	1.000	0.998	0.967	0.850	0.633	0.377	0.166	0.047	0.006	0.000	0.000
	5	1.000	1.000	0.994	0.953	0.834	0.623	0.367	0.150	0.033	0.002	0.000
	6	1.000	1.000	0.999	0.989	0.945	0.828	0.618	0.350	0.121	0.013	0.001
	7	1.000	1.000	1.000	0.998	0.988	0.945	0.833	0.617	0.322	0.070	0.012
	8	1.000	1.000	1.000	1.000	0.998	0.989	0.954	0.851	0.624	0.264	0.086
	9	1.000	1.000	1.000	1.000	1.000	0.999	0.994	0.972	0.893	0.651	0.401
	10	1.000	1.000	1.000	1.000	1.000	1.000	1.000	1.000	1.000	1.000	1.000
n=11	0	0.569	0.314	0.086	0.020	0.004	0.000	0.000	0.000	0.000	0.000	0.000
	1	0.898	0.697	0.322	0.113	0.030	0.006	0.001	0.000	0.000	0.000	0.000
	2	0.985	0.910	0.617	0.313	0.119	0.033	0.006	0.001	0.000	0.000	0.000
	3	0.998	0.981	0.839	0.570	0.296	0.113	0.029	0.004	0.000	0.000	0.000
	4	1.000	0.997	0.950	0.790	0.533	0.274	0.099	0.022	0.002	0.000	0.000
	5	1.000	1.000	0.988	0.922	0.753	0.500	0.247	0.078	0.012	0.000	0.000
	6	1.000	1.000	0.998	0.978	0.901	0.726	0.467	0.210	0.050	0.003	0.000
	7	1.000	1.000	1.000	0.996	0.971	0.887	0.704	0.430	0.161	0.019	0.002
	8	1.000	1.000	1.000	0.999	0.994	0.967	0.881	0.687	0.383	0.090	0.015
	9	1.000	1.000	1.000	1.000	0.999	0.994	0.970	0.887	0.678	0.303	0.102
	10	1.000	1.000	1.000	1.000	1.000	1.000	0.996	0.980	0.914	0.686	0.431
	11	1.000	1.000	1.000	1.000	1.000	1.000	1.000	1.000	1.000	1.000	1.000

		p										
	c	.05	.10	.20	.30	.40	.50	.60	.70	.80	.90	.95
n=12	0	0.540	0.282	0.069	0.014	0.002	0.000	0.000	0.000	0.000	0.000	0.000
	1	0.882	0.659	0.275	0.085	0.020	0.003	0.000	0.000	0.000	0.000	0.000
	2	0.980	0.889	0.558	0.253	0.083	0.019	0.003	0.000	0.000	0.000	0.000
	3	0.998	0.974	0.795	0.493	0.225	0.073	0.015	0.002	0.000	0.000	0.000
	4	1.000	0.996	0.927	0.724	0.438	0.194	0.057	0.009	0.001	0.000	0.000
	5	1.000	0.999	0.981	0.882	0.665	0.387	0.158	0.039	0.004	0.000	0.000
	6	1.000	1.000	0.996	0.961	0.842	0.613	0.335	0.118	0.019	0.001	0.000
	7	1.000	1.000	0.999	0.991	0.943	0.806	0.562	0.276	0.073	0.004	0.000
	8	1.000	1.000	1.000	0.998	0.985	0.927	0.775	0.507	0.205	0.026	0.002
	9	1.000	1.000	1.000	1.000	0.997	0.981	0.917	0.747	0.442	0.111	0.020
	10	1.000	1.000	1.000	1.000	1.000	0.997	0.980	0.915	0.725	0.341	0.118
	11	1.000	1.000	1.000	1.000	1.000	1.000	0.998	0.986	0.931	0.718	0.460
	12	1.000	1.000	1.000	1.000	1.000	1.000	1.000	1.000	1.000	1.000	1.000
n=13	0	0.513	0.254	0.055	0.010	0.001	0.000	0.000	0.000	0.000	0.000	0.000
	1	0.865	0.621	0.234	0.064	0.013	0.002	0.000	0.000	0.000	0.000	0.000
	2	0.975	0.866	0.502	0.202	0.058	0.011	0.001	0.000	0.000	0.000	0.000
	3	0.997	0.966	0.747	0.421	0.169	0.046	0.008	0.001	0.000	0.000	0.000
	4	1.000	0.994	0.901	0.654	0.353	0.133	0.032	0.004	0.000	0.000	0.000
	5	1.000	0.999	0.970	0.835	0.574	0.291	0.098	0.018	0.001	0.000	0.000
	6	1.000	1.000	0.993	0.938	0.771	0.500	0.229	0.062	0.007	0.000	0.000
	7	1.000	1.000	0.999	0.982	0.902	0.709	0.426	0.165	0.030	0.001	0.000
	8	1.000	1.000	1.000	0.996	0.968	0.867	0.647	0.346	0.099	0.006	0.000
	9	1.000	1.000	1.000	0.999	0.992	0.954	0.831	0.579	0.253	0.034	0.003
	10	1.000	1.000	1.000	1.000	0.999	0.989	0.942	0.798	0.498	0.134	0.025
	11	1.000	1.000	1.000	1.000	1.000	0.998	0.987	0.936	0.766	0.379	0.135
	12	1.000	1.000	1.000	1.000	1.000	1.000	0.999	0.990	0.945	0.746	0.487
	13	1.000	1.000	1.000	1.000	1.000	1.000	1.000	1.000	1.000	1.000	1.000
n=14	0	0.488	0.229	0.044	0.007	0.001	0.000	0.000	0.000	0.000	0.000	0.000
	1	0.847	0.585	0.198	0.047	0.008	0.001	0.000	0.000	0.000	0.000	0.000
	2	0.970	0.842	0.448	0.161	0.040	0.006	0.001	0.000	0.000	0.000	0.000
	3	0.996	0.956	0.698	0.355	0.124	0.029	0.004	0.000	0.000	0.000	0.000
	4	1.000	0.991	0.870	0.584	0.279	0.090	0.018	0.002	0.000	0.000	0.000
	5	1.000	0.999	0.956	0.781	0.486	0.212	0.058	0.008	0.000	0.000	0.000
	6	1.000	1.000	0.988	0.907	0.692	0.395	0.150	0.031	0.002	0.000	0.000
	7	1.000	1.000	0.998	0.969	0.850	0.605	0.308	0.093	0.012	0.000	0.000
	8	1.000	1.000	1.000	0.992	0.942	0.788	0.514	0.219	0.044	0.001	0.000
	9	1.000	1.000	1.000	0.998	0.982	0.910	0.721	0.416	0.130	0.009	0.000
	10	1.000	1.000	1.000	1.000	0.996	0.971	0.876	0.645	0.302	0.044	0.004
	11	1.000	1.000	1.000	1.000	0.999	0.994	0.960	0.839	0.552	0.158	0.030
	12	1.000	1.000	1.000	1.000	1.000	0.999	0.992	0.953	0.802	0.415	0.153
	13	1.000	1.000	1.000	1.000	1.000	1.000	0.999	0.993	0.956	0.771	0.512
	14	1.000	1.000	1.000	1.000	1.000	1.000	1.000	1.000	1.000	1.000	1.000

		p										
		.05	.10	.20	.30	.40	.50	.60	.70	.80	.90	.95
	c											
n=15	0	0.463	0.206	0.035	0.005	0.000	0.000	0.000	0.000	0.000	0.000	0.000
	1	0.829	0.549	0.167	0.035	0.005	0.000	0.000	0.000	0.000	0.000	0.000
	2	0.964	0.816	0.398	0.127	0.027	0.004	0.000	0.000	0.000	0.000	0.000
	3	0.995	0.944	0.648	0.297	0.091	0.018	0.002	0.000	0.000	0.000	0.000
	4	0.999	0.987	0.836	0.515	0.217	0.059	0.009	0.001	0.000	0.000	0.000
	5	1.000	0.998	0.939	0.722	0.403	0.151	0.034	0.004	0.000	0.000	0.000
	6	1.000	1.000	0.982	0.869	0.610	0.304	0.095	0.015	0.001	0.000	0.000
	7	1.000	1.000	0.996	0.950	0.787	0.500	0.213	0.050	0.004	0.000	0.000
	8	1.000	1.000	0.999	0.985	0.905	0.696	0.390	0.131	0.018	0.000	0.000
	9	1.000	1.000	1.000	0.996	0.966	0.849	0.597	0.278	0.061	0.002	0.000
	10	1.000	1.000	1.000	0.999	0.991	0.941	0.783	0.485	0.164	0.013	0.001
	11	1.000	1.000	1.000	1.000	0.998	0.982	0.909	0.703	0.352	0.056	0.005
	12	1.000	1.000	1.000	1.000	1.000	0.996	0.973	0.873	0.602	0.184	0.036
	13	1.000	1.000	1.000	1.000	1.000	1.000	0.995	0.965	0.833	0.451	0.171
	14	1.000	1.000	1.000	1.000	1.000	1.000	1.000	0.995	0.965	0.794	0.537
	15	1.000	1.000	1.000	1.000	1.000	1.000	1.000	1.000	1.000	1.000	1.000
n=16	0	0.440	0.185	0.028	0.003	0.000	0.000	0.000	0.000	0.000	0.000	0.000
	1	0.811	0.515	0.141	0.026	0.003	0.000	0.000	0.000	0.000	0.000	0.000
	2	0.957	0.789	0.352	0.099	0.018	0.002	0.000	0.000	0.000	0.000	0.000
	3	0.993	0.932	0.598	0.246	0.065	0.011	0.001	0.000	0.000	0.000	0.000
	4	0.999	0.983	0.798	0.450	0.167	0.038	0.005	0.000	0.000	0.000	0.000
	5	1.000	0.997	0.918	0.660	0.329	0.105	0.019	0.002	0.000	0.000	0.000
	6	1.000	0.999	0.973	0.825	0.527	0.227	0.058	0.007	0.000	0.000	0.000
	7	1.000	1.000	0.993	0.926	0.716	0.402	0.142	0.026	0.001	0.000	0.000
	8	1.000	1.000	0.999	0.974	0.858	0.598	0.284	0.074	0.007	0.000	0.000
	9	1.000	1.000	1.000	0.993	0.942	0.773	0.473	0.175	0.027	0.001	0.000
	10	1.000	1.000	1.000	0.998	0.981	0.895	0.671	0.340	0.082	0.003	0.000
	11	1.000	1.000	1.000	1.000	0.995	0.962	0.833	0.550	0.202	0.017	0.001
	12	1.000	1.000	1.000	1.000	0.999	0.989	0.935	0.754	0.402	0.068	0.007
	13	1.000	1.000	1.000	1.000	1.000	0.998	0.982	0.901	0.648	0.211	0.043
	14	1.000	1.000	1.000	1.000	1.000	1.000	0.997	0.974	0.859	0.485	0.189
	15	1.000	1.000	1.000	1.000	1.000	1.000	1.000	0.997	0.972	0.815	0.560
	16	1.000	1.000	1.000	1.000	1.000	1.000	1.000	1.000	1.000	1.000	1.000
n=17	0	0.418	0.167	0.023	0.002	0.000	0.000	0.000	0.000	0.000	0.000	0.000
	1	0.792	0.482	0.118	0.019	0.002	0.000	0.000	0.000	0.000	0.000	0.000
	2	0.950	0.762	0.310	0.077	0.012	0.001	0.000	0.000	0.000	0.000	0.000
	3	0.991	0.917	0.549	0.202	0.046	0.006	0.000	0.000	0.000	0.000	0.000
	4	0.999	0.978	0.758	0.389	0.126	0.025	0.003	0.000	0.000	0.000	0.000
	5	1.000	0.995	0.894	0.597	0.264	0.072	0.011	0.001	0.000	0.000	0.000
	6	1.000	0.999	0.962	0.775	0.448	0.166	0.035	0.003	0.000	0.000	0.000
	7	1.000	1.000	0.989	0.895	0.641	0.315	0.092	0.013	0.000	0.000	0.000
	8	1.000	1.000	0.997	0.960	0.801	0.500	0.199	0.040	0.003	0.000	0.000
	9	1.000	1.000	1.000	0.987	0.908	0.685	0.359	0.105	0.011	0.000	0.000
	10	1.000	1.000	1.000	0.997	0.965	0.834	0.552	0.225	0.038	0.001	0.000
	11	1.000	1.000	1.000	0.999	0.989	0.928	0.736	0.403	0.106	0.005	0.000
	12	1.000	1.000	1.000	1.000	0.997	0.975	0.874	0.611	0.242	0.022	0.001
	13	1.000	1.000	1.000	1.000	1.000	0.994	0.954	0.798	0.451	0.083	0.009
	14	1.000	1.000	1.000	1.000	1.000	0.999	0.988	0.923	0.690	0.238	0.050
	15	1.000	1.000	1.000	1.000	1.000	1.000	0.998	0.981	0.882	0.518	0.208
	16	1.000	1.000	1.000	1.000	1.000	1.000	1.000	0.998	0.977	0.833	0.582
	17	1.000	1.000	1.000	1.000	1.000	1.000	1.000	1.000	1.000	1.000	1.000

		p										
		.05	.10	.20	.30	.40	.50	.60	.70	.80	.90	.95
	c											
n=18	0	0.397	0.150	0.018	0.002	0.000	0.000	0.000	0.000	0.000	0.000	0.000
	1	0.774	0.450	0.099	0.014	0.001	0.000	0.000	0.000	0.000	0.000	0.000
	2	0.942	0.734	0.271	0.060	0.008	0.001	0.000	0.000	0.000	0.000	0.000
	3	0.989	0.902	0.501	0.165	0.033	0.004	0.000	0.000	0.000	0.000	0.000
	4	0.998	0.972	0.716	0.333	0.094	0.015	0.001	0.000	0.000	0.000	0.000
	5	1.000	0.994	0.867	0.534	0.209	0.048	0.006	0.000	0.000	0.000	0.000
	6	1.000	0.999	0.949	0.722	0.374	0.119	0.020	0.001	0.000	0.000	0.000
	7	1.000	1.000	0.984	0.859	0.563	0.240	0.058	0.006	0.000	0.000	0.000
	8	1.000	1.000	0.996	0.940	0.737	0.407	0.135	0.021	0.001	0.000	0.000
	9	1.000	1.000	0.999	0.979	0.865	0.593	0.263	0.060	0.004	0.000	0.000
	10	1.000	1.000	1.000	0.994	0.942	0.760	0.437	0.141	0.016	0.000	0.000
	11	1.000	1.000	1.000	0.999	0.980	0.881	0.626	0.278	0.051	0.001	0.000
	12	1.000	1.000	1.000	1.000	0.994	0.952	0.791	0.466	0.133	0.006	0.000
	13	1.000	1.000	1.000	1.000	0.999	0.985	0.906	0.667	0.284	0.028	0.002
	14	1.000	1.000	1.000	1.000	1.000	0.996	0.967	0.835	0.499	0.098	0.011
	15	1.000	1.000	1.000	1.000	1.000	0.999	0.992	0.940	0.729	0.266	0.058
	16	1.000	1.000	1.000	1.000	1.000	1.000	0.999	0.986	0.901	0.550	0.226
	17	1.000	1.000	1.000	1.000	1.000	1.000	1.000	0.998	0.982	0.850	0.603
	18	1.000	1.000	1.000	1.000	1.000	1.000	1.000	1.000	1.000	1.000	1.000
n=19	0	0.377	0.135	0.014	0.001	0.000	0.000	0.000	0.000	0.000	0.000	0.000
	1	0.755	0.420	0.083	0.010	0.001	0.000	0.000	0.000	0.000	0.000	0.000
	2	0.933	0.705	0.237	0.046	0.005	0.000	0.000	0.000	0.000	0.000	0.000
	3	0.987	0.885	0.455	0.133	0.023	0.002	0.000	0.000	0.000	0.000	0.000
	4	0.998	0.965	0.673	0.282	0.070	0.010	0.001	0.000	0.000	0.000	0.000
	5	1.000	0.991	0.837	0.474	0.163	0.032	0.003	0.000	0.000	0.000	0.000
	6	1.000	0.998	0.932	0.666	0.308	0.084	0.012	0.001	0.000	0.000	0.000
	7	1.000	1.000	0.977	0.818	0.488	0.180	0.035	0.003	0.000	0.000	0.000
	8	1.000	1.000	0.993	0.916	0.667	0.324	0.088	0.011	0.000	0.000	0.000
	9	1.000	1.000	0.998	0.967	0.814	0.500	0.186	0.033	0.002	0.000	0.000
	10	1.000	1.000	1.000	0.989	0.912	0.676	0.333	0.084	0.007	0.000	0.000
	11	1.000	1.000	1.000	0.997	0.965	0.820	0.512	0.182	0.023	0.000	0.000
	12	1.000	1.000	1.000	0.999	0.988	0.916	0.692	0.334	0.068	0.002	0.000
	13	1.000	1.000	1.000	1.000	0.997	0.968	0.837	0.526	0.163	0.009	0.000
	14	1.000	1.000	1.000	1.000	0.999	0.990	0.930	0.718	0.327	0.035	0.002
	15	1.000	1.000	1.000	1.000	1.000	0.998	0.977	0.867	0.545	0.115	0.013
	16	1.000	1.000	1.000	1.000	1.000	1.000	0.995	0.954	0.763	0.295	0.067
	17	1.000	1.000	1.000	1.000	1.000	1.000	0.999	0.990	0.917	0.580	0.245
	18	1.000	1.000	1.000	1.000	1.000	1.000	1.000	0.999	0.986	0.865	0.623
	19	1.000	1.000	1.000	1.000	1.000	1.000	1.000	1.000	1.000	1.000	1.000
n=20	0	0.358	0.122	0.012	0.001	0.000	0.000	0.000	0.000	0.000	0.000	0.000
	1	0.736	0.392	0.069	0.008	0.001	0.000	0.000	0.000	0.000	0.000	0.000
	2	0.925	0.677	0.206	0.035	0.004	0.000	0.000	0.000	0.000	0.000	0.000
	3	0.984	0.867	0.411	0.107	0.016	0.001	0.000	0.000	0.000	0.000	0.000
	4	0.997	0.957	0.630	0.238	0.051	0.006	0.000	0.000	0.000	0.000	0.000
	5	1.000	0.989	0.804	0.416	0.126	0.021	0.002	0.000	0.000	0.000	0.000
	6	1.000	0.998	0.913	0.608	0.250	0.058	0.006	0.000	0.000	0.000	0.000
	7	1.000	1.000	0.968	0.772	0.416	0.132	0.021	0.001	0.000	0.000	0.000
	8	1.000	1.000	0.990	0.887	0.596	0.252	0.057	0.005	0.000	0.000	0.000
	9	1.000	1.000	0.997	0.952	0.755	0.412	0.128	0.017	0.001	0.000	0.000
	10	1.000	1.000	0.999	0.983	0.872	0.588	0.245	0.048	0.003	0.000	0.000
	11	1.000	1.000	1.000	0.995	0.943	0.748	0.404	0.113	0.010	0.000	0.000
	12	1.000	1.000	1.000	0.999	0.979	0.868	0.584	0.228	0.032	0.000	0.000
	13	1.000	1.000	1.000	1.000	0.994	0.942	0.750	0.392	0.087	0.002	0.000
	14	1.000	1.000	1.000	1.000	0.998	0.979	0.874	0.584	0.196	0.011	0.000
	15	1.000	1.000	1.000	1.000	1.000	0.994	0.949	0.762	0.370	0.043	0.003
	16	1.000	1.000	1.000	1.000	1.000	0.999	0.984	0.893	0.589	0.133	0.016
	17	1.000	1.000	1.000	1.000	1.000	1.000	0.996	0.965	0.794	0.323	0.075
	18	1.000	1.000	1.000	1.000	1.000	1.000	0.999	0.992	0.931	0.608	0.264
	19	1.000	1.000	1.000	1.000	1.000	1.000	1.000	0.999	0.988	0.878	0.642
	20	1.000	1.000	1.000	1.000	1.000	1.000	1.000	1.000	1.000	1.000	1.000

		p										
		.05	.10	.20	.30	.40	.50	.60	.70	.80	.90	.95
	c											
n=25	0	0.277	0.072	0.004	0.000	0.000	0.000	0.000	0.000	0.000	0.000	0.000
	1	0.642	0.271	0.027	0.002	0.000	0.000	0.000	0.000	0.000	0.000	0.000
	2	0.873	0.537	0.098	0.009	0.000	0.000	0.000	0.000	0.000	0.000	0.000
	3	0.966	0.764	0.234	0.033	0.002	0.000	0.000	0.000	0.000	0.000	0.000
	4	0.993	0.902	0.421	0.090	0.009	0.000	0.000	0.000	0.000	0.000	0.000
	5	0.999	0.967	0.617	0.193	0.029	0.002	0.000	0.000	0.000	0.000	0.000
	6	1.000	0.991	0.780	0.341	0.074	0.007	0.000	0.000	0.000	0.000	0.000
	7	1.000	0.998	0.891	0.512	0.154	0.022	0.001	0.000	0.000	0.000	0.000
	8	1.000	1.000	0.953	0.677	0.274	0.054	0.004	0.000	0.000	0.000	0.000
	9	1.000	1.000	0.983	0.811	0.425	0.115	0.013	0.000	0.000	0.000	0.000
	10	1.000	1.000	0.994	0.902	0.586	0.212	0.034	0.002	0.000	0.000	0.000
	11	1.000	1.000	0.998	0.956	0.732	0.345	0.078	0.006	0.000	0.000	0.000
	12	1.000	1.000	1.000	0.983	0.846	0.500	0.154	0.017	0.000	0.000	0.000
	13	1.000	1.000	1.000	0.994	0.922	0.655	0.268	0.044	0.002	0.000	0.000
	14	1.000	1.000	1.000	0.998	0.966	0.788	0.414	0.098	0.006	0.000	0.000
	15	1.000	1.000	1.000	1.000	0.987	0.885	0.575	0.189	0.017	0.000	0.000
	16	1.000	1.000	1.000	1.000	0.996	0.946	0.726	0.323	0.047	0.000	0.000
	17	1.000	1.000	1.000	1.000	0.999	0.978	0.846	0.488	0.109	0.002	0.000
	18	1.000	1.000	1.000	1.000	1.000	0.993	0.926	0.659	0.220	0.009	0.000
	19	1.000	1.000	1.000	1.000	1.000	0.998	0.971	0.807	0.383	0.033	0.001
	20	1.000	1.000	1.000	1.000	1.000	1.000	0.991	0.910	0.579	0.098	0.007
	21	1.000	1.000	1.000	1.000	1.000	1.000	0.998	0.967	0.766	0.236	0.034
	22	1.000	1.000	1.000	1.000	1.000	1.000	1.000	0.991	0.902	0.463	0.127
	23	1.000	1.000	1.000	1.000	1.000	1.000	1.000	0.998	0.973	0.729	0.358
	24	1.000	1.000	1.000	1.000	1.000	1.000	1.000	1.000	0.996	0.928	0.723
	25	1.000	1.000	1.000	1.000	1.000	1.000	1.000	1.000	1.000	1.000	1.000

[표 2] 표준정규분포표

$$P(Z \leq z) = \int_{-\infty}^{z} \frac{1}{\sqrt{2\pi}} e^{-t^2/2} dt$$

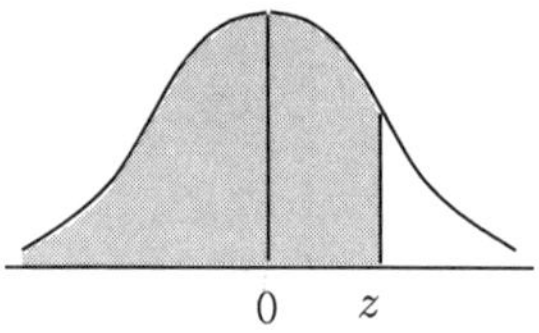

* 표의 숫자는 z보다 작거나 같을 확률을 나타낸다.

z	.00	.01	.02	.03	.04	.05	.06	.07	.08	.09
0.0	0.5000	0.5000	0.5080	0.5120	0.5160	0.5199	0.5239	0.5279	0.5319	0.5359
0.1	0.5398	0.5398	0.5478	0.5517	0.5557	0.5596	0.5636	0.5675	0.5714	0.5753
0.2	0.5793	0.5793	0.5871	0.5910	0.5948	0.5987	0.6026	0.6064	0.6103	0.6141
0.3	0.6179	0.6179	0.6255	0.6293	0.6331	0.6368	0.6406	0.6443	0.6480	0.6517
0.4	0.6554	0.6554	0.6628	0.6664	0.6700	0.6736	0.6772	0.6808	0.6844	0.6879
0.5	0.6915	0.6915	0.6985	0.7019	0.7054	0.7088	0.7123	0.7157	0.7190	0.7224
0.6	0.7257	0.7257	0.7324	0.7357	0.7389	0.7422	0.7454	0.7486	0.7517	0.7549
0.7	0.7580	0.7580	0.7642	0.7673	0.7703	0.7734	0.7764	0.7794	0.7823	0.7852
0.8	0.7881	0.7881	0.7939	0.7967	0.7995	0.8023	0.8051	0.8078	0.8106	0.8133
0.9	0.8159	0.8159	0.8212	0.8238	0.8264	0.8289	0.8315	0.8340	0.8365	0.8389
1.0	0.8413	0.8413	0.8461	0.8485	0.8508	0.8531	0.8554	0.8577	0.8599	0.8621
1.1	0.8643	0.8643	0.8686	0.8708	0.8729	0.8749	0.8770	0.8790	0.8810	0.8830
1.2	0.8849	0.8849	0.8888	0.8907	0.8925	0.8944	0.8962	0.8980	0.8997	0.9015
1.3	0.9032	0.9032	0.9066	0.9082	0.9099	0.9115	0.9131	0.9147	0.9162	0.9177
1.4	0.9192	0.9192	0.9222	0.9236	0.9251	0.9265	0.9279	0.9292	0.9306	0.9319
1.5	0.9332	0.9332	0.9357	0.9370	0.9382	0.9394	0.9406	0.9418	0.9429	0.9441
1.6	0.9452	0.9452	0.9474	0.9484	0.9495	0.9505	0.9515	0.9525	0.9535	0.9545
1.7	0.9554	0.9554	0.9573	0.9582	0.9591	0.9599	0.9608	0.9616	0.9625	0.9633
1.8	0.9641	0.9641	0.9656	0.9664	0.9671	0.9678	0.9686	0.9693	0.9699	0.9706
1.9	0.9713	0.9713	0.9726	0.9732	0.9738	0.9744	0.9750	0.9756	0.9761	0.9767
2.0	0.9772	0.9772	0.9783	0.9788	0.9793	0.9798	0.9803	0.9808	0.9812	0.9817
2.1	0.9821	0.9821	0.9830	0.9834	0.9838	0.9842	0.9846	0.9850	0.9854	0.9857
2.2	0.9861	0.9861	0.9868	0.9871	0.9875	0.9878	0.9881	0.9884	0.9887	0.9890
2.3	0.9893	0.9893	0.9898	0.9901	0.9904	0.9906	0.9909	0.9911	0.9913	0.9916
2.4	0.9918	0.9918	0.9922	0.9925	0.9927	0.9929	0.9931	0.9932	0.9934	0.9936
2.5	0.9938	0.9938	0.9941	0.9943	0.9945	0.9946	0.9948	0.9949	0.9951	0.9952
2.6	0.9953	0.9953	0.9956	0.9957	0.9959	0.9960	0.9961	0.9962	0.9963	0.9964
2.7	0.9965	0.9965	0.9967	0.9968	0.9969	0.9970	0.9971	0.9972	0.9973	0.9974
2.8	0.9974	0.9974	0.9976	0.9977	0.9977	0.9978	0.9979	0.9979	0.9980	0.9981
2.9	0.9981	0.9981	0.9982	0.9983	0.9984	0.9984	0.9985	0.9985	0.9986	0.9986
3.0	0.9987	0.9987	0.9987	0.9988	0.9988	0.9989	0.9989	0.9989	0.9990	0.9990
3.1	0.9990	0.9990	0.9991	0.9991	0.9992	0.9992	0.9992	0.9992	0.9993	0.9993
3.2	0.9993	0.9993	0.9994	0.9994	0.9994	0.9994	0.9994	0.9995	0.9995	0.9995
3.3	0.9995	0.9995	0.9995	0.9996	0.9996	0.9996	0.9996	0.9996	0.9996	0.9997
3.4	0.9997	0.9997	0.9997	0.9997	0.9997	0.9997	0.9997	0.9997	0.9997	0.9998
3.5	0.9998	0.9998	0.9998	0.9998	0.9998	0.9998	0.9998	0.9998	0.9998	0.9998

[표 3] t-분포표

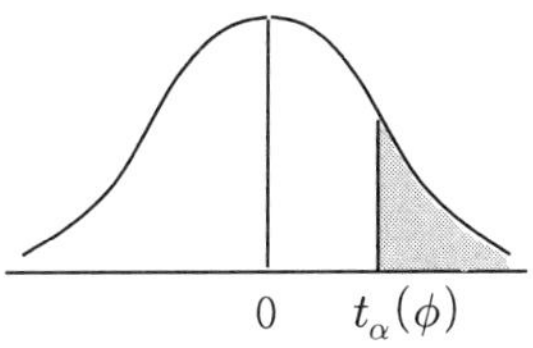

* 표의 숫자는 주어진 α값에 대한 t_α의 값을 나타낸다.

ϕ	α					
	.25	.10	.05	.025	.01	.005
1	1.000	3.078	6.314	12.706	31.821	63.657
2	0.816	1.886	2.920	4.303	6.965	9.925
3	0.765	1.638	2.353	3.182	4.541	5.841
4	0.741	1.533	2.132	2.776	3.747	4.604
5	0.727	1.476	2.015	2.571	3.365	4.032
6	0.718	1.440	1.943	2.447	3.143	3.707
7	0.711	1.415	1.895	2.365	2.998	3.499
8	0.706	1.397	1.860	2.306	2.896	3.355
9	0.703	1.383	1.833	2.262	2.821	3.250
10	0.700	1.372	1.812	2.228	2.764	3.169
11	0.697	1.363	1.796	2.201	2.718	3.106
12	0.695	1.356	1.782	2.179	2.681	3.055
13	0.694	1.350	1.771	2.160	2.650	3.012
14	0.692	1.345	1.761	2.145	2.624	2.977
15	0.691	1.341	1.753	2.131	2.602	2.947
16	0.690	1.337	1.746	2.120	2.583	2.921
17	0.689	1.333	1.740	2.110	2.567	2.898
18	0.688	1.330	1.734	2.101	2.552	2.878
19	0.688	1.328	1.729	2.093	2.539	2.861
20	0.687	1.325	1.725	2.086	2.528	2.845
21	0.686	1.323	1.721	2.080	2.518	2.831
22	0.686	1.321	1.717	2.074	2.508	2.819
23	0.685	1.319	1.714	2.069	2.500	2.807
24	0.685	1.318	1.711	2.064	2.492	2.797
25	0.684	1.316	1.708	2.060	2.485	2.787
26	0.684	1.315	1.706	2.056	2.479	2.779
27	0.684	1.314	1.703	2.052	2.473	2.771
28	0.683	1.313	1.701	2.048	2.467	2.763
29	0.683	1.311	1.699	2.045	2.462	2.756
30	0.683	1.310	1.697	2.042	2.457	2.750
40	0.681	1.303	1.684	2.021	2.423	2.704
60	0.679	1.296	1.671	2.000	2.390	2.660
120	0.677	1.289	1.658	1.980	2.358	2.617
∞	0.677	1.282	1.645	1.960	2.326	2.576

[표 4] χ^2-분포표

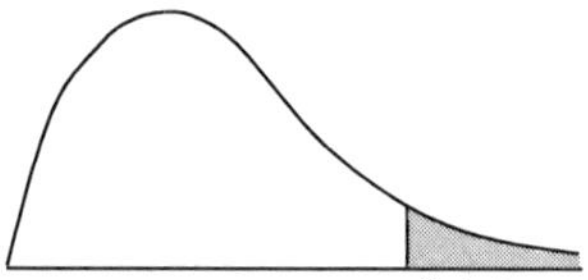

$\chi^2_\alpha(\phi)$

* 표의 숫자는 주어진 α 값에 대한 χ^2_α 값을 나타낸다.

ϕ \ α	.005	.010	.025	.050	.100	.900	.950	.975	.990	.995
1	7.8794	6.6349	5.0239	3.8415	2.7055	0.0158	0.0039	0.0010	0.0002	0.0000
2	10.5966	9.2103	7.3778	5.9915	4.6052	0.2107	0.1026	0.0506	0.0201	0.0100
3	12.8382	11.3449	9.3484	7.8147	6.2514	0.5844	0.3518	0.2158	0.1148	0.0717
4	14.8603	13.2767	11.1433	9.4877	7.7794	1.0636	0.7107	0.4844	0.2971	0.2070
5	16.7496	15.0863	12.8325	11.0705	9.2364	1.6103	1.1455	0.8312	0.5543	0.4117
6	18.5476	16.8119	14.4494	12.5916	10.6446	2.2041	1.6354	1.2373	0.8721	0.6757
7	20.2777	18.4753	16.0128	14.0671	12.0170	2.8331	2.1673	1.6899	1.2390	0.9893
8	21.9550	20.0902	17.5345	15.5073	13.3616	3.4895	2.7326	2.1797	1.6465	1.3444
9	23.5894	21.6660	19.0228	16.9190	14.6837	4.1682	3.3251	2.7004	2.0879	1.7349
10	25.1882	23.2093	20.4832	18.3070	15.9872	4.8652	3.9403	3.2470	2.5582	2.1559
11	26.7568	24.7250	21.9200	19.6751	17.2750	5.5778	4.5748	3.8157	3.0535	2.6032
12	28.2995	26.2170	23.3367	21.0261	18.5493	6.3038	5.2260	4.4038	3.5706	3.0738
13	29.8195	27.6882	24.7356	22.3620	19.8119	7.0415	5.8919	5.0088	4.1069	3.5650
14	31.3193	29.1412	26.1189	23.6848	21.0641	7.7895	6.5706	5.6287	4.6604	4.0747
15	32.8013	30.5779	27.4884	24.9958	22.3071	8.5468	7.2609	6.2621	5.2293	4.6009
16	34.2672	31.9999	28.8454	26.2962	23.5418	9.3122	7.9616	6.9077	5.8122	5.1422
17	35.7185	33.4087	30.1910	27.5871	24.7690	10.0852	8.6718	7.5642	6.4078	5.6972
18	37.1565	34.8053	31.5264	28.8693	25.9894	10.8649	9.3905	8.2307	7.0149	6.2648
19	38.5823	36.1909	32.8523	30.1435	27.2036	11.6509	10.1170	8.9065	7.6327	6.8440
20	39.9968	37.5662	34.1696	31.4104	28.4120	12.4426	10.8508	9.5908	8.2604	7.4338
21	41.4011	38.9322	35.4789	32.6706	29.6151	13.2396	11.5913	10.2829	8.8972	8.0337
22	42.7957	40.2894	36.7807	33.9244	30.8133	14.0415	12.3380	10.9823	9.5425	8.6427
23	44.1813	41.6384	38.0756	35.1725	32.0069	14.8480	13.0905	11.6886	10.1957	9.2604
24	45.5585	42.9798	39.3641	36.4150	33.1962	15.6587	13.8484	12.4012	10.8564	9.8862
25	46.9279	44.3141	40.6465	37.6525	34.3816	16.4734	14.6114	13.1197	11.5240	10.5197
26	48.2899	45.6417	41.9232	38.8851	35.5632	17.2919	15.3792	13.8439	12.1981	11.1602
27	49.6449	46.9629	43.1945	40.1133	36.7412	18.1139	16.1514	14.5734	12.8785	11.8076
28	50.9934	48.2782	44.4608	41.3371	37.9159	18.9392	16.9279	15.3079	13.5647	12.4613
29	52.3356	49.5879	45.7223	42.5570	39.0875	19.7677	17.7084	16.0471	14.2565	13.1211
30	53.6720	50.8922	46.9792	43.7730	40.2560	20.5992	18.4927	16.7908	14.9535	13.7867
40	66.7659	63.6907	59.3417	55.7585	51.8051	29.0505	26.5093	24.4331	22.1643	20.7065
50	79.4900	76.1539	71.4202	67.5048	63.1671	37.6886	34.7642	32.3574	29.7067	27.9907
60	91.9517	88.3794	83.2976	79.0819	74.3970	46.4589	43.1879	40.4817	37.4848	35.5346
70	104.215	100.425	95.0231	90.5312	85.5270	55.3289	51.7393	48.7576	45.4418	43.2752
80	116.321	112.329	106.629	101.879	96.5782	64.2778	60.3915	57.1532	53.5400	51.1720
90	128.299	124.116	118.136	113.145	107.565	73.2911	69.1260	65.6466	61.7541	59.1963
100	140.169	135.807	129.561	124.342	118.498	82.3581	77.9295	74.2219	70.0648	67.3276

[표 5] 포아송 분포표

$*\ X \sim Poisson(\lambda)$일 때 $P(X \leq c) = \sum_{x=0}^{c} \frac{e^{-\lambda}\lambda^{x}}{x!}$의 값을 표시한다.

c	.1	.2	.3	.4	.5	.6	.7	.8	.9	1.0
0	.905	.819	.741	.670	.607	.549	.497	.449	.407	.368
1	.995	.982	.963	.938	.910	.878	.844	.809	.772	.736
2	1.000	.999	.996	.992	.986	.977	.966	.953	.937	.920
3	1.000	1.000	1.000	.999	.998	.997	.994	.991	.987	.981
4	1.000	1.000	1.000	1.000	1.000	1.000	.999	.999	.998	.996
5	1.000	1.000	1.000	1.000	1.000	1.000	1.000	1.000	1.000	.999
6	1.000	1.000	1.000	1.000	1.000	1.000	1.000	1.000	1.000	1.000

c	1.1	1.2	1.3	1.4	1.5	1.6	1.7	1.8	1.9	2.0
0	.333	.301	.273	.247	.223	.202	.183	.165	.150	.135
1	.699	.663	.627	.592	.558	.525	.493	.463	.434	.406
2	.900	.879	.857	.833	.809	.783	.757	.731	.704	.677
3	.974	.966	.957	.946	.934	.921	.907	.891	.875	.857
4	.995	.992	.989	.986	.981	.976	.970	.964	.954	.947
5	.999	.998	.998	.997	.996	.994	.992	.990	.987	.983
6	1.000	1.000	1.000	.999	.999	.999	.998	.997	.997	.995
7	1.000	1.000	1.000	1.000	1.000	1.000	1.000	.999	.999	.999
8	1.000	1.000	1.000	1.000	1.000	1.000	1.000	1.000	1.000	1.000

c	2.1	2.2	2.3	2.4	2.5	2.6	2.7	2.8	2.9	3.0
0	.122	.111	.100	.091	.082	.074	.067	.061	.055	.050
1	.380	.355	.331	.308	.287	.267	.249	.231	.215	.199
2	.650	.623	.596	.570	.544	.518	.494	.469	.446	.423
3	.839	.819	.799	.779	.758	.736	.714	.692	.670	.647
4	.938	.928	.916	.904	.891	.877	.863	.848	.832	.815
5	.980	.975	.970	.964	.958	.951	.943	.935	.926	.916
6	.994	.993	.991	.988	.986	.983	.979	.976	.971	.966
7	.999	.998	.997	.997	.996	.995	.993	.992	.990	.988
8	1.000	1.000	.999	.999	.999	.999	.998	.998	.997	.996
9	1.000	1.000	1.000	1.000	1.000	1.000	.999	.999	.999	.999
10	1.000	1.000	1.000	1.000	1.000	1.000	1.000	1.000	1.000	1.000

					λ					
c	3.1	3.2	3.3	3.4	3.5	3.6	3.7	3.8	3.9	4.0
0	.045	.041	.037	.033	.030	.027	.025	.022	.020	.018
1	.185	.171	.159	.147	.136	.126	.116	.107	.099	.092
2	.401	.380	.359	.340	.321	.303	.285	.269	.253	.238
3	.625	.603	.580	.558	.537	.515	.494	.473	.453	.433
4	.798	.781	.763	.744	.725	.706	.687	.668	.648	.629
5	.906	.895	.883	.871	.858	.844	.830	.816	.801	.785
6	.961	.955	.949	.942	.935	.927	.918	.909	.899	.889
7	.986	.983	.980	.977	.973	.969	.965	.960	.955	.949
8	.995	.994	.993	.992	.990	.988	.986	.984	.981	.979
9	.999	.998	.998	.997	.997	.996	.995	.994	.993	.992
10	1.000	1.000	.999	.999	.999	.999	.998	.998	.998	.997
11	1.000	1.000	1.000	1.000	1.000	1.000	1.000	.999	.999	.999
12	1.000	1.000	1.000	1.000	1.000	1.000	1.000	1.000	1.000	1.000

c	4.5	5.0	5.5	6.0	6.5	7.0	7.5	8.0	8.5	9.0
0	.011	.007	.004	.002	.002	.001	.001	.000	.000	.000
1	.061	.040	.027	.017	.011	.007	.005	.003	.002	.001
2	.174	.125	.008	.062	.043	.030	.020	.014	.009	.006
3	.342	.265	.202	.151	.112	.082	.059	.042	.030	.021
4	.532	.440	.358	.285	.224	.173	.132	.100	.074	.055
5	.703	.616	.529	.446	.369	.301	.241	.191	.150	.116
6	.831	.762	.686	.606	.527	.450	.378	.313	.256	.207
7	.913	.867	.809	.744	.673	.599	.525	.453	.386	.324
8	.960	.932	.894	.847	.792	.729	.662	.593	.523	.456
9	.983	.968	.946	.916	.877	.830	.776	.717	.653	.587
10	.993	.986	.975	.957	.933	.901	.862	.816	.763	.706
11	.998	.995	.989	.980	.966	.947	.921	.888	.849	.803
12	.999	.998	.966	.991	.984	.973	.957	.936	.909	.876
13	1.000	.999	.998	.996	.993	.987	.978	.966	.949	.926
14	1.000	1.000	.999	.999	.997	.994	.990	.983	.973	.959
15	1.000	1.000	1.000	.999	.999	.998	.995	.992	.986	.978
16	1.000	1.000	1.000	1.000	1.000	.999	.998	.996	.993	.989
17	1.000	1.000	1.000	1.000	1.000	1.000	.999	.998	.997	.995
18	1.000	1.000	1.000	1.000	1.000	1.000	1.000	.999	.999	.998
19	1.000	1.000	1.000	1.000	1.000	1.000	1.000	1.000	.999	.999
20	1.000	1.000	1.000	1.000	1.000	1.000	1.000	1.000	1.000	1.000

찾아보기

저자 소개

민만식

고려대학교 통계학과 이학박사
수원대학교 데이터과학부 Adjunct Professor

저서
사례로 배우는 확률과 통계, EXCEL을 이용한 통계학, SPSS를 활용한 통계학, R 확률론, R 통계학, R을 이용한 빅데이터분석 입문 외 여러 권

서준혁

Artsnoa 대표

파이썬을 이용한 확률과 통계

– 실습 위주로 배우는 코딩 학습 –

저 자 민만식 · 서준혁
발 행 인 김지영
발 행 처 자유아카데미
주 소 경기도 파주시 회동길 37-42
파주출판도시
전 화 031-955-1321
팩 스 031-955-1322
홈페이지 www.freeaca.com
전자우편 main@freeaca.com (대표)
editor@freeaca.com (편집)
crm@freeaca.com (영업)
등 록 제406-2003-017호, 1980. 7. 12
제1판1쇄 2025년 1월 20일 발행

저자와의 협의하에 인지생략

ISBN 979-11-5808-668-8 93310